Lexikon | *referência essencial*

AMADEU MARQUES e GISELE AGA

dicionário e prática de

FALSE FRIENDS

365 false friends – one for each day of the year

inglês-português

© 2021, by Amadeu Marques e Gisele Aga

Direitos de edição da obra em língua portuguesa adquiridos pela Lexikon Editora Digital Ltda. Todos os direitos reservados. Nenhuma parte desta obra pode ser apropriada e estocada em sistema de banco de dados ou processo similar, em qualquer forma ou meio, seja eletrônico, de fotocópia, gravação etc. sem a permissão do detentor do copirraite.

LEXIKON EDITORA DIGITAL LTDA.
Av. Rio Branco, 123, sala 1710 – Centro
20040-005 Rio de Janeiro – RJ – Brasil
Tel.: (21) 3190 0472 – 2560 2601
www.lexikon.com.br – sac@lexikon.com.br

PRODUÇÃO EDITORIAL
Sonia Hey

REVISÃO
Elisabeth Lissovsky

COLABORADOR DA CAPA
Ricardo Postacchini

PROJETO GRÁFICO MIOLO E CAPA
Filigrana Design

IMAGEM DA CAPA © *BaSza_piqam por Pixabay*

CIP-BRASIL. CATALOGAÇÃO NA PUBLICAÇÃO
SINDICATO NACIONAL DOS EDITORES DE LIVROS, RJ

M315d

Marques, Amadeu
  Dicionário e prática de false friends: 365 false friends: one for each day of the year / Amadeu Marques, Gisele Aga. - 1. ed. - Rio de Janeiro: Lexikon, 2021.
  464 p.; 23 cm.

  Inclui bibliografia
  Inclui exercícios
  ISBN 978-65-88871-04-1

  1. Língua inglesa - Falsos cognatos - Dicionários - Português. 2. Língua inglesa - Dicionários - Português. I. Aga, Gisele. II. Título.

Todos os esforços foram feitos para encontrar os detentores dos direitos autorais das citações publicadas neste livro. Nem sempre isso foi possível. Teremos o maior prazer em creditá-los, caso sejam determinados.

APRESENTAÇÃO

False friends* (estamos falando de palavras, bem entendido) são aquelas que encontramos, por exemplo, em textos escritos em inglês e que logo nos lembram outras em português. Esses pares de palavras são semelhantes na forma ortográfica e por isso convidam a acharmos que têm o mesmo significado. Mas não é assim. Em inglês, essas palavras enganosas são popularmente conhecidas como *false friends*.

Veja se consegue detectar a palavra enganosa (o *false friend*) nesta frase de Benjamin Franklin que, por coincidência, procura definir um falso amigo: *"A false friend and a shadow attend only while the sun shines."*

Qual seria a melhor tradução? Escolha entre *a)* e *b)*: Um falso amigo e uma sombra *a) atendem; b) aparecem, estão presentes* só enquanto o sol brilha.

Sim, escolhemos a opção *b)* e concluímos que, neste contexto, *attend* é um *false friend*. Dizemos que, neste contexto, *attend* é um *false friend* porque nem sempre ele o será. Há casos em que o mesmo *attend* deverá ser traduzido pelo nosso "atender" como, por exemplo, em: *Each doctor in that clinic attends twenty to thirty patients a day*.

Fica então muito claro que existem palavras 100% enganosas, nunca significam o que a ortografia parece indicar, como, por exemplo, *parents* em *"My father and my mother are my parents."* frase que deve ser traduzida por "Meu pai e minha mãe são meus pais." (e não meus "parentes", que em inglês corresponde a *relatives* ou *relations*). E existem outras palavras com maior ou menor "grau de falsidade", podendo ser ou não ser *false friends*, dependendo do contexto, como vimos no caso do *attend*.

É claro que, quando encontramos uma palavra desconhecida em um texto escrito, dois aspectos vão nos ajudar a saber se ela é ou não é enganosa e até mesmo a descobrir o seu verdadeiro significado. Esses aspectos são a classe gramatical da palavra (se ela é um verbo, substantivo, adjetivo etc.) e o contexto em que ela se insere. Isso sempre deverá ser levado em conta para uma segura compreensão do texto.

---

* *False friends* podem ter outros nomes: falsos amigos, palavras enganosas, palavras traiçoeiras. O termo falsos cognatos, apesar de estabelecido entre nós, a rigor não se aplica a todos os *false friends* que incluímos neste trabalho. Há ainda o termo heterossemânticos, tecnicamente correto, mas muita precisão técnica às vezes intimida. Preferimos a leveza e simplicidade do termo *false friends*, até mesmo por se tratar de um estudo de palavras da língua inglesa.

Este livro é o resultado de uma longa, cuidadosa e – *believe it or not* – prazerosa pesquisa sobre o assunto. Ele se apresenta como muito mais do que uma obra de referência, um dicionário a ser deixado pegando pó na estante, mas, para todos os que se interessam pela língua inglesa, como um livro a ser lido aos poucos, de A a Z, como fonte de informação, esclarecimento, prática e até de diversão..., com comentários e *word stories* sobre a origem das palavras e notinhas de cultura, além de exercícios com o gabarito no final da obra. Que nunca é inútil, porque, como algum sábio já disse, toda a cultura é útil. A seleção dos *false friends* é subjetiva, reflete a opinião dos autores e não pretende ser completa; certamente, outros autores teriam outras preferências quanto à seleção dessas palavras enganosas. Na nossa opinião, entretanto, esses *365 false friends – one for each day of the year –* fazem jus à seleção, e o número dessas palavrinhas enganosas já está "de bom tamanho".

Vamos começar? O primeiro é ...

1 abate (verbo) /ə'beɪt/* rima com *debate* (debater)

1. ***Abate*** é um verbo regular (passado e particípio passado: ***abated***) usado na linguagem formal. Significa "amainar, diminuir gradualmente de força ou intensidade, ficar mais brando ou calmo". Em geral, é usado em relação a tempestade, furacão, chuva, tiroteio.

    *We're waiting for the rain to **abate**.*

    *The urban violence in Rio shows no sign of **abating**.*

2. ***Abate*** pode lembrar o nosso verbo "abater", em português, mas não tem este significado. Para dizer "abater" no sentido de:

    a) matar (para comer: gado, ave etc.), *usa-se* **slaughter**.

    *The farmer **slaughtered** a cow and invited us to a barbecue.*

    b) derrubar, fazer cair avião, helicóptero etc., *usa-se* **shoot down**.

    *John McCain's plane was **shot down** when he crossed the enemy's lines.*

    c) derrubar (árvore), usa-se ***fell*** ou ***cut down***.

    *My father taught me to plant a tree for every tree that I had to **fell/cut down**.*

    d) desanimar, usa-se ***discourage***.

    *The lack of progress in the negotiations **discouraged** us.*

    e) fazer um desconto (no preço), usa-se ***knock*** (*a certain amount*) **off the price**.

    *The salesman agreed to **knock** a hundred dollars **off the price** of the car.*

Escolha a opção que melhor traduz a palavra em destaque nestas frases:

1. "*Listen to the wind upon the hill till the waters **abate**.*" (provérbio celta)

Escute o vento que sopra sobre a colina até que as águas a) amainem; b) abatam.

2. "*When men are ruled by fear, they strive to prevent the very changes that will **abate** it.*" (Alan Paton)

Quando os homens são dominados pelo medo, eles se esforçam para impedir as próprias mudanças que farão esse medo a) abater; b) amainar.

---

* Para as transcrições fonéticas foi usada como padrão a pronúncia do inglês dos EUA. Na página 444 apresentamos uma Chave de Pronúncia.

2 ability (subst.) /əˈbɪləti/ rima com *facility* (facilidade; instalação)

1. Nem sempre ***ability*** é um *false friend*. ***Ability*** lembra "habilidade" e pode, sim, significar "habilidade natural, inata, ou então adquirida, algo que pode ser trabalhado, desenvolvido".

    Não sabemos se Lionel Messi, como muitos argentinos, tem *the **ability** to dance the tango*. Mas todos nós concordamos que

    > *Lionel Messi has the **ability** to play soccer extremely well.*

    Neste contexto, ***ability*** é habilidade, sinônimo de *skill*.

2. Outro exemplo de ***ability*** como "habilidade", agora no plural: *abilities*.

    > *A teacher's job is to develop the children's different talents and **abilities**.*

3. Mas ***ability*** pode também significar "capacidade (inata, nasce com a pessoa e faz parte de sua identidade)", sinônimo de *capacity*.

    > *Jack is an old man now, but he still has the **ability** to work hard.*

    Jack tem essa "capacidade", tradução bem melhor do que "habilidade", neste caso.

4. Outro exemplo de ***ability*** como sinônimo de *capacity*:

    > *They call him Chico Hulk. He is a very tall, strong man with the **ability** to inflict bodily harm on his victims, which he often does.*

    O truculento Chico Hulk tem essa "capacidade", tradução bem melhor do que "habilidade", neste contexto.

5. Mais uma situação, para percebermos a sutileza da diferença entre ***ability*** como "habilidade" e como "capacidade": Eu não sabia dirigir um carro, até que frequentei uma autoescola e aprendi a dirigir. Desenvolvi, portanto, essa habilidade, essa ***ability*** ou *skill*. Mas, depois de participar ativamente de uma *happy hour* bem animada, não devo nem posso dirigir, pois o álcool interfere com a minha ***ability*** *to drive*. Neste caso, ***ability*** é sinônimo de *capacity* e deve ser traduzido por "capacidade". Concorda? *Hope so!*

I. E, agora, um desafio: Qual a melhor tradução para ***ability*** na frase abaixo?

> *Every human being has the **ability** to speak/love/feel compassion.*

Todo ser humano tem a a) habilidade; b) capacidade de falar/amar/sentir compaixão.

E há casos em que a melhor tradução certamente não incluirá nem "habilidade" nem "capacidade".

II. Escolha a melhor tradução para esta frase:

> *I'm not really a specialist, but I did the job to the best of my **ability**.*

Não sou de fato um especialista, mas fiz o serviço a) *o melhor que eu pude*; b) *com o melhor da minha habilidade*.

III. Oriente-se pelo contexto e preencha as lacunas nas frases abaixo escolhendo entre **ability** e **capacity**.

1. "_____ *may get you to the top, but it takes character to keep you there.*" (Stevie Wonder)

A habilidade pode levar você ao topo, mas é preciso caráter para se manter lá.

2. "*Anyone who keeps the* _____ *to see beauty never grows old.*" (Franz Kafka)

Qualquer pessoa que mantém a capacidade de ver a beleza nunca envelhece.

3. "*Tact is the* _____ *to describe others as they see themselves.*" (Abraham Lincoln)

O tato (diplomático) é a habilidade de descrever os outros como eles se veem.

4. "*The* _____ *to learn is a gift; the* _____ *to learn is a skill; the willingness to learn is a choice.*" (Brian Herbert)

A capacidade de aprender é um dom; a habilidade de aprender é um talento; a vontade de aprender é uma escolha.

Esta última citação, a do Brian Herbert, que reproduzimos como frase 4, parece ter sido feita por encomenda, para nos ajudar a perceber a diferença entre **ability** e *capacity*.

"*The capacity to learn is a gift;*" A capacidade de aprender é um dom, nasce com a pessoa; "*the ability to learn is a skill;*". A habilidade de aprender é um talento que se adquire, se aprende e desenvolve.

Many thanks for your help, Brian Herbert!

---

3 **abuse** (subst.) /əˈbjuːs/ o *s* tem som de /s/; o substantivo rima com *excuse* (desculpa)

abuse (verbo) /əˈbjuːz/ o *s* tem som de /z/; o verbo rima com *excuse* (desculpar)

1. Além da diferença de pronúncia entre o substantivo e o verbo, ***abuse*** nem sempre deve ser traduzido por "abuso" ou "abusar de", o que exige muita atenção do tradutor. Vamos ver primeiro as locuções com o substantivo:

- **abuse of power:** abuso de poder
- **child abuse:** abuso infantil, maus-tratos a uma criança

- **emotional/mental/physical/sexual abuse:** abuso emocional/mental/físico/sexual
- **alcohol abuse:** abuso de álcool
- **drug abuse** (ou o eufemismo **substance abuse**): abuso de drogas

2. Nestas outras locuções a palavra "abuso" não aparece no termo correspondente em português:
   - **a stream/torrent of abuse:** uma enxurrada/torrente/um monte de desaforos, injúrias, insultos
   - **a term/a word of abuse:** um palavrão, um nome feio
   - **verbal abuse:** xingamento

3. Quanto ao verbo, ao contrário de "abusar de" em português, *abuse* é usado sem preposição, seja no sentido de "abusar de", seja como "maltratar, tratar mal", seja como "xingar, insultar".

   *We all know we shouldn't **abuse** alcohol.*

   *Unfortunately, a great number of politicians **abuse** their power.*

   *João **abused** Maria da Penha (his wife) and was sent to jail because of that.*

   *Felipe Melo verbally **abused** the referee and was sent out because of that.*

Escolha a opção que melhor traduz a palavra em destaque nestas frases.

1. "***Abuse** is the weapon of the vulgar.*" (Samuel Griswold Goodrich)

   O *a) xingamento*; *b) abuso* é a arma da pessoa vulgar.

2. "*When you have no basis for an argument, **abuse** the plaintiff.*" (Cicero)

   Quando você não tiver base para argumentar, *a) xingue*; *b) abuse de* o reclamante (a pessoa que entrou com uma ação na justiça contra você).

3. "*What I fear most is power with impunity. I fear **abuse** of power, and the power to **abuse**.*" (Isabel Allende)

   O que eu mais temo é o poder com impunidade. Temo o *a) abuso*; *b) xingamento* do poder, e o poder de *a) xingar*; *b) abusar*.

---

4 accent (subst.) (EUA)/ˈæksent/, (Reino Unido)/ˈæks(ə)nt/rima com *absent* (ausente)

1. ***Accent*** pode significar "acento" em três diferentes acepções:

   a) intensidade maior na voz em uma determinada sílaba

   *The noun **accent** has the **accent** on the first syllable.*

   b) sinal gráfico que indica a sílaba mais forte em uma palavra

   *There's an acute **accent** on the "u" of the Portuguese word* pronúncia.

c) sotaque, pronúncia típica de uma pessoa ou região

*Penélope Cruz used to speak English with a strong Spanish **accent**.*

2. Mas **accent** pode também significar "ênfase, atenção ou importância especial dada a alguém ou algo".

*That TV network claims the **accent** of its programs is on quality.*

Escolha a opção que melhor traduz a palavra em destaque nesta frase.

*"There is no such thing as an ugly **accent**, like there's no such thing as an ugly flower." (David Crystal)*

Não existe essa coisa de *a)* assento; *b)* acento, sotaque feio, do mesmo modo que não existe flor feia.

---

5 **account** (subst.) /əˈkaʊnt/ rima com *amount* (quantidade)

account for (locução verbal)

accountable (adj.) /əˈkaʊntəb(ə)l/ rima com *discountable* (descontável)

accountability (subst.) /əˌkaʊntəˈbɪləti/ rima com *availability* (disponibilidade)

1. Como substantivo, **account** pode ser:

a) conta
- **bank account:** conta bancária
- **checking account:** conta-corrente
- **savings account:** conta poupança
- **social-media/Facebook/Instagram/Twitter account:** conta em rede social

b) conta, consideração (= *consideration*)

*Don't worry, I'll take that into **account**.*

c) importância, valor

*What she says or does is of little/no **account** to me.*

d) consideração, estima (= *esteem*)

*They are my dear friends, they have always stood high in my **account**.*

e) causa, razão, motivo

*Our flight was cancelled on **account** of the hurricane.*

f) descrição, relato

*Give us an **account** of what happened on that occasion.*

2. A locução verbal ***account for*** pode significar:

   a) explicar, justificar, ter explicação ou razão para

   *Greed and impunity can **account for** corruption.*

   *How did he **account for** all that money in a suitcase?*

   b) prestar contas, responder por aquilo que faz

   *Politicians must **account for** their actions.*

   c) constituir, compor, formar

   *Teenagers **account for** the vast majority of rock concerts.*

   *Agribusiness **accounted for** almost 50 percent of Brazil's exports in 2020.*

   ✓ Um velho provérbio inglês diz que

   *There's no **accounting for** taste.*

   Considerando o significado em inglês de ***account for***, que acabamos de ver, qual seria a versão em português que mais corresponde ao provérbio em inglês?

   a) Gosto não se discute.   b) Gosto não tem explicação.   c) Não há razão para gostar.

   A resposta é b), concorda?

3. É claro que ***accountable*** não pode e não deve ser confundido com "contável". Quando um substantivo é contável, em inglês, dizemos que ele é *countable*. Um *countable noun* é contável, pode ser contado, por isso tem forma plural. *A book, two books, a car, two cars.* *Book* e *car* são substantivos contáveis.

4. Mas qual é, então, o significado de *accountable*? Começamos por destacar que ***accountable*** é um adjetivo, usado para qualificar uma pessoa. Quando falamos de alguém que, pela função que ocupa, pelo seu cargo ou posto, terá de responder perante a lei ou a sociedade caso alguma coisa não corra bem em sua área de atuação, dizemos que essa pessoa é ***accountable***. Essa pessoa é responsável, ela pode ser ***held accountable*** = responsabilizada, chamada a prestar contas, pelo que aconteceu.

   *Politicians are **accountable** to their voters. Public officials are to be held **accountable** for their decisions and actions.*

   *OK, do it. But if anything goes wrong, I will hold you **accountable** for that.*

5. ***Accountability*** é um falso amigo, pode ser confundido com a nossa "contabilidade". Na verdade, é o substantivo abstrato que expressa a condição ou estado de quem é ***accountable***. Dependendo da frase pode ser traduzido por "responsabilidade, dever de prestar contas, de dar satisfações".

*The **accountability** of politicians to their voters is an obvious duty in a democracy.*

*As one of the country's biggest problems is corruption, society urges the government to promote transparency and **accountability**.*

Escolha a opção que melhor traduz as palavras em destaque nestas frases. Na frase 1 você vai reencontrar *ability*, já vista no verbete 2.

1. *"**Ability** is **of little account** without opportunity."* (Lucille Ball)

A *a)* habilidade; *b)* capacidade é *a)* de pouco valor; *b)* de muito valor sem a oportunidade.

2. *"Influence is like a **savings account**. The less you use it, the more you've got."* (Andrew Young)

A influência é como uma *a)* conta-corrente; *b)* conta poupança. Quanto menos você a usa, mais você tem.

3. *"Happiness: a good bank **account**, a good cook, and a good digestion."* (Jean-Jacques Rousseau)

Felicidade: uma boa *a)* responsabilidade; *b)* conta bancária, um bom cozinheiro e uma boa digestão.

4. *"Any reports of animal cruelty should be thoroughly investigated and those people **held accountable**."* (Dick Durbin)

Quaisquer relatos de crueldade com os animais devem ser investigados a fundo e essas pessoas devem ser *a)* punidas; *b)* responsabilizadas.

5. *"One thing I detest most about the financial press is the lack of **accountability**. All sorts of nonsense is said without penalty."* (Barry Ritholtz)

Aquilo que eu mais odeio na imprensa de finanças é a falta de *a)* responsabilidade; *b)* contabilidade. Todos os tipos de bobagem são ditos impunemente.

---

6   actual (adj.) /ˈæktʃuəl/

actuality (subst.) /ˌæktʃuˈæləti/ rima com *nationality* (nacionalidade)

actually (adv.) /ˈæktʃuəli/

1. Estes *false friends* são dos mais conhecidos. **Actual** parece o nosso "atual", mas não é. **Actuality**, por extensão, poderia ser confundido com "atualidade", mas na verdade não tem este sentido. E **actually** poderia ser "atualmente", mas também não é. São três "falsos amigos" de primeira linha, todo cuidado com eles é pouco.

2. **Actual** significa "real, verdadeiro/a".

   *Everybody knows him as Pelé, but his **actual** name is Edson.*

3. E como é, então, que se diz "atual", *in English*? *Current* ou *present*.

   The **current/present** economic crisis in Brazil keeps investors on alert.

✓ Você já deve ter lido ou visto, em obras de ficção como livro ou filme, uma notinha assim: *"Any resemblance to **actual** persons is entirely accidental."* Qual é a melhor tradução disso? Escolha a opção adequada:

"Qualquer semelhança com a) pessoas atuais; b) pessoas que de fato existem ou existiram é inteiramente acidental."

A resposta é b), claro.

4. *Actuality* é usada em linguagem formal e significa "realidade" = *reality*. É comum na expressão *in actuality* = *in reality*.

   The scientists were frustrated to realize that the **actuality** was quite different from the theory.

   They thought it would be easy to sell their house. In **actuality**, it was rather hard.

5. E então como se diz "a atualidade", *in English*? *The present, the present time*.

   The movie is set in **the present time**.

6. *Actually* significa "realmente, de fato, na verdade, verdadeiramente".

   I thought Mozart was German, but **actually** he was from Austria.

   I know the boss agreed, but what were his **actual** words? What did he **actually** say?

7. E como se diz "atualmente", em inglês? *At present* ou *currently*. Para "hoje em dia", expressão em que está implícito um maior contraste com o passado, usa-se *nowadays*.

   Global warming is one of the most important world problems **at present**.

   Nowadays, people don't write letters much, they prefer emails.

8. *Actually* é usado para ênfase ou então para corrigir o que se disse, para ser mais exato.

   That crazy situation is not something I imagined. It **actually** happened.

   Paul isn't **actually** my friend. He's just an acquaintance.

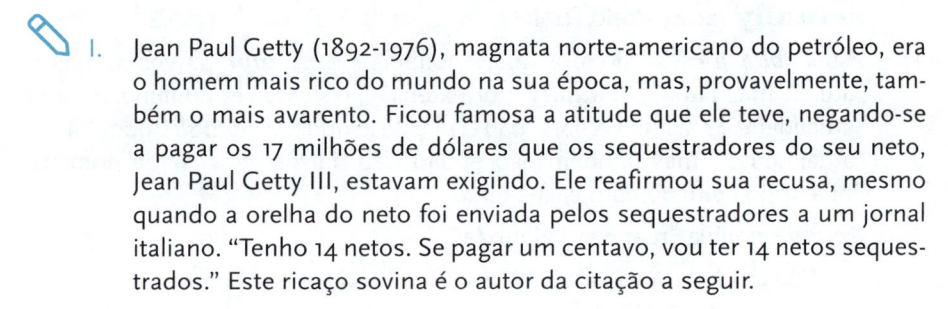

I. Jean Paul Getty (1892-1976), magnata norte-americano do petróleo, era o homem mais rico do mundo na sua época, mas, provavelmente, também o mais avarento. Ficou famosa a atitude que ele teve, negando-se a pagar os 17 milhões de dólares que os sequestradores do seu neto, Jean Paul Getty III, estavam exigindo. Ele reafirmou sua recusa, mesmo quando a orelha do neto foi enviada pelos sequestradores a um jornal italiano. "Tenho 14 netos. Se pagar um centavo, vou ter 14 netos sequestrados." Este ricaço sovina é o autor da citação a seguir.

Observe a palavra em destaque na citação e marque a opção que melhor a traduz.

"*If you can **actually** count your money, then you're not a rich man.*" (J. Paul Getty)

Se você pode *a) atualmente; b) literalmente* contar o seu dinheiro, então você não é rico.

II. Escolha a opção que melhor traduz as palavras em destaque nestas frases:

1. "*I like the Eiffel Tower in Las Vegas more than the **actual** one.*" (David Chapelle)

Eu gosto mais da Torre Eiffel de Las Vegas do que da *a) atual; b) verdadeira*.

2. "*One of the most sincere forms of respect is **actually** listening to what another has to say.*" (Bryant H. McGill)

Uma das formas mais sinceras de respeito é *a) realmente; b) atualmente* escutarmos o que o outro tem a dizer.

3. "*A diplomat is a person who can tell you to go to hell in such a way that you **actually** look forward to the trip.*" (anonymous)

Um diplomata é alguém que te manda ir para o inferno, mas diz isso de tal maneira que você *a) realmente; b) atualmente* fica ansioso para que chegue o dia da viagem.

---

7 adamant (adj.) /ˈædəmənt/

Adamant significa "firme, inflexível, insistente e determinado/a a não mudar de posição ou opinião".

> *We all warned the old man of the danger, but he was **adamant** about staying there.*

> *Copernicus was **adamant** that the Earth revolved around the Sun, and not the other way round, as it was believed until then.*

Na verdade **adamant** não deveria figurar numa lista de falsos amigos, já que em português existe a palavra "adamante" ou "adamantino", do latim *adamant-*, significando "inflexível, duro ou rijo como o diamante". Mas quem entre nós, reles mortais, ouviu alguma vez falar em "adamante" ou "adamantino", "semelhante ao diamante"? A não ser os jovens fãs do *Wolverine* e seu (lá dele) inviolável esqueleto, ninguém sabe que o *Wolverine* tem esse duro elemento no sangue. Só os fãs do *Wolverine* poderiam fazer a ligação entre **adamant** e "inflexível, duro como o diamante".

E, no entanto, é isso!

Escolha a opção que melhor traduz a palavra em destaque nesta frase.

"Einstein was **adamant** in rejecting all ideas of a personal god." (Richard Dawkins)

Einstein era *a) flexível; b) inflexível* em rejeitar todas as ideias de um deus pessoal.

---

8   **addict** (subst.) /ˈædɪkt/ a sílaba tônica é a primeira: ADDict
    addicted (adj.) /əˈdɪktɪd/ rima com *predicted* (previsto/a)
    addiction (subst.) /əˈdɪkʃ(ə)n/ rima com *prediction* (previsão)
    addictive (adj.) /əˈdɪktɪv/ rima com *predictive* (previsível)

1. ***Addict*** é o substantivo que designa "viciado/a, pessoa viciada".

    *John smokes too much. He is a nicotine **addict**.*

2. ***Addicted*** é o adjetivo usado em relação à pessoa viciada: "viciado/a".

    *Millions of people are **addicted** to nicotine.*

3. ***Addiction*** é um *false friend*, pela ortografia lembra a nossa "adição", mas não tem este sentido. ***Addiction*** significa "vício, dependência de determinada substância ou prática".

    *Theo confesses his **addiction** to work. He is a real workaholic.*

    *Kurt Cobain had a drug **addiction**.*

4. E qual é a palavra para "adição", em inglês? *Addition*.

    *Children learn **addition** and subtraction in primary school.*

5. ***Addictive*** é o adjetivo usado em relação a algo que causa vício ou dependência. Traduz-se por "viciante".

    *Facebook is highly **addictive**, don't you think?*

6. Podemos dizer que ***addictive*** é um falso amigo, possível de confusão com o nosso substantivo "aditivo". Mas "aditivo" em inglês é *additive*.

    *Jane always looks for **additive-free** foods.*

Escolha a opção que melhor traduz as palavras em destaque nestas frases.

1. "America's **addiction** to violence is partly evident in the heroes it chooses to glorify." (Henry Giroux)

a) O vício; *b)* A adição da violência que a América tem é parcialmente evidente nos heróis que ela escolhe glorificar.

*2. "It's success, not fame, that is quite **addictive**. I'm **addicted** to a lot of things, and as it happens, success is one of them." (Robbie Williams)*

O sucesso, e não a fama, é bastante *a)* aditivo; *b)* viciante. Eu sou *a)* viciante; *b)* viciado em muitas coisas e acontece que o sucesso é uma delas.

*3. "**Addiction** doesn't kill the **addict**. It kills the family, kids and people who tried to help." (Aphishek Tiwari)*

a) A adição; *b)* O vício não mata o *a)* viciado; *b)* viciante. Ele mata a família, as crianças e as pessoas que tentaram ajudar.

*4. "Every form of **addiction** is bad, no matter whether the narcotic be alcohol or morphine or idealism." (Carl Jung)*

Todas as formas de *a)* vício; *b)* adição são ruins, não importa que o narcótico seja álcool, morfina ou idealismo.

---

9   **address** (subst. e verbo) /əˈdres/ a sílaba tônica é a segunda: aDDRESS; rima com *success* (sucesso)

address (só o substantivo e só nos EUA) /ˈædres/ a sílaba tônica é a primeira: ADDress; rima com *access* (acesso)

1. Como substantivo **address** pode significar:

   a) endereço

   *He asked me for my name, home **address**, and phone number.*

   *He also asked me for my email **address**.*

   b) discurso (= *formal speech*)

   *The president will give his State of the Union **address** in Congress tonight.*

2. **Address** e *speech*, ambos são "discurso", e um discurso é geralmente formal. Mas, enquanto um *speech* pode ser dado em público ou em privado (como em uma festa de casamento, por exemplo), um **address** é sempre em público.

   *Some of John's friends made **speeches** at his wedding.*

   *Lincoln's Gettysburg **Address** is one of the most influential **addresses** ever made.*

No dia 19 de novembro de 1863, em Gettysburg, na Pensilvânia, quatro meses após a mais sangrenta das batalhas da Guerra Civil Americana, Abraham Lincoln fez um histórico discurso que ficou conhecido como o *Gettysburg Address*. Nele, Lincoln lembrou os ideais em que a nação tinha sido fundada. Vale a pena reproduzir o início desse discurso:

"Fourscore and seven years ago our fathers brought forth on this continent a new nation, conceived in liberty and dedicated to the proposition that all men are created equal. (...)"

Para entender o enigmático *fourscore* da expressão que inicia o discurso, é preciso saber que um dos sentidos de *score* é "vintena"; logo, *fourscore* são 4 vezes 20, e com aquele *fourscore and seven years ago*, Lincoln falava de algo que tinha acontecido 87 anos antes da ocasião do discurso. Usando aritmética simples, algo acontecido 87 anos antes de 1863 nos leva a 1776. E o que foi que aconteceu em 1776? Thomas Jefferson redigiu e os outros *founding fathers* assinaram a Declaração de Independência dos Estados Unidos da América.

Mas, afinal, o que isso tem a ver com o assunto de *false friends*? Nada, a não ser ilustrar com estilo que **address** neste contexto não significa "endereço" e sim "discurso formal, público, histórico".

3. Como verbo, **address** pode significar dirigir-se diretamente a, falar diretamente para alguém (uso formal).

   *I didn't like the harsh tone of voice he **addressed** me.*

   *She **addressed** me in Japanese, so I didn't understand a word she said.*

   *The police officer used a megaphone and **addressed** the crowd, but they wouldn't listen to him.*

4. É bom observar que, neste sentido, em frases na voz ativa, **address** não é seguido de preposição (não é seguido de *to*), como acontece em português (ele dirigiu-se a mim = *he addressed me*).

5. Como verbo, **address** pode também significar:

   a) discursar para um certo público

   *The president will **address** the nation on TV tonight.*

   b) (uso mais frequente do verbo **address**) enfrentar, atacar, lidar com (problema, questão, erro), tentar resolver, cuidar de

   *Climate change is an urgent issue and it must be **addressed** by the world leaders.*

   c) endereçar

   *Susan was mad at Eric, because he had opened a letter that was **addressed** to her.*

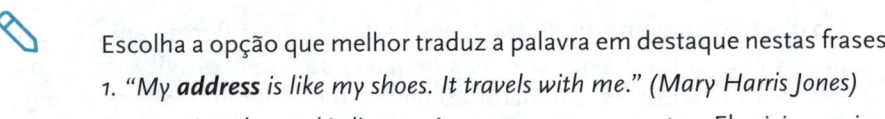

Escolha a opção que melhor traduz a palavra em destaque nestas frases.

1. "My **address** is like my shoes. It travels with me." (Mary Harris Jones)

O meu a) endereço; b) discurso é como os meus sapatos. Ele viaja comigo.

2. *"One hundred and fifty years after Lincoln's Gettysburg **Address**, equality for many Americans remains elusive." (https://www.huffingtonpost.com/.../gettysburg-address-anniversary)*

Cento e cinquenta anos depois do *a) endereço; b) discurso* de Gettysburg, feito por Lincoln, para muitos americanos a igualdade continua fugidia.

3. *"Domestic violence is an epidemic, and yet we don't **address** it. Until it happens to celebrities." (Nelsan Ellis)*

A violência doméstica é uma epidemia e mesmo assim não a *a) endereçamos; b) enfrentamos*. Até isso acontecer a celebridades.

---

10 **adept** (adj.) /əˈdept/ a sílaba tônica é a segunda; rima com *accept* (aceitar)

adept (subst.) /ˈædept/ a sílaba tônica é a primeira

1. ***Adept*** é um falso amigo, parece o nosso "adepto/a", mas não tem este sentido. Como adjetivo, geralmente vem seguido da preposição *at* + verbo na forma de final *-ing*. Significa "craque, muito habilidoso/a, com muito jeito (para fazer algo difícil)".

    *Aninha is an **adept** teacher.*

    *She is **adept** at dealing with children.*

2. Não significa "adepto/a" (de uma doutrina, ideologia, crença, partido etc.), que é o substantivo *adherent*:

    *Ted has long been an **adherent** of socialism.*

3. Nem significa "adepto/a, torcedor(a), fã", que é o substantivo *supporter, follower* ou *fan*:

    *He is a Manchester United **supporter/follower/fan**.*

4. Como substantivo, ***adept*** é usado para designar "um craque, uma pessoa muito boa em certa atividade ou área de conhecimento".

    *Phil is a computer **adept**. He is also an **adept** at video games.*

Escolha a opção que melhor traduz a palavra em destaque nestas frases.

1. *"The young are **adept** at learning, but even more **adept** at avoiding it." (P. J. O'Rourke)*

Os jovens são *a) craques; b) adeptos* em aprender, mas ainda mais *a) craques; b) adeptos* em evitar isso.

2. *"I may not be as lyrically **adept** as Jay-Z and Morrissey, but at least I can sing what I feel." (Chris Martin)*

Do ponto de vista lírico eu posso não ser tão *a) adepto; b) habilidoso* quanto Jay-Z e Morrissey, mas pelo menos canto o que sinto.

11 adherent (subst. e adj.) /əd'hɪrənt/ rima com *coherent* (coerente)

1. Como substantivo, **adherent**, como vimos no verbete anterior, significa "adepto/a, seguidor(a)".

   *Ted has long been an **adherent** of socialism.*

2. Como adjetivo, **adherent** não é *false friend*, sendo traduzido por "aderente".
   - **adherent cells:** (biologia) células aderentes
   - **adherent material/surface:** material/superfície aderente

Escolha a opção que melhor traduz a palavra em destaque nesta frase.

*"There is no belief, however foolish, that will not gather its faithful **adherents** who will defend it to the death."* (Isaac Asimov)

Não existe crença, por mais tola que seja, que não consiga reunir seus fiéis *a)* seguidores; *b)* aderentes que vão defendê-la até à morte.

12 admission (subst.) /əd'mɪʃ(ə)n/ rima com *omission* (omissão)

admit (verbo) /əd'mɪt/ rima com *omit* (omitir)

admittance (subst.) /əd'mɪt(ə)ns/ rima com *remittance* (remessa; transferência)

admittedly (adv.) /əd'mɪtɪdli/

1. ***Admission*** pode significar:

   a) admissão, reconhecimento
   - **an admission of defeat/failure/guilt:** uma admissão de derrota/fracasso/culpa
   - **by your own admission:** como você próprio/a admite, reconhece

   b) admissão, ingresso, entrada
   - **college admission:** admissão à faculdade
   - **free admission:** entrada franca
   - **no admission:** proibida a entrada

   c) internação
   - **hospital admission:** internação hospitalar

2. ***Admit*** é um verbo (regular: ***admitted***; ***admitted***) e pode significar:

   a) admitir, reconhecer (erro, culpa, fracasso, derrota)

   *He refuses to **admit** he made a mistake, but we all know he did.*

   b) deixar entrar, permitir o ingresso de

*This ticket **admits** one adult only.*

c) (hospital) internar

*Jack was **admitted** to the hospital with a broken arm.*

3. ***Admittance*** significa "entrada, direito de ingresso" (mais formal do que ***admission***).

*During apartheid, black people were refused **admittance** to many places in South Africa.*

*We saw the notice "No **admittance** except on business", we had no business to do there, so we went away.*

- **no admittance:** entrada proibida

4. ***Admittedly*** significa "reconhecidamente, confessadamente, a bem da verdade".

***Admittedly**, it's very hot here in summer, but you can always turn on the air conditioner.*

Escolha a opção que melhor traduz as palavras em destaque nestas frases.

1. *"Pride is an **admission** of weakness; it secretly fears all competition and dreads all rivals." (Fulton J. Sheen)*

O orgulho é a) admissão, reconhecimento; b) admissão, entrada de fraqueza; ele secretamente teme toda a competição e morre de medo dos rivais.

2. *"To err is human; to **admit** it, superhuman." (Doug Larson)*

Errar é humano; a) reconhecer; b) deixar entrar o erro é super-humano.

3. *"Each success only buys an **admission** ticket to a more difficult problem." (Henry Kissinger)*

Cada sucesso apenas compra a) uma passagem; b) um ingresso para um problema mais difícil.

4. *"Love may not make the world go round, but I must **admit** that it makes the ride worthwhile." (Sean Connery)*

O amor talvez não faça o mundo girar, mas tenho de a) ignorar; b) reconhecer que ele faz a voltinha valer a pena.

5. *"**Admittedly**, I found it difficult to share my mother with her adoring fans, who treated her like she was part of their family." (Carrie Fisher)*

a) Confesso; b) Nego que eu achava difícil partilhar a minha mãe com seus fãs, que a adoravam e tratavam como se ela fosse parte da família deles.

Sobre esta última frase, da Carrie Fisher, os fãs de cinema talvez se lembrem dela no papel de Princesa Leia, na série *Star Wars*. A mãe adorada pelos fãs a que Carrie se refere é Debbie Reynolds, que foi casada com Eddie Fisher, artistas famosos do cinema norte-americano desde os anos 1950 (*Singin' in the Rain*, 1952). Carrie Fisher morreu aos 60 anos, em 27 de dezembro de 2016. Sua mãe, Debbie Reynolds, morreu aos 84 anos e, por incrível que pareça, no dia seguinte ao da morte da filha.

13 advert (subst.) /ˈædvɜː(r)t/ a sílaba tônica é a primeira
advert (verbo) /ədˈvɜː(r)t/ a sílaba tônica é a segunda

1. Vamos começar pelo substantivo, que é mais conhecido. Ele é a abreviatura, informal, usada no Reino Unido, de *advertisement* (anúncio publicitário ou comercial). É sinônimo de *ad*, abreviatura informal usada nos EUA.

   *If you want to sell your old fridge, try placing an **advert**/ad on Facebook.*

2. ***Advert***, como verbo, é menos conhecido, mas merece cuidado, por ser um verbo que nada tem a ver com o nosso "advertir". ***Advert*** é um verbo regular, próprio da linguagem formal, seguido da preposição *to* e pode significar:

   a) voltar sua atenção (para)

   *The board then **adverted** to the next item on the agenda: security issues.*

   b) fazer referência (a), mencionar

   *They had **adverted** to that problem on a previous meeting.*

3. E como é que se diz "advertir, avisar, prevenir (de perigo, risco etc.)" então? Este, todo mundo sabe, é *warn*.

   *We **warned** those tourists not to visit that slum without a local guide.*

Escolha a opção que melhor traduz as palavras em destaque nestas frases. Na frase 1 você vai reencontrar o advérbio *actually*, visto no verbete 6.

1. "The most shocking of these are the ***adverts*** to teach & care for kids – so who is ***actually*** with the kids?" (BBC, July 31, 2018)

Os *a)* avisos; *b)* anúncios que mais chocam são aqueles do ensinar & cuidar de crianças – quem é que está *a)* atualmente; *b)* realmente do lado das crianças?

2. "When your friends try to tell you that you drink too much, they might ***advert*** to your regular binges." (Vocabulary.com)

Quando os seus amigos tentam lhe dizer que você bebe demais, eles podem estar *a)* advertindo; *b)* fazendo referência às suas farras habituais.

3. "'You may think I exaggerate. And sometimes I do exaggerate. But the truth is I suffer on the pitch,' Neymar said in the **advert**, referring to the constant fouls he received at the World Cup." (Washington Times, July 30, 2018)

"Vocês podem achar que eu exagero. E, às vezes, eu exagero mesmo. Mas a verdade é que eu sofro no gramado," disse Neymar no/na *a) comercial; b) advertência*, referindo-se às constantes faltas recebidas durante a Copa do Mundo.

4. "He had failed to **advert** to the consequences of his conduct." (Concise Oxford American Dictionary)

Ele não tinha *a) advertido; b) feito referência* às consequências de sua conduta.

---

14 **advice** (subst.) /əd'vaɪs/ rima com *device* (aparelho, dispositivo)

advisable (adj.) /əd'vaɪzəb(ə)l/ rima com *recognizable* (reconhecível)

advise (verbo) /əd'vaɪz/ rima com *unwise* (tolo/a)

advisedly (adv.) /əd'vaɪzədli/ rima com *unwisely* (tolamente)

1. *Advice* é um *uncountable noun*, um substantivo considerado não contável. Não é precedido de artigo indefinido (seria *an*) e não tem forma plural. *Advice* pode ser considerado *false friend*, a sua forma ortográfica pode lembrar "aviso". Mas não é. *Advice* significa conselho, conselhos.

2. E como se diz "aviso", *in English*? Depende do contexto. Se estivermos falando de um documento que transmite uma informação, a palavra é *notice*, ela própria também é *false friend*. Parece a nossa "notícia", mas não é. Cuidaremos desse *notice* quando chegarmos à letra N. Pode esperar, caro *notice*, a sua hora vai chegar...

    Hey, can't you read a **notice**? It says "No Smoking". Isn't that clear?

3. Dizíamos que "aviso" é *notice*. Se no texto que estivermos lendo aparecer um *noticeboard* trata-se, é claro, de um "quadro de avisos". É mais usado no Reino Unido, enquanto nos EUA é mais comum o uso de *bulletin board*.

    The secretary called our attention to a **notice** on the bulletin board/ noticeboard.

4. E quando esse "aviso" tiver a conotação de "problema" ou "perigo", quando ele for sinônimo de "advertência", que palavra usamos, em inglês? Warning.

    "I've warned you before, this is your last **warning**. Do that again and you're fired," the boss said.

5. Voltando ao **advice**. O que ele significa, mesmo? Conselho, conselhos.
   - ▪ **ask/give/take advice:** pedir/dar/aceitar um conselho/conselhos
   - ▪ **seek legal/medical advice:** consultar um advogado/médico

6. OK. E como se diz "um conselho"? ***A word of advice*** ou ***a piece of advice***.

   *I'm your friend, let me give you **a word/piece of advice**. Don't drink so much soda. It isn't good for you.*

7. E como se diz "conselhos"? ***Some advice*** ou simplesmente ***advice***. Sem *s* no final.

   *I'll always remember **some advice** my father used to give me: Need a friend? Pick up a good book and read it. Books are your best friends.*

8. ***Advisable*** é um adjetivo predicativo (não vem antes do substantivo) e significa "aconselhável".

   *It's **advisable** to take an umbrella. It rains a lot in London this time of the year.*

9. ***Advise*** é um verbo (regular) e pode significar:

   a) aconselhar

   *We **advised** the tourists not to go out at night. That area of the town is not really safe.*

   b) assessorar

   *The Minister **advises** the President on economic issues.*

   c) (em linguagem formal ou comercial) avisar, informar

   *Please **advise** us when the goods are ready for shipment.*

10. Em geral, a não ser na linguagem formal ou comercial (letra *c*), acima, ***advise*** não significa "avisar, informar". Como se diz isso, *in English*? Usa-se a expressão *let someone know*.

    *I'm not prepared to do that yet. I'll **let you know** when I'm ready.*

11. E quando "avisar" tiver conotação de problema ou perigo, quando for sinônimo de "advertir"? Você já sabe, é *warn*.

    *The boss had **warned** me so many times... Now I'm looking for a new job.*

12. ***Advisedly*** é um advérbio, significa "deliberadamente, de propósito" (= *deliberately*).

    *They are guilty of genocide and I use that word **advisedly**.*

Escolha a opção que melhor traduz as palavras em destaque nas frases.

1. "The best way to give **advice** to your children is to find out what they want and then **advise** them to do it." (Harry Truman)

A melhor forma de dar a) *avisos;* b) *conselhos* a seus filhos é descobrir o que eles querem e então os a) *avisar;* b) *aconselhar* a fazer isso.

2. *"Wise men don't need **advice**. Fools won't take it." (Benjamin Franklin)*

Os sábios não precisam de a) *conselho;* b) *aviso.* Os tolos não o recebem.

3. *"Where large sums of money are concerned, it is **advisable** to trust nobody." (Agatha Christie)*

Onde estão envolvidas grandes somas de dinheiro, é a) *lamentável;* b) *aconselhável* não confiar em ninguém.

4. *"Don't think I am not homesick for America. I say "homesick" **advisedly** because I am a man with two homes – America, and my native England." (Leslie Howard)*

Não pense que não estou com saudades da América. Eu digo "com saudades" a) *literalmente;* b) *de propósito* porque sou um homem com dois lares – a América e a Inglaterra, onde nasci.

5. *"**Advice** is like snow – the softer it falls, the longer it dwells upon, and the deeper it sinks into the mind." (Samuel Taylor Coleridge)*

Um a) *conselho;* b) *aviso* é como a neve – quanto mais macia cai, mais tempo fica e mais profundamente se instala na mente.

15 agenda /əˈdʒendə/ rima com agenda (em português)

1. ***Agenda*** pode significar:

    a) plano de ação, lista de coisas a fazer ou que precisam ser resolvidas

    *Paying off my debts is at the top of my **agenda**.*

    b) pauta, lista de assuntos a serem discutidos em uma reunião, ou (meio fora de moda) ordem do dia

    *What's on the **agenda**?*

    *The next item on the **agenda** is the question of security.*

    c) plano estratégico, programa de governo

    *Dealing with illegal immigrants has long been on the President's political **agenda**.*

2. ***Set the agenda***: estabelecer prioridades, decidir o que é importante.

    *In a negotiation, you should never let the other fellow **set the agenda**.*

3. Mas ***agenda***, em inglês, não significa "agenda (de papel)", caderno em que uma pessoa registra suas atividades e compromissos diários, que se pode comprar em uma papelaria ou livraria. Isto é (no Reino Unido) *diary.*

4. Além de agenda (de papel), *diary* também pode ser diário, em que a pessoa escreve o que fez em cada dia (como no diário de Anne Frank, publicado com o título de *The Diary of a Young Girl*).
5. Agenda (de papel), nos EUA, pode ter vários nomes: *appointment/engagement book, datebook, planner, organizer*. E também *calendar*, que, além de calendário, folhinha, pode ser agenda (= *appointment/engagement calendar*).
6. E agenda eletrônica é *address book, electronic/personal organizer*.
7. **Hidden agenda** não deve, em geral, ser traduzida como "agenda escondida ou oculta". O sentido desta locução é "plano de ação, razão secreta, carta na manga". Ou, então, em um contexto mais negativo, "segundas intenções, interesses ocultos, inconfessáveis".

> The opposition says there is a **hidden agenda** behind the government's new proposal.

Escolha a opção que melhor traduz as palavras em destaque nestas frases.

1. "My secret **agenda** is to convey my values to my kids." (Robert Fulghum)
Meu/Minha a) plano secreto; b) agenda oculta é transmitir os meus valores aos meus filhos.

2. "Each new day is a blank page in the **diary** of your life." (Douglas Pagels)
Cada novo dia é uma página em branco no a) diário; b) plano da sua vida.

3. "What pleases me most is that sustainable development is on almost everybody's **agenda** now." (Maurice Strong)
O que mais me agrada é que o desenvolvimento sustentável está na a) pauta; b) reunião de quase todo mundo atualmente.

4. "Memory is the **diary** that we all carry about with us." (Oscar Wilde)
A memória é o a) plano; b) diário que cada um de nós carrega consigo.

5. "The horse I bet on was so slow the jockey kept a **diary** of the trip." (Henry Youngman)
O cavalo em que apostei era tão lento que o jóquei escreveu um a) projeto; b) diário de viagem.

---

16 **agonize/agonise** (verbo) /ˈægənaɪz/ rima com *analyze/analyse* (analisar)

agonizing/agonising (adj.) /ˈægənaɪzɪŋ/ rima com *analyzing/analysing* (analisando)

agony (subst.) /ˈægəni/

1. **Agonize** (no Reino Unido também **agonise**) é um verbo (regular) que significa "afligir-se, sofrer angústia ou tortura mental, preocupar-se muito".

    *The doctor said Jane had cancer and had to be operated on. For days the whole family **agonized** over the problem.*

2. Em geral não significa "agonizar, estar em agonia, à morte". Isto é *be at the point of death* ou *be in his/her death throes*.

    *Goethe **was in his death throes** when he said "Light! More light!". Those were his last words.*

3. **Agonizing/Agonising** é um adjetivo, quer dizer "aflitivo/a, angustiante, que causa grande preocupação".

    *Sophie's choice was the most **agonizing** decision of her life.*

4. **Agonizing/Agonising** não significa "agonizante". Isto é *dying*.

    *Goethe's **dying** last words were "Light! More light!"*

5. **Agony** pode significar:

    a) agonia, angústia, tormento, extrema dor física ou mental

    *Mr. and Mrs. Lewis were in terrible **agony** over their son's death in an accident.*

    b) agonia, momento que vem antes da morte

    *It was **agony** to see my father die in **agony**.*

    c) agonia, declínio, lento processo até o fim

    *Professor Parker gave a lecture about the **agony** of the Inca empire.*

Por fim, uma palavra sobre as locuções ***agony aunt/uncle*** (no Reino Unido) = ***advice columnist*** (nos EUA) e ***agony column*** (no Reino Unido) = ***advice column*** (nos EUA). Só por brincadeira podemos achar que se trata da "agonia da tia, ou do tio" ou, pior ainda, "da tia ou do tio da agonia". ***Agony aunt/uncle*** é nome da coluna (em jornal britânico) com respostas a quem escreve ao jornal pedindo conselhos sobre todos os tipos de problemas pessoais. ***Agony column*** não é, portanto, "coluna da agonia" nem "agonia da coluna", mas a seção do jornal em que essas cartas e as respectivas respostas são publicadas.

*Dear Abby is one of the world's favorite **agony columns**.*

***Agony Uncle** by Graham Norton is published on Saturdays, on The Daily Telegraph, London.*

Escolha a opção que melhor traduz as palavras em destaque nestas frases.

1. *"One often learns more from ten days of **agony** than from ten years of contentment." (Harold Coffin)*

Muitas vezes, aprende-se mais em dez dias de *a) agonia, angústia; b) agonia pré-morte* do que em dez anos de contentamento.

2. *"Love, we say, is life; but love without hope and faith is **agonizing** death." (Elbert Hubbard)*

O amor, dizemos, é vida; mas amor sem esperança e fé é morte *a) angustiante; b) agonizante.*

3. *"He who will not economize will have to **agonize**." (Confucius)*

Aquele que não quiser economizar vai ter de muito *a) agonizar; b) se preocupar.*

---

17 alms (subst.) /ɑːmz/ rima com *psalms* (salmos; o *p* não é pronunciado, é mudo)

1. **Alms** é uma palavrinha um tanto traiçoeira, para nós. Primeiro, por causa daquele *s* final, que induz a pensar em substantivo plural. E é. É usado com verbo no plural, mas só em inglês. Em português, a palavra corresponde a um substantivo singular. Segundo, porque lembra a nossa palavra "almas". Mas, vem cá... Nunca você iria cair nessa, né? Sabemos que "almas", em inglês, corresponde a *souls*.

2. Então, o que é mesmo este **alms**? Vamos saber pelo contexto:

   *Some people think it is a religious duty to give **alms** to the poor.*

   Isso mesmo, "esmola": *money, food, or clothes given to poor people.*

Máximo Gorki (1868-1936), pseudônimo de Alexsei Maxsimovitch Peshkov, escritor e ativista político russo, feroz opositor do regime tzarista, era conhecido por suas posições radicais. A respeito do hábito de dar esmolas, Gorki escreveu isto (em russo, naturalmente): *"There is no one on Earth more disgusting and repulsive than the one who gives **alms**. Even as there is no one so miserable as he who accepts them."*

Além da drástica e extremada opinião de Gorki sobre o hábito de dar e receber esmolas, a frase nos serve para falar de nada menos de três *false friends: alms, disgusting* e *miserable*. O primeiro está sendo abordado neste verbete, os outros dois ainda vão ser vistos, na letra D e na letra M. Podem esperar, *disgusting* e *miserable*, a vossa hora vai chegar...

Escolha a opção que melhor traduz as palavras em destaque nestas frases. Na frase 2 aparece de novo *ability*, já vista no verbete 2.

1. "*I know that a man who shows me his wealth is like the beggar who shows me his poverty; they are both looking for **alms** from me; the rich man for the **alms** of my envy, the poor man for the **alms** of my guilt.*" (Ben Hecht)

Eu sei que um homem que me mostra sua riqueza é como o mendigo que me mostra sua pobreza; ambos estão procurando que lhes dê *a) almas; b) esmola*; o rico buscando *a) almas; b) esmola* da minha inveja, o pobre pedindo *a) esmola; b) almas* da minha culpa.

2. "*Even a poor man doesn't ask **alms** unless he sees you have the **ability** to give.*" (Piyush Goyal)

Mesmo que seja pobre, um homem não pede *a) esmola; b) almas* a menos que ele veja que você tem a *a) habilidade; b) capacidade* de dar.

---

18 alphabetize/alphabetise (verbo) /ˈælfəbətaɪz/ rima com *popularize/popularise* (popularizar)

alphabetized/alphabetised (adj.) /ˈælfəbətaɪzd/ rima com *popularized/popularised* (popularizado/a)

1. ***Alphabetize*** (no Reino Unido também ***alphabetise***) é um verbo (regular) que significa "organizar, pôr (palavras, livros etc.) em ordem alfabética". Não significa "alfabetizar". Isto é "*teach (someone) to read and write*".

    We have **alphabetized** the list of false friends in this book.

    The librarian **alphabetized** the books on the shelves, from A to Z.

2. ***Alphabetized/Alphabetised*** é um adjetivo que significa "organizado/a em ordem alfabética". Não quer dizer "alfabetizado/a", que é "*literate, able to read and write*".

    What percentage of the Brazilian population is **literate**?

Escolha a opção que melhor traduz as palavras em destaque neste trecho.

"*Richard's books weren't **alphabetized**. He never had time to **alphabetize** them. He was always too busy, looking for books he couldn't find.*" (Martin Amis)

Os livros do Richard não eram *a) alfabetizados; b) organizados em ordem alfabética*. Ele nunca tinha tempo para *a) os alfabetizar; b) os pôr em ordem alfabética*. Sempre estava ocupado demais, procurando livros que não conseguia encontrar.

19 amass (verbo) /əˈmæs/ rima, na pronúncia dos EUA, com *surpass* (superar)

1. **Amass** é um verbo (regular) que significa "acumular, juntar, reunir, coletar", sinônimo de *accumulate*.

   > By the time he was 16, Warren Buffett had already **amassed** an immense fortune.

   > That newspaper has **amassed** a wealth of information about those scandals.

2. **Amass** não significa "amassar". Isto é:

   a) (pão) *knead*
   b) (batatas) *mash*
   c) (argamassa) *mix*
   d) (papel) *crumple up*
   e) (roupa) *crease, crumple*
   f) (carro – pouco) *dent*
   g) (carro – muito) *smash up*

Escolha a opção que melhor traduz as palavras em destaque nestas frases.

1. "Misers are very kind people: they **amass** wealth for those who wish their death." (Stanislaw Leszczyinski)

Os avarentos são muito gentis: eles a) amassam; b) acumulam riqueza para os que desejam que eles morram.

2. "Our knowledge is the **amassed** thought and experience of innumerable minds." (Ralph Waldo Emerson)

O nosso conhecimento é o pensamento e a experiência a) amassados; b) acumulados de inúmeras mentes.

---

20 amount (subst.) /əˈmaʊnt/ rima com *account* (conta)

amount to (locução verbal)

1. **Amount** é um substantivo, sinônimo de *quantity*, significa "quantidade". Em inglês observa-se com rigor a distinção entre o uso das palavras que indicam "quantidade": **amount** ou *quantity* e o da palavra que indica "número": *number*.

2. **Amount** e *quantity* vêm antes de *uncountable nouns*, substantivos considerados não contáveis, sem forma plural:

   > A large/small **amount** of money, time, food, salt, work, air, water, sugar, courage, patience etc.

3. *Number* vem antes de *countable nouns*, substantivos contáveis, usados no plural:

    A large/small number of houses, factories, cars, books, mistakes, times, people, children, animals etc.

4. **Amount** também pode significar "quantia, quantidade de dinheiro".

    *The restaurant bill came to an exorbitant **amount**, and we just couldn't pay for the dinner.*

5. **Amount** é um verbo (regular) seguido da preposição *to*, e pode significar:

    a) chegar a, totalizar

    *The hotel bill **amounted to** one thousand dollars.*

    b) ser o mesmo que, equivaler a, ser igual a

    *The enemy's answer **amounted to** a declaration of war.*

    *I'm not going to quit. Giving up now would **amount to** failure, and I'm not going to fail.*

6. **Amount to** é usado em expressões de sentido negativo, como:

    ▪ **not amount to much:** não ser tão importante, não dar em grande coisa.

    *The government's proposal **didn't** really **amount to much**.*

Isso nos lembra a conhecida frase da professora de Thomas Alva Edison. Segundo a lenda, na escola primária o jovem Edison era um aluno, digamos, nada brilhante, quase medíocre:

*"You **will never amount to anything**, Tom!"*

A realidade futura acabou provando que a professora errou nessa previsão mais de 1.000 vezes, o número de ideias brilhantes do inventor, de novo segundo a lenda.

---

7. **Amount** não deve ser confundido com "amontoar", que é *heap (up)* ou *pile (up)*.

    *George never alphabetized his books, he didn't even organize them. He just **heaped** them **up** in the corner of the room, a total mess!*

Escolha a opção que melhor traduz a palavra em destaque nestas frases.

1. "The price of anything is the **amount** of life you exchange for it." (Henry David Thoreau)

O preço de qualquer coisa é a *a)* quantidade; *b)* qualidade de vida que você dá em troca.

*2. "A certain **amount** of opposition is a great help to a man. Kites rise against the wind, not with it." (Lewis Mumford)*

Uma certa a) quantidade; b) quantia de oposição ajuda muito um homem. As pipas sobem contra o vento, e não quando ele está a favor.

---

21 anecdote (subst.) /ˈænɪkdoʊt/ rima com *right to vote* (direito de votar)

O substantivo **anecdote** significa "anedota". Mas, ao contrário do que uns pensam, uma anedota nem sempre é o mesmo que "piada". **Anecdote** é um caso pessoal (também chamado **personal anecdote**), um causo, uma história, em geral engraçada ou curiosa, algo que de fato aconteceu ou se pensa ter acontecido com alguém, às vezes uma celebridade. Por isso **anecdote** nem sempre é o mesmo que *joke*, esta sim, uma piada, uma história inventada, para fazer rir.

*That book is a collection of **anecdotes** involving great people like Winston Churchill, Lincoln, Gandhi, Marie Curie and many others.*

Escolha a opção que melhor traduz as palavras em destaque nestas frases.

*1. "I don't know how to tell a **joke**. I never tell **jokes**. I can tell stories that happened to me – **anecdotes**. But never a **joke**." (Lucille Ball)*

Eu não sei contar uma a) anedota; b) piada. Eu nunca conto a) anedotas; b) piadas. Eu sei contar histórias que aconteceram comigo – a) anedotas; b) piadas. Mas nunca uma a) anedota; b) piuda.

*2. "As we grow older, our bodies get shorter and our **anecdotes** longer." (Robert Quillen)*

Com a idade, nossos corpos encolhem e nossas a) piadas; b) anedotas espicham.

---

22 anniversary (subst.) /ˌænɪˈvɜː(r)s(ə)ri/ a sílaba tônica é a terceira: anniVERSary

1. ***Anniversary*** refere-se à passagem de um ano de um certo acontecimento, com muita frequência ao aniversário de casamento, mas não da data em que a pessoa nasceu.

    ■ **(wedding) anniversary:** aniversário de casamento
    ■ **golden/silver anniversary:** bodas de ouro/prata

2. Para aniversário natalício, todo mundo sabe, usa-se *birthday*.

    ■ **birthday party:** festa de aniversário natalício

---

30   DICIONÁRIO E PRÁTICA DE *FALSE FRIENDS*

> *Karl Marx was born on May 5th, 1818. It was his **birthday**, in Trier, Germany.*
>
> *On May 5th, 2018, Communist followers commemorated the 200th **anniversary** of his birth. (The Economist, May 5th-11th 2018)*

Escolha a opção que melhor traduz as palavras em destaque nesta frase.

"**Anniversaries** are like **birthdays**: occasions to celebrate and to think ahead, usually among friends with whom one shares not only the past but also the future." (Zbigniew Brzezinski)

Os a) aniversários natalícios; b) aniversários de casamento são como os a) aniversários natalícios; b) aniversários de casamento: ocasiões para celebrar e pensar adiante, em geral entre amigos com os quais você partilha, não somente o passado, mas também o futuro.

---

23 annotate (verbo) /ˈænəteɪt/ rima com *animate* (animar)
annotated (adj.) /ˈænəteɪtɪd/ rima com *animated* (animado/a)
annotation (subst.) /ˌænəˈteɪʃ(ə)n/ rima com *animation* (animação)

1. O verbo (regular) **annotate** significa "anotar, comentar, explicar" (em texto, ensaio, livro, desenho, diagrama).

    *Professor Jones **annotated** my essay at several places.*

2. Para dizer "anotar", no sentido de "registrar, tomar nota de, para não esquecer", usamos *note/take/write down*.

    *Please give me your email address. I need to **note/take/write** it **down**.*

    *It all happened in a flash. I had no time to **note/take/write down** the other car's license number.*

3. *Annotated* é o adjetivo "anotado/a, comentado/a, explicado/a". Uma **annotated edition** é uma edição comentada.

    ***Annotated editions** of Shakespeare's plays make them more accessible to students.*

4. *Annotation* é o substantivo dessa família. Em um texto, livro, diagrama, esquema, uma **annotation** é uma nota, um comentário, uma explicação.

    *The **annotations** next to the diagram make it easier to understand.*

5. E o termo usado para "anotação" é o substantivo ***note***.

    ■ fazer anotações: **take notes**

Escolha a opção que melhor traduz as palavras em destaque nestas frases.

1. "If you **annotate** written work or a diagram, you add notes to it, especially in order to explain it." (https:www.collinsdictionary.com/)

DICIONÁRIO E PRÁTICA DE *FALSE FRIENDS*

Se você a) *anota, comenta;* b) *anota, registra* um trabalho escrito ou diagrama, você acrescenta notas, especialmente para o explicar.

2. "The revised edition of the book includes many useful **annotations**." (sentencedict.com/)

A edição revisada do livro inclui muitas a) *anotações, explicações;* b) *anotações, lembretes* úteis.

24 announce (verbo) /əˈnaʊns/ rima com *pronounce* (pronunciar)

announcement (subst.) /əˈnaʊnsmənt/ rima com *pronouncement* (pronunciamento)

1. O verbo **announce** é regular e pode ser traduzido por "anunciar" em várias acepções:

   a) comunicar, revelar, dar a conhecer

   *The name of the winner will soon be **announced**.*

   *They **announced** that the royal princess is expecting a new baby.*

   b) comunicar ao público, em geral pelo sistema de som

   *They have **announced** our flight three times now. This is the last call.*

   c) comunicar com antecedência, prenunciar, ser o indício de

   *The flight of the swallows in April or May **announces** the arrival of springtime in Portugal.*

2. Mas, no sentido de "anunciar, divulgar por meio de anúncio, em jornal, revista, TV etc.", **announce** não é usado. Neste sentido ele é um *false friend*. E como se diz "anunciar", nesse sentido? *Advertise*.

   *Coca-Cola is known all over the world, but they never stop **advertising** their products.*

3. ***Announcement*** é o substantivo dessa família. Significa "comunicação, pronunciamento". Quando o pronunciamento é oficial (*an official announcement*), em linguagem formal usa-se *pronouncement*.

   *Cristiano Ronaldo stunned his fans with the **announcement** that he was quitting Real Madrid.*

   *The President is going to make an important **pronouncement** on TV tonight.*

4. ***Announcement*** não significa "anúncio, mensagem publicitária ou de venda". Isto é ***advertisement***, ou a forma abreviada ***ad***, ou (no Reino Unido) ***advert*** ou ainda, na TV ou no rádio, ***commercial***.

   *We put an **ad** on the local newspaper to sell our car, but there were no buyers.*

Escolha a opção que melhor traduz as palavras em destaque nestas frases.

1. "I've got some news. I'm delighted to **announce** that Simon and I are expecting our first child together." *(Adele)*

Tenho notícias. Estou feliz em a) anunciar, informar; b) anunciar, predizer que Simon e eu estamos esperando nosso primeiro filho.

2. "We read **advertisements** to discover and enlarge our desires. We are always ready – even eager – to discover, from the **announcement** of a new product, what we have all along wanted without really knowing it." *(Daniel J. Boorstin)*

Nós lemos a) anúncios; b) avisos para descobrir e aumentar nossos desejos. Estamos sempre prontos – até mesmo ansiosos – para descobrir, a partir a) da divulgação; b) do aviso de um novo produto, que o tempo todo nós o queríamos, sem mesmo saber disso.

25 anthem (subst.) /ˈænθəm/

1. ***Anthem*** significa:

   a) hino cívico, canção-símbolo

   ▪ hino nacional: **national anthem**

   "God Save the Queen" is the national **anthem** of the United Kingdom.

   "Imagine", a song composed by John Lennon, has become the **anthem** of international dreamers and peace lovers.

   b) hino religioso: *hymn*

   Edward Elgar's "Great Is the Lord" is one of the most celebrated **anthems**.

2. ***Anthem*** nada tem a ver com "antena", que é:

   a) antena de rádio ou TV: (no Reino Unido) *aerial*; (nos EUA) *antenna*

   b) antena parabólica: *satellite dish*

   c) (de inseto, lagosta, siri etc.): *antenna, feeler*

E agora, só por curiosidade, como se diz "antenado"? Uma pessoa "antenada, atenta, bem informada sobre o que acontece à sua volta", como se diz isso? *Tuned in.*

As a Brazilian political journalist, Elio Gaspari has to be **tuned in** to the latest developments in Brasília.

Escolha a opção que melhor traduz a palavra em destaque nesta frase.

"I love traditions, and the national **anthem** is important." *(Kate Mara)*

Eu amo tradições e a/o a) antena; b) hino nacional é importante.

26 anticipate (verbo) /æn'tɪsɪpeɪt/ rima com *animate* (animar)

anticipation (subst.) /æn͵tɪsɪ'peɪʃ(ə)n/ rima com *animation* (animação)

1. ***Anticipate*** é um verbo (regular) que pode significar:
    a) esperar, ter a expectativa de
        We **anticipate** getting to Rome at 9 a.m. That's our arrival time.
        We don't **anticipate** having problems with the traffic, but you never know...
        It's my birthday and I **anticipate** a call from my friends.
    b) prever, preparar-se para o que virá
        The teacher knows he has to prepare his lesson carefully and **anticipate** some of the questions the students will ask.
        As **anticipated**, they asked him a few questions about those issues.
    c) esperar com prazer, estar na expectativa de algo agradável
        We eagerly **anticipated** the day we would leave on vacation.
    d) (formal) antecipar-se a, fazer algo antes de outro
        The secretary **anticipated** the president, and before he could fire her, she handed in her letter of resignation.

2. ***Anticipate*** não é usado no sentido de "antecipar, fazer ou trazer algo para antes do tempo previsto", o contrário de "adiar". Este sentido é dado por *advance* ou *bring forward*.
        The date of the wedding has been **advanced/ brought forward** by one month.

3. ***Anticipation*** é o substantivo dessa família. Pode significar:
    a) ação preventiva
        They hired one more salesperson in **anticipation** of good Christmas sales.
    b) expectativa prazerosa
        We look forward with **anticipation** to our vacation.

4. Para dizer "antecipação", em termos de tempo, usamos *ahead of time*.
        They finished building the house two months **ahead of time**.

> Escolha a opção que melhor traduz as palavras em destaque nestas frases. Na frase 2 você vai reencontrar *announce*, vista no verbete 24.
>
> 1. "Nobody knows what **anticipation** is anymore. Everything is so immediate." (Joan Jett)
>
> Ninguém sabe mais o que é a) antecipação; b) expectativa. Tudo é tão imediato.

2. *"I now **announce** myself as candidate for the Presidency. I **anticipate** criticism, but however unfavorable I trust that my sincerity will not be called into question." (Victoria Woodhull)*

Agora eu *a) anuncio; b) renuncio* a minha candidatura à Presidência. Eu *a) anuncio; b) espero* que haja críticas mas, por mais desfavoráveis que sejam, espero que a minha sinceridade não seja posta em dúvida.

3. *"Do not **anticipate** trouble or worry about what may never happen. Keep in the sunlight." (Benjamin Franklin)*

Não *a) se antecipe a; b) fique na expectativa de* encrenca ou se preocupe com o que pode nunca vir a acontecer. Mantenha-se ao sol.

4. *"The moon I see now is the same moon I saw before. Except that before when I looked at it, it was in **anticipation** of what it would be like when I got there. That's behind me now." (Buzz Aldrin)*

A lua que eu vejo agora é a mesma que eu via antes. Exceto pelo fato de que antes, quando eu olhava para ela, era na *a) expectativa; b) antecipação* de como ela seria quando eu chegasse lá. Tudo isso é coisa do passado para mim agora.

Essa última frase é melhor apreciada quando nos lembramos que Buzz Aldrin foi, junto com Neil Armstrong, um dos astronautas americanos que pousaram na lua em 1969.

27 antique (subst. e adj.) /ænˈtiːk/ rima com *unique* (sem igual, sem par)

antiquity (subst.) /ænˈtɪkwɪti/ rima com *ubiquity* (ubiquidade, onipresença)

1. Como adjetivo ***antique*** significa "antigo/a".

    *Pedro is a photographer and a collector of **antique** cameras.*

2. Como substantivo ***antique*** pode significar "antiguidade" no sentido concreto: objeto antigo, raro, a que se atribui valor artístico ou cultural.

    *Mr. Williams's car is an **antique**, but he never drives it.*

    *Mr. Williams owns an **antique** shop.* (= antiquário, loja de antiguidades)
    *He is an **antique** dealer.* (= antiquário, pessoa que coleciona ou vende antiguidades).

3. O substantivo ***antique*** não significa "antiguidade" no sentido abstrato, o período histórico, a época desde o nascimento das mais antigas civilizações até a queda do Império Romano. Isso é *antiquity*.

    *The pyramids of Egypt belong to **antiquity**.*

4. **Antiquity** (sem forma plural) significa "antiguidade" no sentido abstrato: qualidade, estado ou condição de antigo, tempo de existência, serviço ou uso.

    *The eyes indicate the **antiquity** of the soul. (Ralph Waldo Emerson)*

5. **Antiquity** (agora com forma plural: ***antiquities***) é também usado quando falamos de algo que data da Antiguidade.

    *That museum has a large collection of **antiquities** from ancient Rome and Greece.*

> Por falar em ***antiquities*** há uma historinha interessante, na verdade uma saborosa ***anecdote*** (*remember* o verbete 21?) que se conta sobre Agatha Christie. A escritora casou-se em segundas núpcias com Max Mallowan, um arqueólogo inglês quatorze anos *her junior* (mais jovem) do que ela. Ficou famosa uma frase da escritora, quando, em uma entrevista, falou-se da diferença de idade entre eles. Agatha Christie disse, então, *"The good thing about being married to an archaeologist, a specialist in **antiquities**, is that the older you get the more interested in you he becomes."* A criatividade da autora floresce mesmo quando ela própria é o alvo da gozação.

Escolha a opção que melhor traduz as palavras em destaque nestas frases.

1. *"I'm the oldest **antique** in town." (Norman Rockwell)*

Sou a mais antiga a) loja de antiguidades; b) antiguidade que há nesta cidade.

2. *"The **antiquity** and general acceptance of an opinion is not assurance of its truth." (Pierre Bayle)*

A a) antiguidade, tempo de existência; b) antiguidade, objeto antigo e aceitação geral de uma opinião não garantem que essa opinião corresponda à verdade.

28 apathetic (adj.) /ˌæpəˈθetɪk/ rima com *sympathetic* (compreensivo/a; solidário/a)

1. **Apathetic** significa "apático/a, que sofre de apatia" (= *apathy*). A palavra sugere indiferença, falta de emoção, sentimento, interesse, energia, animação.

    *The American voter is often called **apathetic**. Half of the adult population fails to vote in major elections.*

2. Mas cuidado! Se tirarmos o *a* inicial, teremos *pathetic* e isso pode nos levar a cometer um *pathetic error*. *Pathetic* significa patético/a.

*After two months in solitary, the prisoner was a **pathetic** figure.*

*George gave the teacher a **pathetic** excuse for not having done the homework.*

Escolha a opção que melhor traduz a palavra em destaque neste trecho do diário de Kafka.

*"April 27. Incapable of living with people, of speaking. Complete immersion in myself, thinking of myself. **Apathetic**, witless, fearful. I have nothing to say to anyone – never." (Franz Kafka)*

27 de abril. Incapaz de conviver, de falar. Completa imersão em mim mesmo, pensando só em mim. *a)* Patético; *b)* Apático, estúpido, cheio de medo. Não tenho nada a dizer aos outros – nunca.

29 apologize/apologise (verbo) /əˌpɑːləˈdʒaɪz/ rima com *socialize/socialise* (socializar(-se))

apology (subst.) /əˈpɑːlədʒi/ rima com *sociology* (sociologia)

1. O verbo ***apologize*** (no Reino Unido também ***apologise***) é regular e significa "pedir desculpas".

   *If I hurt your feelings, I **apologize**. My sincere **apologies**.*

2. ***Apology*** é substantivo (plural: ***apologies***), significa "pedido de desculpas".

   *I'm sorry, I owe you an **apology**. I didn't mean to hurt your feelings. My sincere **apologies**.*

   ■ **make/demand an apology**: pedir/exigir desculpas

3. Em português, entretanto, o sentido de "apologia" é "defesa ou elogio, louvor de uma pessoa, ideia, atividade". E como se diz isso, em inglês? *Eulogy*.

   *In his **eulogy**, Matthew spoke emotionally in praise of his dead friend.*

Escolha a opção que melhor traduz as palavras em destaque nestas frases.

1. *"It is a good rule in life never to **apologize**. The right sort of people do not want **apologies**, and the wrong sort take a mean advantage of them." (P. G. Wodehouse)*

É uma boa regra na vida nunca *a)* desculpar; *b)* pedir desculpas. As pessoas certas não querem *a)* apologias; *b)* pedidos de desculpas, e as erradas aproveitam-se deles/delas de forma mesquinha.

2. *"Right actions in the future are the best **apologies** for bad actions in the past." (Tryon Edwards)*

Ações corretas no futuro são os/as melhores a) *pedidos de desculpas;* b) *apologias* por más ações no passado.

3. *"Friends are God's **apology** for relations."* (Hugh Kingsmill)

Os amigos são um a) *elogio;* b) *pedido de desculpas* feito por Deus por nos ter dado os parentes.

30 appellation (subst.) /ˌæpə'leɪʃ(ə)n/ rima com *constellation* (constelação)

Appellation deriva do latim *appelare* (chamar) e do verbo francês *appeler* (chamar-se, ter o nome de). Se, em um sonho bom, perguntarmos a Madame Deneuve o nome dela, a resposta virá em francês, naturalmente: *"Je m'appele Catherine."* Agradecemos ao provedor dos bons sonhos pela oportunidade, entregamos a ela o caderninho de autógrafos, pegamos a preciosa assinatura e saímos dali felizes, entendendo que *"s'appeler"* é ter um determinado nome, ser chamado ou conhecido por aquele nome. Que pena que foi só um sonho. Cadê o autógrafo?

1. ***Appellation*** também vem do francês, é o substantivo que corresponde a esse verbo, logo, significa:
   a) nome, título ou apelido
   *When he was a boy, he received the **appellation** "Pelé".*
   b) (nome geográfico) designação de uma região demarcada
   *Douro is one of the most famous **appellations** of Portuguese wines.*

2. ***Appellation*** não significa "apelação" no sentido jurídico, recurso. Isso é *appeal.*
   *My lawyer decided that we should file for an **appeal**. The case went to the Court of **Appeals**.*

3. ***Appellation*** também, de modo algum pode ser o nosso "apelação", termo popular que expressa "uso de expediente ou meio indevido para conseguir algo". Isso é muito feio e chama-se *cheating.*
   *Neymar tried to fool the referee, but it wasn't really a penalty. It was just **cheating**.*

Escolha a opção que melhor traduz a palavra em destaque neste trecho.

*"True friendship is a plant of slow growth, and must undergo and withstand the shocks of adversity, before it is entitled to the **appellation**."* (George Washington)

A verdadeira amizade é uma planta de crescimento lento e tem de sofrer e resistir aos choques da adversidade, antes de poder fazer jus à/ao
a) apelação; b) nome.

---

31 **applicant** (subst.) /'æplɪkənt/ rima com *supplicant* (suplicante; requerente)

application (subst.) /ˌæplɪ'keɪʃ(ə)n/ rima com *supplication* (súplica; requerimento)

apply (verbo) /ə'plaɪ/ rima com *bye-bye* (adeus)

1. Modernamente, há entre alguns de nós uma tendência ao uso de "aplicação" e "aplicar" quando falamos, por exemplo, de um pedido de vaga em universidade ou de uma bolsa de estudos. **Application** e **apply** estão na base desse anglicismo, infelizmente cada vez mais comum no Brasil. Vamos começar observando o substantivo **applicant**.

2. *Applicant* significa "requerente, pretendente, candidato/a (a emprego, vaga em universidade, bolsa de estudos, visto, empréstimo etc.)".
   *How many job **applicants** did you interview?*

3. *Applicant* não significa "aplicante, aplicador(a), pessoa que faz aplicações, principalmente aplicações financeiras". Isso é *investor*.

4. *Application*, substantivo, pode significar:
   a) requerimento, pedido (de emprego, bolsa, admissão à faculdade ou universidade, visto, empréstimo)
   - **an application for financial aid:** um pedido de ajuda financeira
   - **an application for a job:** um pedido de emprego

   *The university welcomes **applications** from new students.*

   b) (também **application form**) formulário de requerimento ou inscrição
   *I filled out the **application** and handed it to the secretary.*

   c) (formal) aplicação, atenção, dedicação
   *Jane succeeded by **application** to her studies.*

   d) aplicação prática, uso
   *Dr. Watson spoke about the practical **applications** of his method.*

   e) aplicativo, software, programa de computador
   *WhatsApp is one of the **applications** currently running in our cell phones.*

5. *Application* não significa "aplicação financeira". Isso é *investment*.
   *Warren made a lot of money by smart **investment** in the stock market.*

6. E como se diz "aplicação da lei"? Isso é *law enforcement*.

   *Detective Shaw works in **law enforcement**.*

7. ***Apply*** é um verbo (regular: ***applied** – **applied***), que pode significar:

   a) (com *to*) aplicar-se (a), ser aplicável (a)

   *The law **applies to** all.*

   b) (com *for*) requerer, pedir, candidatar-se a (emprego, cargo, vaga, bolsa de estudos, visto, empréstimo)

   *Ted has **applied for** a scholarship at Berkeley University.*

   c) aplicar, usar (força, tinta, creme, loção, batom etc.)

   *You have to **apply** force to open that door.*

   *The house painter **applied** a new coat of paint to the wall.*

   d) (com *myself, yourself* etc.) aplicar-se, esforçar-se

   *Jane **applied herself** to her studies and graduated from Harvard University.*

8. ***Apply*** não se usa para "aplicar em ações etc., fazer aplicações financeiras". Isso é *invest*.

   *My uncle **invests** his money by buying and selling stocks and shares.*

Escolha a opção que melhor traduz as palavras em destaque nestas frases.

1. "*My powers are ordinary. Only **my application** brings me success.*" (Isaac Newton)

Meus poderes não têm nada de extraordinário. Só a) a minha aplicação, o meu esforço; b) o meu requerimento me traz sucesso.

2. "*We tell **applicants**, "If you don't intend to stay here for life, you needn't **apply**".*" (S. Truett Cathy)

Nós dizemos aos a) aplicadores; b) candidatos, "Se vocês não pretendem ficar aqui para sempre, não precisam nem a) aplicar; b) se candidatar".

3. "*I don't remember writing anything until I wrote my college **application**.*" (Tony Gilroy)

Eu não me lembro de escrever nada até que escrevi a) a minha aplicação; b) o meu requerimento de admissão à faculdade.

4. "*I don't have a visa for the United States, and I don't want to **apply for** one. And I don't want to fly for that long.*" (Jean-Luc Godard)

Eu não tenho um visto para os Estados Unidos, e não quero a) pedir; b) aplicar por um. E não quero viajar de avião por tanto tempo.

5. "*The techniques I developed for studying turbulence, like weather, also **apply** to the stock market.*" (Benoit Mandelbrot)

As técnicas que desenvolvi para estudar a turbulência, como a do tempo atmosférico, também *a) se aplicam b) são candidatas* à Bolsa de Valores.

---

32 appoint (verbo) /əˈpɔɪnt/ rima com *anoint* (ungir)

appointment (subst.) /əˈpɔɪntmənt/ rima com *disappointment* (desapontamento, decepção)

1. ***Appoint*** é um verbo (regular) que pode ter estas acepções:
    a) escolher oficialmente, nomear (para cargo etc.)
       He was **appointed** director of the company.
    b) marcar, fixar (data, lugar)
       They have **appointed** a new date for the trial, June 20th.

2. Mas ***appoint*** não significa "apontar", nas seguintes acepções:
    a) indicar, mostrar com o dedo. Isso é *point (at/to/towards)*.
       The waiter **pointed at** our table in the restaurant.
       My mother always told me it's rude to **point**, children shouldn't **point**.
    b) mostrar a direção. Isso é *point*.
       A compass needle **points** north.
    c) indicar, parecer ser verdade. Isso é *point to*.
       The police are investigating and all evidence **points to** suicide.
    d) direcionar (arma de fogo) para um certo alvo. Isso é *aim/point at*.
       The police officer **aimed/pointed** a gun **at** the suspect.
    e) fazer apontamento, registrar por escrito, anotar. Isso é *note/take/write down*.
       Did anybody **write down** the car license plate?
    f) aguçar, fazer a ponta de (lápis). Isso é *sharpen*.
       Can you **sharpen** my pencil, please? It's blunt.

3. ***Appointment*** é o substantivo da família de ***appoint***. Ele pode significar:
    a) compromisso, encontro com hora marcada
       I have an **appointment** with the doctor at 3 o'clock this afternoon.
    b) nomeação para um cargo
       Those judges get their jobs by **appointment**, not by election.

    ▪ **appointment/engagement book:** agenda, caderno para anotar compromissos (EUA = *diary* no Reino Unido)

■ **by appointment only:** só com hora marcada

4. *Appointment* é um *false friend* quanto a "apontamento, anotação". Para esse sentido usamos *note*.

   *I took some **notes** during Professor Parker's lecture.*

   *I'll just take a **note** of your name and address.*

Escolha a opção que melhor traduz as palavras em destaque nestas frases.

1. "Opportunity doesn't make **appointments**, you have to be ready when it arrives." (Tim Fargo)

A oportunidade não trabalha com *a) apontamentos; b) encontros com hora marcada*, você tem de estar pronto quando ela chega.

2. "Every time I **appoint** someone to a vacant position, I make a hundred unhappy and one ungrateful." (Louis XIV)

Cada vez que eu *a) nomeio; b) aponto* alguém para um cargo que está vago, faço uma centena de descontentes e um ingrato.

3. "Chocolate is cheaper than therapy, and you don't have to make an **appointment**." (anonymous)

O chocolate é mais barato do que terapia e você não tem de marcar *a) um apontamento; b) uma consulta*.

4. "We hang the petty thieves and **appoint** the great ones to public office." (Aesop)

Nós enforcamos os ladrões de galinhas e *a) apontamos; b) nomeamos* os ladrões de fortunas para cargos públicos.

---

33 **appraise** (verbo) /əˈpreɪz/ rima com *praise* (elogiar)

appreciate (verbo) /əˈpriːʃieɪt/ rima com *accumulate* (acumular)

appreciation (subst.) /əˌpriːʃiˈeɪʃ(ə)n/ rima com *accumulation* (acúmulo)

1. *Appraise* é um verbo (regular) que significa "avaliar, fazer a avaliação de".

   *Our neighbors are going to have their house **appraised** as they intend to sell it.*

   *They have **appraised** the present political situation and are thinking of living abroad.*

2. ***Appraise*** nada tem a ver com "apreciar", que é *appreciate*, como vamos ver abaixo. E não deve ser confundido com *apprise*, que significa "informar".

   *Please keep me **apprised** of any new developments.*

3. ***Appreciate*** é um verbo regular. Significa "apreciar", em vários sentidos:

   a) dar valor a, ter apreço por, estimar

   *I like to go to that restaurant as I really **appreciate** good service.*

   b) agradecer, ser grato/a ou reconhecido/a a

   *All contributions are **appreciated**.*

   *Thanks for calling. I **appreciate** it.*

   c) gostar de, reconhecer a qualidade de, ter prazer com

   *We certainly **appreciate** good music when we hear it.*

   d) valorizar, crescer em valor

   *I hope those investments **appreciate** over time.*

   e) distinguir, discernir

   *Experience has taught me to **appreciate** the difference between right and wrong.*

   f) estar ciente de, ter consciência de, perceber, dar-se conta de (= *realize*)

   *They don't seem to **appreciate** the complexity of the problem.*

4. Mas *appreciate* não significa "apreciar" no sentido de avaliar o valor de (casa, joia, quadro etc.). Para isso usamos *appraise*.

   *The art dealer **appraised** the painting that had belonged to my grandfather at one thousand dollars.*

5. ***Appreciation*** é o substantivo, corresponde a "apreciação", em vários sentidos:

   a) gratidão, reconhecimento

   *This little gift is just a token of our **appreciation** for your help.*

   b) consciência, entendimento, percepção

   *They simply don't have an **appreciation** of the complexity of the problem.*

   c) valorização, aumento de valor

   ***Appreciation** is the objective of most investors.*

6. Mas *appreciation* não significa "apreciação" no sentido de avaliação de valor. Isso é *appraisal*.

   *He made a quick **appraisal** of the painting and said it was worth one thousand dollars.*

Escolha a opção que melhor traduz as palavras em destaque nestas frases. Na frase 1 você reencontrará *antiquity*, vista no verbete 27.

1. "To **appreciate** present conditions, collate them with those of **antiquity**." (Basil Bunting)

Para a) *apreciar, dar valor a;* b) *apreciar, ter prazer com* as condições atuais, confronte-as com as da a) *antiguidade, tempo de existência;* b) *Antiguidade, período histórico.*

2. "I do believe that if you haven't learnt about sadness, you cannot **appreciate** happiness." (Nana Mouskouri)

Eu realmente acredito que, se você não tem a experiência da tristeza, não consegue a) *dar valor à;* b) *agradecer à* felicidade.

3. "With age comes the understanding and **appreciation** of your most important asset, your health." (Oprah Winfrey)

Com a idade chega a compreensão e a) *valorização;* b) *avaliação* do nosso bem mais importante, a saúde.

34 approach (subst. e verbo) /əˈproʊtʃ/ rima com *cockroach* (barata)

1. **Approach**, como substantivo, pode significar:

    a) aproximação

    *The thieves heard the **approach** of a police car and fled.*

    *With the **approach** of summer, the sale of air conditioners increases.*

    b) abordagem, método, maneira de tratar certo assunto

    *We need a new **approach** to technology in education.*

    *Zeca Baleiro sang enthusiastically about his **approach**.*

> Em "Samba do **Approach**", um dos maiores sucessos de Zeca Baleiro, o cantor e compositor brinca com a mania do uso de estrangeirismos, começando assim, "Venha provar meu *brunch/* Saiba que eu tenho *approach/* Na hora do *lunch/* Eu ando de *ferryboat*. (...)" É claro que o artista não tem pedantes pretensões linguísticas nem, nesse caso, nenhum compromisso com a precisão fonética, mas vem cá... Rimar *approach* com *ferryboat* só é permitido a quem tem uma generosa licença poética, como o nosso Zeca Baleiro.

2. **Approach**, como verbo, é regular e significa:

    a) aproximar-se de

    *My father is very active for a man **approaching** ninety years old.*

    *As the train **approached** the station, most of the passengers prepared to leave.*

b) abordar

"Keep your smile when **approaching** a potential customer" is an obvious rule among storekeepers.

Escolha a opção que melhor traduz a palavra em destaque nestas frases.

1. "The obstacles you face are mental barriers which can be broken by adopting a more positive **approach**." (Clarence Blasier)

Os obstáculos que enfrentamos são barreiras mentais que podem ser quebradas se adotarmos uma a) abordagem; b) aproximação mais positiva.

2. "Never **approach** a bull from the front, a horse from the rear or an idiot from any direction." (anonymous)

Nunca a) se aproxime de; b) ataque um touro pela frente, um cavalo pela retaguarda ou um idiota por qualquer direção.

---

35 apt (adj.) /æpt/ rima com *rapt* (total, exclusivo/a; extasiado/a)

1. **Apt** é um adjetivo que pode significar:

   a) apropriado/a, adequado/a

   *Snooze is an **apt** name for a cat.*

   b) (com *to*) propenso/a (a), com tendência (para/a)

   *Cats are **apt** to spend most of the time sleeping.*

   c) inteligente

   *But no one can deny that cats are **apt** animals.*

2. **Apt** não significa "apto/a, habilitado/a, capaz". Isto é *able, capable, qualified*.

   *Camila is a lawyer and she is perfectly **able** to give an opinion on the matter.*

Escolha a opção que melhor traduz a palavra em destaque nestas frases.

1. "A man who trusts nobody is more **apt** to be the kind of man nobody trusts." (Harold MacMillan)

Um homem que não confia em ninguém é mais a) apto; b) propenso a ser o tipo de pessoa em quem ninguém confia.

2. "I'm more **apt** to cry at something beautiful than at something sad." (Teller)

Eu sou mais a) *inclinado;* b) *apto* a chorar por causa de algo belo do que algo triste.

36 **arbor/arbour** (subst.) /ˈɑː(r)bə(r)/ rima com *harbor/ harbour* (porto)

1. Nos EUA escreve-se **arbor**; no Reino Unido, **arbour**. Rimam com *harbor* (EUA) e *harbour* (RU).
2. É claro que nessa armadilha você nunca cairia. Todos sabemos que árvore, em inglês, é *tree*. Então, o que é **an arbo(u)r**? É um caramanchão. Uma estrutura simples, geralmente de madeira, coberta de vegetação, possível de encontrar em alguns parques ou jardins.

> Todo ano, na última sexta-feira de abril, nos Estados Unidos, comemora-se o **Arbor Day**. As pessoas vão aos parques e plantam o quê? Caramanchões? Não, plantam árvores. **Arbor Day** é o Dia da Árvore. *There you have it.*

Escolha a opção que melhor traduz a palavra em destaque nestas frases.

"**Arbor** *Day is not like other holidays. Each of those reposes on the past, while* **Arbor** *Day proposes for the future.*" *(Julius Sterling Morton)*

O Dia a) *do Caramanchão;* b) *da Árvore* não é como outros feriados. Cada um deles repousa no passado, enquanto o Dia a) *do Caramanchão;* b) *da Árvore* propõe para o futuro.

37 **arena** (subst.) /əˈriːnə/ rima com *Christina*

1. **Arena** escreve-se igualzinho, em inglês e português. Pronuncia-se diferente, em inglês rimando com *Christina*, em português rimando com morena. Mas além da Christina morena, o que tem esse substantivo de especial para fazer parte de uma lista de *false friends*?

   Well, em inglês, **arena** pode significar:

   a) área em um anfiteatro romano para a realização de lutas entre gladiadores ou com animais

   The Roman **arena** *at Verona is one of the largest and well-preserved in the world.*

   b) estádio, ginásio, anfiteatro

■ **sports arena**, **Olympic arena**

When we were in London we watched a Coldplay concert at Wembley **Arena**.

c) área pública de atividade, interesse ou competição

The political **arena** in Brazil has been in a state of turbulence for some time.

2. Mas **arena**, em inglês, não se usa para alguns dos sentidos que a mesma palavra tem em português, como:

a) picadeiro de circo. Isso é (*circus*) *ring*.

b) ringue de boxe. Isso é *boxing ring*.

c) área circular onde se realizam corridas (???) de touros. Isso é *bullring*.

Por falar em "corridas de touros", o nome desse espetáculo (???) induz a erro. Não se trata de touros correndo para ver qual deles é o *Usain Bolt* taurino, mas sim de uma manifestação cultural muito antiga, tradicional na Península Ibérica, algo que se mantém até hoje, apesar das denúncias e protestos dos grupos de defesa dos direitos dos animais. Felizmente as "corridas de touros", ou touradas, não parecem ter grande futuro, *but old traditions die hard...*

Arena, tanto em inglês quanto em português, vem de *harena*, a palavra em latim para "areia". Na Roma Antiga, o espetáculo preferido do povo eram as lutas entre gladiadores ou com animais. Esses espetáculos sanguinolentos aconteciam em grandes anfiteatros em que o espaço central, circular, era coberto de areia, daí "arena". E por que areia? Para esconder o derramamento de sangue, resultado dessas lutas e combates, que nada tinham de gentis. Hoje em dia, os torcedores de futebol vão à Arena Corinthians, à Arena do Palmeiras, à do Grêmio etc., em que o espaço central é coberto de grama e os espetáculos – em geral – não são tão sangrentos.

Escolha a opção que melhor traduz a palavra em destaque nesta frase.

"*The Earth is a very small stage in a vast cosmic* **arena**." (Carl Sagan)

A Terra é um pequenino palco em uma vasta a) areia; b) arena cósmica.

38 **arguably** (adv.) /ˈɑː(r)gjuːəbli/
argue (verbo) /ˈɑː(r)gjuː/
argument (subst.) /ˈɑː(r)gjumənt/ rima com *document* (documento)

1. **Arguably** significa "certamente, na minha opinião (mas outros poderão discordar)".

    Guanabara Bay is **arguably** one of the most beautiful bays in the world.

2. **Argue** é um verbo (regular), que pode significar:

    a) discutir, brigar

    I'm not going to **argue** with you about politics. It's a waste of time!

    b) argumentar

    The minister **argued** that his plan would lower the taxes for the poor.

3. **Argue** não significa "arguir, fazer perguntas a, interrogar". Isso é *question*.

    The witness was **questioned** by the defense.

4. Quanto ao substantivo, é bom reparar na perda do *e* final; ele existe no verbo (**argue**) mas não no substantivo (**argument**). Ele pode significar: discussão, briga (verbal), bate-boca, desentendimento. É sinônimo de *quarrel*.

    They had an **argument** about politics and never became friendly again.

5. Mas **argument** também significa "argumento", portanto, pode não ser falso amigo:

    We heard all the **arguments** for and against abortion.

Escolha a opção que melhor traduz as palavras em destaque nestas frases.

1. "One cannot really **argue** with a mathematical theorem." (Stephen Hawking)

Não se pode realmente a) discutir; b) arguir com um teorema matemático.

2. "My father used to say, 'Don't raise your voice. Improve **your argument**'." (Desmond Tutu)

Meu pai costumava dizer, 'Não levante a voz. Melhore a) a sua discussão; b) o seu argumento'.

3. "People generally quarrel because they cannot **argue**." (Gilbert K. Chesterton)

Em geral as pessoas brigam porque não conseguem a) argumentar; b) brigar.

4. "Getting a tattoo is **arguably** one of the most insane decisions a sensible human can make." (Jenna Wortham)

Tatuar-se é, a) *certamente, na minha opinião;* b) *inegavelmente*, uma das mais insanas decisões que um ser humano sensato pode tomar.

5. "Discussion is an exchange of knowledge; an **argument** an exchange of ignorance." (Robert Quillen)

Um debate é uma troca de ideias, conhecimentos; a) *um argumento;* b) *uma discussão, um bate-boca* é uma troca de ignorâncias.

6. "You may easily play a joke on a man who likes to **argue** – agree with him." (Ed Howe)

Você pode facilmente pregar uma peça em alguém que gosta de a) *argumentar;* b) *discutir* – concorde com ele.

39 armadillo (subst.) /ˌɑː(r)məˈdɪloʊ/ rima com crocodilo (em português)

Armadillo, você sabe, nada tem a ver com "armadilha". Na verdade, designa um pequeno animal das Américas que vive debaixo da terra e tem a cabeça e o corpo protegidos por uma forte carapaça, uma verdadeira armadura, como a dos cavaleiros medievais. Daí o nome, que vem do espanhol *armadillo*, diminutivo de "armado", do latim *armatus*. No Brasil o nome desse animal vem do tupi e, você sabe, é... tatu.

Ninguém em sã consciência vai achar que um *armadillo* pode significar "armadilha", talvez a inclusão dessa palavra em um rol de *false friends* seja forçada. E, no entanto, a *word story* é curiosa...

E, afinal, como se diz "armadilha"? *Trap.*
They set **traps** for lobsters. That's how they catch them.

Outro animal cujo nome em inglês também deriva do espanhol e tem uma *word story* curiosa é "aligátor", ou "jacaré". O nome em inglês é *alligator*, vem do espanhol *el lagarto*. Podemos imaginar, lá pelos anos 1500 e pouquinho, mais exatamente alguns dias depois da Páscoa de 1513, nos pântanos do território a que o conquistador Juan Ponce de León deu o nome de *la Pascua Florida* e que hoje chamamos de Flórida, os soldados (espanhóis, *por supuesto*) de Ponce de León apontando para os jacarés e, maravilhados com o lagartão, inexistente na Europa, exclamando *El lagarto!*. Os americanos ouviam isso, mas, pela dificuldade em reproduzir a pronúncia em espanhol, aos poucos a corruptela se instalou. E *el lagarto* virou *alligator. See you later, alligator!*

Escolha a opção que melhor traduz a palavra em destaque nesta frase.

"**Armadillos** make affectionate pets, if you need affection that much." (Will Cuppy)

a) A armadilha; b) O tatu pode ser bicho de estimação afetuoso, se você precisa tanto assim de afeto.

---

40 arrest (subst. e verbo) /əˈrest/ rima com *request* (pedido, solicitação; pedir, solicitar)

1. Alguém pode achar que **arrest** é "arrastar", mas não é. A grafia de **arrest** pode lembrar o nosso "arrastar", mas **arrest** nunca tem esse sentido. Para dizer "arrastar" usamos *drag*.

    I couldn't lift the table, it was too heavy. I had to **drag** it.

2. Mas mudando uma letra de "arrastar", trocando o segundo *a* por um *e*, teremos "arrestar, fazer um arresto, um confisco, uma apreensão" e então estaremos na área do **arrest**. Em inglês, para esse sentido, usa-se *seize*.

    Police officers **seized** the weapons and drugs they had found in the house they had busted.

3. **Arrest** como substantivo significa:

    a) prisão, detenção

    "You are under **arrest**," the police officer said to the suspect.

    ■ **house arrest:** prisão domiciliar

    ■ **citizen's arrest:** prisão feita por um cidadão comum e não por um agente da lei

    b) (medicina) parada, interrupção

    The patient went into cardiac **arrest** and died soon after that.

    ■ **cardiac/respiratory arrest:** parada cardíaca/respiratória

4. O verbo **arrest** é regular e significa:

    a) prender, deter

    The police **arrested** three suspects on drug charges.

    b) (formal) impedir o progresso de (doença, problema)

    The nurse succeeded in **arresting** the bleeding on the old man's chest.

    c) (formal) atrair (atenção)

    My attention was **arrested** by the sudden appearance of two men in black.

E por fim e só por curiosidade, o que significa **arrested development**, título de uma série de TV norte-americana, de grande sucesso no mundo inteiro? **Arrested development** é um termo usado em psicologia para designar o "bloqueio do desenvolvimento" que acompanha o retardo no crescimento em crianças que sofrem de extrema desnutrição. É claro que a tradução de títulos de filmes e séries na maioria dos casos não pode mesmo ser literal. *Bloqueio do Desenvolvimento* não seria um bom título em português, certamente não conseguiria atrair grande público. No Brasil o título da *sitcom* é *Caindo na Real*. Em Portugal a série ganhou o título *De Mal a Pior*.

Escolha a opção que melhor traduz a palavra em destaque nestas frases.

1. *"Love sets you free the moment it **arrests** you."* (Matshona Dhliwayo)

O amor te liberta no exato momento em que te a) prende; b) arrasta.

2. *"One does not **arrest** Voltaire."* (Charles de Gaulle)

Não se a) arrasta; b) prende Voltaire.

Para apreciarmos essa última citação é necessário conhecer o contexto. No verão de 1968, o filósofo francês Jean-Paul Sartre (1905-1980) foi preso por desobediência civil. O General de Gaulle, então Presidente da França, interveio e mandou soltar Sartre, justificando o gesto com a frase "Não se prende Voltaire". Mas se era Sartre que estava sendo solto, por que falar em Voltaire? A história é curiosa. Sabemos que Voltaire (pseudônimo de François-Marie Arouet, 1694-1778) viveu muito antes de Sartre e de De Gaulle. Mas, da mesma forma que Sartre, Voltaire foi filósofo e escritor, figura ilustre da cultura francesa e crítico severo do governo da sua época. Foi preso em três diferentes ocasiões, viveu no exílio por algum tempo, para evitar ser preso de novo. A frase de De Gaulle, igualando o respeito devido a Sartre ao que deveria ter sido dado a Voltaire, mostra que, para De Gaulle, alguns homens, pela sua grandeza, afinal estão acima da lei. Concordando ou não com o espírito da coisa, a frase de De Gaulle "pede" para ser explicada.

---

41 ascetic (subst. e adj.) /əˈsetɪk/ rima com *athletic* (atlético/a)

1. Em inglês, ***ascetic*** é substantivo e adjetivo: que ou aquele que se dedica à vida de asceta, à vida espiritual, mística. O termo pressupõe abstenção de prazer ou conforto como forma de disciplina espiritual.

   *George's dream was to adopt the **ascetic** life of the monks.*

   *Susan isn't really an **ascetic**, but she lives on an **ascetic** diet of rice and vegetables.*

2. Em português, "ascético/a" também pode ser substantivo e adjetivo e tem o mesmo sentido de **ascetic**. Mas, como substantivo, o termo "asceta" é muito mais comum do que "ascético/a", enquanto em inglês o termo *ascet* simplesmente não existe. Para falar de "um asceta", diz-se **an ascetic**.

> One day George left the comforts of home and left for India, to live as **an ascetic**.

Nos primeiros dias de Steve Jobs na Apple, uma revista apresentou-o como sendo **an ascetic**, destacando o fato de que ele não tinha mobília em seu apartamento.

Escolha a opção que melhor traduz a palavra em destaque nesta frase.

"The **ascetic** makes a necessity of virtue." (Friedrich Nietzsche)

O *a)* ascético; *b)* asceta faz da necessidade uma virtude.

---

42 **assault** (subst. e verbo) /əˈsɔːlt/ rima com *my fault* (minha culpa)

1. **Assault**, como substantivo, pode significar:

   a) agressão física, ataque violento

   > In 2018, Harvey Weinstein, a Hollywood movie producer, was accused of sexual **assault** by more than fifty women.

   b) (militar) ataque súbito e violento

   > After the air **assault**, the town was in ruins.

   c) ataque violento, crítica severa

   > The newspaper published an extremely violent **assault** on the president's behavior.

   d) esforço concentrado, campanha para alcançar um objetivo ou resolver um problema grave

   > The government used the army to launch an **assault** on drug trafficking.

2. Como substantivo, **assault** não é usado no sentido de "assalto, ataque súbito e violento, para roubar". Para esse sentido pode-se usar:

   a) assalto a um banco, uma loja etc: **robbery**, **holdup**

   b) assalto a uma pessoa: **mugging**

   c) assalto a uma casa: **burglary, housebreaking**

   d) assalto à mão armada: **armed robbery**

3. **Daylight robbery** (Reino Unido) = **highway robbery** (EUA) assalto em pleno dia. São expressões usadas em sentido figurado, para algo que achamos muito caro.

    *Ten dollars for a glass of mineral water? That's **daylight robbery**!*

4. **Indecent assault**: ataque sexual, aproximação sexual sem consentimento (mas não chega a ser estupro).

5. **Assault and battery** é um termo jurídico que poderia ser considerado um falso amigo dos mais traiçoeiros. Não é "assalto e bateria" e sim "lesões corporais graves". Na locução, **assault** é "ataque, tentativa de agredir alguém" e **battery** é a "agressão consumada".

Assault weapon, assault rifle: Em tempos de extrema violência, como infelizmente os de hoje, os termos **assault weapon** e **assault rifle** são comuns na mídia, principalmente nos Estados Unidos, dada a frequência dos insanos *mass shootings* (assassinatos em massa, com arma de fogo). **Assault weapon** é (mal) traduzida no Brasil por "arma de assalto", **assault rifle** por "fuzil de assalto". É questionável o uso da palavra "assalto", mas o termo está estabelecido por aqui, pelo menos por enquanto. **Assault weapon** é uma arma de fogo semiautomática, como o fuzil AR-15. Já **assault rifle** refere-se a uma arma de fogo automática, de uso militar, ainda mais potente e letal do que **assault weapon**.

---

6. **Assault**, como verbo, é regular e pode significar:

    a) agredir, espancar, atacar com violência, física ou verbal

    *In the end Mike Tyson was arrested for **assaulting** the police officer who wanted to arrest him.*

    b) (militar) atacar subita e violentamente

    *Commandos surrounded the enemy forces and **assaulted** the building from all sides.*

7. Como verbo, **assault** não é usado no sentido de "assaltar para roubar". Para esse sentido pode-se usar:

    a) (banco, loja) **rob**

    b) (pessoa) **mug**

    c) (casa, loja) (no Reino Unido) **burglarise**, (nos EUA) **burglarize**

▶️ FILMINHO: Vamos imaginar que você chegou a Nova York e pegou um táxi da *Yellow Line*, um daqueles amarelinhos, para ir do aeroporto até o seu hotel. Táxi espaçoso, leva você, a família e toda a bagagem. Confortável, você está sentado atrás do motorista, separado dele por um vidro, do lado esquerdo. Não estamos em Londres, o motorista aqui dirige do lado esquerdo. Você acha tudo um tanto diferente dos táxis que conhece. Entre instrumentos, telinhas e avisos, um chama a sua atenção: **Assaulting** *a driver is punishable by up to 25 years in prison*. Os *taxi drivers* de Nova York são, em geral, profissionais eficientes e simpáticos, pessoas de todos os cantos do mundo vêm trabalhar na *Big Apple*. Por que alguém iria pensar em **assaulting** alguém assim? Mas, para quem se atrever... a cana é dura por lá...

Fim do filminho.

Escolha a opção que melhor traduz a palavra em destaque nestas frases.

1. *"You don't lead by hitting people over the head. That's* **assault**, *not leadership."* (Dwight Eisenhower)

Você não lidera batendo na cabeça das pessoas. Isso é *a) assalto; b) agressão*, e não liderança.

2. *"Against the* **assault** *of laughter, nothing can stand."* (Mark Twain)

Contra o *a) ataque; b) assalto* de riso, nada pode resistir.

43 assess (verbo) /əˈses/ rima com *confess* (confessar)

assessor (subst.) /əˈsesə(r)/ rima com *confessor* (confessor)

1. *Assess* é um verbo (regular) que significa:

   avaliar, fazer avaliação de, julgar o valor, qualidade, importância de algo.

   > *Tests and exams are not the only means of* **assessing** *a student's ability. Continuous assessment is necessary.*

   > *It will take some time to* **assess** *the effects of the hurricane.*

2. *Assess* nada tem a ver com "assessorar, prestar assessoria a". Isso é *advise*.

   > *Rudy* **advises** *the President on legal affairs. He is one of his special advisers.*

3. E só por brincadeira pode haver confusão entre **assess** e "acessar". Isso, tanto em português, quanto em inglês, se escreve com *c*. Em inglês em dose dupla, *cc*.

   > *You need a password to* **access** *that website.*

4. *Assessor* tem a mesma grafia do nosso "assessor, pessoa que dá assessoria" e, de certa maneira, é isso, mas sua área de atuação e sua função são mais restritas do que o nosso termo. Em inglês, um **assessor** atua nas seguintes áreas e pode significar:

a) (lei) perito, especialista em certa área, presta assessoria a juiz, magistrado ou autoridade do poder judiciário

Two **assessors** helped the jury and the judge during that trial.

b) (em universidade) avaliador(a) (de provas, exames)

Professor Parker sometimes works as an **assessor** at the university.

c) (seguros ou impostos) avaliador(a), avalia um bem para fins de seguro ou taxação

The **assessor** underestimated the worth of our farm. We have a low assessment of the property.

The fire damage will be decided by the insurance **assessor**.

- **insurance/tax assessor:** avaliador(a) de seguros/impostos

5. *Assessor* deriva do verbo *assess*, que significa "avaliar, fazer avaliação de" e não "assessorar, prestar assessoria a". Para falar de um(a) assessor(a), alguém que presta assessoria ou consultoria, usa-se *consultant* ou *adviser/advisor*.

The President has more than one **consultant** on economic affairs.

Ms. Rice is the President's **adviser** on strategic planning.

Escolha a opção que melhor traduz a palavra em destaque nesta frase.

"Teachers **assess** to test; educators **assess** to assist learning." (Dave Carter)

Os professores a) acessam; b) avaliam para verificar o aprendizado; os educadores a) acessam; b) avaliam para ajudar o aprendizado.

---

44 **assiduity** (subst.) (EUA) /ˌæsɪˈduːwəti/, (Reino Unido) /ˌæsɪˈdjuːwəti/ a sílaba tônica é a terceira: assiDUity

assiduous (adj.) (EUA) /əˈsɪdʒuəs/, (Reino Unido) /əˈsɪdjuəs/ a sílaba tônica é a segunda: aSSIduous

1. *Assiduity* e *assiduous* são próprios da linguagem formal.
2. *Assiduity* é um substantivo abstrato que significa:

    assiduidade, perseverança, cuidado, dedicação, aplicação, atenção.

    Professor Parker praised his students for their **assiduity**.
3. *Assiduous* é o adjetivo "da família" e significa:

    assíduo/a, perseverante, cuidadoso/a, dedicado/a, aplicado/a, atento/a.

    Sally is an excellent secretary. She does everything with **assiduous** attention.

    Peter takes his research seriously, he is an **assiduous** researcher.
4. Mas nem *assiduity* nem *assiduous* expressam a ideia de "frequência regular" que há em "assiduidade" e "assíduo" em português.

Dizemos em português que "um aluno é assíduo às aulas, vem sempre, não falta".

Para essa ideia, em inglês diríamos que ele tem *perfect attendance*.

*Linda never misses her classes, she has **perfect attendance***.

Escolha a opção que melhor traduz as palavras em destaque nestas frases.

1. *"The heart should be cultivated with more **assiduity** than the head." (Noah Webster)*

O coração deve ser cultivado com mais *a)* assiduidade, dedicação, atenção; *b)* assiduidade, frequência do que a cabeça.

2. *"Man cannot produce a single work without the assistance of the slow, **assiduous**, corrosive worm of thought." (Eugenio Montale)*

O homem é incapaz de produzir um só trabalho sem a ajuda do lento, *a)* assíduo, persistente; *b)* assíduo, frequente bichinho a que chamamos pensamento.

---

45 assign (verbo) /əˈsaɪn/ rima com *define* (definir)

1. *Assign* é um verbo (regular) que pode ter estes sentidos:

   a) (seguido de *to*) designar, escolher (para)

   *My brother is a diplomat and has been **assigned** to the embassy in Lima.*

   b) determinar (tarefa, trabalho escolar)

   *The teacher **assigned** the students ten math problems for homework.*

   c) atribuir (culpa, responsabilidade, significado, autoria)

   *They tried to **assign** blame to me, but I proved it was not my fault.*

   d) transferir (propriedade, direitos etc.)

   *Grandmother's summer house was **assigned** to all her grandchildren.*

2. Se admitirmos que *assign* pode lembrar a nossa palavra para "assinar", então admitimos *assign* como *false friend*. Mas a palavra para assinar é *sign*.

   *Where do I **sign**?*

Escolha a opção que melhor traduz a palavra em destaque nesta frase.

*"Things do not have meaning. We **assign** meaning to everything." (Tony Robbins)*

As coisas não têm significado. Nós é que *a)* assinamos; *b)* atribuímos significado a tudo.

46 **assist** (verbo e subst.) /əˈsɪst/ rima com *insist* (insistir)

assistance (subst.) /əˈsɪstəns/ rima com *insistence* (insistência)

assistant (adj. e subst.) /əˈsɪstənt/ rima com *insistent* (insistente)

1. *Assist* é um verbo (regular), que pode significar:

    a) assistir, ajudar, prestar assistência a

    *Another surgeon **assisted** Dr. Spacey with the operation.*

    b) (em esportes como basquetebol, hóquei ou futebol) assistir, passar a bola para

    *Benzema doesn't score many goals, but he often **assists** other players to score a goal.*

2. *Assist* não significa "assistir a, ver (TV, um programa de TV, um filme)". Para isso usa-se *watch (TV, a TV show), see (a movie)*.

    *We **watched** a good show on TV last night. They **saw** a Brazilian movie last week.*

3. Também não significa "assistir, estar presente a (uma aula, palestra, reunião, festa, cerimônia)". Para isso usa-se *attend*.

    *I hope I can **attend** the meeting at the office next week.*

    *I **attended** Professor Dawkins's lecture last month.*

    *Meghan's father was unable to **attend** his daughter's wedding.*

4. E já que *assist* em inglês tem a ver com "assistir" em português, é bom lembrar que, na norma culta, "assistir" é seguido da preposição *a* quando a ideia é "ver" (TV, um programa de TV, um filme) e também quando a ideia é "presenciar, estar presente a" (uma aula, palestra, reunião, festa, cerimônia).

    *Nós **assistimos a** um programa na TV ontem à noite. Eles **assistiram a** um filme brasileiro na semana passada.*

    *Eu **assisti a** uma palestra do Professor Parker no mês passado.*

    *Nós **assistimos ao** acidente. Foi chocante.*

5. Mas "assistir" não é seguido de preposição quando a ideia é "ajudar, prestar assistência a".

    *Susan é uma pessoa generosa, que **assiste** os mais necessitados sempre que pode.*

6. *Assist*, como substantivo, pode significar:

    a) (em esportes como basquetebol, hóquei, futebol) assistência

    *Benzema was credited with two **assists** in the first half.*

    b) assistência, ajuda

    *The boy wasn't able to finish his assignment until he had his mother's **assist**.*

7. ***Assistance*** é um substantivo, significa "assistência, ajuda, auxílio".

> Can I be of any **assistance**? Can I help you?
>
> I'm sure we will need financial **assistance** if we do decide to buy the house.

8. ***Assistance*** não significa "assistência, público presente". Isso é *audience*.

> The **audience** went wild when Paul McCartney came onto the stage.

9. E também não significa "assistência, frequência, presença". Isso é *attendance*.

> Paul McCartney has been a pop star for over 50 years, and he still attracts record **attendances**.

10. ***Assistance*** também não significa "assistência, ambulância". Isso é *ambulance*.

> Call an **ambulance**. This is an emergency!

11. ***Assistant*** pode ser um substantivo ou um adjetivo, significando "assistente, ajudante, auxiliar, que ou quem presta assistência" ou "atendente, funcionário/a que atende o cliente em uma loja".

> Mike is an **assistant** to the store manager.
>
> Sarah is an **assistant professor** at Princeton.
>
> Richard is a **sales/shop assistant** at Macy's.

12. ***Assistant*** não significa "assistente, espectador(a)". Isso é *audience member*.

> The pop star invited an **audience member** to walk onto the stage.

13. E, para terminar, "assistente social", como se diz? *Social worker*.

> Annie gives advice to people living in the community who have family problems. She loves being a **social worker**.

Escolha a opção que melhor traduz as palavras em destaque nestas frases. Na frase 3 você vai reencontrar *assiduous*, já vista no verbete 44. Na frase 5 você vai reencontrar *assess*, vista no verbete 43.

1. "I think of myself as an **assistant** storyteller." (Harrison Ford)

Eu me considero um a) assistente, ajudante; b) assistente, espectador de contador de histórias.

2. "It is a kingly act to **assist** the fallen." (Mother Teresa)

É um ato majestoso a) assistir, ajudar; b) assistir, ver os caídos, os necessitados.

3. "Man cannot produce a single work without the **assistance** of the slow, **assiduous**, corrosive worm of thought." (Eugenio Montale)

O homem é incapaz de produzir um só trabalho sem a *a)* assistência, ajuda; *b)* assistência, audiência do lento, *a)* assíduo, perseverante; *b)* assíduo, frequente bichinho a que chamamos pensamento.

4. "**Assist** a man in raising a burden, but do not **assist** him in laying it down." (Pythagoras)

a) Assista, observe; *b)* Assista, ajude um homem a erguer um fardo, mas não o *a)* assista, observe; *b)* assista, ajude a aliviar-se dele.

5. "Teachers **assess** to test; educators assess to **assist** learning." (Dave Carter)

Os professores *a)* acessam; *b)* avaliam para verificar o aprendizado; os educadores avaliam para *a)* assistir, ajudar; *b)* assistir, ver o aprendizado.

6. "One score makes happy ONE player, an **assist** makes happy TWO." (Toni Kukoc)

Um ponto faz UM jogador feliz, uma *a)* observação; *b)* assistência faz DOIS jogadores felizes.

Para entender melhor essa última frase, é bom saber que o autor da frase, Toni Kukoc, é um jogador de basquete, do Chicago Bulls.

---

47 assume (verbo) (EUA) /əˈsuːm/, (Reino Unido) /əˈsjuːm/ rima com *presume* (presumir, supor)

assumed (adj.) (EUA) /əˈsuːmd/, (Reino Unido) /əˈsjuːmd/ rima com *presumed* (presumido/a, suposto/a)

1. **Assume** é um verbo (regular), significa "assumir", nestes sentidos:

    a) passar a exercer (função, papel, controle) ou ocupar (cargo)

    When Mr. Santos died, his children **assumed** control of the company.

    When did Joe Biden **assume** the presidency?

    b) admitir, reconhecer-se responsável por

    I **assume** total responsibility for whatever may happen.

    c) admitir, reconhecer publicamente

    I **assume** I'm not a good cook, I can't even fry an egg decently.

    d) presumir, supor, ter como certo ou verdadeiro

    Gino is Italian, I **assume** he knows who Pavarotti was.

    We'll get there before noon. That's **assuming** our flight is on time.

    I **assume** you're right.

2. Mas **assume** não é usado quando o sentido é:

    a) assumir um compromisso, uma tarefa, uma missão. Para isso usamos *take on*.

*I'm sorry but I can't **take on** that assignment. I'm too busy right now.*

b) assumir um erro, confessar. Para isso usamos *own up to*.

*After a while, Robin **owned up to** the mistake.*

3. **Assumed** é um adjetivo que pode ser considerado *false friend*, por não ser usado no sentido de "assumido/a". **Assumed** tem estes sentidos:

a) falso/a, fictício/a

*Ronald Biggs, known as the "great train robber" was a famous fugitive who was living under an **assumed** name in Santa Teresa, Rio de Janeiro, with his Brazilian wife and son.*

- **assumed name:** nome falso

b) suposto/a, tido/a como certo/a

*Nobody questioned the **assumed** reason for his wealth.*

4. **Assumed** não significa "assumido/a, alguém que assume as suas características, gostos, opiniões". Isso é *admitted*.

*He knows he works too hard. He is an **admitted** workaholic.*

Escolha a opção que melhor traduz as palavras em destaque nestas frases.

1. "Never **assume** that you're stuck with the way things are. Life changes, and so can you." (Ralph Marston)

Nunca a) assuma; b) admita que você está preso ao jeito em que as coisas estão. A vida muda, e você também pode mudar.

2. "Here in Davos, it is generally **assumed** that there is now only one god – the market." (Luiz Inácio Lula da Silva)

Aqui em Davos, geralmente é a) assumido; b) tido como certo que agora só há um deus – o mercado.

3. "Never **assume** you understand. Ask the questions." (Brian Tracy)

Nunca a) admita, suponha; b) confesse que você entende. Faça as perguntas.

---

48 **attend** (verbo) /əˈtend/ rima com *depend* (depender)

attendance (subst.) /əˈtendəns/ rima com *dependence* (dependência)

attendant (subst. e adj.) /əˈtendənt/ rima com *dependent* (dependente)

1. **Attend** é um verbo (regular) que pode ter estes sentidos:

a) presenciar, estar presente a, assistir a (aula, palestra, reunião, festa, cerimônia), frequentar (escola, curso)

*How many people **attended** the final game?*

*Meghan's father was unable to **attend** his daughter's wedding.*

*Ted was the first person in the family to **attend** college.*

b) (com *to*) atender, dar atenção a

*Don't worry. I'll **attend to** that matter myself.*

c) atender, cuidar de

*Each doctor in that clinic **attends** twenty patients.*

d) acompanhar, estar junto de

*A false friend and a shadow **attend** only while the sun shines. (Benjamin Franklin)*

2. Mas ***attend*** não é usado nos seguintes sentidos:

a) atender o telefone/a campainha/a porta. Para isso usa-se *answer*.

*I knocked on Sally's door, but no one **answered**.*

b) atender as exigências/necessidades/expectativas/os requisitos. Para tudo isso usa-se *meet*.

*They **met** all our demands/needs/expectations/requirements.*

c) (garçom/garçonete) atender as pessoas em um restaurante, servir à mesa. Para isso, usa-se *wait on*.

*It took the waiter half an hour to **wait on** us. The restaurant was crowded.*

3. ***Attendance*** é um substantivo que pode ter estas acepções:

a) presença, frequência (a aulas, curso etc.)

*Sally never misses any classes. She has perfect **attendance**.*

b) assistência, público presente

***Attendance** is down this season. People seem to be losing interest in the game.*

- **school attendance:** frequência escolar
- **take attendance:** (professor[a]) fazer a chamada

c) atendimento (médico)

*You will have to wait. There is only one doctor in **attendance** right now.*

*Dr. Smith is not available now. He is in **attendance**.*

4. ***Attendant*** é um substantivo que pode ter estes sentidos:

a) atendente, funcionário/a, empregado/a (de uma loja, posto de gasolina etc.) que atende os clientes

*My nephew works as a gas station **attendant** in Miami.*

*The hotel **attendant** helped us with our bags.*

■ **flight attendant:** comissário/a de bordo

b) criado, servo

*How many **attendants** does the royal family have?*

5. ***Attendant*** como adjetivo significa "(coisa) resultante, que acompanha, que vem junto ou como resultado de".

*They were expecting heavy rain and its **attendant** problems.*

Escolha a opção que melhor traduz as palavras em destaque nestas frases. Na frase 4 você vai ver de novo *assistant*, já estudada no verbete 46.

1. *"Football games are on TV, and it doesn't affect stadium **attendance** at all. It's the same with movies." (George Lucas)*

Os jogos de futebol passam na TV e isso não afeta *a) o atendimento; b) a presença do público* nos estádios de maneira nenhuma. O mesmo acontece com o cinema.

2. *"A parking lot **attendant** who's a guy makes a lot more money than a child-care **attendant** who's a woman." (Gloria Steinem)*

Um homem que é *a) assistente; b) atendente* de um estacionamento ganha muito mais dinheiro do que uma mulher que é *a) assistente; b) atendente* de uma creche.

3. *"I **did not attend** the funeral, but I sent a nice letter saying I approved of it." (attributed to Ebenezer Rockwood Hoar)*

a) Eu não fui ao; b) Eu não atendi o funeral, mas mandei uma cartinha dizendo que ele tinha a minha aprovação.

4. *"I'm an **assistant** storyteller. It's like being a waiter or a **gas-station attendant**, but I'm waiting on six million people a week, if I'm lucky." (Jane Fonda)*

Sou contadora de histórias *a) atendente; b) assistente*. É igual a ser garçom ou *a) assistente de posto de gasolina; b) frentista*, mas (no meu caso) estou atendendo seis milhões de pessoas por semana, se a sorte estiver do meu lado.

---

49 **audience** (subst.) /ˈɔːdiəns/

audition (subst. e verbo) /ɔːˈdɪʃ(ə)n/ rima com *ambition* (ambição)

1. ***Audience*** é um substantivo que pode significar "audiência" nestes sentidos:

a) assistência, público, espectadores

*Many pop stars like Ivette Sangallo encourage the **audience** to participate in their shows.*

b) público sintonizado em programas de TV ou rádio ou conjunto de leitores

Soap operas attract a very large **audience**, especially in Brazil.

Paulo Coelho's novels appeal to a wide **audience**.

c) sessão, encontro formal com pessoa muito importante (Papa, rei, rainha etc.)

I just couldn't believe it when we were granted an **audience** with the Pope.

2. Quando falamos de "audiência" com um juiz de direito, sessão de tribunal, para a apresentação de queixas ou de possíveis crimes, a palavra em inglês não é **audience** e sim *hearing*.

The judge has granted them a **hearing**.

3. Quando usado no plural, **audiences**, no contexto de "público", a palavra pode ser um *false friend*, que não admite a tradução por "audiências". Nesse contexto, traduz-se por "público".

Paul McCartney still attracts large **audiences** to his shows.

4. **Audition** é um substantivo que significa "teste artístico: de ator, atriz, músico/a, cantor(a), dançarino/a, visando sua participação em um espetáculo, filme, musical, show etc.".

It was her first **audition** and Sarah was very nervous.

5. **Audition** é também um verbo (regular) que significa "avaliar o desempenho de candidatos a artistas e sua possível contratação".

They **auditioned** two singers for the role and tomorrow they will **audition** several dancers.

Hoje em dia, **audition** refere-se a esse teste para artistas, mas originalmente a palavra era usada em referência a um dos nossos cinco sentidos, o da "audição". Nesse sentido, no entanto, a palavra deixou de ser usada. Hoje, para o sentido de audição, usa-se *hearing*.

Some people say that the **hearing** of Ray Charles, who lost his sight at seven, was increased by his blindness. They call that "the Ray Charles effect".

Escolha a opção que melhor traduz as palavras em destaque nestas frases.

1. "Always make **the audience** suffer as much as possible." (Alfred Hitchcock)

Sempre faça a) a audiência; b) o público sofrer o máximo.

2. "You see, the interesting thing about books, as opposed, say, to films, is that it's always just one person encountering the book, it's not **an audience**, it's one to one." (Paul Auster)

Veja, o que os livros têm de interessante, em contraste com os filmes, por exemplo, é que é sempre só uma pessoa que interage com o livro, não é *a) um público; b) uma audiência*, é um encontro autor-leitor, um encontro particular.

3. *"Before I go on stage, I knock three times. Three is my lucky number; I once went into **an audition** and was number 333 and got the best part ever." (Jessica Brown Findlay)*

Antes de subir ao palco, bato (na madeira) três vezes. Três é o meu número da sorte. Uma vez fui fazer *a) uma audição; b) um teste artístico*, eu era o número 333 e consegui o melhor papel de toda a minha carreira.

---

50 **authoritative** (adj.) (EUA) /əˈθɔːrəteɪtɪv/, (Reino Unido) /ɔːˈθɒrɪtətɪv/ na pronúncia dos EUA rima com *investigative* (investigativo/a)

1. Tanto **authoritative** quanto *authoritarian* (adjetivo que pode ser confundido com aquele que estamos aqui abordando) têm a ver com **authority**. Mas enquanto o nosso **authoritative** é "do bem", *authoritarian* é "do mal". Vamos ver em detalhe:

2. *Authoritative* é um adjetivo que pode significar:

    a) (decisão, modo, tom de voz) firme, impositivo, próprio/a de quem tem autoridade e a exerce

    *The minister used an **authoritative** tone of voice in his speech to the Senate.*

    b) (livro, tese, estudo, crítica, fonte de informação) abalizado/a, confiável, com autoridade para falar no assunto

    *Elio Gaspari wrote "Ditadura", perhaps the most **authoritative** book on the period when Brazil lived under an authoritarian regime.*

3. *Authoritative* não significa:

    autoritário/a, que ou quem abusa de sua autoridade, gosta de mandar e ser obedecido/a. Para isso usamos *authoritarian* (adj. e subst.).

    *Would you rather live in a democracy or under an **authoritarian** regime/government?*

4. Se compararmos o uso de **authoritative** e *authoritarian* para falar de pessoas, dizemos que uma **authoritative figure** impõe respeito pelo conhecimento que tem sobre um assunto ou pelas credenciais positivas de sua personalidade, enquanto uma *authoritarian figure* é aquela que impõe sua autoridade de forma coercitiva, repressora, "na marra".

Escolha a opção que melhor traduz a palavra em destaque nestas frases.

1. "Mr. Hanson cites an **authoritative** survey showing that around 40% of bee species globally are in decline or threatened with extinction." (The Economist, July 26, 2018)

O Sr. Hanson cita uma pesquisa a) autoritária; b) abalizada mostrando que, no mundo todo, cerca de 40% das espécies de abelha estão em declínio ou ameaçadas de extinção.

2. "NBC News said it was an **authoritative** history lesson on black culture." (New York Times, September 11, 2018)

O canal de TV NBC News disse que era uma a) autoritária; b) competente lição de história da cultura negra.

---

51 available (adj.) /əˈveɪləb(ə)l/ rima com *assailable* (criticável)

1. ***Available*** é um adjetivo que significa "disponível, acessível", assim:
   a) (coisa) possível ou fácil de obter

   *Those gadgets are now **available** at any Brazilian store.*

   *Further details are **available** on request.*

   b) (pessoa) presente e à disposição

   *Dr. Smith is not **available** now. He is in attendance.*

2. ***Available*** deriva do verbo *avail* (servir a, ser útil a) e nada tem a ver com o nosso adjetivo "avaliável, possível de ser avaliado/a". Para dizer isso usamos o adjetivo *evaluable*, derivado do verbo *evaluate* (avaliar).

   *Sadly, the effectiveness of those drugs is simply not **evaluable**, at least for now.*

Escolha a opção que melhor traduz a palavra em destaque nestas frases.

1. "The delights of self-discovery are always **available**." (Gail Sheehy)

As delícias da autodescoberta estão sempre a) disponíveis; b) avaliáveis.

2. "We can't plan life. All we can do is be **available** for it." (Lauryn Hill)

Não podemos planejar a vida. Tudo o que podemos fazer é estar a) disponíveis; b) avaliáveis para ela.

---

52 bachelor (subst.) /ˈbætʃələ(r)/
bachelorette (subst.) /ˌbætʃələˈret/

1. ***Bachelor*** é um substantivo usado para designar um homem que nunca foi casado, um solteirão.

   *In 2018, at 34, Prince Harry was still a **bachelor**. Then he met Meghan Markle.*

- **confirmed bachelor:** solteirão inveterado
- **bachelor party:** (festa de) despedida de solteiro

2. Para falarmos de um homem solteiro, é bem mais comum usarmos o adjetivo *single*.

   He was still **single**.

3. *Bachelor* também pode significar "bacharel, pessoa que concluiu o primeiro grau universitário".

   *Prince Harry graduated from Eton College, but he does not have a university degree. He is not a **bachelor**.*

- **bachelor's degree:** bacharelado

4. Em português, a palavra "bacharel" pode designar "advogado/a", alguém que concluiu o primeiro grau universitário em uma faculdade de Direito. Pode também designar a pessoa que concluiu o primeiro grau universitário em qualquer faculdade. *Bachelor* não tem essa especificação, aplicando-se a qualquer faculdade.

   *John is a **Bachelor** of Arts / Science / Engineering.*

5. *Bachelorette* é um substantivo, usado especialmente nos EUA, designa a "mulher solteira".

   *"The **Bachelorette**" is an American TV show on ABC Channel.*

- **bachelorette party:** (festa de) despedida de solteira

Escolha a opção que melhor traduz a palavra em destaque nesta frase.
*"A **bachelor** is a guy who never made the same mistake once."* (Phyllis Diller)
Um a) bacharel; b) solteirão é um sujeito que nunca fez o mesmo erro uma vez.

---

53 **bacteria** (subst.) /bæk'tɪriə/ rima com *Siberia* (Sibéria)

1. *Bacteria* é uma palavra derivada do latim; em inglês é sem acento, *of course*, e significa "bactérias". É o plural de *bacterium* usado, portanto, com verbo no plural.

   *Your mouth has more **bacteria** than the entire human population on Earth!*

2. *There are 20 billion **bacteria** in your mouth and they reproduce every five hours. If you go 24 hours without brushing, those 20 billion will become 100 billion!**

   Joãozinho, vai escovar esses dentes, já, já!

---

* (Source: <https://medically-no-nonsense.com/your-mouth-has-more-bacteria-than-the-entire-human-population-on-earth>. Accessed on March 18, 2019)

Escolha a opção que melhor traduz a palavra em destaque neste trecho.

"**Bacteria** live in unbelievable mixtures of hundreds or thousands of species. Like on our teeth. There are 600 species of **bacteria** on your teeth every morning." (Bonnie Bassler)

a) As bactérias; b) A bactéria vive(m) em inacreditáveis misturas de centenas ou milhares de espécies, como nos nossos dentes. Há 600 espécies de a) bactéria; b) bactérias nos dentes todas as manhãs.

---

54 balance (subst. e verbo) /ˈbæləns/ rima com *valance* (bandô – de janela ou porta)

balanced (adj.) /ˈbælənst/

1. Como substantivo, **balance** pode significar:

    a) equilíbrio

    Old people are apt to lose their **balance** and fall down.*

    b) saldo, resto

    *You make a down payment now and pay the **balance** in ten months. Yes, sir, you can afford it!*

    *It was the end of the month and the **balance** in my bank account was negative, as usual.*

    c) balança do tipo antigo, de dois pratos (= *a pair of scales*)

    *A **balance/pair of scales** has been used to weigh things since the ancient Romans.*

2. Hoje em dia esse tipo de balança (letra *c*) não é comum. Para designar a balança moderna usa-se *scales*.

    *Chris is going on a diet and she weighs herself on the bathroom **scales** every day.*

3. Algumas locuções com **balance**:

    - **balance of trade/payments:** (Economia) balança comercial/de pagamentos
    - **balance beam:** (ginástica artística) trave (olímpica), trave (de equilíbrio)
    - **on balance:** levando-se tudo em conta
    - **in the balance:** (resultado, situação, decisão, jogo) indefinido, incerto

4. Como verbo (regular), **balance** pode significar:

    a) equilibrar(-se)

    *Marty was clearly drunk and unable to **balance** on two feet, let alone on one foot only.*

---

* *Apt to* significa "propenso/a a", *remember*? Foi visto no verbete 35.

> *Maria was walking back home, **balancing** a bucket of water on her head.*

    b) pesar (mentalmente), comparar

> *The cost of keeping a big car must be **balanced** against its benefits.*

    c) compensar, contrabalançar

> *We shouldn't complain. The good times have always **balanced** the bad times in life.*

5. **Balanced** é o adjetivo, traduzido por "balanceado/a, equilibrado/a".

> *To be healthy, you must follow a **balanced** diet.*

6. Para "balançar" e "balanço", o que dizemos, em inglês?

    Para falar de balanço, o movimento alternado para a frente e para trás ou para um lado e para o outro, como em um barco ou navio, usamos:

    a) swing, sway, rock, roll

    > *The boat **swayed** from side to side and I soon got seasick.*
    >
    > *The wind made the ship/plane **roll** and I soon got seasick/airsick.*
    >
    > *Grandma liked to sit **rocking** in her chair as she kept thinking of the good old days.*

    ▪ **rocking chair/rocker:** cadeira de balanço

Os movimentos do *rock and roll*, quando dançado, como no clássico filme *The Blackboard Jungle*, (1955) dirigido por Evan Hunter, com Glenn Ford e Sidney Poitier (bem novinho), em que Bill Haley & His Comets "arrasam" com *Rock Around the Clock*, nos ensinam o que é *rock* e o que é *roll*.

---

7. E ainda mais balanço:

    ▪ **balance sheet:** (Contabilidade) balanço patrimonial

    ▪ **swing:** balanço, brinquedo que oscila com o impulso do corpo

    > *The kids were playing on the **swings** at the park.*

Escolha a opção que melhor traduz as palavras em destaque nestas frases.

1. "*Life is like riding a bicycle. To keep your **balance**, you must keep moving.*" (Albert Einstein)

   A vida é como andar de bicicleta. Para manter o a) balanço; b) equilíbrio, você tem de manter-se em movimento.

2. "*Focus on being **balanced** – success is **balance**.*" (Laila Ali)

   Concentre-se em ser a) balançado; b) equilibrado – o sucesso é a) equilíbrio; b) balanço.

55 **barb** (subst. e verbo) /bɑː(r)b/ rima com *garb* (traje, roupa)

barbed (adj.) /bɑː(r)bd/ rima com *garbed* (vestido, trajando)

1. Vem cá... Você nunca vai pensar que **barb** significa "barba" e **barbed** é "barbado", né? Na verdade, as duas palavras derivam, sim, do latim *barba*, que é isso mesmo, a nossa "barba".
2. Mas hoje o substantivo **barb** significa:

    a) (em anzol, seta, arame) farpa

    *Be careful! The **barb** on the fishhook is very sharp.*

    b) comentário sarcástico, crítica mordaz, ferina

    *I knew that remark about my beard was a **barb**, but I couldn't care less.*

    *"The **Barbs** (As Farpas)" by Eça de Queiroz and Ramalho Ortigão was first published in Portugal in 1871.*

    c) (gíria) barbitúrico, droga usada como sedativo ou anticonvulsivante

    *According to urban legend, both Judy Garland and Marilyn Monroe died from an overdose of **barbs**.*

3. E como se diz "barba", afinal? *Beard*. Cuidado com a pronúncia: *beard* rima com *weird* (esquisito/a, estranho/a).

    *Fidel Castro wore a **beard**.*

4. E "barbado"? *Bearded*.

    *Fidel's picture with his **bearded** face is known all over the world.*

5. E como se diz "farpa", aquela antipática lasca de madeira ou vidro, bem aguda, que, por acidente, atinge a pele ou carne dos incautos (e que dói muito...)? *Splinter* ou *sliver*.

    *I had a **splinter** in my finger and I simply had to remove it.*

6. E **barbed**, o que é? É o adjetivo:

    a) farpado/a

    ■ **A barbed-wire fence:** uma cerca de arame farpado

    b) mordaz, ferino/a, sarcástico/a

    *Fred's mother-in-law meant to hurt his feelings with that **barbed** remark, but he simply ignored it.*

Escolha a opção que melhor traduz a palavra em destaque nesta frase.

*"A woman's dress should be like a **barbed**-wire fence: serving its purpose without obstructing the view." (Sophia Loren)*

O vestido de uma mulher deve ser como uma cerca de arame a) farpado; b) barbado: deve cumprir sua finalidade sem tapar a vista.

56 barracks (subst.) (EUA) /ˈberəks/, (Reino Unido) /ˈbærəks/

1. **Barracks** é um substantivo (plural) que corresponde ao nosso "caserna, quartel, alojamento de soldados". Tem forma plural, mas pode ser usado com verbo no singular ou no plural.

    The **barracks** is / are near here.

2. E como se diz "barraca"? Depende do contexto. Usamos:

    ■ **tent:** para barraca de acampamento

    ■ **(market) stall:** para barraca de feirantes (que são *stallholders*)

    ■ **beach umbrella, sunshade, parasol:** para barraca de praia, guarda-sol

3. E como se diz "barraco"?

    ■ **shed:** para depósito, abrigo para guardar ferramentas

    ■ **shack:** para habitação pobre e tosca, geralmente de madeira, em favelas, barracão

4. E finalmente, como se diz "armar um barraco, criar confusão, causar tumulto"?

    Make a scene ou raise hell.

    *Ella had a fit of jealousy and **made a scene / raised hell** for no reason at all.*

Escolha a opção que melhor traduz a palavra em destaque nesta frase.

*"Is it surprising that prisons resemble factories, schools, **barracks**, hospitals, which all resemble prisons?" (Michel Foucoult)*

Devemos achar surpreendente que as prisões se pareçam com fábricas, escolas, *a)* barracas; *b)* casernas, hospitais, e que tudo isso se pareça com prisões?

---

57 baton (subst.) (EUA) /bəˈtɑːn/, (Reino Unido) /ˈbæton/ rima com *salon* (cabeleireiro)

1. *Keep calm!* Sabemos que você nunca iria pensar nessa palavra como o mesmo que batom, em português. Todos sabemos que batom é *lipstick*.

2. Mas o que será **baton**, então? Depende do contexto. Pode ser:

    a) (de maestro): batuta

    b) (de policial): cassetete (no Reino Unido) = *nightstick, truncheon* (nos EUA)

Cassetete vem do francês *casser* (quebrar) + *tête* (cabeça). Óbvio, né?

c) (em corrida de revezamento): bastão

d) (em banda militar): bastão de comando

e) (em desfile): bastão de *majorette* (aquela jovem que desfila à frente de uma banda, em uma *parade* (muito comum nos EUA, verbete 278)

Escolha a opção que melhor traduz a palavra em destaque nestas frases.

1. "***Baton** technique is to a conductor what fingers are to a pianist."* (Igor Markevitch)

Para um maestro, a técnica do/da a) batom; b) batuta é como os dedos para um pianista.

2. *"I think it's like a relay race. You run, you hand over the **baton**, and your kids pick it up. They take the stuff they want, throw the rest away, and keep running. That's what life is about."* (Billy Crystal)

Eu acho que é igual a uma corrida de revezamento. Você corre, passa o a) bastão; b) batom, seus filhos o pegam. Ficam com aquilo que querem, jogam o resto fora e continuam a corrida. A vida é isso.

58 **battery** (subst.) /ˈbæt(ə)ri/ rima com *flattery* (lisonja, bajulação)

1. **Battery** é bateria? Sim, pode ser, mas... que tipo de bateria? Pode ser:

   a) de carro

   The **battery** *is low. You have to recharge it or buy a new one.*

   b) (de rádio, lanterna, *mouse*, teclado) pilha

   *You have to replace the **batteries** in the flashlight.*

   c) de canhões, peça de artilharia

   *The enemy lost a plane which was shot down by the antiaircraft **battery**.*

   d) de testes, perguntas etc.

   *The President had to face a **battery** of questions by the reporters. As always, he loved being in the spotlight.*

2. E a bateria, instrumento musical, também é **battery**? *No way*. Para isso usamos **the drums** (no plural).

   *Ringo Starr played **the drums** when the Beatles were together.*

Além disso, em linguagem jurídica, **battery** é agressão, causando lesão corporal. E, como já vimos em **assault** (verbete 42), alguém que responde por **assault and battery** está devendo ainda mais à justiça, porque isso é "agressão física com lesões corporais graves".

E ainda há uma pergunta. O que são **battery eggs**? Bateria também bota ovo? Só de brincadeira. **Battery eggs** são produzidos em uma **battery farm**. Que também dá ensejo a brincadeiras. Não se trata de uma fazenda de baterias, mas de uma granja, onde as galinhas são criadas em gaiolas. Logo, **battery eggs** são ovos de granja.

Escolha a opção que melhor traduz as palavras em destaque nestas frases.

1. *"A good laugh recharges your **battery**." (anonymous)*

Uma boa risada recarrega a sua *a)* bateria; *b)* agressão.

2. *"Marriage has no guarantees. If that's what you're looking for, go live with a car **battery**." (Erma Bombeck)*

O casamento não tem garantias. Se é isso que você procura, vai viver com uma *a)* bateria; *b)* pilha de carro.

3. *"Reading allows me to recharge my **batteries**." (Rahul Dravid)*

A leitura permite-me recarregar minhas *a)* agressões; *b)* baterias.

---

59   **beef** (subst. e verbo) /biːf/ rima com *reef* (recife)

1. **Beef** parece o nosso "bife", mas não é bem isso. Bate na trave, porque é carne bovina.

    *They're having roast **beef** for dinner.*

2. E "bife", você sabe, é *beefsteak* ou simplesmente *steak* (rima com *make*).

    *We had **steak** and fries for lunch.*

3. Um segundo sentido do substantivo **beef** é: bronca, queixa, reclamação. Se alguém nos vir com expressão mal-humorada e perguntar *"What's your beef?"*, certamente não quer saber de que jeito queremos a carne. Para perguntar como você quer o seu bife, o garçom perguntaria:

    "How would you like your steak? Rare, medium, well done?" Malpassado, ao ponto, bem-passado?

4. Mas voltamos ao sentido do **beef** como "queixa, reclamação":

    *I have no **beef** with you, my real **beef** is with the company you work for, they're a bunch of vermin.*

5. Como verbo (regular) **beef** significa "reclamar muito e com frequência".

    *Aunt Martha is always **beefing** about something.*

6. E seguido da partícula *up*, **beef up** significa "reforçar, robustecer".

    *Security around the city will be **beefed up** during the Pope's visit.*

E, *just out of curiosity*, por que aqueles guardas cerimoniais da Torre de Londres, com seus vistosos uniformes vermelhos ou pretos, são chamados **beefeaters**? Só comem **beef**?

Mais ou menos isso. Quem gosta de gin e conhece a marca **Beefeater** vai se lembrar da imagem do guarda que enfeita o rótulo da garrafa. Esses guardas, oficialmente chamados *yeomen warders*, eram antigamente responsáveis por cuidar de qualquer eventual prisioneiro da Torre de Londres. Hoje, na falta de prisioneiros, eles são responsáveis por proteger as joias da Coroa britânica, cuidam dos corvos que andam por ali à solta, como se fossem bichos de estimação e, é claro, servem de guias aos turistas que visitam a Torre de Londres. Dizem as más línguas que o apelido **beefeater** foi dado aos *yeomen warders* porque durante os períodos de guerra, enquanto todos os ingleses tinham o seu consumo de carne racionado, eles eram privilegiados, comendo a quantidade de **beef** que quisessem.

Escolha a opção que melhor traduz a palavra em destaque nesta frase.

"Roast **beef**, medium, is not only a food. It's a philosophy." *(Edna Ferber)*

a) Bife; b) *Carne* assado/assada, ao ponto, não é apenas alimento. É filosofia.

---

60 **billion** (subst.) /ˈbɪljən/ rima com *million* (milhão)

1. Este verbete é para quem trabalha com números, números altos. Se a palavra aparecer em um contexto dos EUA, *no problem*. **One billion** vai ser entendido como mil milhões, logo um bilhão.

    *The number is 1,000,000,000 = one **billion***

2. Quando usado no plural, **billions** fala de um número vago, não exato e se usa muito em hipérboles ou contextos de exagero.

    *I've told that same story **billions** of times.*

    É claro que, a rigor, não a contei **bilhões** de vezes, mas essa figura de linguagem é comum.

3. Mas se a palavra vier inserida em um contexto antigo, britânico, é bom ficar de sobreaviso. Para os ingleses, que têm fama de gostar de ser diferentes, antigamente (e usamos esse "antigamente" *advisedly*, ver verbete 14 de novo), **one billion** era um milhão de milhões, logo um trilhão.

    *In Britain, old-fashioned: 1,000,000,000,000 = one **billion***

4. Isso era antigamente. Hoje em dia, mesmo no Reino Unido, **one billion** é mil milhões, um bilhão. E *one trillion* é um trilhão. Mas é bom ficar de olho no contexto e na "antiguidade" do texto...

> Para falar de números tão altos não se pode mesmo esperar rigorosa exatidão. Carl Sagan (1934-1996), o astrônomo norte-americano que, entre muitas generosas contribuições, ajudou a popularizar a ciência com a sua maravilhosa série *Cosmos*, tinha às vezes de aguentar comentários jocosos por causa do costume (quase mania) que ele tinha, quando falava da imensidão e vastidão do universo, de se referir sempre em *billions and billions* (de estrelas, astros, planetas, galáxias etc.). Em 1997, um ano após a morte de Sagan, a editora Random House publicou um livro que ele tinha escrito e intitulado, só para provocar, **Billions and Billions**...

Escolha a opção que melhor traduz a palavra em destaque nestas frases.

1. "Out of 6 **billion** humans, the troublemakers are just a handful." (Dalai Lama)

De 6 a) bilhões; b) trilhões de seres humanos, só um punhado deles é que cria problemas.

2. "The human brain has 100 **billion** neurons, each neuron connected to 10 thousand other neurons. Sitting on your shoulders is the most complicated object in the known universe." (Michio Kaku)

O cérebro humano tem 100 a) bilhões; b) trilhões de neurônios, cada um deles conectado a 10 mil outros neurônios. Apoiado sobre os nossos ombros está o objeto mais complicado do universo como o conhecemos.

61 blitz (subst.) /blɪts/ rima com *bits* (pedaços)

1. **Blitz** é a palavra alemã para "relâmpago". Ela pode ser usada em contexto militar, forma abreviada do alemão *blitzkrieg* (guerra-relâmpago), e pode significar:

   a) bombardeio aéreo (= *air raid*)

   The **Blitz** was a German bombing offensive against Britain in 1940 and 1941, during the Second World War.

   b) campanha intensiva de publicidade

   The new product was launched with a massive advertising **blitz** on TV.

2. Em inglês, **blitz** não é usado, como fazemos em português, para "batida policial, no trânsito, como parte de implementação da lei seca etc.". Para isso usa-se *police check*, e o local onde ela é feita é o *checkpoint*.

   Operação Lei Seca (Operation Dry Law) sets up **checkpoints** throughout the city and checks drivers passing by.

Escolha a opção que melhor traduz a palavra em destaque na frase abaixo.

"*I was brought up in the War. I was an adolescent in the Second World War. And I did witness in London a great deal of the **Blitz**.*" (Harold Pinter)

Eu fui criado na Guerra. Eu era adolescente durante a Segunda Guerra Mundial. E em Londres fui testemunha, de fato, de muito do que aconteceu na a) guerra-relâmpago; b) blitz.

---

62 **bologna** (subst.) /bəˈlouni/ soa como *baloney* (besteira, disparate, absurdo)

Bologna, você sabe, é uma cidade da Itália. Pronuncia-se /bəˈlounjə/. Famosa pelo seu centro histórico, suas torres, sua universidade (a mais antiga da Europa), Bologna é também famosa pela gastronomia (lasanha à bolonhesa, entre outras iguarias) e a mortadela, de sabor e qualidade únicos. Se você encontrar a palavra "bologna" em um texto em inglês, assim, com inicial minúscula, já sabe: é mortadela.

É curioso que a pronúncia, em inglês, de mortadela (*bologna*) e de "besteira, disparate, absurdo" (*baloney*) é quase a mesma. Podemos então imaginar uma situação em que alguém diz, "*When I was in Bologna I once had a delicious **bologna** sandwich for lunch.*" Ao que outra pessoa (talvez a sogra) retruca, "*Baloney! I know you've never been to Bologna.*"

Escolha a opção que melhor traduz a palavra em destaque nesta frase.

"*The best way to die is sit under a tree, eat lots of **bologna** and salami, drink a case of beer, then blow up.*" (Art Donovan)

A melhor forma de morrer é sentar-se debaixo de uma árvore, comer muita a) lasanha à bolonhesa; b) mortadela e salame, beber um engradado de cerveja e depois explodir.

---

63 **bond** (subst. e verbo) (EUA) /bɑ:nd/, (Reino Unido) /bɒnd/ rima com *blond* (louro)

bondage (subst.) (EUA) /ˈbɑ:ndɪdʒ/, (Reino Unido) /ˈbɒndɪdʒ/

> Nem nos seus *wildest dreams* algum dia você pensaria que **bond** é "bonde", né? E não é mesmo. Mas, então, por que chamamos "bonde" ao "bonde"? Vem de onde, o nosso "bonde"? A resposta é simples: vem de **bond**. E essa *word story* é curiosa. Pegamos esse bonde daqui a pouco.

1. Primeiro vamos ver o que **bond** significa: Como substantivo **bond** pode ser:

    a) laço, vínculo

    *There is a strong family **bond** between father and son.*

    b) obrigação, compromisso, fiança, garantia

    *My word is my **bond**. I never fail to do what I promise to do.*

    c) (Finanças) apólice de dívida pública, debênture, título a receber

    *The government was selling **bonds** at a very low price.*

    *Warren Buffett has invested a lot of money in stocks and **bonds**.*

    d) (Química) ligação

    *A chemical **bond** is an attraction between the atoms in a molecule.*

    e) (no plural) grilhões, correntes

    *Prometheus, the Greek titan, was **in bonds**.*

    ■ **be in bonds:** estar acorrentado

2. Além disso, todo mundo sabe, **bond** pode ser um sobrenome.

    *The name's **Bond**. James **Bond**.*

3. Como verbo (regular) **bond** significa:

    a) ligar(-se), unir(-se)

    *The love that **bonds** together mother and son is a special feeling.*

    b) grudar(-se)

    *Glue was used to **bond** together the broken plate.*

4. E, então, se **bond** não é bonde, qual é a palavra para esse simpático, mas antiquado meio de transporte? Nos Estados Unidos usa-se *streetcar*. São famosos os *streetcars* que sobem e descem as ladeiras de São Francisco, uma das poucas cidades norte-americanas em que ainda há bondes. No Reino Unido, a palavra é *tram*. E o bondinho (suspenso), o teleférico, como o do Pão de Açúcar, no Rio, qual é a palavra, *in English*? *Cable car*.

5. E agora que está claro que **bond** não é elétrico (a não ser em Portugal...) nem roda sobre trilhos, chega a vez de falar em *bondage*. Será que a palavra tem algum **bond** (laço, vínculo, ligação) com **bond**? Tem, sim, e em um aspecto triste, que envergonha a humanidade.

Bondage significa servidão, escravidão.

*"Of Human **Bondage**", a novel by William Somerset Maugham, was translated into several languages. In Portuguese, its title is "Servidão Humana".*

*The American Civil War put an end to over 200 years of **bondage** for Black Africans in America.*

E, para terminar, a *word story* da palavra "bonde", em português. Por que esse veículo é assim chamado, no Brasil? Isso é só no Brasil, já que em Portugal o mesmo tipo de veículo atende pelo burocrático nome de "elétrico". Essa história não é tão simples assim. Em 1868, no Rio de Janeiro, a empresa (norte-americana) *Botanical Garden Railroad Company* colocou em operação a primeira linha, saindo do Largo do Machado, no Catete, até o Largo da Carioca, no centro da cidade. Esses veículos coletivos eram originalmente de tração animal, puxados por burros, e transportavam até trinta passageiros. Nessa época, o Visconde de Itaboraí, Presidente do Gabinete do Império do Brasil, tinha lançado um empréstimo nacional, de trinta mil contos, com juros pagáveis em ouro, mediante a apresentação de ***bonds*** (debêntures, títulos de crédito ao portador, apólices de dívida pública). O povo associou esses ***bonds*** aos bilhetes usados pelos passageiros para pagamento da passagem nos veículos da *Botanical Garden Railroad Company*. Os bilhetes passaram a ser conhecidos como ***bonds*** e, com o tempo, o termo foi consagrado para designar o veículo.

É isso. Podemos tocar o bonde? Então, vamos!

Escolha a opção que melhor traduz as palavras em destaque nestas frases.

1. *"My whole thing is loyalty. Loyalty over royalty; word is **bond**." (Fetty Wap)*

O mais importante para mim é a lealdade. Lealdade acima da majestade; a minha palavra (de honra) é o que a) me prende; b) me move.

2. *"The **bond** that links your true family is not one of blood, but of respect and joy in each other's life." (Richard Bach)*

O a) bonde; b) vínculo que une a sua verdadeira família não é de sangue, mas de respeito e alegria pela vida do outro.

3. *"Twins have a special **bond**. They feel safer with each other than with their peers." (Jeanne Phillips)*

Os gêmeos têm um a) *bonde;* b) *vínculo* especial. Eles se sentem mais seguros um com o outro do que com os seus pares.

4. *"Remember this: debt is a form of **bondage**. It is a financial termite."* (Joseph B. Wirthlin)

Lembre-se disto: a dívida é uma forma de a) *vínculo;* b) *servidão.* É um cupim financeiro.

5. *"The dread of loneliness is greater than the fear of **bondage**, so we get married." (Cyril Conolly)*

O pavor da solidão é maior do que o medo da a) *bandidagem;* b) *servidão,* então a gente se casa.

---

64 budget (subst. e adj.) /ˈbʌdʒɪt/

1. Mas *budget* é falso amigo? *How come?* Confunde-se com qual palavra em português?

   Nenhuma. *Budget* tem vaga nesta seleção por vários motivos:

   É um anglicismo, sendo usado assim mesmo, sem tradução, na área econômica e contábil. Já está dicionarizado, aparece nos grandes dicionários de português, como sendo o mesmo que "orçamento, cálculo das receitas e despesas".

   *What's the average monthly **budget** for a family of four?*

2. Expressões com *budget*:

   ■ **be on a budget:** controlar as despesas, para não gastar mais do que se tem

   ■ **be over/under/within budget:** estar acima/abaixo/dentro do orçamento, do que foi planejado gastar

---

Tem uma *word story* interessante.

A palavra em inglês vem do francês antigo *bougette,* diminutivo de *bouge* (bolsa de couro). Segundo consta, a partir de 1822, na Inglaterra, o *Chancellor of the Exchequer* (Chanceler do Erário, cargo britânico que corresponde ao nosso Ministro da Economia) dirigia-se ao Parlamento para apresentar a previsão de receitas e despesas, registrada em uns papéis que ele carregava em uma *briefcase,* uma pequena pasta de couro, que os ingleses na época chamavam de **budget** (corruptela do francês *bougette).* A expressão *open the budget* persiste até hoje em economia: "abrir o orçamento".

3. **Budget** pode também ser usado como adjetivo atributivo, significando "barato/a".

    > Hotels in New York can be rather expensive, so we stayed at a **budget** hotel.
    > We bought a **budget** suitcase at a very low price.

Escolha a opção que melhor traduz as palavras em destaque nestas frases. Na frase 1 você vai ver de novo a palavra *balance*, já estudada no verbete 54.

1. "It's time to stop spending money we don't have and **balance** the **budget**." (Joni Ernst)

    Está na hora de parar de gastar dinheiro que não temos e *a) balançar; b) equilibrar* o *a) orçamento; b) bolso*.

2. "When you're dressing on a **budget**, simplicity is key." (Ne-Yo)

    Quando você está escolhendo roupas e *a) gastando muito; b) controlando o orçamento*, a palavra-chave é simplicidade.

3. "If you want creativity, take a zero off your **budget**. If you want sustainability, take off two zeros." (Jaime Lerner)

    Se você quer criatividade, tire um zero do número que está no seu *a) bolso; b) orçamento*. Se você quer sustentabilidade, tire dois zeros.

> Sobre essa última frase, é interessante lembrar que Jaime Lerner é brasileiro, arquiteto de renome internacional, foi prefeito de Curitiba, considerada uma das cidades de melhor qualidade de vida no Brasil.

65 cabin (subst.) /ˈkæbɪn/

1. ***Cabin*** é um substantivo que pode significar:

    a) cabine (de passageiros, em um avião)

    > It's not safe to move around the **cabin** while the plane is landing. You should sit down and fasten your seat belt.

    - **cabin crew:** tripulação de bordo

    b) camarote (cabine, em navio)

    > They love sleeping in a **cabin** while the ship sails across the ocean.

    - **cabin boy:** camareiro de navio
    - **cabin cruiser:** lancha de cruzeiro, barco com cabine

2. Mas *cabin* também pode ser:

   cabana (geralmente de madeira)

   Thoreau lived in a *cabin* in the woods.

   Have you ever read "Uncle Tom's *Cabin*", an anti-slavery novel by Harriet Beecher Stowe?

   ▪ **log cabin:** cabana de toras de madeira

   Legend has it that Abraham Lincoln was born in a **log cabin**.

Escolha a opção que melhor traduz a palavra em destaque nestas frases.

1. "A *cabin* with plenty of food is better than a hungry castle." (provérbio irlandês)

Uma a) *cabine*; b) *cabana* com bastante comida é melhor do que um castelo faminto.

2. "The Air China flight from Hong Kong to Dalian lost altitude rapidly and oxygen masks dropped in the *cabin*." (https://www.bbc.co.uk/news/world-asia-china-44803726)

O avião da Air China que ia de Hong Kong para Dalian perdeu altitude e automaticamente máscaras de oxigênio ficaram à disposição dos passageiros na a) *cabine*; b) *cabana*.

---

66 café, cafe (subst.) (EUA) /kæˈfeɪ/, (Reino Unido) /ˈkæfeɪ/ rima com OK

cafeteria (subst.) /ˌkæfəˈtɪriə/ rima com *some bacteria* (umas bactérias)

1. *Café* ou *cafe* (sem o acento) é um pequeno restaurante que serve refeições ligeiras, café (*of course!*) e outras bebidas. No Reino Unido não são servidas bebidas alcoólicas aí.

   We had breakfast at a small *café* on the corner of the street where we were staying.

2. Para designar café, a bebida, todo mundo sabe, é *coffee*.

   They serve very good Colombian **coffee** at that **café**.

3. *Cafeteria* é um restaurante de autosserviço, refeitório, cantina, geralmente em escola, empresa, fábrica, em que as pessoas pegam uma bandeja, escolhem a comida e bebida em um balcão e sentam-se a uma mesa para fazer a sua refeição. O popular bandejão.

   We had lunch at the school **cafeteria**.

4. O que no Brasil se chama de cafeteria (pronunciando-se com acento no final: cafeteRIA), lanchonete, café-restaurante para refeições ligeiras, corresponde a *café*, *cafe* ou *coffee shop*.

*We had a sandwich and an orange juice at the bookstore **coffee shop**.*

Escolha a opção que melhor traduz a palavra em destaque neste trecho.

*"Life is like a **cafeteria**: Take your tray, select your food, and pay at the other end. You can get anything you want as long as you are willing to pay the price." (anonymous)*

A vida é igual a um *a) refeitório; b) restaurante*: Pegue sua bandeja, escolha sua comida e pague no caixa ao final do balcão. Você pode pegar o que quiser desde que esteja disposto a pagar o preço.

---

67 candid (adj.) /ˈkændɪd/ rima com *landed* (pousou, aterrissou)

1. ***Candid*** é um adjetivo que pode significar:

   a) franco/a, sincero/a, direto/a

   *She asked me what I thought of her project and I gave her my **candid** opinion. I never saw her again.*

   b) (foto) natural, espontânea, sem pose

   *We took some **candid** snapshots of the local people.*

2. ***Candid camera/snapshots***: câmera indiscreta/fotos tiradas sem que a pessoa saiba que está sendo fotografada.

3. Mas ***candid*** não significa "cândido/a, puro/a, franco/a, inocente, ingênuo/a". Para esses sentidos usa-se *pure, innocent, frank, naive, ingenious*.

   *Prince Harry gave a very **candid** interview about his emotional struggles.*

Candid vem do latim *candidus*: branco/a, claro/a, e *candere*: brilhar. Outra palavra que tem a mesma origem é ***candidate***: candidato/a, do latim *candidatus*. É curioso lembrar que na Roma Antiga os candidatos a algum cargo público trajavam togas brancas, supostamente símbolo de suas imaculadas intenções e caráter. Isso era na Roma Antiga.

Escolha a opção que melhor traduz a palavra em destaque nestas frases.

1. *"Truth between **candid** minds can never do harm." (Thomas Jefferson)*

A verdade dita entre mentes *a) sinceras; b) cândidas* nunca pode fazer mal.

2. *"If indeed you must be **candid**, be **candid** beautifully." (Khalil Gibran)*

Se você tem mesmo de ser a) cândido; b) franco seja a) cândido; b) franco com beleza.

---

68 cane (subst. e verbo) /keɪn/ rima com *main* (principal)

1. ***Cane*** é um substantivo que pode significar:
   a) cana
   b) bambu
   - **cane chair:** cadeira de palhinha

2. Observe a diferença entre:
   - **sugarcane:** cana-de-açúcar e
   - **cane sugar:** açúcar de cana (e não de beterraba)

3. ***Cane*** também pode significar:
   a) bengala (= *walking stick*)
   *The old man could walk only with the aid of a **cane**.*
   b) vara, ramo fino usado como açoite
   *In the past, in English schools, students who misbehaved might get the **cane**.*
   - **get the cane:** levar varadas, ser açoitado

4. ***Cane*** não é usado no mesmo sentido da gíria brasileira para:
   a) cachaça
   Nesse sentido usa-se *sugarcane spirits* ou *Brazilian rum*;
   Ou (a gíria para bebida alcoólica em geral): *booze*.
   b) cadeia, prisão
   Nesse sentido usa-se *jail* ou (gíria) *the clink*.
   *Some famous Brazilian politicians are now in **the clink**.*

5. Como verbo, ***cane*** é regular e significa:
   vergastar, açoitar.
   *In the past schoolmasters in some English schools would **cane** students who misbehaved.*

Escolha a opção que melhor traduz a palavra em destaque nestas frases.

1. *"Experience is the **cane** of the blind." (Jacques Roumain)*
A experiência é a a) cana; b) bengala dos cegos.

2. *"You can't expect both ends of a sugar **cane** to be as sweet."* *(provérbio chinês)*

Você não pode esperar que as duas extremidades da *a) cana-; b) vara-de-açúcar* sejam doces.

---

69 **capricious** (adj.) /kəˈprɪʃəs/ rima com *Mauritius* (Maurício: ilha/país no sudoeste do Oceano Índico)

Capricious é um adjetivo que significa "caprichoso/a, movido/a ou controlado/a pelo capricho, impulso, desejo súbito e imprevisível".

*You'd better take an umbrella. It's sunny now but you can never trust this **capricious** weather.*

*Jack is very unstable. He makes **capricious** jumps from one job to another.*

A origem da palavra é curiosa. ***Capricious*** vem da palavra em latim para "cabra" e sugere movimentos impulsivos, imprevisíveis, como os saltos caprinos.

Escolha a opção que melhor traduz a palavra em destaque nestas frases.

1. *"Nothing is more unjust and **capricious** than public opinion."* (William Hazlitt)

Nada é mais injusto e *a) caprichado; b) caprichoso* do que a opinião pública.

2. *"Love is a **capricious** creature which desires everything and can be contented with almost nothing."* (Madeleine de Scudery)

O amor é uma criatura *a) caprichosa; b) caprichada*, que tudo deseja e com quase nada se contenta.

---

70 **carousal** (subst.) /kəˈraʊz(ə)l/

carouse (verbo) /kəˈraʊz/

carousel/carrousel (subst.) /ˌkærəˈsel/ rima com *solar cell* (célula solar)

1. ***Carousal*** é "carrossel", brinquedo de feiras e parques de diversões? Lembra, mas não é. Esse brinquedo, em inglês é ***carousel*** ou ***carrousel***, que vamos ver a seguir. E o que é ***carousal***, então? É uma farra etílica, uma festa de arromba, o sonho de consumo dos bebuns.

*A **carousal** is a noisy drinking party.*

2. ***Carouse*** é o verbo (regular), significa "fazer uma grande farra, beber à vontade".

> They had just won a great victory and decided to celebrate, so they went out ***carousing*** until daybreak.

Carousal e ***carouse*** têm origem em uma interjeição em alemão, "*Gar aus!*" que significa "Todos fora!", gritada pelo dono do bar, como ordem de saída para os que ainda estavam com sede. Em termos mais elegantes, era a ordem de *Last drink before closing time. So, drink up, bottoms up!*

3. ***Carousel*** é mais uma daquelas palavras que "trabalham em meio expediente" como falsos amigos. De manhã elas são boazinhas, lembrando uma palavra em português e tendo mesmo esse significado. À tarde elas se divertem, pregando peças nos mais distraídos, aparecendo com outro sentido, bem diferente.

4. Aqui em ***carousel***, que também pode ser grafado com *rr*, o primeiro sentido é o do nosso "carrossel", atração infantil do parque de diversões. Nesse sentido ***car(r)ousel***, mais comum nos EUA, é sinônimo de *roundabout* no Reino Unido e de *merry-go-round*, que se usa tanto nos EUA quanto no Reino Unido.

> Kids love to ride on the ***carousel*** at the amusement park.

5. Mas quando você, em um aeroporto internacional, tendo saído do avião, vai pegar suas malas e vê no painel que a bagagem está no ***carousel*** 3, não vai, é claro, pensar que as suas malas viraram crianças e estão dando voltas de cavalinho de plástico, no lugar onde deveria estar o que chamamos de esteira. E ***carousel*** é isso mesmo, esteira, tapete rolante que entrega a bagagem dos passageiros que acabaram de chegar.

> The ***carousel*** is the moving belt from which you collect your bags at the airport.

6. Já a esteira ou tapete rolante que transporta objetos, mercadorias de um local para o outro em uma fábrica chama-se *conveyor belt*. E, finalmente, outra esteira, o aparelho usado para exercícios de caminhada ou corrida, em uma academia de ginástica, chama-se *treadmill*.

> Ella is trying to lose weight and spends a long time walking on the ***treadmill*** at the gym.

Escolha a opção que melhor traduz a palavra em destaque nestas frases.

1. "My soul is an empty ***carousel*** at sunset." (Pablo Neruda)

Minha alma é um(a) *a) esteira; b) carrossel* vazio ao pôr do sol.

2. "Did you ever notice that the first piece of luggage on the ***carousel*** never belongs to anyone?" (Erma Bombeck)

Você já notou que a primeira mala que aparece no/a *a) carrossel; b) esteira* nunca é de ninguém?

71 carton (subst.) /ˈkɑː(r)t(ə)n/ rima com *Martin*

1. **Carton** é um substantivo que significa "caixa, embalagem, geralmente de papelão ou plástico" para:

    a) líquidos
    - **a carton of milk/orange juice** etc.

    b) ovos
    - **a carton of eggs**

    c) (pote de) iogurte
    - **a carton of yoghurt**

    d) maços de cigarros

    *How many packs come in a **carton** of cigarettes?*

    e) embalagem para transporte de mercadorias ou em mudanças

    *They have just moved to a new apartment. Their books are still inside **cartons**, in a corner of the room.*

2. **Carton** não significa:

    a) cartão (o material), papelão. Isso é *cardboard*.

    b) cartão (social). Isso é *card*.
    - **calling/visiting card:** cartão de visitas
    - **banking/credit card:** cartão de débito/crédito

3. **Carton** não deve ser confundido com *cartoon* (= cartum).

    ***Cartoon** Network is very popular with children.*

Escolha a opção que melhor traduz a palavra em destaque nestas frases.

1. *"Every **carton** of yoghurt is stamped with a sell-by date."* (sentencedict.com/carton.html)

Cada *a)* cartão; *b)* pote de iogurte tem o carimbo com a data da validade.

2. *"When she retired, she said, her monthly salary couldn't buy two **cartons** of eggs."* (New York Times, June 14, 2018)

Quando se aposentou, disse ela, seu salário mensal não dava para comprar dois/duas *a)* cartões; *b)* caixas de ovos.

---

72 castigate (verbo) /ˈkæstɪgeɪt/ rima com *masticate* (mastigar)

1. **Castigate** é um verbo (regular), próprio da linguagem formal, que significa "repreender severamente, criticar com veemência (o que alguém disse ou fez), passar um carão em alguém".

    *William was **castigated** in the media for making racist comments.*

DICIONÁRIO E PRÁTICA DE *FALSE FRIENDS*

2. Embora lembre o verbo "castigar" em português e, de certa forma, uma repreensão severa possa ser considerada, sim, como um "castigo" imposto à autoestima de alguém, **castigate** não significa efetivamente "castigar, punir, impor punição". Isso em inglês é expresso por *punish*.

> That politician was found guilty of corruption, brought to court and **punished** with imprisonment.

O norte-americano Horace Fletcher (1849-1919) especializou-se em saúde alimentar e ganhou o apelido de *The Great Masticator*, "O Grande Mastigador". Fletcher defendia a tese de que a comida deve ser mastigada cem vezes por minuto, antes de ser engolida. Ficou famosa sua frase-slogan, *"Nature will castigate those who don't masticate."*, que dá vontade de traduzir como "A natureza castiga quem não mastiga". Fletcher ficou famoso e milionário com suas teorias, vivia em um palazzo em Veneza e tinha grandes personalidades como fiéis seguidores. Gente como Henry James, Upton Sinclair, John D. Rockefeller e até Mark Twain (!) botava fé nas ideias do "Grande Mastigador".

Aquela frase-slogan serve para mostrar que **castigate** nem sempre será *false friend*, já que lembra o nosso "castigar". Mas, em geral, nas frases em que **castigate** aparece, o castigo é apenas verbal. Não se trata de "castigar, punir efetivamente" e sim "castigar moralmente, a autoestima" de quem fez algo considerado errado. É impor uma reprimenda, uma repreensão severa, um fortíssimo (mas não literal) puxão de orelhas, mas não chega a mastigar as pobrezinhas.

Escolha a melhor opção para traduzir a palavra em destaque:

*"I have been reluctant to publicly **castigate** an administration, but I think this particular administration has departed from all previous presidents."* (Jimmy Carter)

Eu tenho relutado em a) castigar; b) repreender publicamente uma administração, mas acho que esta administração em particular tem se desviado da política de todos os presidentes anteriores.

A pergunta que não quer calar: De que governo/administração Jimmy Carter estaria falando?

---

73 casualty (subst.) /ˈkæʒuəlti/ a sílaba tônica é a primeira, o *s* soa como um "jota"

1. **Casualty** é um substantivo (plural: **casualties**) que pode significar:

   a) (militar) baixa, perda humana; (no plural) mortos e feridos

   > The enemy was much stronger and our army suffered heavy **casualties**.

   > In a war, the first **casualty** is truth.

b) (acidente, desastre) vítima

*The real **casualties** in the war against drugs are millions of innocent children.*

*The old tree was torn down, a **casualty** of the hurricane.*

c) (no Reino Unido) Pronto-Socorro (= *Emergency Room, ER* nos EUA)

*Uncle Theo had a bad fall and had to be rushed off to **casualty**.*

2. ***Casualty*** não significa "casualidade, acaso". Isso é expresso por *chance* ou *accident*.

*I didn't know Frank was in town. I met him at the airport by sheer **chance/accident**.*

▪ **by pure/sheer chance:** por pura casualidade, por puro acaso

Escolha a melhor opção para traduzir a palavra em destaque.

"*Memory is the first **casualty** of middle age, if I remember correctly.*" (Candice Bergen)

A memória é a primeira *a)* casualidade; *b)* vítima da meia-idade, se a memória não me falha.

---

74 china (subst.) /'tʃaɪnə/ soa como *China* (o país, em inglês)

1. É claro que você nunca iria achar que china, com inicial minúscula, seria China, o gigante que ultrapassou 1,4 bilhão de seres humanos (em 2019), na Ásia Oriental.

2. Com inicial minúscula, ***china*** é o mesmo que *porcelain*: porcelana, louça fina.

*Mrs. Bettsworth uses her best **china** when she has company for tea.*

A origem do substantivo ***china*** para designar porcelana, louça fina é evidente, já que na China se fazia e continua fazendo porcelana da mais alta qualidade.

Mas o que será que "porcelana" tem a ver com "porquinha"? O quê? Sim, pequena fêmea do porco. A etimologia ensina: *Porcelain* deriva do italiano *porcellana*, porquinha, mas não explica a associação entre a pequena suína e a louça fina. Algum palpite?

E o que será a expressão ***like a bull in a china shop***? Será mesmo "como um touro em uma loja chinesa"? Brincadeira... Mas vamos imaginar um touro, bravo e incontrolável, à solta em uma loja cheia de louça de porcelana fina, delicada e frágil. Essa expressão é usada para falar de uma pessoa de temperamento selvagem, irascível, de pavio curto, sem o senso de equilíbrio necessário a lidar com uma situação que requer cuidado, calma e ponderação. Conhece alguém assim?

*Don sometimes behaves **like a bull in a china shop**.*

Escolha a melhor opção para traduzir a palavra em destaque nesta frase.
*"I find it harder and harder every day to live up to my blue **china**." (Oscar Wilde)*

A cada dia eu acho mais difícil viver ao nível da minha melhor a) china; b) porcelana azul.

75 cigar (subst.) /sɪˈgɑː(r)/ rima com *guitar* (guitarra; violão)

1. ***Cigar*** é um substantivo que significa "charuto".
    *There are lots of pictures of Winston Churchill smoking a **cigar**.*

Segundo alguns dicionários de etimologia, ***cigar*** vem do espanhol (e do português também ora, pois claro!) cigarra (nome desse inseto em inglês: *cicada*). Segundo essa versão (mais folclórica do que provavelmente verdadeira), a forma cilíndrica, a cor escura e as folhas enroladas do tabaco que formam o charuto lembrariam a cigarra (aquela "artista" da fábula do Esopo, que passa o verão cantando enquanto a formiga-operária trabalha para ter o que comer no inverno). A cigarra tem corpo cilíndrico, é escura, tem grandes asas transparentes que lembram folhas enroladas. Enfim, de "cigarra-cantante" para ***cigar****-fumegante*, há uma possível ligação. Essa versão para a origem de ***cigar*** é, no mínimo, interessante. *Se non è vero...*

2. ***Cigar*** não significa "cigarro". Isso, todo mundo sabe, é *cigarette*.
    *But I have never seen a picture showing Churchill smoking a **cigarette**.*

A expressão *Close, but no **cigar***, geralmente usada em resposta à tentativa de uma pessoa adivinhar ou conseguir alguma coisa, merece uma explicação. Aquele *close* é o adjetivo "perto, próximo" e nele o *s* tem som de /s/ e não de /z/. Nada tem a ver com o verbo *to close* (fechar), em que o *s* tem som de /z/. O *close* quer dizer que a pessoa quase acertou, sua tentativa passou perto da resposta certa. E aquele *but no cigar* significa que, apesar de a pessoa quase ter acertado, mesmo assim não faz jus a um prêmio, como faria, caso tivesse acertado. Algo como "A bola passou perto, ou bateu na trave, mas você não tem direito a comemoração, não pode correr para o abraço."

Escolha a melhor opção para traduzir a palavra em destaque.

*"I have made it a rule never to smoke more than one **cigar** at a time." (Mark Twain)*

Estabeleci a regra de nunca fumar mais de um *a) charuto; b) cigarro* de cada vez.

---

76 circumspect (adj.) /ˈsɜː(r)kəmspekt/

1. ***Circumspect*** é um adjetivo que imediatamente lembra o nosso "circunspecto/a". Mas o que significa ***circumspect***? Vamos ver:

    Prudente, cuidadoso/a, cauteloso/a antes de tomar uma decisão, evitando correr riscos, levando em conta todas as circunstâncias e possíveis consequências daquela decisão. É sinônimo de *cautious, prudent, careful*.

    *That judge has a reputation of being **circumspect** in everything he does.*

    *Paul is very **circumspect** in his business dealings, he always takes his time and never runs any risks.*

2. Para dizer circunspecto/a, sério/a, reservado/a, discreto/a, usamos *serious, reserved, discreet*.

    *He has always been very **serious/reserved/discreet** about his personal life.*

> A ideia literal do verbo ligado a ***circumspect*** é *look around, be cautious*. De fato, é sempre bom dar uma boa olhada em volta antes de se dar um passo importante.

Escolha a melhor opção para traduzir a palavra em destaque.

*"Emotion can turn the most **circumspect** of men careless." (Wilson Fisk)*

A emoção pode transformar em descuidado o mais *a) circunspecto; b) cuidadoso* dos homens.

---

77 claim (verbo e subst.) /kleɪm/ rima com *name* (nome)

1. ***Claim*** é mais comum como verbo (regular) e tem vários significados:

    a) afirmar, alegar

    *Pedro Miguel **claims** a connection to the Brazilian royalty.*

    *Trump **claims** North Korea summit was a victory. (Time Online)*

b) reivindicar (direitos)

Sally **claimed** her father's inheritance.

I **claim** the right to manage my own affairs.

c) reclamar (do seguro)

We **claimed** damages from the insurance company.

d) responsabilizar-se

The terrorists **claimed** responsibility for the attack.

e) requerer, exigir

This matter **claims** your attention.

f) afirmar autoria ou crédito

The project was a total failure and no one **claimed** credit for the idea.

2. ***Claim*** também é usado como substantivo e tem vários significados:

a) afirmação, alegação

The prisoner made a **claim** that he had been assaulted by someone while he was in custody.

Susan made false **claims** about her past job experience and didn't get the job.

b) reivindicação

Israel's **claim** to those territories on the West Bank was found to be unlawful.

c) pedido de indenização

I filed an insurance **claim** to pay for my lost baggage.

3. Expressões com ***claim***:

- (em um aeroporto) **baggage claim/reclaim:** retirada de bagagem
- **claim to fame:** motivo de fama

    Três Corações' **claim** to fame is that Pelé was born there.

- **claim somebody's life:** causar a morte de

    The violence of the hurricane **claimed** thousands of lives.

4. ***Claim*** pode, para algumas pessoas, lembrar o nosso verbo "clamar", mas não se usa com os sentidos desse nosso verbo. Para "clamar" no sentido de:

a) "gritar, bradar", usa-se *shout* ou *clamor*.

They all **shouted/ clamored** "Victory!" enthusiastically.

b) "protestar com veemência", usa-se *cry out against*.

The fans **cried out against** the referee's decision.

c) "suplicar, implorar", usa-se *beg, implore* ou (literário) *beseech*.
He **begged/ implored/ beseeched** the king's pardon.

Escolha a melhor opção para traduzir a palavra em destaque nestas frases.

1. *"I've only slept with men I've been married to. How many women can make that **claim**?" (Elizabeth Taylor)*

Eu só dormi com homens com quem era casada. Quantas mulheres podem fazer essa a) afirmação; b) reclamação?

2. *"I have noticed that even people who **claim** everything is predestined, and we can do nothing to change it, look before they cross the road." (Stephen Hawking)*

Tenho notado que até mesmo as pessoas que a) clamam; b) afirmam que tudo é predestinado e nada pode ser feito para mudar isso, olham com cuidado antes de atravessar a rua.

---

78 clique (subst.) /kliːk/ rima com *speak* (falar)

1. A palavra *clique*, em inglês, nos lembra logo o som que ouvimos ao apertar um interruptor, ou o botão da câmera, ou o *mouse*. Mas em inglês a palavra não tem esse sentido. Ela é o que chamamos de "panelinha", um grupinho fechado de pessoas que agem em interesse próprio ou só desse grupinho.

    *In almost every club we can find **cliques** that can be very unfriendly to outsiders.*

2. É bom dizer que em português "clique" também pode ter esse significado, embora não seja tão conhecido. Uma clique é o mesmo que uma "panelinha".

3. Mas como em inglês se diz "clique", ação ou resultado do ato de clicar, apertar um botão, como o do *mouse*, por exemplo? Aqui vale a onomatopeia: **click**.

    *Using the Internet, you can order anything with a single **click**.*

Escolha a melhor opção para traduzir a palavra em destaque:

*"I don't really believe in **cliques** – I think everyone can be friends with everyone." (Lucy Hale)*

Eu realmente não acredito em a) clubes; b) panelinhas – acho que todo mundo pode ser amigo de todo mundo.

79 cobra (subst.) /ˈkoʊbrə/ o *o* tem som fechado e não aberto como na palavra cobra, em português

OK, *cobra* não é *false friend*, porque cobra é cobra. Mas só um momento...

1. ***Cobra**, in English*, não é todo tipo de cobra e sim a chamada naja, aquela "charmosa" (salvo seja...) serpente venenosa, da Ásia e da África, também chamada cobra-de-capelo. Ela é assim chamada porque parece usar um capelo, um capuz de frade, quando dilata o pescoço ao se sentir ameaçada.

    *They saw some threatening **cobras** when they were in India.*

2. E para dizer todos os outros tipos de cobra, você sabe, a palavra é *snake*.

    *A **cobra** is a very poisonous **snake** found in Asia and Africa.*

> Escolha a melhor opção para traduzir a palavra em destaque.
>
> "*Like a **cobra**, your strike should be felt before it is seen.*" (Bruce Lee)
>
> Como uma a) *naja;* b) *qualquer cobra*, o seu golpe deve ser sentido antes de visto.

---

80 cocoa (subst.) /ˈkoʊkoʊ/ rima com *loco* (gíria: louco)

1. Essa palavra começa "querendo te pegar" pela pronúncia. Afinal, aquele *a* final está ali só para pegar os incautos, porque ele não é pronunciado. A palavra soa como o nosso "coco", quando um inglês ou um americano diz o nome, em português, do fruto do coqueiro.

2. A seguir ela pode querer "te pegar" por uma eventual confusão com a nossa palavra para "coco", o fruto do coqueiro. ***Cocoa*** soa como "coco", mas na verdade é cacau. ***Cocoa*** pode ser:

    a) cacau, chocolate em pó, obtido da torrefação das sementes de cacau. (= *cocoa powder*)

    *This recipe calls for two tablespoons of **cocoa**.*

    b) chocolate (a bebida), mistura de pó de cacau e leite ou água, servida quente.

    *I don't want coffee. Let's have a nice hot cup of **cocoa** instead.*

3. Locuções com ***cocoa***:

    - **cocoa bean/seed:** semente de cacau
    - **cocoa butter:** manteiga de cacau
    - **cocoa tree:** cacaueiro

4. Para dizer "cacaueiro", a árvore que produz as sementes de cacau, há várias possibilidades: *cocoa (tree)*, *cacao (tree)*, *chocolate tree*. *Cacao* pronuncia-se /kəˈkaʊ/.

5. Para dizer "chocolate", a pasta de cacau e açúcar em forma de tablete ou bombom, a palavra, todo mundo sabe, é *chocolate*.

> O nome científico do cacaueiro é *Theobroma cacao*. *Theobroma* em grego quer dizer "comida (*broma*) dos deuses (*theoi*)". Alguém discorda de que dessa árvore vem a comida dos deuses? *Or are you a chocoholic, just like me?*

6. *Chocolate* pode ser um substantivo não contável, sem forma plural.
   Do you prefer milk chocolate or dark chocolate?
   We bought two bars of chocolate at the store.

7. E pode ser um substantivo contável, com forma plural, quando se traduz por "bombom".
   "My mom always said life is like a box of chocolates. You never know what you're gonna get." (Forrest Gump)

8. Por fim, não podemos esquecer do nosso glorioso "coco", fruto do coqueiro. Como se diz isso, *in English*? *Coconut*. E coqueiro? *Coco(nut) palm* ou *coco(nut) palm tree*.
   Coconuts *float, and they can germinate even after long exposure to salt water. So, if a* ***coconut*** *falls from a* ***palm tree*** *growing on a beach and is washed by the waves out to sea, it can be carried to distant shores and still sprout into a new tree.*

9. Locuções com **coconut**:
   - **coconut meat/milk/oil/water:** polpa/leite/óleo/água de coco

> E ainda tem o *coconut shy*. Que nada tem a ver com coco tímido ou timidez causada pelo coco. Trata-se de uma expressão usada no Reino Unido, para designar uma atração típica de parque de diversões: as pessoas atiram bolas em cocos colocados em postes, tentando derrubar os cocos e assim ganhar prêmios.

✎ Escolha a melhor opção para traduzir a palavra em destaque nestas frases.

1. "*Ivory Coast is the world's top* **cocoa** *grower, an annual production reached a record of 2 million tonnes last season.*" (Reuters, July 26, 2018)

A Costa do Marfim é o maior produtor de a) coco; b) cacau do mundo, uma produção anual atingiu o recorde de 2 milhões de toneladas na última temporada.

2. *"Each cacao pod usually encases about 40 beans – the source of **cocoa** powder and chocolate."* (Scientific American, September 15, 2018)

Cada vagem de cacau em geral contém cerca de 40 sementes – a fonte do pó de *a) cacau; b) coco* e chocolate.

---

81 collar (subst. e verbo) /'kɑːlə(r)/ rima com *dollar* (dólar)

1. **Collar** é dos *false friends* mais conhecidos, não poderia faltar na nossa seleção. Como substantivo, **collar** pode ter estes significados:

    a) colarinho

    *The police officer grabbed the robber by the **collar** and handcuffed him.*

    b) coleira

    *The waiter grabbed the dog by the **collar** and dragged it out of the restaurant.*

    c) colar, gargantilha

    *Ella was wearing a discreet **collar**.*

> Tanto **collar** quanto *necklace* são acessórios de beleza, em geral usados por mulheres. **Collar** é um tipo de colar que se "cola" à volta do pescoço, sem pender. É a gargantilha, também chamada *choker*, em inglês. Já o *necklace* é o colar usado à volta do pescoço, mas que pende sobre o colo da mulher. O *necklace* é uma peça de joalheria (*a piece of jewelry*) às vezes com *jewels* (pedras preciosas, ver verbete 240) e, em geral, é bem mais caro do que o **collar**.
>
> Num contexto mais raro, **collar** pode também ser um daqueles colares honoríficos usados por comendadores, membros de confrarias, cavaleiros de certas ordens, mestres ou grão-mestres da maçonaria, como símbolos de sua posição. Num contexto ainda mais antigo, há um belo quadro de Hans Holbein the Younger (1527), chamado *Portrait of Sir Thomas More*, em que esse ilustre cavaleiro aparece usando o **Collar** *of Esses*, que o identifica como *Lord Chancellor* da Inglaterra. A internet nos permite ver esse quadro, que mostra bem o que era um **collar** naqueles tempos.

2. Locuções com **collar**:
    - **blue-collar worker:** operário/a
    - **flea-collar:** coleira contra pulgas (colocada em cachorros, gatos etc.)
    - **pink-collar jobs:** empregos tradicionalmente exercidos por mulheres
    - **white-collar worker:** escriturário/a, profissional que trabalha em escritório

3. Como verbo (regular), **collar** é usado na linguagem informal. Significa:
   a) agarrar e manter preso

   *The thief was **collared** by a police officer that was passing by.*

   b) abordar alguém e obrigar a pessoa a ouvir algo

   *I was in a hurry, but a woman **collared** me about an opinion survey on "Haste makes waste".*

4. *Collar* é um *false friend* quanto ao sentido do nosso verbo "colar". Para isso usa-se *paste*, *glue* ou *stick*.
   a) *The kids were **pasting** pictures of wild animals on a poster.*
   b) (Informática) *You can cut and **paste** that article into your file.*

   ■ **a cut-and-paste job:** tesoura-e-cola, trabalho que nada tem de original

5. E como se diz "colar", exercer a prática antiética de copiar em prova escrita? Para isso, usa-se *cheat*. (Mas é muito feio…)

   *Sally was caught **cheating** on a test.*

6. E, *just out of curiosity*, como se diz, por exemplo, "A sua desculpa não cola?".

   Sorry, but I don't buy your excuse. Ou então, *Sorry, that excuse doesn't hold water with me.*

Escolha a melhor opção para traduzir a palavra em destaque.

"*A crime is a crime, regardless of what **collar** you wear.*" *(Jesse Ventura)*

Um crime é um crime, não importa a cor do a) colar; b) colarinho que você usa.

Sobre essa frase, é bom voltar a ver, lá no 2, o significado de **blue-collar**, **pink-collar**, **white-collar**, supostos indicadores de diferença de classe social.

---

82 collate (verbo) /kəˈleɪt/ rima com *debate* (debate; debater)

1. **Collate** é um verbo (regular), próprio da linguagem formal, que pode significar:
   a) confrontar, cotejar, comparar, examinar (dados, textos, artigos) informações de diversas fontes para fins de compilação e organização

   *NASA scientists are still **collating** the data gathered from the material brought by the astronauts.*

    b) paginar, pôr (páginas) na ordem correta

    *The photocopier **collates** the pages of the report.*

2. ***Collate*** não significa "colar, grudar usando cola". Isso é *glue, paste* ou *stick*.

    *Mary broke a plate, but she **glued** the pieces of the plate back together again.*

    *The pop star cut out her picture from the newspaper and **pasted** it into her scrapbook.*

3. ***Collate*** também não significa "colar em uma prova ou exame". Isso é *cheat*. (E, como já dissemos, é muito feio...)

    *Sally's teacher caught her **cheating** on a test.... again!*

Escolha a melhor opção para traduzir as palavras em destaque. Aqui aparecem de novo *antiquity* (verbete 27) e *appreciate* (verbete 33).

"To ***appreciate*** *present conditions,* ***collate*** *them with those of* ***antiquity***." (Basil Bunting)

Para a) apreciar, ter prazer com as; b) apreciar, dar valor às condições atuais, a) compare-as; b) cole-as com as da a) antiguidade, objeto antigo; b) Antiguidade, período histórico.

---

83 **colleague** (subst.) /ˈkɑːliːg/ rima com *fatigue* (fadiga)

1. Mas ***colleague*** não é "colega"? É, sim. Mas só é usado para companheiro/a de trabalho, pessoa que exerce a mesma profissão ou função profissional. É sinônimo de *fellow worker* ou *coworker*.

    *Everybody in the office likes Sandra. She is liked both by her **colleagues** and the boss.*

2. ***Colleague*** em geral não é usado para colega de turma, escola ou colégio, como nós usamos a palavra em português. Para isso, usa-se *classmate* ou *schoolmate*.

    *Sandra is a very likable person. When she was younger, all her **schoolmates** liked her.*

Sobre ***colleague*** lembramo-nos de uma historinha contada por Niels Bohr, o físico dinamarquês, ganhador do Prêmio Nobel em 1922 por suas descobertas no campo das estruturas atômicas e da radiação.

Escolha a melhor opção para traduzir a palavra em destaque:

"*A physicist visits a **colleague** and notices a horseshoe hanging on the wall above the entrance. "Do you really believe that a horseshoe brings luck?" he asks. "No," replies the **colleague**, "but I've been told that it works even if you don't believe in it."* (Niels Bohr)

Um físico visita um a) *colegial;* b) *colega* e repara em uma ferradura pendurada na parede acima da entrada. "Você acredita mesmo que uma ferradura traz sorte?" ele pergunta. "Não," responde o a) *colegial;* b) *colega,* "mas me disseram que funciona mesmo que você não acredite nisso."

> É verdade que a ciência supera a superstição, mas um pouquinho de sorte é sempre bem-vindo, até para os grandes cientistas.

84 college (subst.) /ˈkɑːlɪdʒ/ rima com *knowledge* (conhecimento)

1. ***College*** é um substantivo que significa:
   a) instituição de ensino superior ou profissionalizante:
   - (nos EUA) faculdade
   - (no Reino Unido) parte (autônoma) de certas universidades
   - (no Reino Unido) nome de algumas escolas secundárias particulares
   b) agremiação profissional
   - **College of Surgeons:** colégio de cirurgiões
   c) colégio, colegiado
   - **College of Cardinals:** Colégio dos Cardeais (elege o Papa)
   - **electoral college:** colégio eleitoral
2. Quando usamos o substantivo "colégio" como o segmento de ensino médio, usa-se *high school* (nos EUA) e *secondary school* (no Reino Unido).

Escolha a melhor opção para traduzir a palavra em destaque.

*"I was not a good student. I did not spend much time **at college**; I was too busy enjoying myself." (Stephen Hawking)*

Eu não fui um bom aluno. Não passei muito tempo a) *na faculdade*; b) *no colégio*. Eu estava muito ocupado me divertindo.

85 combine (verbo) /kəmˈbaɪn/ a sílaba tônica é a última, rima com *airline* (linha aérea)

combine (subst.) /ˈkɑːmbaɪn/ a sílaba tônica é a primeira

1. ***Combine*** é um verbo (regular) que pode ter estes significados:
   a) combinar(-se)

   *Many different factors **combined** to cause a serious economic crisis.*

*The two companies **combined** to work for reform.*

b) misturar(-se), mesclar(-se)

***Combine** the ingredients in a separate large bowl.*

2. ***Combine** pode também ser um substantivo, significando:*

a) grupo de empresas associadas

*Two companies had formed an illegal **combine** for the purpose of keeping rates artificially high.*

b) (também ***combine harvester***) máquina agrícola que colhe e debulha cereais

3. Mas ***combine*** não é usado quando o sentido é de

a) arranjar, marcar, planejar, fazer planos de alguma ação. Isso é *arrange* ou *make plans*.

*Mary and I **arranged/made plans** to meet at the mall at 5 o'clock.*

b) ir bem com, cair bem, harmonizar com. Isso é *match* ou *go with*.

*A yellow tie doesn't **match/go with** a blue shirt, sorry to say. It's bad taste, unless you're Swedish.*

Escolha a melhor opção para traduzir a palavra em destaque.

*"Ignorance is not too dangerous. If you **combine** it with power, then this is a toxic mix." (Yuval Noah Harari)*

A ignorância não é tão perigosa assim. Mas se você a *a)* combinar, marcar; *b)* combinar, mesclar com o poder, então temos aí uma mistura tóxica.

86 commemorate (verbo) /kəˈmeməreɪt/ rima com *celebrate* (celebrar)

commemoration (subst.) /kəˌmeməˈreɪʃ(ə)n/ rima com *celebration* (celebração)

1. ***Commemorate*** é um verbo (regular) que significa "comemorar", sim, mas só no sentido de "lembrar, trazer à memória um acontecimento importante".

*Hiroshima **commemorates** the moment an atomic bomb destroyed the Japanese city, 60 years ago. (BBC News Online, 7/8/2005).*

*The crucifixion of Christ is **commemorated** on Good Friday.*

2. Esse verbo, em inglês, não é usado no sentido de "celebrar, festejar alegremente". Para esse sentido usa-se *celebrate*.

*Our proposal was accepted. It was a total success. Let's **celebrate**.*

3. **Commemoration** é o substantivo "comemoração" e segue o sentido do verbo **commemorate**. Significa "ato solene em memória de um acontecimento ou pessoa importante do passado".

   Elton John wrote a song in **commemoration** of Lady Diana's death.

   ■ **in commemoration of:** em memória de

4. Para dizer "comemoração" no sentido de "celebração festiva, alegre", usa-se *celebration*.

   Our proposal was accepted. That calls for a **celebration**.

Escolha a melhor opção para traduzir as palavras em destaque.

"It is my hope that as we **commemorate** Black History Month in the future, we will continue to **celebrate** the many achievements and rich culture of African-Americans." *(Eliot Engel)*

Tenho esperança de que quando *a) comemorarmos, festejarmos; b) comemorarmos, recordarmos* o Mês da História Negra no futuro, continuaremos a *a) celebrar; b) recordar* as muitas conquistas e a rica cultura dos afro-americanos.

87 commencement (subst.) /kəˈmensmənt/

1. **Commencement** é um substantivo, próprio da linguagem formal, que pode, sim, significar "começo", portanto, nem sempre será *false friend*.

   No one knows for sure what caused the **commencement** of the hostilities.

   The students are looking forward to the **commencement** of the school year.

2. Mas nos Estados Unidos **commencement** pode corresponder à nossa "cerimônia de formatura". A palavra é usada para designar a cerimônia, não de começo, mas de encerramento do ano letivo, colegial ou universitário, quando os estudantes colam grau e recebem seus diplomas. A ideia de **commencement** aí é que essa fase seja o começo de uma nova etapa da vida, agora de posse de um diploma.

   A poet will speak at the **commencement**.

Em 12 de junho de 2005, Steve Jobs fez um **commencement speech** que ficou famoso, dirigido aos alunos que se graduavam na Stanford University. É aquele discurso que termina com um desafio irônico: "*Stay hungry. Stay foolish.*" O tema desse **commencement speech** é *Do what you love* e vale a pena reproduzir, mesmo que só um trechinho: "*Your work is going to fill a large part of your life, and the only way to be truly satisfied is to do what you believe is great work. And the only way to do great work is to love what you do.*"

Steve Jobs sem dúvida amava o que fazia.

Escolha a melhor opção para traduzir a palavra em destaque.

"**Commencement** speeches were invented largely in the belief that outgoing college students should never be released into the world until they have been properly sedated." (Garry Trudeau)

Os discursos de a) começo; b) formatura foram inventados em grande parte pela crença de que os alunos que estão saindo da universidade nunca devem ser liberados para o mundo antes de serem devidamente sedados.

---

88 commodity (subst.) /kəˈmɑːdəti/

1. **Commodity** é um substantivo usado na área de Economia, ou em linguagem figurada, muitas vezes usado em inglês mesmo, sem tradução, e significa "mercadoria, produto primário".

    Brazil exports **commodities** such as soy and coffee.

    Oil is the world's most important **commodity**.

    Friendship is life's most valuable **commodity**.

2. **Commodity** não significa "comodidade, conforto" nem "comodidade, conveniência". Para isso usa-se *comfort* e *convenience*.

    Turn on the air conditioner for your **comfort**.

    I like the **convenience** of working from home.

Escolha a melhor opção para traduzir a palavra em destaque.

"I don't look at myself as a **commodity**, but I'm sure a lot of people have." (Marilyn Monroe)

Eu não me vejo como uma a) comodidade; b) mercadoria, mas tenho certeza que muitas pessoas pensam assim.

---

89 commotion (subst.) /kəˈmoʊʃ(ə)n/ rima com *emotion* (emoção)

1. **Commotion** é uma daquelas palavras que às vezes parecem... e são mesmo "amigas" de palavras em português e outras vezes parecem, mas não são.

    Vamos ver pelos exemplos. Primeiro "comoção" no sentido de "barulho, alvoroço, agitação".

    The arrival of the new champions caused quite a **commotion** at the airport.

    "What's all the **commotion** about?" I asked. "It seems the police caught a robber in the act."

2. Agora vamos ver um exemplo de comoção no sentido de "emoção forte". Em português diríamos:

O país inteiro foi tomado de comoção com a notícia da morte de Senna.

Na versão em inglês não se usaria **commotion** e sim *strong emotion* porque, para expressar esse sentido, **commotion** não existe, é um falso amigo.

> *The whole country was overcome with **strong emotion** at the news of Senna's death.*

Escolha a melhor opção para traduzir a palavra em destaque nestas frases:

1. *"Silence and solitude are more distracting to me than chatter and **commotion**."* (Marilu Henner)

O silêncio e a solidão me desconcentram mais do que a tagarelice e a *a) emoção; b) agitação.*

2. *"I was just passing by. Saw the **commotion**. Figured you were involved."* (Darynda Jones)

Eu estava só de passagem. Vi a *a) emoção; b) agitação.* Deduzi que você estava envolvido nessa.

---

90 compass (subst.) (EUA) /'kɑːmpəs/, (Reino Unido) /'kʌmpəs/ rima com *rumpus* (algazarra)

1. **Compass** é um substantivo que pode, sim, ser traduzido por "compasso" nos seguintes sentidos:

   a) (também ***a pair of compasses***) compasso (usado em desenho geométrico, para fazer círculos)

   > ***A pair of compasses*** *is used for drawing circles and measuring distances on a map.*

   b) (formal) limite, alcance

   > *I'm sorry, but what you asked me is beyond the **compass** of my powers.*

2. Mas o uso mais frequente do substantivo **compass** é "bússola", tanto no sentido concreto (o instrumento de orientação) quanto no abstrato.

   > *For centuries, Viking sailors braved the North Atlantic open seas, all without **compass**.*

   > *He is absolutely ruthless. He has no moral **compass** to tell him what is right and what is wrong.*

Escolha a melhor opção para traduzir a palavra em destaque.

*"Conscience is a man's **compass**."* (Vincent van Gogh)

A consciência é *a) a bússola; b) o compasso* do homem.

91 **complacency** (subst.) /kəmˈpleɪs(ə)nsi/
complacent (adj.) /kəmˈpleɪs(ə)nt/

1. ***Complacency*** nos lembra logo de "complacência", mas o seu sentido não é o mesmo, por isso incluímos esse substantivo nesta lista de falsos amigos. ***Complacency*** significa:

   autossatisfação, acomodação, aceitar uma situação sem levar em conta suas deficiências e eventuais perigos.

   > *When it comes to safety, **complacency** can be dangerous.*
   > *Too much ambition is a bad thing, but **complacency** is worse.*

2. Para dizer "complacência, condescendência, predisposição para satisfazer as pessoas ou aceitar o seu comportamento, mesmo sem concordar com elas", usa-se *complaisance*.

   > *Roger should be more careful. People take advantage of his **complaisance** and do what they want.*

3. ***Complacent*** significa "acomodado/a, satisfeito/a com a sua situação ou com o jeito que as coisas estão".

   > *He has been lucky in his business and has grown too **complacent**, I'm afraid.*

4. Para dizer "complacente, disposto/a ou ansioso/a para agradar aos outros", usa-se *complaisant*.

   > *I guess I was too **complaisant** to say "no" when they asked me to lend them my car.*

Escolha a melhor opção para traduzir as palavras em destaque nestas frases.

1. "*I think if we don't understand history, if we don't keep referring back to it, we become **complacent**. And **complacency**, as we all know, leads to repeating history.*" (Ruth Negga)

   Eu acho que se nós não entendermos a História, se não nos voltarmos sempre para ela, acabamos por ficar a) *complacentes;* b) *acomodados.* E a a) *complacência;* b) *acomodação,* como sabemos, leva à repetição da História.

2. "*The tragedy of ignorance is its **complacency**.*" (Robert Quillen)

   A tragédia da ignorância é a sua a) *complacência;* b) *acomodação, autossatisfação.*

92 compliance (subst.) /kəmˈplaɪəns/ rima com *reliance* (dependência)

compliant (adj.) /kəmˈplaɪənt/ rima com *reliant* (dependente)

comply (verbo) /kəmˈplaɪ/ rima com *rely* (depender)

1. **Compliance** é um substantivo próprio da linguagem formal, significa "conformidade, cumprimento, obediência, submissão a (leis, normas, aquilo que foi estabelecido)".

   > The company claimed to conduct its operations in full **compliance** with the law.

   ■ **in compliance with:** em conformidade com, atendendo a

   > **In compliance with** a court order, the politician was released from prison.

2. **Compliant** é o adjetivo, significa "cumpridor(a), obediente, submisso/a".

   > I asked him for a special favor and he was **compliant**.

3. **Comply** é o verbo (regular: passado e particípio passado: **complied**), significa "cumprir, obedecer, atender, colaborar, fazer o que foi pedido ou estabelecido".

   > The company promised to **comply** with the new strict privacy regulations.

Por falar em **comply** e para mostrar como algumas pessoas, principalmente aquelas que a sabedoria popular chama de caras de pau, têm o descaramento de usar eufemismos a seu favor, temos a declaração de David Dinkins, político norte-americano, quando questionado a respeito de seus problemas com a lei. Ele disse isto:

"I haven't committed a crime. What I did was fail to **comply** with the law."
"Eu não cometi um crime. O que eu fiz foi deixar de cumprir a lei."

Ah, bom!

---

4. **Compliance**, **compliant** e **comply** não podem, a rigor, ser considerados falsos amigos, mas são palavras importantes, "estão na moda" e vale a pena conhecê-las com clareza.

Escolha a melhor opção para traduzir as palavras em destaque.

1. "The Internet is a free and open platform. Everyone has the right to speak. However, **compliance** with the law is the bottom line that no one should violate." (Lu Wei)

A internet é uma plataforma livre e aberta. Todos têm o direito de falar. No entanto, o a) *comprimento*; b) *cumprimento* da lei é o limite que ninguém deve violar.

2. *"Wolf's wool is the best wool, but it cannot be sheared, because the wolf will not **comply**." (Marianne Moore)*

A lã do lobo é a melhor das lãs, mas ela não pode ser tosquiada porque o lobo se recusa a *a) comparecer; b) colaborar.*

---

93 **compliment** (subst. e verbo) /ˈkɑːmplɪmənt/ rima com *supplement* (suplementar, adicionar)

complimentary (adj.) /ˌkɑːmplɪˈment(ə)ri/ rima com *supplementary* (suplementar, adicional)

1. Como substantivo, **compliment** significa "cumprimento, gesto ou palavra de saudação ou elogio".

   *I think it is certainly a **compliment** to be compared to my father.*

   *Excellent food! My **compliments** to the chef!*

   *To be trusted is a greater **compliment** than to be admired.*

2. Algumas expressões com **compliment** merecem especial atenção:

   - **pay someone a compliment:** fazer um elogio a (e não "pagar a alguém o cumprimento")

   *We all paid Deborah **compliments** on her excellent cooking.*

   - **take something as a compliment:** receber algo como um elogio, mesmo que involuntário (e não "levar algo como cumprimento")

   *They say I look like Santa Claus, but I take that as a **compliment**.*

   - **fish for compliments:** tentar de forma indireta que alguém te faça um elogio (e não "pescar cumprimentos")

   *He posted some of his poems on Facebook trying to fish for **compliments**.*

3. É preciso lembrar que **compliment** não se usa para o outro sentido da palavra "cumprimento". Quando cumprimento quer dizer "ação ou resultado de cumprir, executar algo, como cumprir um dever ou uma promessa", usa-se *fulfillment*:

   - **the fulfillment of a duty/promise:** o cumprimento de um dever/ uma promessa

4. Também não há como confundir "cumprimento, gesto ou palavra de saudação ou elogio": **compliment**, com "comprimento, extensão, dimensão horizontal". Isso é *length*.

   *The boat was 16 feet in **length**.*

5. E também não se pode confundir **compliment** com *complement*, que significa "complemento, algo que se adiciona ou combina com".

   *That Italian tie is the perfect **complement** to your outfit.*

6. ***Compliment*** é também usado como verbo (regular), com o sentido de "cumprimentar, elogiar":

   *Some people are unable to show affection. Elisa's father never **complimented** her, not even when she needed it most.*

7. ***Complimentary*** é o adjetivo da "família" de ***compliment***. Significa:

   a) elogioso/a

   *Everybody was thankful for the way the pilot handled the emergency. They were very **complimentary** about it.*

   b) gratuito/a, por cortesia

   *Every great hotel supplies the guests with **complimentary** copies of the main newspapers.*

8. Não devemos confundir ***complimentary*** com *complementary*, que é o adjetivo "complementar, adicional".

   ***Complementary** medicine is the same as alternative medicine.*

Escolha a melhor opção para traduzir a palavra em destaque.

"*I can live for two months on a good **compliment**.*" *(Mark Twain)*

Eu sou capaz de viver durante dois meses alimentado por um bom
a) elogio; b) comprimento.

---

94 **comprehensible** (adj.) /ˌkɑːmprɪˈhensəb(ə)l/

comprehensive (adj.) /ˌkɑːmprɪˈhensɪv/ rima com *inexpensive* (barato/a)

comprehensively (adv.) /ˌkɑːmprɪˈhensɪvli/ rima com *inexpensively* (a preços muito baixos)

1. ***Comprehensible*** é um adjetivo usado na linguagem formal, significa "compreensível, inteligível, possível de ser entendido ou compreendido". É sinônimo de *understandable*.

   *The matter was somewhat complicated, but Professor Parker gave us a **comprehensible**/an understandable explanation. It is clear now.*

2. ***Comprehensible*** não se usa no sentido de "compreensivo/a", que tem ou demonstra ter compreensão, indulgência, tendência a aceitar os problemas dos outros. Isso, *in English*, se expressa com: *understanding* ou *sympathetic*.

   *Stella has a very **understanding** boss, which is a real blessing.*

   *They all showed concern about the bad situation Marly was in. They were very **sympathetic** toward her.*

3. ***Comprehensible*** também não se usa no sentido de "compreensivo/a, que compreende ou abrange grupos, situações etc." Isso, *in English*, se expressa com ***comprehensive***.

>We need ***comprehensive*** insurance, to cover all kinds of risks.
>
>Professor Dawkins wrote a ***comprehensive*** study on Evolution.
>
>Jelin bought a ***comprehensive*** edition of Shakespeare's plays. He was an expert on Shakespeare.

4. Na Inglaterra e País de Gales, 90% das escolas públicas de ensino secundário são ***comprehensive schools***: escolas públicas, estatais, de curso médio, onde são dadas todas as matérias.

5. ***Comprehensively*** é um advérbio que significa "completamente, totalmente", sinônimo de *completely* ou *totally*.

>Each patient in the clinic is ***comprehensively*** evaluated.

6. Para dizer "compreensivelmente", usa-se *understandably*.

>She had been mugged and was ***understandably*** shocked.

Escolha a melhor opção para traduzir as palavras em destaque. Na frase 2 você encontrará em destaque o substantivo *compliance*, já visto no verbete 92.

1. "The most incomprehensible thing about the world is that it is **comprehensible**." (Albert Einstein)

O que é mais incompreensível a respeito do mundo é que ele é a) abrangente; b) compreensível.

2. "The Palestinians, whose national cause guards the gates of Arab-Israeli peace, look forward to that **comprehensive**, just, and lasting peace based on "land for peace" and **compliance** with international legitimacy and resolutions." (Yasser Arafat)

Os palestinos, cuja causa nacional é guardiã dos portais da paz entre árabes e israelenses, aguardam com ansiedade aquela paz a) abrangente, total; b) compreensiva, justa e duradoura, baseada em "terra por paz" e também a) o cumprimento; b) a compreensão da legitimidade e resoluções internacionais.

---

95 **compromise** (subst. e verbo) /ˈkɑːmprəmaɪz/ rima com *criticize* (criticar)

1. ***Compromise*** é um substantivo que significa "acordo (com transigência de ambas as partes, concessões mútuas)".

>After much argument, the two sides finally reached a ***compromise*** and signed a treaty.

2. Não significa "compromisso, comprometimento". Isso é *commitment*.

   *The government has a **commitment** to offer good quality public services.*

   *I'm sorry but I can't accept that task. I'm busy with some other **commitments**.*

3. E não significa "compromisso, encontro marcado, hora marcada". Isso é *appointment* ou *engagement*.

   *Richard has an **appointment / engagement** with his lawyer tomorrow morning.*

4. *Compromise* é também um verbo (regular) que significa:

   a) chegar a um acordo (fazendo concessões), ceder, transigir

   *At first the two sides were unwilling to **compromise**.*

   b) comprometer, arriscar, expor

   *He was careful not to do anything that could **compromise** his reputation.*

   *He refused to reveal information that might **compromise** national security.*

Escolha a melhor opção para traduzir a palavra em destaque.

"*Compromise is the best and cheapest lawyer.*" (Robert Louis Stevenson)

O melhor e mais barato dos advogados é o a) *compromisso*; b) *acordo, com concessões mútuas*.

---

96 concede (verbo) /kən'siːd/ rima com *exceed* (exceder)

1. *Concede* é uma daquelas palavras "de duas caras". Dependendo do contexto, ela pode corresponder ao nosso "conceder, dar". Com o detalhe que essa "concessão" é feita com relutância, contra a vontade de quem concede.

   *Britain was forced to **concede** independence to India, the "Jewel of the British Empire", in 1947.*

   *The workers are still on strike. They say the government is not **conceding** enough in negotiations, so there's been no compromise so far.*

2. *Concede* pode também ser "bonzinho" e ser traduzido por "conceder, permitir" no contexto esportivo, quando um time permite que o adversário faça um gol ou marque um ponto.

   *How could the Brazilian soccer team **concede** seven goals in just one match against Germany is something hard to explain.*

3. Mas para dizer "conceder, dar, permitir" em um sentido amplo, não se usa *concede* e sim *grant* ou simplesmente *give*.

   *Edward Snowden, who some Americans consider a traitor or a spy, was **granted** asylum in Russia in 2013.*

4. O sentido mais comum de *concede* é o de "admitir, reconhecer (erro, derrota, fracasso, situação desfavorável), ceder, embora com relutância".

*It was clear that some of the candidates didn't have a chance of winning, so they were forced to **concede** defeat.*

*Trump had lost, but it was impossible for him to **concede** the election.*

*I know the project had a bad start, I **concede**, but I still hope it will improve.*

Escolha a melhor opção para traduzir a palavra em destaque nestas frases.

1. *"Never **concede** to evil. When we **concede** to evil, even in a small way, we feed it, and it gets stronger." (Dave Wolverton)*

Nunca a) conceda; b) reconheça o mal. Quando nós a) concedemos; b) reconhecemos o mal, mesmo que de uma pequena forma, nós o alimentamos e, assim, ele fica mais forte.

2. *"Even an atheist may be ready to **concede** that a good wine is the drink of gods." (Paul Carvel)*

Até um ateu pode estar pronto a a) reconhecer; b) conceder que um bom vinho é a bebida de deuses.

3. *"If you never **concede** a goal, you're going to win more games than you lose." (Bobby Moore)*

Se você nunca a) reconhece; b) permite, deixa entrar um gol, você vai ganhar mais jogos do que perder.

Um bom time começa por uma boa defesa. Quase todos os técnicos de futebol pensam assim e procuram armar seus times dessa maneira. Robert (Bobby) Chelsea Moore (1941-1993), inglês, jogador de futebol que se destacou na posição de zagueiro, foi um dos melhores na época. Capitão do *English Team*, ergueu a Copa do Mundo em 1966.

97 concourse (subst.) /ˈkɑːŋkɔː(r)s/ rima com *discourse* (fala, discurso)

1. **Concourse** é um substantivo que pode significar:

   a) (em aeroporto, terminal rodoviário ou ferroviário, grande prédio, teatro etc.) saguão, salão, grande área de circulação de pessoas

   *The **concourse** of the airport was crowded, as usual.*

   b) fluxo, encontro e fusão

   ■ **the concourse of atoms:** (Física) o fluxo, encontro e fusão dos átomos

   *I don't believe that the universe was formed by a fortuitous **concourse** of atoms. (Jonathan Swift)*

2. ***Concourse*** não significa "concurso, em geral". Isso é *contest* ou *competition*. Veja como dizer:
    - concurso público: **public/civil service competitive examination**
    - concurso de beleza: **beauty contest/pageant**
    - concurso de TV: **game show**

Escolha a melhor opção para traduzir a palavra em destaque.

*"The body is a fortuitous **concourse** of atoms. There is no death for the body, only an exchange of atoms. Their changing places and taking different forms are what we call "death". It's a process which restores the energy level in nature that has gone down. In reality, nothing is born and nothing is dead." (U. G. Krishnamurti)*

O corpo é um fortuito a) concurso; b) encontro e fusão de átomos. Não há morte para o corpo, somente uma troca de átomos. O processo dos átomos mudarem de lugar e assumirem formas diferentes é o que chamamos "morte". É o processo que restaura o nível de energia na natureza que se esgotou. Na realidade, nada nasce e nada morre.

---

98 concur (verbo) /kənˈkɜː(r)/ rima com *deter* (demover, dissuadir)

concurrence (subst.) /kənˈkʌrəns/ rima com *deterrence* (dissuasão)

concurrent (adj.) /kənˈkʌrənt/ rima com *deterrent* (dissuasivo/a)

concurrently (adv.) /kənˈkʌrəntli/

1. ***Concur*** é um verbo (regular: passado e particípio passado: ***concurred***), próprio da linguagem formal, que pode significar:

    a) coincidir (= *coincide*)

    *Nature and Providence **concurred** to present me with these measures of life. (Daniel Defoe, in Robinson Crusoe)*

    b) concordar (= *agree*)

    *We all **concurred** with Helen's opinion.*

    *"I think no decision should be made now." "I **concur**."*

2. ***Concur*** não significa:

    a) concorrer a. Isso é *compete for*.

    *Several young athletes will **compete for** the trophy.*

    b) concorrer com/contra. Isso é *compete with/against*.

    *They will **compete with/against** each other.*

    c) concorrer, contribuir para. Isso é *contribute to*.

    *Speed certainly **contributes to** many road accidents.*

3. **Concurrence** é um substantivo (formal) que pode significar:

   a) coincidência (de fatos) *(= coincidence)*

   The **concurrence** of bad weather and the loss of an engine caused the plane to crash into a mountainside.

   b) concordância (entre pessoas) *(= agreement)*

   The two judges were in agreement. The **concurrence** of their opinions was total.

4. **Concurrence** não significa "concorrência, competição". Isso é *competition*.

   There is a lot of **competition** between telecommunications companies.

5. **Concurrent** é um adjetivo (formal), que significa:

   coincidente, simultâneo/a, que acontece ao mesmo tempo

   *George was sent to jail for two **concurrent** terms of 30 years and 23 years.*

6. **Concurrent** não significa "concorrente, competidor(a)". Isso é *competitor* ou *contestant*.

   *Twenty **competitors** entered the car race.*

7. **Concurrently** é um advérbio (formal) que significa:

   simultaneamente, ao mesmo tempo.

   *That politician's prison sentences will run **concurrently**.*

Escolha a melhor opção para traduzir as palavras em destaque.

1. *"Let's be honest with one another: almost everything is too long except life, and I know people who wouldn't even **concur** with that exception."* (Howard Jacobson)

Vamos ser sinceros uns com os outros: quase tudo é longo demais exceto a vida, e eu conheço pessoas que não a) concorrem; b) concordam nem com essa exceção.

2. *"I wish our hearts and minds have travelled **concurrent** paths."* (Sanjaykumar Sahu)

Desejo que os nossos corações e as nossas mentes tenham seguido caminhos a) concorrentes; b) coincidentes.

---

99 condition (subst.) /kənˈdɪʃ(ə)n/ rima com *position* (posição)

1. Mas... *just a moment...* **Condition** é *false friend*? Em que condição? *How come*?

2. No seu uso mais frequente, **condition** não é falso amigo. Lembra o nosso "condição" e é isso mesmo.

   *Our car is old but it is in perfect **condition**.*

OK, I'll go with you but under one **condition**: I'll pay for my ticket.

The patient is in serious **condition**.

3. Mas vamos agora observar este exemplo com **condition**:

The patient suffers from a medical **condition**. He has a serious heart **condition**.

Aqui **condition** é um *false friend*, traduzido por "doença, problema de saúde".

How long has he lived with that **condition**?

Escolha a melhor opção para traduzir a palavra em destaque.

1. "The will to conquer is the first **condition** of victory." (Ferdinand Foch)

A vontade de conquistar é a primeira *a)* condição; *b)* doença da vitória.

2. "God's promises are all on **condition** of humble obedience." (Ellen G. White)

Todas as promessas de Deus são sob *a)* condição; *b)* doença de humilde obediência.

3. "People who suffer from bipolar disorder are not crazy or insane. They are just people living with a **condition**." (Emma Sinclair)

As pessoas que sofrem de transtorno bipolar não são malucas ou insanas. São só pessoas que vivem com um(a) *a)* problema de saúde; *b)* condição.

100 condominium (subst.) /ˌkɑːndəˈmɪniəm/

1. **Condominium** (ou **condo**) é um substantivo usado nos EUA que significa: apartamento ou edifício de apartamentos residenciais, ocupados por seus proprietários.

   They live in a three-bedroom **condominium/ condo** in San Francisco.

2. E como se diz "condomínio fechado"? *Gated community*.

   They live in a **gated community**, a group of expensive houses surrounded by a gated wall in Granja Viana.

3. **Condominium** não é usado para designar a taxa, geralmente mensal, paga por cada integrante do condomínio, para sua manutenção. Isso é *condo fee* ou *service charge*.

   Sally complains about paying her **condo fee**, she says it's too expensive.

Escolha a melhor opção para traduzir a palavra em destaque.

"The human body is like a **condominium**. The thing that keeps you from really enjoying it is the maintenance." (Jerry Seinfeld)

O corpo humano é como um *a)* condomínio; *b)* taxa de condomínio. O que impede você de realmente desfrutá-lo plenamente é a manutenção.

ONE HUNDRED DAYS OF FALSE FRIENDS

Gabriel García Márquez, autor, entre outros romances, do monumental *Cien Años de Soledad* (*One Hundred Years of Solitude* na versão em inglês), a saga de Macondo, recebeu o Prêmio Nobel de Literatura em 1982 pelo conjunto de sua obra.

Amadeu Coutinho Marques não quis ficar atrás e, inspirado pelo título da obra de Gabo, propõe fazer uma paradinha nos verbetes e rever o verdadeiro significado de alguns dos "falsos amigos" vistos até aqui, nestes primeiros 100 dias.

I. Escolha, nas opções a), b), ou c), o verdadeiro significado de cada um dos verbos à esquerda. Os números entre parênteses depois de cada verbo são para você dar uma espiadinha, em caso de dúvida.

1. *abate* (1) a) abater b) amainar c) abolir
2. *advise* (14) a) aconselhar b) advertir c) avisar
3. *announce* (24) a) pôr anúncio b) anunciar, comunicar c) renunciar
4. *argue* (38) a) arguir b) discutir, brigar c) enfrentar
5. *assault* (42) a) assaltar b) atacar, agredir c) saltar
6. *assess* (43) a) assessorar b) assegurar c) avaliar
7. *assist* (46) a) assistir, ver b) assistir, ajudar c) assistir, observar
8. *castigate* (72) a) criticar, repreender b) castigar, punir c) castrar
9. *collate* (82) a) confrontar, comparar b) colar c) colecionar
10. *combine* (85) a) combinar, marcar b) combinar, mesclar c) combinar, pactuar

II. Na tradução das frases abaixo, às vezes há um erro proposital quanto ao significado da palavra em destaque, outras vezes não há. Guie-se pelo contexto e corrija apenas quando houver erro. Depois de cada palavra em destaque aparece, entre parênteses, o número do verbete em questão, para você conferir, em caso de dúvida.

1. Along his career, that politician **amassed** (19) a lot of information about his peers.

Ao longo da sua carreira, aquele político amassou muitas informações sobre seus pares. _____

2. **Actuality** (6) can be stranger than fiction.

A atualidade pode ser mais estranha do que a ficção. _____

3. **Cigars** (75) from Cuba are world-famous.

Os charutos de Cuba são mundialmente famosos. _____

4. Theo is **apt** *(35)* to start an **argument** *(38)* when he drinks too much.
Theo é apto a começar um argumento quando bebe demais.
_____ _____

5. The youngsters were lost in the desert. They had no **compass**. *(90)*
Os jovens estavam perdidos no deserto. Eles não tinham bússola.
_____

6. What was the **actual** *(6)* reason for that politician's **arrest**? *(40)*
Qual foi a atual razão para a prisão daquele político? _____ _____

7. There will be no strike. They have reached a **compromise**. *(95)*
Não vai haver greve. Eles chegaram a um compromisso. _____

8. My young friend Bruno is a computer **adept**. *(10)*
Meu jovem amigo Bruno é um adepto dos computadores. _____

9. Each one of us is of course **accountable** *(5)* for our mistakes.
Cada um de nós, é claro, é contável pelos nossos erros. _____

10. In a political campaign, they say that the first **casualty** *(73)* is truth, and I **concur** *(98)*.
Em uma campanha política, dizem que a primeira vítima é a verdade, e eu concordo. _____ _____

III. Agora vamos combinar as colunas, encontrando a tradução correta de cada um dos substantivos abaixo (sempre acompanhados do número de cada verbete).

1. *college* (84)   a) orçamento
2. *alms* (17)   b) barracas
3. *accent* (4)   c) elogio
4. *agenda* (15)   d) equilíbrio
5. *barracks* (56)   e) batom
6. *baton* (57)   f) faculdade
7. *concourse* (97)   g) público, espectadores
8. *high school* (84)   h) solteirão
9. *tents* (56)   i) hino
10. *lipstick* (57)   j) encontro marcado
11. *anthem* (25)   k) cumprimento, obediência
12. *compliance* (92)   l) batuta (de maestro)
13. *compliment* (93)   m) saguão (de aeroporto, terminal)
14. *application* (31)   n) sotaque
15. *budget* (64)   o) caserna (para soldados)

16.	*audience* (49)	p)	esmola
17.	*bachelor* (52)	q)	escola secundária
18.	*appointment* (32)	r)	pedido, requerimento
19.	*balance* (54)	s)	vínculo
20.	*bond* (63)	t)	pauta, ordem do dia

E agora vamos *resume our work*. Epa! *Resume* não significa "resumir" e sim "recomeçar". É mais um *false friend*! Mas só vamos cuidar dele quando chegarmos à letra R. OK, *resume*, pode esperar... A sua hora vai chegar! Agora é a hora do **condone**.

101 condone (verbo) /kənˈdoʊn/ rima com *alone* (sozinho/a)

1. **Condone** é um verbo (regular) que significa:

   perdoar, desculpar, ser condescendente com, fechar os olhos a.

   *I cannot **condone** dishonesty or corruption.*

   *Some people find it hypocritical to **condone** cigarette smoking but not marijuana.*

2. **Condone** pode lembrar o nosso "condenar", mas não tem este sentido. Para dizer "condenar, desaprovar, criticar severamente", usa-se *condemn* ou *disapprove of*.

   *The terrorist attack of a school was **condemned** by the mass media.*

   *We all **disapprove of** drunk-driving.*

3. E para dizer "condenar, sentenciar", usa-se *condemn* ou *sentence*.

   *Joan of Arc was **condemned** and burned at the stake for witchcraft.*

   *Al Capone was **sentenced** to 11 years in prison for tax evasion.*

Escolha a melhor opção para traduzir a palavra em destaque.

"One who **condones** evil is just as guilty as the one who perpetrates it." (Martin Luther King., Jr)

Aquele que *a)* condena; *b)* desculpa o mal é tão culpado quanto aquele que o faz.

102 conductor (subst.) /kənˈdʌktə(r)/ rima com *instructor* (instrutor)

1. **Conductor** é um substantivo que pode significar:

   a) (em orquestra, coro) maestro, maestrina

   *Leonard Bernstein was a famous **conductor** of the New York Philharmonic.*

b) (em ônibus, no Reino Unido) cobrador

*Mike sold tickets on a London bus. He was a **conductor**.*

c) (em trem de passageiros, nos EUA) revisor (= *guard*, Reino Unido)

*Phil checks tickets on a passenger train in the United States. He is a **conductor**.*

d) (Física) condutor (de calor, eletricidade etc.)

*Copper is a good **conductor** of heat.*

2. Mas **conductor** não é usado como "condutor, aquele que conduz ou dirige um veículo". Isso, todo mundo sabe, é *driver*.

Escolha a melhor opção para traduzir a palavra em destaque.

*"A **conductor** should guide rather than command." (Riccardo Muti)*

Um a) condutor; b) maestro deve guiar e não mandar.

---

103 confer (verbo) /kən'fɜ:(r)/ rima com *prefer* (preferir)

1. Você encontra **confer** em um texto e logo pensa em "conferir, checar, verificar", em português. *Sorry*, nada a ver. **Confer** é um verbo (regular: passado e particípio passado: **conferred**) que pode ter dois significados:

a) conferenciar, conversar, trocar ideias com (em geral, para decidir sobre que ação tomar quanto a um assunto importante)

*The President **conferred** with the Prime Minister for an hour yesterday.*

*Madonna **conferred** with her lawyers before announcing her decision to move out and live in Lisbon.*

b) conferir, conceder, dar (prêmio, honra, título, privilégio, direitos etc.)

*The University of Coimbra **conferred** an honorary doctorate on Adriana Calcanhoto.*

2. Pela segunda acepção observamos que, **confer**, afinal, pode significar "conferir", mas não no sentido de "checar, verificar". Isso é *check* ou (formal) *verify*.

*I think I have money enough to pay that bill but first let me **check** my account.*

Escolha a melhor opção para traduzir a palavra em destaque nestas frases.

1. *"Why don't you **confer** with Mr. Finnigan? As I recall, he has a particular proclivity for pyrotechnics." (J. K. Rowling)*

Por que você não a) confere; b) conferencia com o Sr. Finnigan? Que eu me lembre, ele tem uma certa inclinação para a pirotecnia.

2. *"Rank does not **confer** privilege or give power. It imposes responsibility."* (Peter F. Drucker)

A sua classificação ou posição entre os demais não lhe a) *confere, concede;* b) *confere, verifica* privilégio ou poder. O que ela faz é impor responsabilidade.

104 conference (subst.) /ˈkɑːnf(ə)rəns/ a sílaba tônica é a primeira: CONference

1. **Conference** é um substantivo que corresponde a:

   congresso, convenção, simpósio, fórum, reunião para debater assunto importante.

   *The International **conference** on e-education and e-learning was held in Rio de Janeiro in 2018.*

   ▪ **press conference:** conferência de imprensa, (entrevista) coletiva

2. **Conference** não significa "conferência" no sentido de palestra. Isso é *lecture, talk* ou *presentation.*

   *Some of the **lectures/talks/presentations** were given by famous educators.*

   Então, resumindo: você participa de uma **conference**, em que os conferencistas dão *lectures* (e não **conferences**).

Escolha a melhor opção para traduzir a palavra em destaque.

*"The United States never lost a war or won a **conference**."* (Will Rogers)

Os Estados Unidos nunca perderam uma guerra ou ganharam uma a) palestra; b) conferência.

É bom lembrar que Will Rogers (1879-1935) foi um ator e comediante norte-americano que viveu e morreu antes da Guerra do Vietnam.

105 confidant (subst.) /ˈkɑːnfɪdænt/

confidante (subst.) /ˈkɑːnfɪdænt/

confide (verbo) /kənˈfaɪd/ rima com *decide* (decidir)

1. **Confidant** é um substantivo que significa:

   confidente, pessoa (homem) em quem depositamos confiança e a quem fazemos confidências.

   *My father was my closest friend and **confidant**.*

2. ***Confidante*** é um substantivo que significa:

   confidente, pessoa (mulher) em quem depositamos confiança e a quem fazemos confidências.

   > *My wife's mother is her closest friend and **confidante**.*

3. ***Confide*** é um verbo (regular) que significa:

   fazer confidências (a).

   > *I trusted my father completely and often **confided** in him.*
   >
   > *I **confided** all my secrets to him.*

4. ***Confidant*** e ***confidante*** não significam "confiante." Isso é "***confident***". É preciso atenção redobrada, pois essas palavras são fáceis de confundir, pela semelhança na grafia. Como vimos, ***confidant*** e ***confidante*** são substantivos, enquanto ***confident*** é um adjetivo.

   > *I know I can do that job. I am absolutely **confident** about my ability to do that.*
   >
   > *I trust my **confidant(e)**. I have absolute confidence in him/her. I am **confident** in him/her.*

5. ***Confide*** não significa "confiar, ter confiança em". Isso é *trust*.

   > *We **trust** you. We have confidence in you.*

Escolha a melhor opção para traduzir as palavras em destaque.

1. "*Be able to **confide** your innermost secrets to your mother and your innermost fears to your father.*" (Marilyn vos Savant)

   Seja capaz de *a)* confidenciar; *b)* confiar seus segredos mais íntimos a sua mãe e seus temores mais íntimos a seu pai.

2. "*I have only one **confidant**, and that is the silence of the night. Why is it my **confidant**? Because it remains silent.*" (Soren Kierkegaard)

   Eu tenho só um *a)* confiante; *b)* confidente, é o silêncio da noite. Por que ele é meu *a)* confiante; *b)* confidente? Porque ele permanece em silêncio.

---

106 **confidence** (subst.) /ˈkɑːnfɪdəns/
confidence man (subst.) /ˈkɑːnfɪdəns‚mən/
confident (adj.) /ˈkɑːnfɪdənt/

1. ***Confidence*** significa:

   confiança.

   > *I know I am able to do that job. I have total **confidence** I can do it.*
   >
   > *You've got to have **confidence** in your partner. That's indispensable.*

2. ***Confidence man*** (ou a forma abreviada, ***con man***, também ***confidence trickster*** ou ainda ***con artist***) tudo isso significa:

vigarista, golpista, aplicador(a) de conto do vigário.

> *Beware of that guy. He is a **confidence man**. He once tried to play a **confidence trick** on me.*

■ **confidence game/trick:** vigarice, trapaça, golpe, conto do vigário

3. ***Confidence man*** é uma expressão traiçoeira, se a traduzirmos à letra (homem de confiança). Por ironia, é o oposto. É alguém que não merece nenhuma confiança e justamente tenta persuadir você a confiar nele para lhe aplicar um golpe.

> *A **con man** is not worthy of your **confidence** at all.*

> A expressão ***con man*** tem uma origem curiosa. Segundo os editores de "*Strange History*", publicado em 2016 pela *Portable Press*, San Diego, California, a história é esta: em 1849 um criminoso chamado William Thompson abordava os estranhos em New York City e, muito bom de lábia, fazia-se logo amigo das pessoas. A certa altura perguntava "*Have you confidence in me to trust me with your watch until tomorrow?*" Se as pessoas concordassem, Thompson ficava com o relógio delas e, é claro, nunca mais o devolvia. Quando finalmente a justiça o pegou, os procuradores o rotularam de *confidence man*. As manchetes dos jornais da época, sempre de olho na concisão, noticiaram o golpe e chamaram Thompson de *con man. Se non è vero...*

4. ***Confident*** é o adjetivo que significa:

confiante.

> *I know I can do that job. I am absolutely **confident** as to my ability to do that.*

Escolha a melhor opção para traduzir as palavras em destaque.

1. "*The most beautiful thing you can wear is **confidence**.*" (Blake Lively)

A coisa mais bonita que você pode vestir é *a)* confiança; *b)* confidência.

2. "***Confidence** is key. Sometimes, you need to look like you're **confident** even when you're not.*" (Vanessa Hudgens)

A *a)* confiança; *b)* confidência é decisiva. Às vezes você precisa parecer estar *a)* confidente; *b)* confiante mesmo quando não está.

---

107 **conform** (verbo) /kənˈfɔː(r)m/ rima com *inform* (informar)

1. ***Conform*** é um verbo (regular) que pode ter estes significados:

a) obedecer, agir de acordo, sujeitar-se às regras estabelecidas

*To live at peace in society every individual is forced to **conform**.*

b) comportar-se de acordo com o padrão, fazer o mesmo que os outros fazem

*As an artist, Ney Matogrosso craves originality and refuses to **conform**.*

2. Mas **conform** não é usado no sentido de "conformar-se (com), aceitar com resignação". Para esse sentido usa-se *resign oneself (to)*.

*Our flight was cancelled because of the hurricane and we had to **resign ourselves** to staying overnight at the airport terminal.*

Escolha a melhor opção para traduzir a palavra em destaque nestas frases.

1. *"I was a brownie for a day. My mom made me stop. She didn't want me to conform." (Sandra Bullock)*

Eu fui escoteira só por um dia. Mamãe me fez desistir. Ela não queria que eu a) *me conformasse*; b) *perdesse a minha individualidade*.

2. *"The respected intellectuals are those who **conform** and serve power interests." (Noam Chomsky)*

Os intelectuais respeitados são aqueles que a) *se conformam*; b) *se sujeitam* às regras estabelecidas e servem aos interesses do poder constituído.

3. *"The young always have the same problem – how to rebel and **conform** at the same time. They have now solved this by defying their parents and copying one another." (Quentin Crisp)*

Os jovens sempre têm o mesmo problema – como se rebelar e a) *se sujeitar*; b) *se conformar* ao mesmo tempo. Eles resolveram o problema desafiando os pais e copiando uns dos outros.

---

108 **conservatory** (subst.) (EUA) /kən'sɜːrvətɔri/, (Reino Unido) /kən'sɜːvətri/ rima com *observatory* (observatório)

1. Mais uma palavrinha da turma que trabalha em meio expediente. De manhã é inocente, previsível. Lembra "conservatório", escola em que se ensinam artes plásticas, teatro, dança e especialmente música, e é isso mesmo.

*A **conservatory** is a school for the teaching of arts, especially music.*

2. À tarde, **conservatory** brinca de ser *false friend*. Nesse sentido é mais comum no Reino Unido, por óbvias razões climáticas. É um jardim de inverno, um "puxadinho" com paredes e teto de vidro, geralmente na parte de trás da casa, uma estufa em um espaço interior onde as pessoas se

sentam para curtir o solzinho (quando ele aparece), junto a plantas que elas ali cultivam, e que ali ficam protegidas, "conservadas" do frio. Daí o nome, **conservatory**.

Escolha a melhor opção para traduzir a palavra em destaque nestas frases.

1. *"At the **conservatory**, Debussy was a restless student, exasperating his teachers and fascinating his schoolmates." (The New Yorker, October 22, 2018)*

No a) conservatório; b) jardim de inverno, Debussy era um aluno irrequieto, exasperando seus professores e fascinando seus colegas.

2. *"Botanic Garden opens Friday at the botanic garden's **conservatory**." (Washington Post, February 19, 2018)*

O Jardim Botânico abre na sexta-feira na/no a) estufa; b) conservatório do jardim botânico.

109 construe (verbo) /kənˈstruː/ rima com *bamboo* (bambu)

1. **Construe** convida a ser traduzido por "construir", porque de fato parece. Parece... mas não é. Todos sabemos que, para dizer "construir", usamos *build* ou então *construct*.

   *Brasília was **built/constructed** in just 3 years.*

2. Mas, então, o que é **construe**?

3. **Construe** é um verbo (regular), próprio da linguagem formal, e significa: interpretar, entender de certa maneira. É sinônimo de *interpret*.

   *They apparently **construed** my actions as hostile, although I did not have any such intention.*

   *I was careful to **construct** that sentence but they mistakenly **construed** it as unfriendly.*

Escolha a melhor opção para traduzir a palavra em destaque.

*"What people do with food is an act that reveals how they **construe** the world." (Marcella Hazan)*

O que as pessoas fazem com a comida é um ato que revela como elas a) constroem; b) interpretam o mundo.

110 contempt (subst.) /kənˈtempt/ rima com *attempt* (tentativa; tentar)

Existe um velho provérbio inglês, assim: *"Familiarity breeds contempt."* A familiaridade gera o quê? **Contempt**. Mas o que será **contempt**? Contente? Contentamento? Nada disso, vamos ver.

1. ***Contempt*** é um substantivo que significa:

    desprezo, desdém, misto de desaprovação e repulsa.

    > *"Familiarity breeds **contempt**" means the more you get to know about someone, the more reason you have not to respect him, because you get to know about his faults, defects and bad habits.*

    > *Sally looked at the con man with **contempt**. It was clear she despised him.*

    > Na mesma linha de pensamento desse provérbio há também este outro: *No man is a hero to his valet*. O criado de quarto de um sujeito que todo mundo considera um herói sabe que ele não é tão herói assim, porque participa da sua intimidade e conhece seus defeitos. Na verdade, os dois provérbios contêm uma boa dose de cinismo, apostando em que conhecer a intimidade dos outros revela só o seu lado ruim. Todos nós temos defeitos e virtudes, porque só destacar a revelação do que é mau? *Anyway, Familiarity breeds contempt* e *No man is a hero to his valet* batem na mesma tecla...

2. ***Contempt of court***: (Direito) desacato à autoridade do tribunal.

    > *George was arrested for **contempt of court**.*

3. ***Contempt*** nada tem a ver com o adjetivo "contente, satisfeito/a". Isso é *content*.

    > *Robin Williams seemed to be **content** with life, but actually he was suffering from depression.*

Escolha a melhor opção para traduzir a palavra em destaque.

> *"Preservation of one's own culture does not require **contempt** or disrespect for other cultures." (Cesar Chavez)*

A preservação da cultura de uma pessoa não requer a) *contentamento*; b) *desprezo* ou desrespeito por outras culturas.

111 **contention** (subst.) /kən'tenʃ(ə)n/ rima com *convention* (convenção)

1. ***Contention*** é um substantivo que pode significar:

    a) discussão, desacordo, discórdia, desavença, litígio

    > *The Palestinian issue has been a source of great **contention** for over half a century now.*

    b) opinião, ponto de vista, argumento

    > *It is my **contention** that diplomacy is always more efficient than resorting to military solutions.*

    c) disputa

    *32 national soccer teams will be in **contention** for the World Cup in Qatar in 2022.*

2. **The bone of contention**: o pomo da discórdia, pessoa ou coisa disputada que provoca desavença.

    *Jerusalem is the main **bone of contention** in the Israeli-Palestinian conflict.*

3. **Contention**, pela sua ortografia, pode lembrar o nosso substantivo "contenção", mas não tem este sentido. Para dizer "contenção, ação ou resultado de conter", usa-se *containment*.

    *The government needs to adopt a strategy of epidemic **containment**.*

4. O mesmo *containment* é usado também nas expressões:
   - contenção de despesas: **cost containment**
   - muro de contenção: (Engenharia) **containment wall**

Escolha a melhor opção para traduzir a palavra em destaque.

"**Contention** builds walls and puts up barriers. Love opens doors." (Marvin J. Ashton)

A *a)* discórdia *b)* contenção constrói muros e levanta barreiras. O amor abre portas.

---

112 **contest** (subst.) /ˈkɑːntest/ a sílaba tônica é a primeira

contest (verbo) /kənˈtest/ a sílaba tônica é a segunda; rima com *arrest* (prender)

contestant (subst.) /kənˈtestənt/

1. *Contest* é um substantivo que pode significar:

   a) luta, disputa

   *Democrats and Republicans were engaged in a **contest** for control of the House of Representatives. The Democrats won.*

   b) competição, concurso

   *Mike won first prize for the poetry **contest** held at his school.*

   *In any **contest** between power and patience, bet on patience. (W. B. Prescott)*

2. **Beauty contest**: concurso de beleza (= **beauty pageant**).

3. *Contest* é um verbo (regular) que pode significar:

   a) disputar, lutar por

   *How many candidates are **contesting** for power?*

b) contestar. Nesse sentido, portanto, **contest** não é *false friend*.

*They did not accept the election results. They **contested** them.*

4. **Contestant** é um substantivo que significa:

(em competição, concurso, eleição) competidor(a), concorrente.

*How many **contestants** are trying to win the election for presidency?*

Escolha a melhor opção para traduzir as palavras em destaque.

"*It was like he was in a **contest** to see who could do the least work, only he was the only **contestant**.*" *(Catherine Gilbert Murdock)*

Era como se ele estivesse em uma a) contestação; b) competição para ver quem faria menos trabalho, só que ele era o único a) contestador; b) competidor.

---

113 **continence** (subst.) /ˈkɑːntɪnəns/

1. A primeira palavra em português que vem à mente, quando vemos o substantivo **continence** é "continência". Em que sentido? O de saudação militar, um militar batendo continência para o outro. Mas **continence** não tem esse sentido. Para dizer isso, usa-se *salute*, tanto para o substantivo como para o verbo.

    *The soldier gave a **salute** and the sergeant returned it.*

    *The soldier **saluted** the sergeant and he returned the gesture.*

2. **Continence** é um substantivo, próprio da linguagem formal, que significa "continência" nestas acepções:

    a) moderação, comedimento (= *moderation, self-restraint*)

    ***Continence** in everything you do. Never too much or too little of anything.*

    b) castidade, abstenção de atividade sexual

    *Nancy took a vow of **continence** and became a nun.*

    c) (Medicina) controle fisiológico

    *Urinary **continence** means you have control over when to urinate. When you do not have that control, you suffer from urinary incontinence.*

Escolha a melhor opção para traduzir a palavra em destaque.

"*As a youth I prayed, 'Give me chastity and **continence**, but not yet'.*" *(Augustine of Hippo, Saint Augustine, in Confessions)*

Quando era jovem, eu pedia, 'Dê-me castidade e a) continência, abstenção de prazeres; b) incontinência, mas ainda não'.

114 contrary (subst. e adj.) /ˈkɑːntreri/ a sílaba tônica é a primeira: CONtrary

contrary (adj.) /kənˈtreri/ a sílaba tônica é a segunda: conTRAry; rima com *I´m Mary*

1. Mas **contrary** é *false friend*, não é "contrário"? Calma, vamos com calma! Aqui separamos o **contrary** em que a sílaba tônica é a primeira: CONtrary, pode ser usado como substantivo ou adjetivo, significando "contrário/a, oposto/a".

    I thought the interview would be long and boring, but in fact it was the **contrary**.

    Contrary to *popular belief, crocodiles do not cry.*

2. É muito frequente em expressões, como:
    - **contrary to:** contrariamente a
    - **on the contrary:** ao/pelo contrário
    - **quite the contrary:** muito pelo contrário
    - **to the contrary:** em contrário

3. E achamos bom separar isso do **contrary** em que a sílaba tônica é a segunda: conTRAry, porque aí a palavra é só usada como adjetivo, no sentido de "birrento/a, do contra".

    Mary, Mary, quite **contrary**...

Encontramos um bom exemplo de **contrary** no sentido de "birrento/a" em uma *nursery rhyme* (versinhos um tanto *nonsense*) que fala de uma criança, chamada Mary, a figura típica de uma pessoa "do contra".

Mary, Mary, quite **contrary**,

How does your garden grow?

Silver bells,

And cockle shells,

And pretty maids,

All of a row.

A Mary é mesmo do contra e no seu jardim, em vez de plantas e flores, crescem sinos prateados, conchinhas de amêijoas, belas donzelas, tudo de carreirinha...

As *nursery rhymes*, poeminhas meio *nonsense*, faziam a delícia das crianças nos tempos em que os pais e os avós contavam histórias às crianças... *good old days*...

Escolha a melhor opção para traduzir as palavras em destaque. Na frase 2 vamos reencontrar *commodity*, já vista no verbete 88.

1. *"True courage is like a kite; a **contrary** wind raises it higher."* (John Petit-Senn)

A verdadeira coragem é como uma pipa; um vento a) contrário; b) pelo contrário faz com que ela suba mais alto.

2. *"Knowledge is not simply another **commodity**. **On the contrary**. Knowledge is never used up. It increases by diffusion and grows by dispersion."* (Daniel J. Boorstin)

O conhecimento não é simplesmente uma outra a) comodidade; b) mercadoria. a) Ao contrário; b) Em contrário. O conhecimento nunca se esgota. Ele aumenta por difusão e cresce por dispersão.

115 **conversant** (adj.) /kən'vɜː(r)sənt/

1. **Conversant** pode, sim, nos lembrar de "conversador(a)", mas não tem este sentido. Para isso, usa-se *talkative*.

   *Are women more **talkative** than men?*

2. **Conversant**, na verdade, é um adjetivo, geralmente seguido da preposição **with** e significa "familiarizado/a" (com) ou "versado/a, entendido/a" (em).

   *To be quite honest, I'm not **conversant with** the rules of tennis.*

Escolha a melhor opção para traduzir a palavra em destaque.

*"The mind of the superior man is **conversant** with righteousness; the mind of the mean man is **conversant** with gain."* (Confucius)

A mente do homem superior é a) conversadora; b) versada em virtude, retidão; a mente do homem mesquinho é a) conversadora; b) versada em ganho, lucro.

116 **convict** (subst.) /'kɑːnvɪkt/ a sílaba tônica é a primeira; rima com *conflict* (conflito)

convict (verbo) /kən'vɪkt/ a sílaba tônica é a segunda; rima com *predict* (prever)

conviction (subst.) /kən'vɪkʃ(ə)n/ rima com *prediction* (previsão)

1. À primeira vista, **convict** nos lembra "convicto/a", em português.

Lembra... mas não é. Para dizer "convicto/a, convencido/a, pessoa que se convenceu, não tem dúvida a respeito de alguma coisa" usa-se *convinced*.

> Richard Dawkins does not believe in God. He is a **convinced** atheist.
>
> They say the economic crisis will soon be over but I'm not **convinced**.

2. E já que falamos em "convencido/a", vale a pena registrar que, para dizer "convencido/a" no sentido de "presunçoso/a, arrogante", a palavra em inglês é *conceited*.

> Cristiano is a talented soccer player, but he is a bit too **conceited** for my taste.

3. E afinal, o que é ***convict***?

4. Como substantivo, ***convict*** pode significar:

    a) condenado/a

    > That politician is a **convict**: he was found guilty of several crimes and sent to prison.

    b) presidiário/a

    > The police are looking for three **convicts** who escaped from prison.

5. ***Convict*** também é um verbo (regular), que significa:

    condenar, declarar culpado/a (de).

    > The judge **convicted** that politician of corruption and fraud.

6. ***Conviction*** é o substantivo da família de ***convict*** e é daqueles "meio" *false friends*, podendo significar, sim:

    convicção, crença.

    > The Dalai Lama is a man of deep religious and moral **convictions**.

7. Mas ***conviction*** também pode significar:

    condenação.

    > Winona Ryder had a shoplifting **conviction** that stunned her fans.

Em dezembro de 2001 Winona Ryder, a famosa atriz norte-americana que estrelou *Girl, Interrupted* (Garota, Interrompida) e *Little Women* (Mulherzinhas) entrou na loja *Saks Fifth Avenue* em Beverly Hills, foi escolhendo e colocando em várias bolsas de compras vestidos e outras roupas de alta costura, no valor de 5.500 dólares, após o que saiu da loja sem se despedir das atendentes e, o que é pior, sem pagar. A atriz foi processada e ***convicted*** (condenada) a três anos de liberdade condicional, além do pagamento do material roubado e de várias multas. Teve também de fazer um tratamento para evitar surtos de cleptomania (vontade compulsiva de roubar) e prestou 480 horas de trabalho comunitário.

Escolha a melhor opção para traduzir as palavras em destaque.

1. *"When I was a prosecutor, we had one straightforward goal: **Convict** the guilty and protect the innocent. To me, that simple mission still holds true." (Amy Klobuchar)*

Quando eu era procuradora, nós tínhamos um objetivo claro: *a) convencer; b) condenar* os culpados e proteger os inocentes. Para mim, essa missão simples ainda está valendo.

2. *"An indictment is not a **conviction**." (Howard Coble)*

Uma indiciação, acusação não é uma *a) convicção; b) condenação*.

---

117 coroner (subst.) /ˈkɔːr(ə)nə(r)/

1. ***Coroner*** pode ser confundido com o nosso "coronel"? Pode, mas não é isso. "Coronel" é *colonel*, o nosso *r* dando lugar a um primeiro *l*. E cuidado com a pronúncia desse *colonel*, que também é traiçoeira. Soa como *kernel* /ˈkɜːrnəl/ (miolo de amêndoa ou noz; cerne, âmago).

    *My uncle retired as a **colonel** in the army.*

2. Mas não é sobre "coronel" que queremos falar e sim sobre ***coroner***. É um termo da ciência forense, usado para designar a autoridade judiciária, um juiz responsável pela investigação de casos de morte suspeita. Esse cargo pode ser comparado ao de um *medical examiner* (= médico legista) mas não existe no Brasil.

    *The body was found in a park and examined by the **coroner**, who found no evidence of foul play.*

3. ***Coroner's inquest***: investigação sobre casos de morte por *foul play*, morte não natural, eventualmente provocada por um crime.

    *The **coroner's inquest** recorded a verdict of suicide.*

Coroner tem origem na palavra *crown* (coroa). Um *corouner* ou *crowner* era um termo do *Middle English* usado para designar a autoridade local que representava a Coroa (o rei ou rainha) e cujo dever era tratar de assuntos da propriedade real. Hoje em dia, o ***coroner*** é a autoridade local responsável por investigar casos de morte não natural, em que pode ter havido *foul play* (crime). Como o termo correspondente não existe entre nós, nos filmes em que o ***coroner*** aparece, o tradutor, por aproximação e falta de espaço na legenda, apela para "legista". É o que vai aparecer na legenda, onde não cabe a definição exata do que é um ***coroner***, por ser muito longa.

Escolha a melhor opção para traduzir a palavra em destaque.

"The **coroner** and the lawyer grow fat on the quarrels of fools." (provérbio celta)

O a) coronel; b) juiz que investiga mortes suspeitas e o advogado engordam graças às brigas entre os tolos.

---

118 costume (subst.) (EUA) /'kɑːstuːm/, (Reino Unido) /'kɔːstjuːm/

1. **Costume** in English não é o mesmo que "costume" em português, quando isso significa "prática ou comportamento habitual". Quando esse costume é coletivo, como no caso de um povo, país, região, comunidade etc. em inglês usa-se o substantivo *custom*.

    The **customs** and traditions of the Brazilian people.

2. Mas quando esse costume é um hábito pessoal, em inglês usa-se o substantivo *habit*.

    George has the annoying **habit** of poking you in the arm to get your attention.

3. **Costume** também não é usado, como acontece em português, para designar roupa, como:

    a) conjunto (feminino) de duas peças, composto de saia e casaco. Isso é *outfit*.

    Angela bought a new **outfit** for the party.

    b) terno, conjunto (masculino) de três peças, composto de calça, paletó e colete. Isso é *suit*.

    George is a lawyer and wears a dark **suit** when he goes to court.

4. **Costume** é usado para roupas, sim, dos seguintes tipos:

    a) roupa de fantasia como as do *Halloween*, Carnaval, super-herói, princesa etc.

    Young children love wearing **costumes**.

    b) traje característico de um país, região etc.

    The dancers from Russia were wearing their national **costumes**.

    c) (cinema, teatro, TV) figurino, roupa usada pelos atores e atrizes para representar os papéis de seus personagens

    The **costumes** worn by the actors help to tell the story in a movie.

> A respeito dos **costumes** usados no cinema, consta que... *Elizabeth Taylor had 65 costume changes in the 1963 film Cleopatra.*

As figurinistas tiveram muito trabalho!

5. Algumas locuções com ***costume***:
   - **costume designer:** figurinista
   - **costume ball/party:** baile/festa à fantasia
   - **costume jewellery** (Reino Unido), **costume jewelry** (EUA): bijuteria(s)

6. E se ***costume*** é fantasia, a roupa, concreta, então o que é *fantasy*? É fantasia, abstrata, algo que não é real e sim produzido pela imaginação.

   *Alice in Wonderland is a work of **fantasy**.*

   *Some people seem to be unable to distinguish between **fantasy** and reality.*

Escolha a melhor opção para traduzir a palavra em destaque.

*"(About being an actor) There's no mystery to it. Nothing more complicated than learning lines and putting on a **costume**." (Morgan Freeman)*

(Sobre ser um ator) Não há mistério. Nada mais complicado do que decorar o que você vai dizer e vestir a) um costume; b) uma fantasia.

---

119 **countenance** (subst. e verbo) /ˈkaʊnt(ə)nəns/

1. ***Countenance*** lembra "continência, saudação militar". É isso? Nada disso. Nem este ***countenance***, nem *continence* (verbete 113, *remember?*) têm a ver com continência, saudação militar. Para dizer isso, como vimos em *continence*, usa-se *salute*.

   *The soldier gave a **salute** and the sergeant returned it.*

2. ***Countenance*** é um substantivo próprio da linguagem formal ou da literária e pode ter duas acepções:

   a) fisionomia, semblante, expressão facial

   *All those photographs show Sigmund Freud's serene **countenance**.*

   b) consentimento

   *I'm sure the dean did not give **countenance** to any kind of wild party in the campus.*

3. ***Countenance*** também pode ser usado como verbo (regular), no sentido de "consentir, dar consentimento a".

   *The university does not **countenance** bad behavior.*

Escolha a melhor opção para traduzir a palavra em destaque nestas frases.

1. *"The **countenance** is the portrait of the soul, and the eyes mark its intentions."* (Cicero)

A *a) continência; b) fisionomia* é o retrato da alma, e os olhos marcam as intenções que ela tem.

2. *"It opens the lungs, washes the **countenance**, exercises the eyes, and softens down the temper. So cry away."* (Charles Dickens, in *Oliver Twist*)

Ele (o choro) abre os pulmões, lava a *a) fisionomia; b) continência*, exercita os olhos e suaviza os nervos. Por isso, chore à vontade.

3. *"American people simply will not **countenance** being lied to by their own President."* (Pierre Salinger)

O povo norte-americano simplesmente não *a) consentirá; b) fará continência* que o seu próprio Presidente lhe minta.

4. *"A smile is the same as sunshine; it banishes winter from the human **countenance**."* (Victor Hugo)

Um sorriso é como o solzinho; ele expulsa o inverno do *a) consentimento; b) semblante* das pessoas.

---

120 counterfeit (adj., subst., verbo) /ˈkaʊntə(r)fɪt/ rima com *benefit* (benefício)

1. Você encontra **counterfeit** em um texto em inglês e talvez a palavra lhe lembre "contrafeito", em português. Mas em que sentido desse "contrafeito"? "Feito sem vontade, obrigado, coagido", como por exemplo em:

   Ele sabia que tinha errado, mas o orgulho o impedia de reconhecer o erro. Acabou por pedir desculpas, embora contrafeito.

   Seria esse o sentido de **counterfeit**? *No way*, de jeito nenhum. Para esse sentido de contrafeito, usa-se *constrained*.

   *George felt a bit **constrained** but he eventually apologized.*

   > Cuidado com esse *eventually*. Esse finalzinho "(...) *he eventually apologized*" corresponde ao nosso "ele acabou por pedir desculpas". Não acredita? Dá uma espiadinha no verbete 176 *eventual, eventually*.

2. Mas então **counterfeit** nunca será "contrafeito", em português? Talvez isso seja surpresa para nós, reles mortais, mas os dicionários registram que um dos sentidos de "contrafeito" é exatamente o mesmo que **counterfeit** tem em inglês: "falso, falsificado/a, imitado/a por falsificação".

Um quadro contrafeito de Tarsila do Amaral.

Uma assinatura contrafeita em um documento.

3. **Counterfeit** em inglês tem esse mesmo sentido: falso, falsificado/a, imitado/a por falsificação, e pode ser usado como adjetivo ou substantivo.

> It was a 100-dollar bill and the salesclerk examined it carefully as it might be a **counterfeit**.
>
> The criminal used a **counterfeit** passport to enter the country.

4. **Counterfeit** também pode ser usado como verbo (regular), significando "falsificar, forjar".

> Patrick was sent to jail for **counterfeiting** his boss's signature on a check.

Escolha a melhor opção para traduzir a palavra em destaque nesta frase:

"Men make **counterfeit** money; in many more cases, money makes **counterfeit** men." (Sydney J. Harris)

Os homens fazem dinheiro a) falso; b) constrangido; muito mais frequentemente, o dinheiro faz os homens a) falsos; b) constrangidos.

---

121 counterpart (subst.) /ˈkaʊntə(r)pɑː(r)t/ rima com *shopping cart* (carrinho de supermercado)

1. **Counterpart** parece a nossa "contraparte" e lembra "contrapartida". Pode ser? Pode, mas não é o uso mais comum. É mais provável que a palavra apareça em frases assim:

> Angela Merkel, the German Prime Minister, held talks with her Portuguese **counterpart**, António Costa.

2. Como você traduziria **counterpart** na frase acima? Contraparte, contrapartida? Nem pensar, né? **Counterpart** é definido como a pessoa ou coisa que tem o mesmo cargo ou função de outra, embora esteja em outro lugar ou situação. Qual seria a palavra em português para isso? Algumas fontes registram o termo "homólogo". Não achamos adequado esse "homólogo" por ser um galicismo e por ser um adjetivo, enquanto **counterpart** é um substantivo. Preferimos "congênere, par, equivalente, pessoa com a mesma qualificação sociocultural." Até "colega".

> The secretary of defense met with his **counterparts** in Asia to discuss the nuclear crisis.
>
> Some Arizona teachers have threatened to strike, like their **counterparts** in West Virginia, Kentucky and Oklahoma.
>
> An email is the digital **counterpart** of a letter.

✏️ Escolha a melhor opção para traduzir a palavra em destaque:

1. *"Cats take less time to care for than their canine **counterparts**." (https://eng.ichacha.net)*

Os gatos exigem menos tempo para sua manutenção do que a) *os seus congêneres;* b) *as suas contrapartes* caninos/as.

2. *"The British banks are significantly more exposed to China than their European and American **counterparts**." (The Guardian, July 29, 2018)*

Os bancos britânicos estão muito mais expostos à China do que seus a) *pares;* b) *contrapartes* europeus e americanos.

---

122 court (subst. e verbo) /kɔː(r)t/ rima com *sort* (tipo, espécie)

1. ***Court*** é um substantivo que pode significar:

   a) corte de justiça, tribunal

   *The **court** is now in session, Judge Caldwell presiding.*

   *The highest **court** in Brazil is the Supremo Tribunal Federal.*

   ▪ **appelate court:** corte de apelação, Supremo Tribunal de Justiça
   ▪ **go to court/take someone to court:** entrar na justiça (contra alguém)

   b) corte real, o rei/a rainha e a nobreza que o/a cerca

   *The Portuguese **court** came to Brazil in 1808.*

   c) palácio real

   *King Arthur and his knights were in the royal **court**.*

   d) galanteio(s), corte

   *At first, Steve was paying **court** to Susan, but she didn't seem to care for him.*

   e) quadra (de tênis, basquetebol)

   *The children were playing in the **court**.*

2. ***Court*** é um verbo (regular) que pode significar:

   a) cortejar, tentar ganhar ou atrair a atenção de

   *One of the candidates was clearly **courting** the female voters.*

   b) cortejar, namorar

   *Steve and Susan **courted** for two years before getting married.*

   *I took some pictures of the birds **courting** in the trees.*

✏️ I. Clarence Darrow (1857-1938) foi um dos mais famosos e consagrados advogados norte-americanos. A respeito de justiça ele disse o seguinte:

"There is no such thing as justice – in or out of **court**." Observe a palavra em destaque e escolha a melhor tradução, nesse contexto: a) corte; b) quadra; c) tribunal.

II. Escolha a melhor opção para traduzir a palavra em destaque.

"I am, first of all, a basketball player. I've done this for so very long... For me, it's been essential to be successful on the **court**." (Tony Parker)

Eu sou, acima de tudo, um jogador de basquetebol. Tenho feito isto durante tanto tempo... Para mim, é essencial ter sucesso na a) corte; b) quadra.

---

123 crapola (subst.) /ˌkræpˈoʊlə/ a sílaba tônica é a segunda, rima com *Angola* (o *o* com som de /oʊ/) e com *Granola* (a marca de cereal)

crapulous (adj.) /ˈkræpjʊləs/ a sílaba tônica é a primeira, rima com *fabulous* (fabuloso/a)

1. Vamos com cuidado com estas duas palavras; elas não devem ser usadas se houver senhoras por perto. Parecem ser insultuosas, lembram logo o nosso "crápula, canalha, patife", mas não têm este sentido, embora o seu significado não seja flor que se cheire. Muito ao contrário...

2. O substantivo **crapola** é gíria usada nos Estados Unidos, para designar:

    a) porcaria, algo inútil ou sem nenhum valor (= *rubbish, crap*)

    Charles keeps a lot of **crapola** in the garage, it seems he just can't get rid of that junk.

    b) besteiras, ideias, conceitos, palavreado sem valor (= *rubbish, nonsense, crap*)

    No one really listens to what that politician proposes. Everything he says is just a bunch of **crapola**.

    I'm sorry to say this, but I think that movie is just a load of **crapola**.

3. Nos dois sentidos vistos acima, **crapola** pode ser trocado por *rubbish* (lixo) ou pela forma abreviada, mais comum e grosseira: *crap*. Isso mesmo que você está pensando.

    ■ **Cut the crap:** Fala sério.

4. **Crapulous** é o adjetivo que designa um indivíduo que está ou vive bêbado, de ressaca, intoxicado, passando mal por ter bebido (ou também por ter comido) demais.

    "I swear I'll never drink again..." said the **crapulous** fat man, before vomiting once more.

    Malcolm is a **crapulous** old man, given to gross excess in drinking and eating.

> ***Crapulous*** tem origem em *crapolosus*, que deriva de *crapula*, "intoxicação", em latim. *Crapula*, por sua vez, vem de *kraipale*, palavra grega muito mais antiga, que significa "ressaca", por ingestão excessiva de álcool. O popular porre, no Brasil, ou piela, em Portugal. Ou pileque, nos dois, nada aconselhável para a saúde, em qualquer lugar.

5. Finalmente, como se diz "crápula, canalha, patife" sem que o insulto ligue o destinatário a hábitos excessivos em alimentação ou bebida? *Scoundrel*.

   *I don't want to discuss those matters with that **scoundrel**. He has no scruples, no moral principles and is totally dishonest.*

Escolha a melhor opção para traduzir as palavras em destaque. Na frase 2 você vai reencontrar *apt*, já vista no verbete 35.

1. "They were **crapulous** and carrying blue cans of beer, one of them with a can in each hand." *(Paul Theroux, in Ghost Train to the Eastern Star, 2008)*

Eles estavam a) crápulas; b) bêbados e levavam latas azuis de cerveja, um deles com uma lata em cada mão.

2. "Vietnamese women are slightly more **apt** to get **crapulous** each week than the country's men." *(Salon, April 23, 2014)*

As mulheres vietnamitas são um pouco mais a) aptas; b) propensas a ficar a) crápulas; b) bêbadas do que os homens do país.

3. "If it weren't for this baldness, and a kind of **crapulous** air I can't disguise from myself – if it weren't for this and that and that and t'other thing – I've forgot what I was saying." *(Robert Louis Stevenson, in A Story of a Lie)*

Se não fosse pela calvície, e um certo ar de a) bêbado; b) crápula que eu não consigo disfarçar de mim mesmo – se não fosse por isto e por aquilo e mais aquilo e a'tra coisa – esqueci o que estava dizendo.

> Impossível não comentar essa frase 3, de Robert Louis Stevenson (1850-1894) poeta, novelista, ensaísta escocês, autor, entre muitos outros romances, de *"Treasure Island"* (A Ilha do Tesouro), *"Kidnapped"* (Raptado), *"The Strange Case of Dr. Jekyll and Mr. Hyde"* (O Médico e o Monstro). A citação é um trecho de *"A Story of a Lie,"* em que o autor se diverte fazendo com que o personagem (o Almirante) demonstre pela sua fala o estado nada sóbrio em que se encontrava. Stevenson era um senhor escritor, um craque da literatura. Foi ele que nos deu a bela definição de amigo: *A friend is a gift you give yourself.*

Robert Louis Stevenson, obrigado pela sua amizade.

124 crave (verbo) /kreɪv/ rima com *brave* (bravo/a, valente)

1. *Crave* pode, sim, lembrar o nosso verbo "cravar" e até, com um pouco mais de imaginação, o substantivo "cravo", a flor-símbolo da Revolução de 1974 em Portugal, a Revolução dos Cravos.

2. Mas *crave* não é nada disso, tem dois sentidos, muito longe desses. *Crave* pode ser:

   a) ter grande desejo (de), ansiar (por) de forma quase incontrolável

   *I know I'm on a diet, but I just couldn't resist it. I **crave** strawberry ice cream.*

   *Like many other celebrities, Neymar is conceited and vain. And he **craves** attention.*

   b) rogar, pedir humildemente

   *If I really hurt your feelings, I **crave** your pardon.*

3. Para dizer "cravar" usa-se *thrust, drive*, ou *stick* (seguido do complemento: aquilo que se crava, que pode ser *nail* (prego), *stake* (estaca), *spike* (cravo, prego grande), *dagger* (punhal), *knife* (faca).

   *The blacksmith was **driving a spike** in a horseshoe when we passed by.*

4. E para dizer o substantivo "cravo"? Depende do tipo de cravo. Vamos ver:

   ▪ (cravo, tipo de flor): **carnation**
   ▪ (cravo, prego grande para ferraduras): **spike**
   ▪ (cravo, instrumento musical, anterior ao piano): **harpsichord**
   ▪ (cravo, ponto escuro na pele): **blackhead**
   ▪ (cravo-da-índia, especiaria, o da Gabriela): **clove**

   I. Todos nós, de uma forma ou de outra, ansiamos por algo. E o que alguns desejam ardentemente pode ser algo a que outros nem dão valor. Enquanto milhares, senão milhões de pessoas, na África por exemplo, desejam ardentemente que a água encanada um dia chegue a sua casa, outros desperdiçam água dando um banho de mangueira na calçada em dia de muito calor. Uns desejam fama e sucesso, outros, que já a têm, como Alanis Morissette (1974-), cantora e compositora canadense, anseiam por algo bem mais prosaico. Observe a citação abaixo e marque a opção que melhor traduz a palavra em destaque.

   *"Peace of mind for five minutes, that's what I **crave**."* (Alanis Morissette)

   Paz de espírito durante cinco minutos, é isso que eu a) anseio; b) cravo.

   II. Escolha a melhor opção para traduzir a palavra em destaque.

   *"Time is the king of all men, / he is their parent and their grave, / and gives them what he will / and not what they **crave**."* (Pericles)

O tempo é o rei de todos nós, / nosso pai e nosso fim, / ele me dá o que quer / e não o que a) *cravo;* b) *quero* pra mim.

---

125 **criminal** (subst. e adj.) /ˈkrɪmɪn(ə)l/ segundo a Britney Spears, rima com *physical* (físico/a)*

1. Como substantivo, **criminal** é *false friend*. Lembra o nosso adjetivo "criminal", mas na verdade é o substantivo: criminoso/a.

    A **criminal** always returns to the scene of the crime, so they say.

2. Como adjetivo, **criminal** pode ser ou não ser *false friend*.

    a) Pode significar o mesmo que em português: "criminal".

    The police are conducting a **criminal** investigation of the case.

    Criminal Law deals with crimes and their punishments.

    b) Mas também pode ser *false friend*, por significar, como adjetivo, "criminoso/a":

    Psychologists study the **criminal** mind of someone who commits such crimes.

    They say they run an honest business, but everybody knows they are, in fact, a **criminal** organization in disguise.

John Wilkes Booth (1838-1865) era um jovem (27 anos) sulista que durante a Guerra Civil serviu às forças da Confederação, não como soldado, mas como agente secreto. Booth tinha à sua frente uma promissora carreira como ator de teatro, mas entrou para a História, não por suas atuações em tragédias de Shakespeare, mas de forma infame. John Wilkes Booth, sulista convicto e contrário às ideias de Lincoln, na noite de 14 de abril de 1865, entrou no Teatro Ford em Washington D.C., ocupou tranquilamente seu lugar em um camarote e de lá disparou sua arma em Abraham Lincoln, matando o presidente. Uma semana depois, ele e alguns de seus cúmplices foram alcançados e mortos. É famosa a sua frase: "*I have too great a soul to die like a **criminal**.*"

✓ Qual a melhor tradução para a palavra em destaque?

a) criminal; b) criminoso.

A resposta é b), of course.

---

* **Criminal** é também o título de uma canção composta e cantada pela Britney Spears, em que ela diz, bem no início,

But mamma I'm in love with a **criminal**
And this type of love isn't rational, it's physical (...)

E falando em **criminal**, ainda há o título de um dos sucessos de Michael Jackson, "*Smooth Criminal*", em que uma certa Annie é atacada. Qual a melhor tradução desse título, na sua opinião?

a) Criminal Sensual   b) Criminoso Ardiloso

A resposta é b).

Annie, are you OK? / Are you OK, Annie?

Escolha a melhor opção para traduzir a palavra em destaque nestas frases.

1. "*Technological progress is like an axe in the hands of a pathological **criminal**.*" *(Albert Einstein)*

O progresso tecnológico é como um machado nas mãos de um a) criminoso; b) criminal patológico.

2. "*Life is nothing but a competition to be the **criminal** rather than the victim.*" *(Bertrand Russell)*

A vida nada mais é do que uma competição para ser o a) criminal; b) criminoso e não a vítima.

---

126 curt (adj.) /kɜ:(r)t/ rima com *hurt* (machucar; ferir)

1. **Curt** é um adjetivo que lembra o nosso "curto". Pode ser? Mais ou menos. Veja este exemplo de uso de **curt**:

   *I asked the boss for a raise but he gave me a **curt** reply. He said, "No!"*

   Ué! Mas essa é uma resposta "curta", mais curta, impossível. Então **curt** pode ser "curto"? Melhor, pode ser "curto... e grosso"?

2. Na verdade, **curt** não significa "curto/a". Isso é *short*. Para uma resposta curta, uma viagem curta, um filme curto, usamos *short*.

   *A **short** answer, a **short** trip, a **short** movie.*

3. Então, o que afinal significa **curt**? Usamos **curt** para qualificar "um modo, uma maneira de falar, uma resposta" que é brusco/a, ríspido/a, grosseiro/a, rude.

   *Whenever George's tone of voice is **curt** and unfriendly I know his team has lost the game.*

Escolha a melhor opção para traduzir a palavra em destaque.

"*Her tone of voice was **curt**. "The matter is closed," was her **curt** reply.*" (www.collinsdictionary.com)

Seu tom de voz era a) brusco; b) curto. "Assunto encerrado," foi sua resposta a) curta; b) ríspida.

127 custom (subst. e adj.) /ˈkʌstəm/ rima com *frustum* (em geometria: tronco)

1. ***Custom*** lembra "costume". E "costume", em português, é o mesmo que "hábito, uso geral, coletivo".

    Tenho o **costume** de tomar café sem açúcar.

    Mas *custom*, em inglês não é geralmente usado para "costume, prática ou comportamento individual, ação de um indivíduo". Para isso, em geral, usa-se *habit*.

    I have the **habit** / I'm in the **habit** of having coffee without sugar.

2. ***Custom*** é mais usado para "costume, prática coletiva, comportamento comum a um povo, região, comunidade".

    It is a British **custom** to have tea in the afternoon.

    In many Western countries it is the **custom** for people to wear black at funeral ceremonies.

    Dona Betinha was born in England, but she has completely absorbed Brazilian **customs** and traditions.

3. ***Custom*** também pode significar "freguesia, clientela" (= *customers*). Daí *customer*: freguês, cliente.

    Most of those fast-food restaurants **custom** comes from teenagers.

    Most of their **customers** are teenagers.

    The **customer** is always right.

4. ***Customs***: alfândega

    It didn't take us long to get through **customs** in New York.

5. ***Custom*** também pode ser usado como adjetivo, antes de um substantivo, para indicar "feito sob encomenda" (= *custom-made*).

    Bill is very rich, but he never wears **custom** / **custom-made** suits.

    Their new kitchen has some nice **custom** cabinets.

> Escolha a melhor opção para traduzir a palavra em destaque.
>
> "***Custom*** is the great guide of human life." (David Hume)
>
> O a) costume; b) freguês é o grande guia da vida humana.

---

128 data (subst.) /ˈdeɪtə, ˈdætə/ rima (em português) com *seita* ou *seta*

1. OK, todo mundo sabe, ***data***, in English, nada tem a ver com "data", em português, indicação exata do dia, mês e ano em que alguma coisa aconteceu. Isso é *date*.

    What's the **date** today?

2. Outros sentidos da palavra ***date***, todos doces e agradáveis, potencialmente deliciosos são:

   a) encontro com o/a namorado/a (ou potencial namorado/a)

   *Phil went to a Tunisian restaurant with Deborah on their first **date**.*

   *Have you ever been on a blind **date** (a **date** between two people who do not know each other)?*

   b) namorado/a (ou potencial namorado/a)

   *Sally refused to tell her friends the name of her **date** tonight.*

   c) tâmara

   *Phil and Deborah had some delicious **dates** for dessert at that Tunisian restaurant. They thought it was fun eating **dates** on their first **date**.*

3. Então, afinal o que é ***data***? A palavra vem do latim e a rigor é a forma plural de *datum*, que significa "dado", não o cubinho usado em alguns jogos, mas "informação sobre algo ou alguém". Essa palavra é muito frequente em estatística e informática, geralmente no plural; de fato ***data*** aparece muito mais do que o singular *datum*. O significado de ***data*** então é: dados, informações sobre algo ou alguém.

   *Please fill out this form with your personal **data**.*

   *Computers can process a great amount of **data**.*

4. ***Data*** é plural na origem latina, mas em inglês pode concordar tanto com uma forma plural quanto com uma singular.

   *I'm sorry, but **this data is** incorrect.*

   Ou então: *I'm sorry, but **these data are** incorrect.*

5. ***Data*** é também usado atributivamente, como adjetivo, em locuções como:

   - **data processing:** (Informática) processamento de dados
   - **data recovery/retrieval:** (Informática) recuperação de dados
   - **database, data bank:** (Informática) base, banco de dados
   - **flight data recorder:** (Aviação) caixa-preta

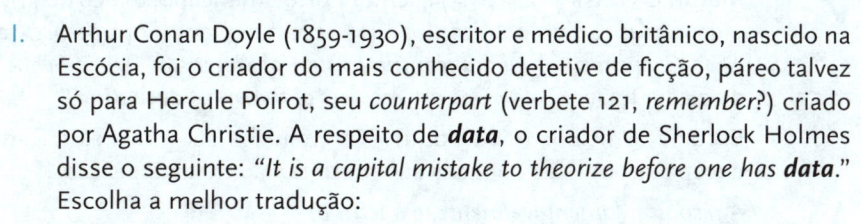

I. Arthur Conan Doyle (1859-1930), escritor e médico britânico, nascido na Escócia, foi o criador do mais conhecido detetive de ficção, páreo talvez só para Hercule Poirot, seu *counterpart* (verbete 121, *remember?*) criado por Agatha Christie. A respeito de ***data***, o criador de Sherlock Holmes disse o seguinte: *"It is a capital mistake to theorize before one has **data**."* Escolha a melhor tradução:

   a) É um erro fundamental elaborar teorias antes de se ter os dados.

   b) É um erro capital teorizar antes de se ter as datas.

II. Escolha a melhor opção para traduzir a palavra em destaque.

"**Data** is not information, information is not knowledge, knowledge is not understanding, understanding is not wisdom." (Clifford Stoll)

a) Datas; b) Dados não são informação, informação não é conhecimento, conhecimento não é compreensão, compreensão não é sabedoria.

129 deception (subst.) /dɪˈsepʃ(ə)n/ rima com *reception* (recepção)

1. Para os mais distraídos, o substantivo *deception* pode ser entendido como correspondendo ao nosso "decepção", mas na verdade a palavra aplica nesses incautos o que ela de fato significa: "trapaça, tapeação, engano premeditado, golpe, logro, fraude, armação".

    *Appearances are deceptive. They can cause **deception**.*

    *Magicians are masters of **deception**.*

    *A con man tries to get money by using **deception**.*

    *"**Deception** Point", a novel by Dan Brown is about a shocking scientific discovery.*

"***Deception Point***", romance escrito por Dan Brown (autor de *The Da Vinci Code, Angels and Demons* e muitos outros *best-sellers*), foi lançado no Brasil em 2001 com o título de *Ponto de impacto* e em Portugal como *A conspiração*. O livro fala de uma importante descoberta científica que acaba se revelando como nada mais do que uma gigantesca fraude. Raquel, a principal personagem, viaja até o Ártico e encontra provas de uma ousada armação, "*a bold **deception** that threatens to plunge the world into controversy*".

Para quem gosta de *thrillers*, ***Deception*** *Point* é recomendável. Mas preferimos *The Da Vinci Code*.

2. E como se diz "decepção"? *Disappointment*.

    *Our team performance turned out to be a total **disappointment**.*

✓ Martin L. Gross (1925-2013) escritor norte-americano, crítico do governo e da corrupção na política dos EUA, escreveu, entre outros *best-sellers*, "*The Conspiracy of Ignorance: the Failure of American Public Schools*". É dele esta frase: "*Politicians are masters of the art of **deception**.*"

Escolha a melhor tradução: a) "Os políticos são mestres na arte da decepção." b) "Os políticos são mestres na arte da tapeação."

A resposta, lamentavelmente, é a letra b)

Martin L. Gross falava da realidade nos Estados Unidos, na sua época, mas a frase, *sad to say*, é válida até hoje, no mundo inteiro.

Escolha a melhor opção para traduzir a palavra em destaque.

*"The greatest **deception** men suffer is from their own opinions." (Leonardo da Vinci)*

A maior a) decepção; b) tapeação que as pessoas sofrem vem de suas próprias opiniões.

130 decimate (verbo) /ˈdesɪmeɪt/ rima com *dedicate* (dedicar)

Decimate é um verbo (regular) que significa: dizimar, exterminar, aniquilar, matar um grande número de pessoas, animais, seres vivos.

*Modern wars have **decimated** millions of innocent people.*

*Locusts have **decimated** thousands of trees in that region.*

Decimate vem de *decem, decimo*, latim para "dez, décimo", e tem uma origem interessante. Nos tempos do Império Romano, se as legiões ousavam rebelar-se, a punição era matar o décimo soldado de cada unidade e, assim, intimidar os soldados restantes. Com o tempo e por extensão, **decimate** deixou de ser usado só para o sentido de "um em cada dez", passando a referir-se a destruição ou extermínio em grande número. A nossa palavra "dizimar" tem a mesma etimologia.

*The plague **decimated** the population of Europe in the Middle Ages.*

Escolha a melhor opção para traduzir as palavras em destaque. Na frase 2 você encontrará em destaque, além de **decimate**, duas outras palavras já estudadas: *bond* (verbete 63) e *colleague* (verbete 83).

1. *"Trump Administration is aiming to **decimate** all programs to help working people." (Noam Chomsky)*

O objetivo do governo Trump é a) dizimar; b) dedicar todos os programas de ajuda aos trabalhadores.

2. *"A doctor will allow a **colleague** to **decimate** a whole countryside sooner than violate the **bond** of professional etiquette by giving him away." (George Bernard Shaw)*

Um médico permitirá que um a) colégio; b) colega seu a) extermine; b) decida toda uma região em vez de o denunciar, tudo isso para não violar o a) bonde; b) vínculo de etiqueta profissional.

131 decorate (verbo) /ˈdekəreɪt/ rima com *calculate* (calcular)

decoration (subst.) /ˌdekəˈreɪʃ(ə)n/ rima com *calculation* (cálculo)

decorator (subst.) /ˈdekəreɪtə(r)/ rima com *calculator* (calculador(a))

1. **Decorate** é um verbo (regular) que pode significar:

    a) decorar, adornar, ornamentar

    *Christmas is near. It's time to **decorate** the Christmas tree.*

    Decorate não é usado no sentido de "decorar, aprender de cor, memorizar". Para isso usa-se *memorize* ou a expressão *know by heart*.

    *Samantha's idol is John Lennon. She **memorized** some of Lennon's songs. "(...) You may say I'm a dreamer, but I'm not the only one." She **knows** them **by heart**.*

    Decorate também significa:

    b) (no Reino Unido) pintar paredes ou pôr papel de parede em

    *Mr. Lewis had his living room **decorated** last month. It was painted blue.*

    c) condecorar, dar uma condecoração a

    *In France, Mamadou, a refugee from Mali was considered a hero and **decorated** with a medal for having rescued a child.*

2. **Decoration** é um substantivo que pode significar:

    a) decoração

    *Aunt Martha is very good at party **decorations**.*

    ■ **interior decoration**: decoração de interiores

    b) (no Reino Unido) pintura de prédios, apartamentos ou colocação de papel de parede

    *Mr. Lewis decided to have his flat decorated. It was badly in need of **decoration**.*

    c) medalha, condecoração

    *Mamadou received a **decoration** from the French government for his bravery in rescuing a child.*

3. **Decorator** é um substantivo que designa um tipo de profissional (nos EUA) e outro tipo de profissional (no Reino Unido). Assim:

    a) (nos EUA) profissional de algum tipo de decoração

    *Aunt Martha is a cake **decorator**. She's a real artist.*

    b) (nos (EUA) decorador(a) de interiores (= *interior designer*)

    *Sally makes a lot of money as a **decorator**.*

    c) (no Reino Unido) pintor de paredes ou colocador de papel de parede

    *Mr. and Mrs. Lewis hired a **decorator** to wallpaper their living room.*

Escolha a melhor opção para traduzir as palavras em destaque nestas frases.

1. *"Music is interior **decoration**." (Wayne Shorter)*

A música é a) decoração; b) condecoração interior.

2. *"I try to **decorate** my imagination as much as I can." (Franz Schubert)*

Eu tento a) decorar, memorizar; b) decorar, ornamentar a minha imaginação o mais que posso.

3. *"I wanted to be a **decorator**. I wanted to interior design homes and do everything myself." (Ursula Andress)*

Eu queria ser a) decoradora; b) pintora. Queria projetar a decoração de interiores de casas e fazer tudo sozinha.

---

132 default (subst. e verbo) /dɪˈfɔːlt/ rima com *assault* (ataque; agressão; atacar; agredir)

1. **Default** será o mesmo que o nosso "defeito"? Vamos ver.
2. Como substantivo **default** pode significar:

    a) falta de observância, não cumprimento, não pagamento, inadimplência, calote

    *A **default** on a banking loan may result in your losing your house to the bank.*

    b) (Informática) (valor/parâmetro) padrão

    *The computer will take "0" as the **default** value, if you do not type in any other digit.*

3. Expressões com **default**:
    - **by default:** por falta de alternativa; por desistência do opositor

    *George is the team captain **by default**, as no one else volunteered.*

    - **in default of:** na ausência de

    ***In default of** a better solution, we will have to do as planned.*

4. Como verbo (regular), **default** significa:

    a) não cumprir, não pagar, não comparecer

    *If you **default** on a banking loan repayment, you risk losing your house to the bank.*

    *You **default** if you fail to appear in court.*

    *You win a game **by default** if your opponent fails to compete.*

    b) (programa de computador) selecionar automaticamente, por padrão (na falta de uma seleção feita pelo usuário)

    *If you don't select a font, the program **defaults** to a standard font.*

5. ***Default*** como "falha, defeito" hoje só existe na linguagem arcaica. Hoje em dia, para dizer "falha, defeito", usa-se *fault* ou *defect*.

> *Our education system suffers from several **faults**.*
>
> *Our flight was cancelled on account of a **defect** in one of the engines.*

Escolha a melhor opção para traduzir a expressão em destaque.

*"I'm a leader **by default**, only because nature does not allow a vacuum."* (Desmond Tutu)

Sou líder a) por falta de alternativa; b) por defeito, só porque na natureza o vácuo não é permitido.

---

133 **defendant** (subst.) /dɪˈfendənt/ rima com *descendant* (descendente)

1. Será que ***defendant*** tem algo a ver com "aquele que defende"? De certa maneira, sim, já que o ***defendant*** tem de arranjar um jeito de se defender. De quê? De uma acusação criminal.

    Defendant é um termo jurídico, significa "réu, ré, acusado/a de um crime". É o contrário de "*plaintiff*", que é o reclamante, a pessoa que moveu um processo contra o ***defendant***.

    > *The jury found the **defendant** not guilty.*

2. E defensor(a), como se diz? *Defender.*

    > *Martin Luther King, Jr. was a staunch **defender** of civil rights in America.*

3. Laurence J. Peter (1919-1990) é um educador canadense, famoso por suas posições críticas à sociedade em geral, autor de um grande número de frases interessantes. Uma delas é:

    > *"A pessimist is a man who looks both ways when he crosses the street."*

    A respeito do sistema de justiça ele disse isto:

    > *"In general, the **defendant** is guilty unless he proves his influence."*

    A frase é interessante, mas há nela uma boa dose de cinismo. Em vez de *influence* qual seria a palavra a esperar, nesse contexto? Dica: rima com influence.

    A resposta é innocence. É claro, né?

Escolha a melhor opção para traduzir a palavra em destaque.

*"In the American criminal justice system, a **defendant** is presumed innocent until proven guilty."* (chegg.com)

No sistema de justiça criminal americano, o a) defensor; b) réu é presumido inocente até que sua culpa seja provada.

134 defunct (adj.) /dɪˈfʌŋkt/ rima com *adjunct* (adjunto)

1. **Defunct** é um adjetivo próprio da linguagem formal e significa:

    "extinto/a, finado/a". Refere-se a algo que não existe mais ou não está mais em funcionamento.

    *"O Cruzeiro" magazine is now **defunct**.*

    *The Soviet Union no longer exists, it is now **defunct**.*

2. **Defunct** também pode aparecer como o substantivo "defunto/a", mas é um termo considerado desrespeitoso quando se refere a uma pessoa. Modernamente, para dizer "o defunto, a defunta" usa-se **the deceased**.

    *We put some flowers on the grave of **the deceased**.*

> Escolha a melhor opção para traduzir a palavra em destaque.
>
> *"Today, dining rooms have become almost **defunct** as a place where a family enjoys an everyday meal together around the table." (David Bird)*
>
> Hoje em dia, a sala de jantar quase a) *acabou*; b) *matou* como um lugar onde a família aprecia uma refeição cotidiana, todos juntos, à volta da mesa.

135 deliberate (adj.) /dɪˈlɪb(ə)rət/ não rima com *eight*, rima com *benefit* (benefício; beneficiar(-se))

deliberately (adv.) /dɪˈlɪb(ə)rətli/

1. **Deliberate** é uma daquelas palavras que às vezes é *false friend*, outras vezes não é. Esse adjetivo pode significar:

    deliberado/a, intencional, feito de propósito, por querer.

    *The leader's speech was a **deliberate** effort to draw international attention to what was happening in the country.*

2. Mas **deliberate** também pode ser *false friend*, significando:

    cuidadoso/a, feito com calma, lentamente, sem pressa.

    *The leader made a good speech, speaking in a slow **deliberate** way.*

3. **Deliberately** é o advérbio e com ele seguimos a mesma linha de raciocínio. Pode significar:

    a) deliberadamente, intencionalmente, de propósito

    *He mentioned some of those problems **deliberately** to attack the government.*

    b) cuidadosamente, calmamente, sem pressa

    *He delivered his speech calmly and **deliberately**.*

Um belo exemplo do uso de **deliberately** pode ser encontrado em um trecho de "*Walden, a Vida nos Bosques*", de Henry David Thoreau. Thoreau (rima com falou!) nasceu em 1817, faleceu em 1862, foi um poeta, filósofo, naturalista norte-americano, autor também de "*Desobediência Civil*", além de "*Walden*" e outras obras. Aos 27 anos ele decidiu dar tchau ao mundo civilizado (mas também engravatado, enquadrado, agitado, angustiado) de Concord, Massachusetts, e foi morar no mato, numa *cabin* (verbete 65, *remember*?) perto do lago Walden, em um terreno que pertencia a seu amigo Ralph Waldo Emerson, outra figurinha premiada da literatura e cultura dos Estados Unidos. Thoreau ficou lá dois anos....

Vamos ao trechinho de "*Walden, a Vida nos Bosques*" em que aparece **deliberately**.

"*I went to the woods because I wished to live **deliberately**, to front only the essential facts of life, and see if I could not learn what it had to teach, and not, when I came to die, discover that I had not lived.*"

Qual a melhor tradução de **deliberately**, nesse contexto?

a) deliberadamente; b) calmamente, sem pressa

136 **delicacy** (subst.) /ˈdelɪkəsi/

1. ***Delicacy*** pode ser "delicadeza"? Pode. Dois exemplos:

    *I knew they could easily be offended, so I raised the matter with **delicacy**.*

    *Those glasses are fragile and have to be handled with great **delicacy**.*

2. Mas o sentido mais comum do substantivo ***delicacy*** (plural: ***delicacies***) é o de "iguaria", comida rara e muito apreciada.

    *In some Asian countries horsemeat is consumed as a **delicacy**.*

    *That restaurant serves caruru and other local **delicacies**.*

Escolha a melhor opção para traduzir a palavra em destaque nestas frases.

1. "*An appearance of **delicacy**, and even fragility, is almost essential to beauty.*" (Edmund Burke)

Uma aparência de *a)* iguaria; *b)* delicadeza e até mesmo de fragilidade é quase essencial para a beleza.

2. "*Beware of the term "local **delicacy**", it's usually code for something revolting.*" (Lillian Marsano)

Cuidado com o termo "*a)* iguaria; *b)* delicadeza local", geralmente é um código que indica algo repugnante.

137 **delude** (verbo) /dɪ'luːd/ rima com *conclude* (concluir)
delusion (subst.) /dɪ'luːʒ(ə)n/ rima com *conclusion* (conclusão)

Em 2006, Richard Dawkins (1941-), biólogo, professor da Universidade de Oxford e escritor britânico, um dos pesquisadores mais respeitados quando o assunto é biologia evolutiva e um dos intelectuais mais polêmicos quando o assunto é religião, publicou mais um *best-seller*, intitulado "*The God Delusion*".

Vamos imaginar que você trabalha como tradutor(a) e a sua editora lhe deu como prêmio a tarefa de traduzir esse livro. Como você traduziria o título "*The God Delusion*"? Qual o significado de **delusion**, afinal?

1. ***Delude*** e ***delusion*** são da mesma família. ***Delude*** é um verbo (regular), sinônimo de *deceive* e se define assim: "fazer com que alguém acredite em algo que não é verdade". É o nosso verbo "iludir, enganar".

    *Diana **deluded** herself that Charles loved her.*

    *Their team was not strong enough, but they **deluded** themselves into believing they would win.*

2. ***Delusion*** pode ter dois significados:

    a) ilusão, engano, falsa impressão

    *Diana lived in the **delusion** that Charles loved her.*

    b) ilusão, mania, delírio, falsa impressão ou crença causada por distúrbio mental

    *John Nash (the mathematics professor in the movie "A Brilliant Mind", played by Russell Crowe) was haunted by **delusions** of persecution.*

    *Some pop stars are just pop stars, but they have **delusions** of grandeur.*

3. Duas expressões com ***delusion*** são, portanto:
    - **delusion of grandeur:** mania de grandeza
    - **delusion of persecution:** mania de perseguição

4. Mas, se ***delusion***, como vimos, significa "ilusão", qual é a diferença para *illusion* que, como sabemos, também é "ilusão"?

Os dois substantivos são fáceis de confundir, mas enquanto em ***delusion*** há sempre a ideia de "coisa falsa, maldosa ou mentalmente doentia", uma "incapacidade de distinguir entre a realidade e o que, para a pessoa, apenas parece ser realidade, seja por influência de alguém com más intenções ou por um distúrbio mental", no substantivo *illusion* não há essa conotação de "maldade", a pessoa pode viver uma ilusão em estado de perfeita inocência. Isso contrasta com uma ***delusion***, que quase sempre é sinistra, perigosa, prejudicial, enquanto uma *illusion* pode ser inofensiva ou até mesmo agradável.

Assim, por exemplo, uma miragem é *an illusion, not a **delusion***.

*Mirrors in a room can create the **illusion** of space.*

*He was under the **illusion** that he really was a great statesman.*

*Video games give the **illusion** that you are really in control of what's going on.*

E ainda temos o exemplo de *optical **illusion***: ilusão de ótica.

Voltando ao título "**The God Delusion**", voltamos à pergunta. Como será que traduziram esse título, na versão em língua portuguesa? No Brasil, o título foi "Deus, um delírio". Em Portugal, pode parecer estranho, mas é verdade, o título foi "A desilusão de Deus". Afinal, quem ficou desiludido, o crente ou a própria divindade? Ou, quem sabe, o leitor?

E se você fosse o tradutor, qual seria o título?

Escolha a melhor opção para traduzir as palavras em destaque nestas frases.

1. "*Love is an obsessive **delusion** that is cured by marriage.*" (Phil Spector)

O amor é uma a) ilusão; b) desilusão obsessiva que é curada pelo casamento.

2. "*Elections are held to **delude** the populace into believing that they are participating in government.*" (Gerald F. Lieberman)

As eleições são realizadas para a) iludir; b) desiludir o povão em acreditar que está participando do governo.

3. "*There are people who live under the **delusion** that simply because they will it to be so, it will be so.*" (Claire Messud)

Há pessoas que vivem na a) ilusão; b) desilusão que simplesmente porque elas querem que algo seja do jeito que elas querem, assim será.

138 **demand** (subst. e verbo) (EUA) /dɪˈmænd/, (Reino Unido) /dɪˈmɑːnd/, rima com *command* (comando; ordem; comandar; mandar)

1. Como substantivo ***demand*** pode ter estes significados:

    a) exigência, pedido insistente e impositivo; reivindicação

    *Children tend to make **demands** all the time.*

    *The employers finally accepted the workers' **demands***

b) (Economia) demanda, procura

*The law of supply and **demand** is one of the pillars in economy.*

2. Algumas expressões com ***demand***:

- **be in great demand:** ser muito solicitado/a, ter grande procura
    *Tickets for Paul McCartney's concerts are always **in great demand**.*
- **on demand:** disponível quando solicitado/a
    *Coffee is served **on demand**.*
- **on-demand (adjetivo):** disponível, à disposição
    *Netflix is a cable company that offers **on-demand** movies.*
- **by popular demand:** a pedidos
    *The play will continue for another week **by popular demand**.*
- **supply and demand:** (Economia) oferta e procura
    *The law of **supply and demand** is one of the pillars in economy.*

3. Como verbo (regular) ***demand*** pode significar:

a) exigir, pedir de modo impositivo e definitivo; reivindicar
    *I **demand** an explanation. I **demand** to see the manager.*
    *The workers are **demanding** a 10% raise as of January 1st.*

b) requerer, necessitar de
    *Teaching **demands** a lot of patience.*

4. Em inglês moderno ***demand*** não é mais usado, como acontece com "demanda" em português, no sentido de "ação judicial, litígio". Na linguagem moderna usa-se *lawsuit* ou simplesmente *suit*.

*Milo Yiannopoulos, a controversial British writer filed a **lawsuit** against his publishing house for "breach of contract".*

Escolha a melhor opção para traduzir a palavra em destaque nestas frases:

1. *"It is the duty of the State to educate, and the right of the people to **demand** education." (Edmund Barton)*

É dever do Estado educar, e direito do povo a) exigir; b) procurar educação.

2. *"Teach a parrot the terms "supply and **demand**" and you've got an economist." (Thomas Carlyle)*

Ensine a um papagaio os termos "oferta e a) procura; b) exigência" e você tem um economista.

3. *"People **demand** freedom only when they have no power." (Henry Wadsworth Longfellow)*

As pessoas a) demandam; b) exigem liberdade só quando não têm poder.

139 demonstration (subst.) /ˌdemənˈstreɪʃ(ə)n/ rima com *education* (educação)

demonstrate (verbo) /ˈdemənstreɪt/ rima com *educate* (educar)

demonstrator (subst.) /ˈdemənstreɪtə(r)/ rima com *educator* (educador)

1. ***Demonstration*** pode não ser *false friend*, porque significa "demonstração" no sentido de:

    a) apresentação, exibição

    *The salesclerk made a **demonstration** of the new equipment.*

    b) prova, sinal

    *George gave his wife a diamond ring as a **demonstration** of his love.*

2. Mas ***demonstration*** é *false friend* quando significa "manifestação pública, geralmente para protestar, passeata".

    *There were a great number of **demonstrations** against the government in the whole country.*

3. O mesmo acontece com o verbo. ***Demonstrate*** é um verbo (regular), que pode significar "demonstrar" no sentido de:

    a) comprovar, mostrar que algo é correto ou verdadeiro

    *The teacher **demonstrated** that the new technology could be used to help solve that problem.*

    b) exprimir (sentimentos, emoções, intenções etc.)

    *Some people find it hard to **demonstrate** their feelings, even to their loved ones.*

4. Mas é um falso amigo quando significa "protestar em público, participar de manifestação ou passeata".

    *Thousands of people, especially youngsters, gathered together to **demonstrate** against the new president and his ministers.*

5. E o mesmo acontece com ***demonstrator***. O substantivo pode ser traduzido por:

    demonstrador(a), pessoa que demonstra o funcionamento de um produto.

    *Paul works as a **demonstrator** in that shop.*

6. E pode ser um falso amigo, traduzido por "manifestante, participante de passeata".

    *The police clashed violently with some **demonstrators** in the streets of the capital.*

Escolha a melhor opção para traduzir as palavras em destaque nestas frases.

1. *"It's a sign of mediocrity when you **demonstrate** gratitude with moderation."* (Roberto Benigni)

É sinal de mediocridade quando você a) *demonstra*; b) *protesta* gratidão de forma moderada.

2. *"On October 15, 1965, an estimated 70,000 people took part in large-scale anti-war **demonstrations**."* (Noam Chomsky)

Em 15 de outubro de 1965 umas 70 mil pessoas participaram de a) *demonstrações*; b) *manifestações, protestos* em larga escala contra a guerra.

3. *"The work of science is to substitute facts for appearances, and **demonstrations** for impressions."* (John Ruskin)

O trabalho da ciência é substituir aparências por fatos, e impressões por a) *demonstrações*; b) *passeatas*.

A respeito dessa última citação é bom lembrar um fato gramatical ao mesmo tempo curioso e perigoso quanto à regência do verbo *substitute* (substituir), já que os complementos desse verbo vêm na ordem inversa à que usamos em português. Voltando à frase 3, dizemos que o trabalho da ciência é "substituir aparências por fatos" (e não "fatos por aparências", se a ordem *facts for appearances* fosse mantida) e "impressões por demonstrações" (e não "demonstrações por impressões", se a ordem *demonstrations for impressions* fosse mantida). Essa regência do verbo *substitute something for something else* na verdade é *very tricky* e tem induzido a erro os tradutores incautos. Mais um exemplo, fora desse contexto: Vamos traduzir: *If you are diabetic you simply must substitute sweetener for sugar.* "Se você é diabético você simplesmente tem de substituir o açúcar por adoçante." A ordem dos fatores, no caso do *substitute*, de fato altera o produto. Esse danadinho vai ser abordado detalhadamente quando chegarmos à letra S, mais precisamente no verbete 338. *Check it out!*

140 **deportment** (subst.) /dɪˈpɔː(r)tmənt/ rima com *assortment* (sortimento)

1. É claro que você nunca iria cair nessa armadilha, né? A vogal depois do *p* na nossa palavra "departamento" é um *a* e não um *o*. Então, nunca você iria confundir **deportment** com *department*, essa sim, a palavra em inglês que corresponde a "departamento". E, no entanto, em um momento de distração...

2. Então, afinal, se *department* é "departamento", o que significa ***deportment***? A resposta é "postura". ***Deportment*** significa:

   a) postura, modo de manter e movimentar o corpo, modo de andar

   *Models are given lessons in **deportment** before they walk the runway in a fashion show.*

   b) postura, conduta, modo de proceder

   *They all respect the Queen and see her as a model of **deportment**.*

Escolha a melhor opção para traduzir a palavra em destaque nestas frases.

1. *"Be simple and modest in your **deportment**, and treat with indifference whatever lies between virtue and vice." (Marcus Aurelius)*

Seja simples e modesto em sua a) postura; b) departamento, trate com indiferença tudo o que estiver entre a virtude e o vício.

2. *"Happiness is surely the best teacher of good manners: only the unhappy are churlish in **deportment**." (Christopher Morley)*

A felicidade é certamente a melhor professora de boas maneiras: somente os infelizes têm um a) departamento; b) comportamento grosseiro.

---

141 deprive (verbo) /dɪˈpraɪv/ rima com *arrive* (chegar)

deprived (adj.) /dɪˈpraɪvd/ rima com *arrived* (passado c particípio de *arrive*)

1. ***Deprive*** é um verbo (regular), seguido da preposição *of* e significa:

   privar (de), despojar (de), deixar (sem).

   *By not investing in a decent school system, the government **deprives** the people of education and real progress.*

2. ***Deprived*** é o adjetivo derivado de *deprive* e significa:

   desprovido/a, necessitado/a, carente.

   *Maria was a street child, **deprived** of love and attention, but her courage and talent made her overcome all those obstacles.*

   *How many people live in Rio's slums, in **deprived** and dangerous areas?*

3. ***Deprived*** pode eventualmente ser confundido com *depraved*, mas a semelhança está só na ortografia. *Depraved* significa depravado/a, pervertido/a.

   *A terrorist attack on a school or hospital can only be the work of **depraved** minds.*

Escolha a melhor opção para traduzir as palavras em destaque nestas frases. Na frase 3 você vai voltar a ver *arrest*, já vista no verbete 40.

1. "Never **deprive** someone of hope; it might be all they have." (H. Jackson Brown, Jr.)

Nunca a) prive; b) deprave alguém de esperança; pode ser tudo que essa pessoa tem.

2. "I have a very good life – I'm lucky enough not to be **deprived**." (Meryl Streep)

Eu tenho uma vida muito boa – tenho a sorte de não ser a) necessitada; b) depravada.

3. "The power to **arrest** – to **deprive** a citizen of liberty – must be used fairly, responsibly, and without bias." (Loretta Lynch)

O poder de a) arrastar; b) prender – a) depravar; b) privar um cidadão da sua liberdade – tem de ser usado de maneira justa, responsável e sem preconceito.

---

142 deputy (subst.) /ˈdepjʊti/

1. ***Deputy*** parece o nosso "deputado" e até pode ser, mas nem sempre. ***Deputy*** pode significar:

    a) substituto/a, suplente

    *Marion is acting as **deputy** while the boss is away.*

    b) representante, delegado/a

    *As my **deputy**, Rodrigo has the power to act in my place.*

    ▪ **deputy chairperson:** vice-presidente
    ▪ **deputy sheriff:** (EUA) xerife adjunto

2. ***Deputy*** pode também, sim, ser "deputado/a, político/a eleito/a para participar da Câmara Legislativa", mas nunca em relação aos Estados Unidos nem ao Reino Unido. Nos EUA, o nome é *Representative* ou *Congressman/Congresswoman*. No Reino Unido o nome é *MP, Member of Parliament*. Em alguns outros países, no entanto, ***deputy*** é deputado/a.

    *The National Assembly in France has 577 elected **deputies**.*

    ▪ **The House of Representatives:** (EUA) Câmara dos Deputados
    ▪ **The House of Commons:** (Reino Unido) Câmara dos Comuns

Escolha a melhor opção para traduzir a palavra em destaque nestas frases:

1. "A mother is God's **deputy** on earth." (Rahel Varnhagen)

As mães são os *a)* deputados; *b)* delegados, *representantes* de Deus na Terra.

2. "Conscience is God's **deputy** in the soul." *(Thomas Adams)*

A consciência é o *a)* representante; *b)* deputado de Deus na nossa alma.

Comentário irresistível a respeito dessas duas citações, com ideias próximas. Com qual delas você mais simpatiza? Com as duas? Ou nenhuma delas?

---

143 **destination** (subst.) /ˌdestɪˈneɪʃ(ə)n/ rima com *dedication* (dedicação)

destiny (subst.) /ˈdestɪni/

FILMINHO: Estamos viajando de avião, voo internacional. Nada de interessante que ajude a passar as longas horas de voo. Ligamos o monitor à nossa frente, tocamos em *flight information*. Na telinha aparece, entre outras informações, isto: *"local time at destination: 9:13"*.

Fim da viagem e do filminho. Ele serve só para contextualizar o que significa **destination**: destino, local para onde estamos indo.

*We reached our **destination** three hours later.*

E **destination** também é usado no sentido de "destino, força misteriosa que supostamente controla tudo o que acontece"? Não. Para isso usa-se outro substantivo: **destiny**, sinônimo de *fate*: fado.

*No one can say what **destiny** has planned for us, but education can give you the tools to help shape your own **destiny**.*

Desta vez vamos mudar o formato do exercício. Em cada uma das frases abaixo, apoie-se no contexto e escolha a melhor opção entre **destination** e **destiny**.

1. "Focus on the journey, not the _____. Joy is found not in finishing an activity, but in doing it." (Greg Anderson)

Concentre-se na viagem e não no destino. A alegria está não em terminar, mas em fazer.

2. "I can't change the direction of the wind, but I can adjust my sails to always reach my _____." (Jimmy Dean)

Eu não posso mudar a direção do vento, mas posso ajustar as minhas velas para sempre alcançar o meu destino.

3. "It is not in the stars to hold our _____ but in ourselves." (William Shakespeare)

Não cabe às estrelas controlar o nosso destino, mas a nós próprios.

4. "_____ is not a matter of chance, it is a matter of choice. It is not a thing to be waited for, it is a thing to be achieved." *(William Jennings Bryan)*

O destino não é uma questão de sorte, e sim de escolha. Não é algo por que devemos esperar, mas sim algo que devemos conquistar.

---

144 devolution (subst.) /ˌdiːvəˈluːʃ(ə)n/ rima com *evolution* (evolução)

devolve (verbo) (EUA) /dɪˈvɑːlv/, (Reino Unido) /dɪˈvɒlv/ rima com *evolve* (evoluir)

1. **Devolution** é um substantivo que significa:

   transferência, delegação (de poderes, responsabilidades), de uma entidade, organização ou pessoa para outra, geralmente para um nível de autoridade inferior.

   > The central government's **devolution** of powers to local authorities has been on the agenda for a long time.

2. **Devolve** é um verbo (regular) que segue o mesmo sentido: transferir, (responsabilidade), delegar (poderes) de uma entidade, organização ou pessoa.

   > One of Trump's foreign policies was **devolving** to western Europe full responsibility for its own defense.

   > Our boss has **devolved** powers and responsibilities to all of us in the office and everybody is happy about it.

3. **Devolution** pode lembrar "devolução", mas não é. "Devolução" é *return*.

   > Greece's Prime Minister has asked his British counterpart for the **return** of the Elgin Marbles, the sculptures removed from the Parthenon between 1801 and 1812 by Lord Elgin, Britain's ambassador to the Ottoman Empire, the local power then.

4. **Devolve** parece "devolver"... mas não é. "Devolver" é *return*.

   > I must remember to **return** the books I borrowed from the library.

Escolha a melhor opção para traduzir as palavras em destaque nestas frases.

1. "My desire to **devolve** authority has nothing to do with a wish to shirk responsibility." *(Dalai Lama)*

O meu desejo de a) delegar; b) devolver autoridade nada tem a ver com um desejo de fugir à responsabilidade.

2. "I would support a **devolution** of power out of Washington for education, health care, transportation." *(Jim DeMint)*

Eu apoiaria uma *a)* *transferência*; *b)* *devolução* de poder de Washington para a educação, saúde, transportes.

145 **diarist** (subst.) /ˈdaɪərɪst/

1. Você encontra ***diarist*** em uma lista de palavras em inglês e imediatamente se lembra de "diarista, faxineira, mulher que faz serviços domésticos em várias residências ou escritórios em dias variados." É isso? Não. Para esse serviço específico, o termo em inglês é *cleaning lady/woman* ou *cleaner*.

    *How much do you pay your **cleaning lady** every time she comes to your house?*

2. E se pensarmos em "diarista" num âmbito mais geral, como um "profissional que presta um serviço e recebe por dia trabalhado" como, por exemplo, enfermeira diarista, o termo em inglês é *day worker* ou *day laborer* (EUA)/ *labourer* (Reino Unido).

    *Sadly, **day workers** generally do not enjoy benefits or job security.*

Mas então, afinal, o que é mesmo ***diarist***? É a pessoa que escreve um diário, principalmente quando esse diário vem a ser publicado. Anne Frank, sem o saber, foi uma ***diarist***. Samuel Pepys (1633-1703) e Virginia Woolf (1882-1941) são dois dos mais famosos *English diarists*. O primeiro é célebre pelo seu "*Diary of Samuel Pepys*", em que ele nos dá um retrato da Inglaterra no século XVII, registrando em seu diário o fim da *Civil War*, a restauração de Charles II, depois a peste e o Grande Fogo que arrasou Londres, entre outros eventos históricos.

Escolha a melhor opção para traduzir a palavra em destaque nesta frase.

*"The good **diarist** writes either for himself alone or for a posterity so distant that it can safely hear every secret and justly weigh every motive."* (Virginia Woolf)

O bom *a)* diarista; *b)* autor de diário escreve só para si mesmo ou para uma posteridade tão distante de tal modo que cada segredo possa ser ouvido em segurança e cada motivo possa ser julgado com justiça.

146 **directory** (subst.) /dəˈrekt(ə)ri, daɪˈrekt(ə)ri/

1. Não há como encontrar a palavra ***directory*** e não pensar em "diretoria", em português. Mas em inglês moderno ***directory*** não é mais usado nesse sentido. Para dizer "diretoria" usa-se *board of directors* ou *directorate*.

    *Two women are on the **board of directors** of that company.*

2. E quando o aluno com mau comportamento tem de se entender com a diretoria da escola ele é encaminhado ao *principal's office*.

   *Paulinho was caught cheating and the teacher sent him to the **principal's office**.*

3. Então, qual é o verdadeiro significado de **directory**? Pode ser:

   a) lista/livro/catálogo em ordem alfabética com nomes, endereços, telefones e outras informações

   *If you don't know their telephone number, look it up in the **(tele)phone directory**.*

   - **directory assistance** (EUA)/**directory enquiries** (Reino Unido): auxílio à lista

   b) (Informática) diretório, agrupamento de arquivos ou programas, pasta

   - **student union:** diretório acadêmico

Escolha a melhor opção para traduzir a palavra em destaque nestas frases.

1. *"Success is when your name is in everything but the telephone directory."* (Sam Ewing)

Sucesso é quando o teu nome está em tudo menos na a) diretoria; b) lista de telefones.

2. *"Elizabeth Taylor has more chins than the Chinese telephone directory."* (Joan Rivers)

Elizabeth Taylor tem mais queixos do que a a) lista; b) diretoria de telefones da China.

Um comentário nosso (com a intenção de esclarecer) sobre o comentário (maldoso, ferino, com a intenção de desmerecer) de Joan Rivers (1933-2014), atriz, comediante e apresentadora de TV norte-americana a respeito de Elizabeth Taylor (1932-2011) atriz (nascida em Londres) do cinema norte-americano. Apesar da inegável beleza de Elizabeth Taylor (ela foi considerada, na sua *prime*, uma das mulheres mais belas do mundo), as más línguas costumavam apontar como ponto fraco o *double chin* (queixo duplo) de Elizabeth. Joan Rivers aproveitou o fato da palavra *chin* poder também referir-se a um nativo da China, para fazer um trocadilho espirituoso, mas também maldoso, nada incomum no mundo das celebridades e dos invejosos.

147 discrete (adj.) /dɪˈskriːt/ rima com *complete* (completo/a; completar)

discretion (subst.) /dɪˈskreʃ(ə)n/ rima com *impression* (impressão)

1. *Discrete* é um adjetivo, próprio da linguagem formal, usado para qualificar o caráter separado de várias coisas. É sinônimo de *separate*:

    separados/as, à parte, sem ligação entre si.

    > The process can be divided into three **discrete** stages, totally different from one another.

    > Matthew has two **discrete** sources of stress in his life: a job he hates and a health problem that simply has no cure.

2. *Discrete* não significa "discreto/a, reservado/a, que não chama a atenção". Isso é *discreet*.

    > The boss has absolute confidence in Rita. He knows she is **discreet**, loyal and would never do anything to attract attention.

3. *Discretion* é um substantivo que pode significar:

    discrição, qualidade de alguém que é discreto, que não chama a atenção.

    > Rita's **discretion** is one of her best qualities.

4. Não podemos confundir "discrição" (*discretion*) com "descrição". Para descrição, exposição oral ou por escrito, usa-se *description*.

    > Can you give us a brief **description** of what happened on that occasion?

5. *Discretion* também pode significar:

    critério, juízo, poder e liberdade para decidir.

    > It's your money. Use it at your **discretion**.

    > This is a somewhat complicated situation and I'll leave it to your **discretion**.

    > That video game contains a lot of violence. **Parental discretion** is advised.

6. Expressões com *discretion*:

    - **parental discretion:** os pais devem julgar se o video game/filme/jogo etc. é próprio para seus filhos verem
    - **age of discretion:** idade da discrição, responsabilidade, capacidade de julgamento

    > Molly has reached the **age of discretion** and is free to decide and choose what she wants to do with her life.

Para terminar, um truque para não haver confusão entre **discrete** e **discreet**. *Discrete* significa "separados", como estão os dois *es* nessa palavra.

Escolha a melhor opção para traduzir as palavras em destaque nestas frases.

1. *"Before the words slide into their slots, they are just **discrete** items pointing everywhere and nowhere." (Stanley Fish)*

Antes de as palavras se encaixarem em seus espaços (na frase), elas são apenas itens *a) discretos; b) separados*, apontando para todo o lugar e nenhum lugar.

2. *"**Discretion** is the salt, and fancy is the sugar of life; the one preserves, the other sweetens it." (John Christian Bovee)*

A *a) descrição; b) discrição* é o sal, enquanto a fantasia é o açúcar da vida; um preserva, o outro adoça.

3. *"Garlic, like perfume, must be used with **discretion** and on the proper occasions." (Marjorie Kinnan Rawlings)*

O alho, da mesma forma que o perfume, deve ser usado com *a) discrição; b) descrição* e nas ocasiões certas.

4. *"Sincerity is glass, **discretion** is diamond." (André Maurois)*

A sinceridade é vidro, a *a) descrição; b) discrição* é diamante.

---

148 **discriminate** (verbo) /dɪˈskrɪmɪˌneɪt/ rima com *humiliate* (humilhar)

discriminating (adj.) /dɪˈskrɪmɪˌneɪtɪŋ/ rima com *humiliating* (humilhante)

1. ***Discriminate*** é daquelas palavras que fazem de imediato "acender a luz vermelha" na nossa mente, preparando-nos para algo negativo, desagradável. E de fato um dos sentidos mais comuns desse verbo, infelizmente, é "do mal". ***Discriminate***: discriminar, tratar alguém ou algo de forma preconceituosa, de modo injusto, por razões (?) étnicas, religiosas, de sexo etc.

    *In Brazil, it is illegal to **discriminate** on the basis of race, origin, sex, religion, age, or disability.*

    *Educate, don't **discriminate**.*

2. Mas, como acontece com o colesterol (existe o do bem e o do mal), também há o ***discriminate*** "do bem", o verbo também pode ter sentido positivo, significando "discernir, distinguir a diferença entre as coisas".

    *We should all be able to **discriminate** right from wrong.*

    *The human eye can **discriminate** between very slight gradations of color.*

3. Já o adjetivo ***discriminating***, no seu uso mais frequente tem conotação positiva e significa:

observador(a), perspicaz, que age com discernimento, distingue o que é bom do que é mau. Nesse sentido é sinônimo de *discerning*.

> Malcolm is a ***discriminating*** customer. He really appreciates good service.
>
> Marjorie loves movies, but not all kinds of movies. She is a ***discriminating*** movie fan.

4. ***Discriminating*** pode também ter conotação negativa, significando "discriminatório/a", algo que discrimina, trata uma pessoa ou um grupo de forma pior do que os outros. Nesse sentido é mais comum o uso do sinônimo: *discriminatory*.

> That company was accused of ***discriminatory/discriminating*** practices in the hiring of employees.

Escolha a opção que melhor traduz as palavras em destaque nestas frases.

1. "*The function of wisdom is to **discriminate** between good and evil.*" (Cicero)

A função da sabedoria é *a) discriminar, distinguir; b) discriminar, ter preconceito* entre o bem e o mal.

2. "*There is no teacher more **discriminating** or transforming than loss.*" (Pat Conroy)

Não existe professor mais *a) discriminatório; b) perspicaz, observador* ou transformador do que a perda, o prejuízo.

3. "*An education which does not teach us to **discriminate** between good and bad, to assimilate the one and eschew the other, is a misnomer.*" (Mohandas "Mahatma" Gandhi)

Uma educação que não nos ensina a *a) discernir, distinguir; b) incriminar* entre o bom e o mau, a assimilar o primeiro e evitar o outro, não merece o nome de educação.

149 **discuss** (verbo) /dɪˈskʌs/ rima com *school bus* (ônibus escolar)
discussion (subst.) /dɪˈskʌʃ(ə)n/ rima com *in Russian* (em russo)

1. ***Discuss*** e ***discussion*** são outros dois daquela turma do colesterol (há o do bem e o do mal). Quando encontramos essas palavras em um texto, logo a "lâmpada vermelha se acende" na nossa mente, remetendo-nos a sentido negativo e eventuais problemas.

É verdade, né? *Let's be honest.* Confessa que a primeira palavra em português que vem à sua cabeça quando vê **discuss** é "discutir". E mais ainda quando vê **discussion**, que logo lembra "discussão".

E, no entanto, nem **discuss** nem **discussion** são "do mal". Ao contrário, porque é da **discussion** que eventualmente vem a luz, o entendimento. Assim:

Discuss é um verbo (regular) que significa:

discutir, debater, trocar ideias ou opiniões.

> *The world leaders will **discuss** the issue of global warming in a conference next month.*

> *This is an important matter. I'll have to **discuss** it with my family.*

2. **Discuss** não é usado no sentido de "discutir, brigar verbalmente, desentender-se." Isso é *argue*, *quarrel* ou, quando a coisa fica realmente feia, *fight*.

> *Jack and Jill often **argue/quarrel** about money, their neighbors say they **fight** all the time.*

3. **Discussion** é um substantivo que lembra "discussão" e realmente é discussão. Mas de que tipo? A do bem. A discussão, debate, troca de ideias ou opiniões em que cada participante muitas vezes defende pontos de vista diferentes dos que outros têm, mas em que todos buscam um entendimento.

> *The legalization of marijuana is a major topic of **discussion** these days.*

- **discussion group:** grupo de debates

4. **Discussion** não é usado quando o sentido é "discussão, bate-boca, desentendimento". Para isso usa-se *argument/quarrel*. Quando a discussão fica acalorada, entra o adjetivo *heated*. *A heated argument* ou *a heated quarrel*. Quando fica ainda pior, vira uma *fight*.

> *They started talking about politics and soon they got into **an argument/a quarrel**.*

Escolha a opção que melhor traduz as palavras em destaque nestas frases. Na frase 1 você vai reencontrar *argument*, já vista no verbete 38; na última frase vai ver de novo *casualty*, já vista no verbete 73.

1. "**Discussion** is an exchange of knowledge; an **argument** is an exchange of ignorance." (Robert Quillen)

a) Uma discussão, um bate-boca; b) Uma discussão, um debate é uma troca de conhecimentos; um a) bate-boca; b) debate é uma troca de ignorâncias.

2. *"Great minds **discuss** ideas; average minds **discuss** events; small minds **discuss** people." (Eleanor Roosevelt)*

As grandes mentes *a) debatem; b) discutem* ideias; as mentes medianas *a) discutem; b) debatem* acontecimentos; as mentes pequenas *a) debatem; b) discutem* pessoas.

3. *"A rattlesnake loose in the living room tends to end all **discussion** of animal rights." (Lance Morrow)*

Uma cascavel solta na sala tem tudo para pôr fim ao *a) debate; b) bate-boca* sobre direitos dos animais.

4. *"In any war, the first **casualty** is common sense, and the second is free and open **discussion**." (James Reston)*

Em qualquer guerra, a primeira *a) casualidade; b) baixa* é o bom senso, a segunda é o *a) bate-boca; b) debate* livre e aberto.

---

150 disgust (subst. e verbo) /dɪsˈgʌst/ rima com *distrust* (desconfiança; desconfiar)

disgusting (adj.) /dɪsˈgʌstɪŋ/ rima com *distrusting* (desconfiando)

FILMINHO: Para ilustrar este verbete e sair um pouco da rotina, vamos fazer rodar um filme, um dos personagens é o Coronel Belisário. Desde que o Ricardinho era bebê, o Coronel e sua esposa, Dona Betinha (na verdade Elizabeth, nascida na Inglaterra, conheceu o Coronel quando ele, ainda tenente, fazia estágio na Real Academia Militar de Sandhurst), sonharam que ele seguiria a carreira militar, como o pai. Quando o Ricardinho, já tendo chegado à chamada *age of discretion* (expressão vista no verbete 147, *remember*?), anunciou aos pais que ia fazer vestibular para odontologia, já que o seu maior prazer era arrancar dentes (nem Freud explica), o Coronel e Dona Betinha ficaram cheios de desgosto.

1. Como seria esse "desgosto", *in English*? **Disgust**? Nem pensar. Para dizer "desgosto" usa-se *displeasure, grief, sorrow*.

    *Ricardinho's parents received the news with **displeasure/grief/sorrow**.*

Nessa mesma noite, ainda abalados com a infausta notícia, o Coronel Belisário e Dona Betinha resolveram espairecer um pouco e foram jantar no Chin's, um restaurante que tinha acabado de abrir em Chinatown. Esquecemos de dizer que tudo isso se passa em New York. Estavam eles sentados, ainda esperando para fazer seu pedido, quando perceberam o que um grupo de chineses estava alegremente saboreando na mesa ao lado: uma das *delicacies* (verbete 136, *remember*?) servidas naquele restaurante: *Chinese fries*. Melhor dizendo, *fried cockroaches*. Não eram *French fries*, batatas fritas. Eram *Chinese fries*, baratas fritas. Qual foi a reação dos nossos dois heróis quando perceberam o que se passava? O Coronel Belisário levantou-se, cheio de nojo e rumou para o banheiro.

2. Como seria esse "cheio de nojo", *in English*? **In disgust**.

    Colonel Belisário wrinkled up his nose **in disgust** and headed for the restroom.

3. Então, já sabemos. **Disgust** não é "desgosto" e sim "nojo, repugnância".

    Dona Betinha eyed the fried cockroaches **in disgust**.

4. **Disgust** também pode ser um verbo (regular) significando: enojar, repugnar, causar repulsa.

    The sight of those insects on the dish **disgusted** her.

E o adjetivo **disgusting**, o que significa? É só saber o que Dona Betinha disse ao ver a iguaria dos chineses. Sua reação, sucinta e britânica, resumiu-se a uma palavra: "**Disgusting!**": nojento/a, repugnante, repulsivo/a.

Fim do filminho.

Escolha a opção que melhor traduz as palavras em destaque nestas frases. Na frase 4 você vai ver de novo *alms*, já vista no verbete 17.

1. "*If there is a God, the phrase that must disgust him is "holy war".*" (Steve Allen)

Se existe um Deus, a expressão que deve lhe a) *causar repulsa;* b) *desgostar* é "guerra santa".

2. "*Eating meat is the most disgusting thing I can think of. It's like biting into your grandmother.*" (Steven Morrissey)

Comer carne é a coisa mais a) *repugnante;* b) *desgostosa* que eu posso imaginar. É como cravar os dentes na avó.

3. "*I am an absolute pacifist. It is an instinctive feeling. It is a feeling that possesses me, because the murder of men is disgusting.*" (Albert Einstein)

Eu sou um pacifista absoluto. É um sentimento instintivo, um sentimento que toma posse de mim, porque o assassinato de pessoas é a) *desgostoso;* b) *repugnante.*

4. "*There is no one on earth more disgusting and repulsive than he who gives alms. Even as there is no one so miserable as he who accepts them.*" (Máximo Gorki)

Não há ninguém na Terra mais a) *desgostoso;* b) *nojento* e repulsivo do que aquele que dá a) *esmolas;* b) *almas*. Do mesmo modo que não há ninguém tão infeliz quanto aquele que as aceita.

Essa última citação, a drástica e extremada opinião de Máximo Gorki (pseudônimo de Alexsei Maxsimovitch Peshkov), escritor russo, sobre o hábito de dar e receber esmolas, funciona aqui como *feedback* do que já vimos no verbete 17, focalizando *alms*. Prometemos que a hora do *disgusting* ia chegar, ela chegou. E com filminho. Agora falta o *miserable*, que veremos na letra M. Pode esperar, pequeno *miserable*, a sua hora vai chegar...

151 **disinterested** (adj.) /dɪsˈɪntrəstɪd/

disorder (subst. e verbo) /dɪsˈɔː(r)də(r)/ rima com *recorder* (gravador)

Aqui começamos por chamar a atenção para a pronúncia. O primeiro *s* em **disinterested** e o *s* em **disorder** têm som de /s/ mesmo e não de /z/ como acontece em "desinteressado/a" e em "desordem", em português. Em inglês, em todas as palavras iniciadas com o prefixo *dis-*, esse *s* tem som de /s/ e não de /z/. No caso de palavras iniciadas em *dis-* em português isso induz a erro de pronúncia, principalmente quando o prefixo for seguido de uma vogal. Em *disinterested, disorder, disorganize, disappear, disappoint, disobey* etc. o *s* tem som de /s/, em contraste com o som de /z/ em "desinteressado/a, desordem, desorganizar, desaparecer, desapontar, desobedecer etc.".

A exceção é *disaster* (= desastre), em que o *s* tem som de /z/ tanto na palavra em inglês quanto em português. A exceção explica-se porque *disaster* vem do italiano *disastro*. *Dis-* (separado, longe de) + *astro* (estrela). Quando estamos separados, longe da nossa estrela, um desastre pode acontecer. Para quem acredita na influência das estrelas, a etimologia nesse caso vem a propósito. E *si non è vero, è bene trovato*...

1. Mas, sim, além da armadilha da pronúncia, por que **disinterested** aparece nesta seleção de palavrinhas enganosas? Porque é preciso não confundi-la com *uninterested*. Vamos observar a diferença:

    - **disinterested:** desinteressado/a, imparcial, isento/a, que não toma partido

      *A judge's decision must be absolutely **disinterested**.*

    - **uninterested:** desinteressado/a, sem interesse ou curiosidade, indiferente

      *I was telling my story to an **uninterested** audience, all of them looking at their own cell phones.*

2. E **disorder**? Afinal... se **disorder** significa "desordem", não é *false friend*. Ou é? Verdade, nem sempre é *false friend*. Mas vamos observar a letra c), a seguir.

3. Vamos ver os significados de **disorder**, primeiro como substantivo:

   a) desordem, confusão, bagunça

   *After the party the whole house was in a state of total **disorder**.*

   b) desordem, tumulto

   *Crowds of angry demonstrators gathered in front of the city hall, but the police were there to prevent public **disorder**.*

   c) (saúde) distúrbio, doença, mau funcionamento de um órgão do corpo

   *Richard was admitted to the hospital with an intestinal **disorder**.*

   *Many artists have a sad history of mental **disorder**.*

4. Expressões com **disorder**:
   - **bipolar disorder:** transtorno bipolar
   - **eating disorder:** distúrbio alimentar
   - **nervous disorder:** distúrbio nervoso

5. ***Disorder*** pode também ser verbo (regular), significando "tirar da ordem, desordenar, bagunçar".

   *Theo's grandson often stands near his Grandpa's desk and **disorders** his papers.*

Escolha a opção que melhor traduz as palavras em destaque nestas frases.

1. "*In all chaos there is a cosmos, in all **disorder** a secret order.*" (Carl Jung)

Em todo o caos há um cosmos, em todo/a a) distúrbio; b) desordem há uma ordem secreta.

2. "*To be interested in the public good we must be **disinterested**, that is, not interested in goods in which our personal selves are wrapped up.*" (George Herbert Mead)

Para termos interesse no bem comum nós precisamos ser a) desinteressados, imparciais; b) desinteressados, indiferentes, isto é, sem interesse em bens materiais nos quais estamos totalmente envolvidos.

3. "*Food compulsion isn't a character **disorder**; it's a chemical **disorder**.*" (Robert Atkins)

Compulsão por comida não é um(a) a) distúrbio; b) desordem de caráter; é um(a) a) distúrbio; b) desordem químico/a.

---

152 dispense (verbo) /dɪˈspens/ rima com *condense* (condensar)

dispense with (locução verbal)

dispenser (subst.) /dɪ'spensə(r)/ rima com *condenser* (condensador)

1. Em português, o verbo "dispensar", quando usado no sentido de "prescindir de, não necessitar de", é usado sem preposição. Na verdade (e com pedido de desculpas pelo jogo de palavras), esse verbo dispensa preposição. Dizemos que a atuação do Messi dispensa comentários, Chico Buarque dispensa apresentações, quando estamos entre amigos dispensamos formalidades.

2. Isso não acontece com **dispense** em inglês, já que para esse sentido o verbo é usado com a preposição **with**.

    > We all know each other very well, so we can **dispense with** the formalities, let's get down to business.

    > With the economic crisis, the company has been forced to **dispense with** some of its employees.

3. Mas **dispense** (sem **with**) pode ser usado com outros sentidos e aí ele é um *false friend*. Vamos observar pelos exemplos:

    a) (máquina) fornecer, pôr ao alcance, tornar disponível

    > That ATM* **dispenses** $50 bills only.

    b) (farmácia) aviar, preparar medicamento prescrito em receita

    > Pharmacists **dispense** medication.

    c) prover, prestar, dar, fornecer, proporcionar (ajuda, caridade, serviços, justiça)

    > A hospital **dispenses** health care.

Resumo da ópera:

■ *A judge's mission is to **dispense** justice.*

A missão de um juiz é proporcionar justiça.

É bom comparar com:

■ *A judge's mission is never to **dispense with** justice.*

A missão de um juiz é nunca dispensar a justiça.

A preposição **with** depois de **dispense** *really makes a difference.*

---

4. **Dispenser** é um substantivo que significa:

    a) provedor(a), pessoa, entidade ou coisa que provê, dá, proporciona

    > A hospital is a health-care **dispenser**.

    > A teacher should be much more than a **dispenser** of knowledge.

---

* ATM: *automated teller machine; cash machine/* ***cash dispenser****:* caixa eletrônico

b) máquina para venda de latas de refrigerante ou lanchinhos; recipiente que provê sabão líquido, ou papel-toalha para enxugar as mãos, ou copo de plástico etc.

*That vending machine is a **dispenser** of several kinds of snacks.*

5. **Cash dispenser**/ *cashpoint*/ *cash machine*/ *ATM*: caixa eletrônico.

Escolha a opção que melhor traduz as palavras em destaque nestas frases.

1. *"A good cook is like a sorceress who **dispenses** happiness." (Elsa Schiaparelli)*

Uma boa cozinheira é como uma feiticeira que *a) dispensa; b) proporciona* felicidade.

2. *"Give me the luxuries and I can **dispense with** the necessities." (Oscar Wilde)*

Me dê os luxos e eu *a) dispenso; b) proporciono* as necessidades.

3. *"I think you might **dispense with** half your doctors if you would only visit Dr. Sun more." (Henry Ward Beecher)*

Eu acho que você poderia *a) prover; b) dispensar* a metade dos seus médicos se passasse a visitar o Dr. Sol com mais frequência.

4. *"Charity degrades those who receive it and hardens those who **dispense** it." (George Sand)*

A caridade degrada os que a recebem e endurece os que a *a) dispensam; b) proporcionam*.

---

153 **dispose** (verbo) /dɪˈspoʊz/ rima com *suppose* (supor)

dispose of (locução verbal)

disposition (subst.) /ˌdɪspəˈzɪʃ(ə)n/ rima com *supposition* (suposição)

1. Mais um verbo daqueles em que "uma palavrinha", a preposição que o segue, *really makes a difference*.

2. Assim, ***dispose*** é verbo (regular) que, quando usado sem preposição significa:

   a) dispor, arrumar, pôr em determinada ordem ou posição

   *The general **disposed** his troops on the border.*

   b) dispor, causar tendência natural para, predispor

   *Mr. Smith's nature **disposes** him to believe everything his wife says or does.*

   *You should be careful. A faulty kind of physical exercise **disposes** you to muscular injury. You need a personal trainer.*

3. Mas quando **dispose** é seguido da preposição **of**, o sentido é:

   a) descartar, jogar fora

   *It is a duty of every citizen to **dispose of** trash in a proper manner.*

   *Please **dispose of** your cigarette butts in the ashtray.*

   b) terminar, dar conta de, resolver

   *After a brief discussion, the matter was **disposed of**.*

   c) derrotar (em um jogo, competição etc.)

   *Our team was much stronger and easily **disposed of** the opponent.*

4. Já o substantivo **disposition** pode ser "disposição" nestes sentidos:

   a) estado de espírito, ânimo

   *Jason's cheerful **disposition** made it easy for him to make friends.*

   b) tendência natural, predisposição

   *Mr. Gewan is a natural pessimist. His **disposition** is to think negatively about anything.*

   c) arranjo, colocação segundo certa ordem

   *The general used the map to check the **disposition** of the troops on the border.*

Escolha a opção que melhor traduz as palavras em destaque nestas frases.

1. *"Government proposes, bureaucracy **disposes**. And the bureaucracy must **dispose of** government proposals by dumping them on us." (P. J. O´Rourke)*

O governo propõe, a burocracia a) descarta; b) dispõe. E a burocracia tem de a) dispor; b) descartar as propostas do governo despejando-as em cima de nós.

2. *"A cloudy day is no match for a sunny **disposition**." (William Arthur Ward)*

Um dia nublado não é páreo para um a) estado de espírito; b) arranjo ensolarado.

---

154 disprove (verbo) /dɪsˈpruːv/ rima com *improve* (melhorar)

1. **Disprove** é um verbo (regular), que significa "refutar, provar que uma tese, hipótese, teoria, crença está errada ou é falsa". É sinônimo de *refute*.

   *Spontaneous generation, the hypothesis brought out by Aristotle, was **disproved** in the 19th century by the experiments of Louis Pasteur.*

   *Ferdinand de Magellan's circumnavigation of the globe **disproved** the belief that the Earth was flat.*

2. Não devemos confundir **disprove** com **disapprove (of)**, que significa "desaprovar".

> *Juliet wanted to marry Romeo, but their parents **disapproved**.*
> *I strongly **disapprove of** torture.*

Não podemos confundir:

- **Disprove** (refutar, provar que algo não é verdade) é o oposto de *prove* (provar).

- *Disapprove (of)* (desaprovar) é o oposto de *approve* (aprovar).

- *Reprove* é reprovar, repreender, também oposto de *approve* (aprovar).

- *Flunk* (ou *fail*) é ser reprovado/a, não passar (em um exame, teste etc.)

Escolha a opção que melhor traduz as palavras em destaque nestas frases.

1. "Go and try to **disprove** death. Death will **disprove** you, and that's all." (Ivan Turgenev)

Vai lá e tenta a) desaprovar; b) refutar a morte. A morte a) desaprovará; b) refutará você e acabou.

2. "I do not believe in God; his existence has been **disproved** by Science. But in the concentration camp, I learned to believe in men." (Jean-Paul Sartre)

Eu não acredito em Deus; a sua existência foi a) desaprovada; b) refutada pela Ciência. Mas no campo de concentração aprendi a acreditar nos homens.

3. "Science proposes something and then does everything it can to **disprove** it. Religion is not like that. It proposes something and does everything it can to keep it from being **disproved**." (Roger Scruton)

A ciência propõe algo e depois faz tudo que pode para a) refutar; b) desaprovar isso. A religião não é assim. Ela propõe algo e faz tudo o que pode para evitar que isso seja a) desaprovado; b) refutado.

---

155 diversion (subst.) (EUA) /də'vɜːrʒ(ə)n/, (Reino Unido) /daɪ'vɜːʃ(ə)n/ rima com *perversion* (perversão)

divert (verbo) (EUA) /də'vɜːrt/, (Reino Unido) /daɪ'vɜːt/ rima com *pervert* (perverter)

diverted (adj.) (EUA) /də'vɜːrtɪd/, (Reino Unido) /daɪ'vɜːtɪd/ rima com *perverted* (pervertido/a)

1. Observamos algumas palavras em inglês e elas parecem brincar com a gente. Pelo contexto, às vezes são "amiguinhas", fazendo logo lembrar

alguma palavra em português e assim facilitando a compreensão. Outras vezes, elas parecem se divertir, aparecendo com outro sentido, inesperado e enigmático. Neste verbete, bem a propósito de diversão, encontramos um bom exemplo disso. Começamos pelo substantivo.

2. ***Diversion*** pode significar:

diversão. Nesse sentido é um amigo verdadeiro, mas só aparece na linguagem formal. Informalmente, para esse sentido é mais comum o uso de *amusement, entertainment, recreation, pastime*.

> *São Paulo offers a lot of cultural **diversions** for visitors.*
>
> *Reading is my favorite **diversion**.*

3. Mas ***diversion*** também pode ser *false friend*, significando:

desvio (de rota, curso de rio, atenção, recursos, dinheiro público etc.).

> *Bad weather forced the **diversion** of several flights. Our plane was supposed to land at Congonhas, São Paulo, but was **diverted** to Viracopos, Campinas.*

4. ***Diversion*** também é usado, no Reino Unido, com o mesmo sentido de *detour*, nos Estados Unidos, significando:

desvio (de trânsito).

> *It was Sunday and the road was closed, so we had to follow a **diversion**.*

5. Com o verbo ***divert*** (regular) seguimos a mesma linha de raciocínio. Pode ser "amiguinho" e significar "divertir".

Nesse sentido, é próprio da linguagem formal. Mais comumente usa-se ***entertain*** ou (com *myself, yourself* etc.) *amuse* ou *enjoy*.

> *A magician **entertained** the guests at Helen's birthday party.*
>
> *The children were at table, but they didn't care about food, all they wanted was **divert** themselves with their tablets.*
>
> *I was **diverting** myself with my cell phone.*

Por falar em ***divert myself***, não resistimos a reproduzir aqui as belas palavras de Isaac Newton (1642-1727), matemático inglês, já no fim da sua longa e gloriosa vida (autor da teoria da gravitação universal, teoria da natureza da luz, três leis do movimento, entre outras contribuições científicas), em que é possível perceber, além do gênio, a humildade do cientista.

"*I do not know what I may appear to the world, but to myself I seem to have been only like a child playing on the seashore, and **diverting myself** in now and then finding a smoother pebble or a prettier shell than ordinary, whilst the great ocean of truth lay all undiscovered before me.*"

Nos tempos de Newton, o grande oceano da verdade estava por descobrir, mesmo que Newton tivesse nos deixado luminosas descobertas. Aquelas que o genial cientista caracteriza como "um seixo mais liso" ou "uma concha mais bonitinha do que o comum" foram descobertas que tiraram a humanidade da ignorância em várias áreas do conhecimento e abriram caminho para grandes avanços. Mas quanto desse "grande oceano da verdade" continua por descobrir, à espera de novos Newtons?

O futuro dirá. *You will have to wait and see. I probably won't be around to check on that.*

6. E ***divert*** pode também apresentar-se como *false friend*, no sentido de:

desviar (atenção, rota, direção, curso de rio, trânsito, dinheiro público etc). Vamos observar os exemplos:

*Camila kept trying to work on the computer while John-John kept trying to **divert** her attention.*

*In spite of all the difficulties, nothing can **divert** me from my goal. I am as stubborn as a mule, I know.*

*The former governor was charged with illegally **diverting** public funds for private use.*

*The project aims at **diverting** parts of the São Francisco River toward farmlands in the Brazilian Northeast.*

*There was a huge demonstration in Trafalgar Square and the police had **diverted** the traffic to a side street.*

▶️ Para abordar o adjetivo ***diverted*** vamos rodar mais um FILMINHO.

Imagina que você está em Londres, bem no centrão, pertinho da *Trafalgar Square,* e de repente topa com uma placa de trânsito com estes dizeres: **DIVERTED TRAFFIC**. O seu domínio da língua inglesa é mais do que razoável, mas você não tinha ainda adquirido nem lido este livro e por isso não sabia que ***diverted*** pode ser um falso amigo. Então, o que vem à sua mente? O que será isso? Tráfico divertido? Tráfego divertido? De qualquer forma, um tráfico ou um tráfego que faz rir? Ou que sentiu, prazerosamente, os efeitos da diversão, ficou todo alegrinho? Não pode ser, é muita fantasia. Só agora você *connect the dots* e conclui que ***diverted traffic*** avisa que o trânsito foi desviado, os carros não podem seguir a sua rota habitual, precisam seguir por outro caminho.

Fim do filminho.

Escolha a opção que melhor traduz as palavras em destaque nestas frases.

1. *"Opera is a beautiful and important **diversion** for me." (Luciano Pavarotti)*

A ópera é uma *a)* diversão; *b)* dispersão bela e importante para mim.

2. *"Do not let spacious plans for a new world **divert** your energies from saving what is left of the old." (Winston Churchill)*

Não deixem que planos espaçosos para um novo mundo *a)* divirtam; *b)* desviem as vossas energias da tarefa de salvar o que restou do velho mundo.

3. *"Nothing **will divert** me from my purpose." (Abraham Lincoln)*

Nada me *a)* divertirá; *b)* desviará do meu propósito.

4. *"The Internet is a perfect **diversion** from learning... it opens many doors that lead to empty rooms." (Clifford Stoll)*

A internet é um(a) perfeito/a *a)* desvio; *b)* diversão do aprendizado... ela abre muitas portas que levam a salas vazias.

5. *"A fool and water will go the way they are **diverted**." (provérbio africano)*

Um tolo e a água vão para onde forem *a)* desviados; *b)* divertidos.

156 duress (subst.) (EUA) /dʊˈres/, (Reino Unido) /djʊˈres/, rima com *impress* (impressionar)

1. **Duress** é um substantivo que pode até lembrar "dureza", mas não é nada disso. Veja o exemplo e adivinhe a tradução:

   *George pleaded innocence. He claimed he had signed that confession under **duress**.*

   Isso mesmo, "coação".

   - **under duress:** sob coação

2. E como se diz "dureza"? Depende do contexto, vamos observar:
   - a dureza do diamante: **the hardness of the diamond**
   - a dureza de uma situação/um problema: **the severity of a situation/problem**
   - a dureza do bife, da carne: **the toughness of the steak/meat**
   - a dureza, falta de dinheiro: **the penury, extreme poverty**

Escolha a opção que melhor traduz a palavra em destaque nestas frases.

1. *"Songs sung under **duress** are often very powerful." (Henry Rollins)*

Canções cantadas sob *a)* dureza; *b)* coação quase sempre são muito poderosas.

2. *"People never change because they are under threat or under **duress**. Never." (Robert Downey Jr.)*

As pessoas nunca mudam porque estão sob ameaça ou sob *a) coação; b) dureza*. Nunca.

157 Durex (EUA) /ˈdʊreks/, (Reino Unido) /ˈdjʊəreks/

▶️ FILMINHO: Meu amigo Tio Pedrim estava em Londres e precisava comprar fita adesiva, para fazer uns embrulhos. Entra em uma *Boots*, a gigantesca cadeia de *pharmacies* que vende quase tudo (até remédios!), "quem sabe vende também fita adesiva", pensa ele. Dirige-se ao balcão e pede, no seu inglês mais caprichado, "*I'd like to buy some Durex*." O atendente, cara de brasileiro, olha para Pedrim com um sorriso meio maroto, mas atende seu pedido. Volta em segundos e lhe mostra o que ele pediu, perguntando, com mais um sorriso maroto, "*Is that what you need?*" Tio Pedrim lê no pacotinho "*Love Sex DUREX strawberry condoms pack with 12*". É então que o atendente explica, em bom português com sotaque baiano, "Você tá querendo é fita durex, né, meu rei?" E continua, sempre sorrindo, "Isso não vende aqui, não. É na papelaria aqui ao lado, a *stationery store*. Vai lá e pede *Sellotape* ou *Scotch tape*."

Tio Pedrim me passou esse filminho. Se non è vero...

Informação prática do filminho:

a) *Durex* é marca registrada, no Reino Unido, para um tipo de *condom* (camisinha, preservativo).

b) *Sellotape* ou *Scotch tape* é marca registrada para fita adesiva, chamada fita durex no Brasil e fita cola em Portugal.

E, só para terminar, a marca registrada **Durex**, descrita na letra a), também está *available* (verbete 51) nas farmácias em Portugal.

158 effective (adj.) /ɪˈfektɪv/ rima com *detective* (detetive)

efficacious (adj.) /ˌefɪˈkeɪʃəs/ rima com *ostentatious* (ostentoso/a)

efficient (adj.) /ɪˈfɪʃ(ə)nt/ rima com *sufficient* (suficiente)

Aqui temos os Três Adjetivos Mosqueteiros, os inseparáveis Athos, Porthos e Aramis. Para entender um é bom saber da vida dos outros. Que, como Alexandre Dumas explicou, em vez de três eram quatro, porque também havia o D'Artagnan, o aspirante a mosqueteiro que acabou sendo o personagem principal do romance. Vamos deixar o papel de D'Artagnan para um que aparece menos, o ***effectual***.

1. Por ordem alfabética:

   Effective, dos três mosqueteiros é o que exige mais cuidado, porque tem várias acepções e às vezes não corresponde ao nosso "efetivo/a", podendo, portanto, ser considerado um *false friend*. Assim:

   a) efetivo/a, de fato, real, verdadeiro/a

   He is in ***effective*** control of the party. He is not the official leader, but he is the one who calls the shots.

   b) eficaz, que produz o efeito esperado. É sinônimo de ***efficacious***.

   An ***effective*** medicine/vaccine/method/treatment/product/machine/speech

   There seems to be no doubt now that marijuana is ***effective*** in the treatment of epilepsy disorder.

   c) eficiente, que sabe como realizar uma tarefa da forma mais prática e objetiva. Aqui, ***effective*** é sinônimo de ***efficient***.

   An ***effective*** secretary/teacher/surgeon/transport system/machine/small car

   d) vigente, em vigor, em funcionamento

   An ***effective*** law/rule/system

   The new law will be ***effective*** as of January 1st in the whole country.

2. ***Cost-effective*** (= ***cost-efficient***): (adj.) que produz custo-benefício (*cost-benefit*).

3. ***Efficacious*** é o nosso "eficaz, que tem eficácia, que produz o efeito esperado".

   An ***efficacious*** medicine/vaccine/method/treatment/ product/machine/speech

4. ***Efficient*** é o nosso "eficiente, que tem eficiência, que sabe como realizar uma tarefa da forma mais prática e objetiva, sem desperdício de tempo ou energia". É sinônimo de ***effective***.

   An ***efficient*** secretary/teacher/surgeon/transport system/machine/small car

5. ***Effectual*** é próprio da linguagem formal, usado só para coisas (e não para pessoas), no mesmo sentido de "eficaz, que produz o efeito esperado". É sinônimo de ***efficacious***.

   An ***effectual*** medicine/vaccine/method/treatment/ product/machine/speech

Pronto, demos conta de todos os mosqueteiros. É claro que a história não acaba aqui, com o ***efficacious, efficient, effective***, até o ***effectual*** devidamente explicados, mas prontos para mais aventuras. Eles só servem mesmo de provocação, são *teasers*. Para quem não conhece e estiver interessado em saber mais, recomenda-se uma visita à *local library* (verbete 249) ou então à internet. O romance escrito por Alexandre Dumas em 1844 certamente está em domínio público. E do romance foram feitas várias adaptações para o cinema, a última é de 2011. Vale a pena conhecer. *Unus pro omnibus, omnes pro uno. Un pour tous, tous pour un.* Um por todos, todos por um. Lema dos mosqueteiros, também lema tradicional da Suíça. Excelente conselho, o companheirismo e a solidariedade são bons princípios a valorizar e adotar.

Escolha a opção que melhor traduz as palavras em destaque nestas frases.

1. *"To be prepared for war is one of the most **effectual** means of preserving peace." (George Washington)*

Estar preparado para a guerra é um dos meios mais a) efetivos; b) eficazes de preservar a paz.

2. *"Persuasion is often more **effectual** than force." (Aesop)*

A persuasão muitas vezes é mais a) eficaz; b) efetiva do que a força.

3. *"Example is always more **efficacious** than precept." (Samuel Johnson)*

O exemplo é sempre mais a) eficaz; b) verdadeiro do que o preceito.

4. *"The human race has only one really **effective** weapon, and that is laughter." (Mark Twain)*

A raça humana tem só uma arma realmente a) efetiva; b) eficaz, ela é o riso.

5. *"Parks represent an **efficient**, **cost-effective** way to improve public health." (Chuck Norris)*

Os parques representam uma forma a) efetiva; b) eficiente, que produz a) custo-benefício; b) custo-efeito para melhorar a saúde pública.

---

159 egoism (subst.) /ˈiːɡoʊˌɪzəm/ rima com *pessimism* (pessimismo)

egotism (subst.) /ˈiːɡoʊˌtɪzəm/ rima com *pessimism* (pessimismo)

egoist (subst.) /ˈiːɡoʊɪst/ rima com *pessimist* (subst. pessimista)

egotist (subst.) /ˈiːɡoʊtɪst/ rima com *pessimist* (subst. pessimista)

egoistic (adj.) /ˌiɡoʊˈɪstɪk/ rima com *pessimistic* (adj. pessimista)

egotistic (adj.) /ˌiɡoʊˈtɪstɪk/ rima com *pessimistic* (adj. pessimista)

1. ***Egoism*** é o mesmo que ***egotism***, a única diferença é o T. Pode significar:

    a) egoísmo

    His name is Narcissus. No wonder he is so selfish, thinking only of himself. ***Egoism / Egotism*** *is his main feature.*

    b) vaidade. É sinônimo de *conceit*.

*Narcissus fell in love with his own reflection on the lake. In his **egoism/egotism** he thought himself lovely.*

2. **Egoist** é o mesmo que **egotist**, a única diferença é o T.

    Pode significar:

    a) egoísta

    *Most young children are **egoists/egotists**, it's only natural.*

    b) vaidoso/a. É sinônimo de *conceited*.

    *Who would you choose as an example of **egoist/egotist** – Donald or Vladimir?*

3. **Egoistic** é adjetivo, o mesmo que **egotistic** ou ainda **egotistical**, a única diferença é o T.

    Pode significar:

    a) egoísta

    *Trump's attitude was entirely **egoistic/egotistic/egotistical** and shocked the whole world, except his supporters in the United States.*

    b) vaidoso/a

    *He is terribly **egoistic/egotistic/egotistical**. I've never known of anyone so full of himself.*

    A única diferença é o **T**, de **T**udo **EU**, **T**udo **MEU**...

Finalmente, só para aqueles que não se satisfazem com explicações vagas e que buscam sempre encontrar as diferenças, mesmo que pequenas sejam, podemos dizer que:

■ Um **egoist** é egoísta e age de acordo, mesmo que inconscientemente.

■ Um **egotist** é egoísta por escolha, sabe que é e "não está nem aí", *couldn't care less*.

Escolha a opção que melhor traduz as palavras em destaque nestas frases.

1. "**Egotism**: the art of seeing in yourself what others cannot see." (George V. Higgins)

a) Vaidade; b) Egoísmo: a arte de ver em você próprio aquilo que os outros não veem.

2. "It's just too **egotistical** to think that we are the only lifeform in the Universe." (Kathleen Quinlan)

É simplesmente a) egoísta; b) vaidoso demais pensar que nós somos a única forma de vida no Universo.

3. "**Egotism** is the glue with which you get stuck in yourself." (Don Post)

a) Egoísmo; b) Vaidade é a cola com a qual você fica grudado em si próprio.

4. "**Egotist**: a person of low taste, more interested in himself than in me." (Ambrose Bierce)

a) Vaidoso; b) Egoísta: pessoa de mau gosto, mais interessada nela própria do que em mim.

Sobre Ambrose Bierce (1842-1914), jornalista e satirista norte-americano, autor da citação reproduzida como frase 4, envolta na fina ironia e sarcasmo que o caracterizava. Não é que ele próprio fosse um tremendo egoísta e se considerasse uma pessoa muito interessante, como a frase pode sugerir. Na verdade, ele era um gozador, um brincalhão sempre surpreendendo o leitor com *insights* inesperados, cheios de humor, às vezes cáustico. Ambrose Bierce levou 25 anos da sua vida redigindo os divertidos verbetes do seu "*The Devil's Dictionary*", um clássico do humor norte-americano, do qual faz parte essa frase, como a definição de *egotist*.

160 egregious (adj.) /ɪˈgriːdʒəs/

Egregious é um exemplo de como as palavras podem mudar, com o tempo... e com as modas... "Mudam os tempos, mudam as vontades," já dizia Luís Vaz de Camões, há séculos. As palavras podem mudar de sentido, como *nice*, que hoje é "agradável, simpático/a", mas já foi "ignorante" (deriva do latim *nescius*: néscio, sem ciência, ignorante). Ou então *catastrophe*, que hoje é isso mesmo, catástrofe, acidente ou fato de consequências muito graves, mas já foi "conclusão, desfecho" (vem do grego *katastrophe*: conclusão, fim, ato final). Outra palavra que, com o passar dos séculos, mudou muito de sentido é *silly*. Ela chegou ao *Old English* como *gesaelig* (*happy, blessed*), mas passou com os tempos a ser o que é hoje. Como alguém que era considerado "feliz, abençoado/a" pode hoje ser tido como *foolish*, "tolo/a, bobo/a"? Não é *silly*, tudo isso? E, no entanto, é verdade! *Nice, silly, catastrophe* são apenas três exemplos das curiosas "reviravoltas semânticas" que ocorreram na história das palavras em inglês. Há muitos outros, como ***egregious***.

Tanto ***egregious*** como "egrégio", seu cognato em português, derivam de *egregius*, em latim, que significa "ilustre, distinto/a, magnífico/a, admirável". Mas hoje ***egregious*** não é nada disso. Conta-se a *anecdote* (ou "causo", verbete 21, *remember*?) que o filósofo e matemático inglês Thomas

Hobbes ("O homem é o lobo do homem..."), sobrenome que o artista norte-americano Bill Watterson escolheu para batizar o tigre companheiro imaginário do Calvin na história em quadrinhos que todos amamos (Calvin & Hobbes* no original, Calvin e Haroldo na versão brasileira), certa vez elogiou um colega dizendo, com sincera modéstia, "*I am not so **egregious** a mathematician as you are.*" Thomas Hobbes e seu colega, o egrégio matemático, viveram no século XVI. De lá para cá, a palavra ***egregious*** perdeu o seu verniz de elogio, deixou de ser "ilustre" para, talvez por ironia, passar a ser usada como sinônimo de *extremely bad*, geralmente em relação a erros. É a nossa "crasso/a, grosseiro/a, horrendo/a".

*That book contains some **egregious** errors.*

*Those tourists made the **egregious** mistake of visiting a Rio slum without a local guide.*

Escolha a opção que melhor traduz a palavra em destaque nestas frases.

1. "*One of the most **egregious** mistakes is to think that pedagogy is a science about a child, not a personality.*" *(Janusz Korczak)*

Um dos erros mais *a)* egrégios; *b)* crassos é pensar que a pedagogia é uma ciência a respeito de uma criança e não de uma personalidade.

2. "*I have said repeatedly that I think that the death penalty should be applied in very narrow circumstances for the most **egregious** of crimes.*" *(Barack Obama)*

Tenho dito muitas vezes achar que a pena de morte deve ser aplicada em circunstâncias muito restritas e só para os crimes mais *a)* egrégios *b)* horrendos.

---

161 **elude** (verbo) /ɪˈluːd/ rima com *include* (incluir)

1. Você encontra ***elude*** em um texto e logo pensa em "iludir, enganar". Acertou? Não. Mas a bola bateu na trave. Para dizer "iludir" em inglês usam-se as mesmas letrinhas, mas antes coloca-se um *d*. *Delude* quer dizer "iludir, enganar". É sinônimo de *deceive* e já foi visto, junto com *delusion*, no verbete 137, *remember*?

    *He is a charlatan who **deludes** people into believing he can cure them.*

2. Então, se ***elude*** não é "iludir, enganar", o que é? Vamos ver pelos exemplos:

    Elude é um verbo (regular), próprio da linguagem formal e pode ter estes significados:

    a) escapar de, evitar, não ser apanhado/a (em geral usando esperteza)

---

* Favor caprichar na pronúncia: *Hobbes* rima com *Jobs*.

*The police had surrounded the place, but the robbers managed to **elude** capture.*

b) (palavra, nome, informação) escapar, fugir, não vir à memória ou à percepção

*I know his name is Arantes do Nascimento, but his first name **eludes** me.*

*I know she says she loves him, but what she sees in that schmuck **eludes** me.*

c) (sucesso, fama, objetivo) escapar a, negar-se, não vir, não chegar

*Van Gogh struggled to make a living as an artist and commercial success always **eluded** him. He sold only one painting in his lifetime.*

Escolha a opção que melhor traduz as palavras em destaque nestas frases. Na frase 2 você vai reencontrar *apt*, já vista no verbete 35.

1. "*For lack of attention a thousand forms of loveliness **elude** us every day.*" (Evelyn Underhill)

Por falta de atenção mil formas de beleza nos a) iludem; b) escapam todos os dias.

2. "*Popularity, I have always thought, may aptly be compared to a coquette – the more you woo her, the more **apt** is she to **elude** your embrace.*" (John Tyler)

A popularidade, sempre pensei, pode ser apropriadamente comparada a uma coquete – quando mais você a namora, mais a) apta; b) propensa ela é a a) iludir; b) evitar o seu abraço.

3. "*Happiness is like a butterfly: the more you chase it, the more it will **elude** you. But if you turn your attention to other things, it will come and sit softly on your shoulder.*" (attributed to Henry David Thoreau)

A felicidade é como uma borboleta: quanto mais tu a persegues, mais ela te a) escapa; b) ilude. Mas se voltares tua atenção para outras coisas, ela virá e pousará suavemente no teu ombro.

A respeito dessa última frase, atribuída a Henry David Thoreau (1817-1862) poeta, filósofo, naturalista norte-americano, autor de "*Walden, a Vida nos Bosques*" e "*Desobediência Civil*", o site *https://quoteinvestigator.com*, uma fonte *authoritative* (verbete 50, *remember?*) a respeito da autoria de frases, máximas e aforismos, afirma que Thoreau nunca escreveu isso. Segundo esse site, não foi Thoreau (rima com *falou!*) o criador do belo símile da felicidade que tem asas e pode vir a pousar no teu ombro, mas no caso dessa citação a *quote.investigator.com* não conseguiu chegar a uma conclusão sobre a autoria. Ficamos com a borboleta do Thoreau, que nos merece toda a admiração. Já falamos dele em *deliberate, deliberately* (verbete 135, *remember?*).

162 embezzle (verbo) /ɪmˈbez(ə)l/

embezzlement (subst.) /ɪmˈbez(ə)lmənt/

1. Você pensou em "embelezar" e "embelezamento"? *Forget it*, nada disso, **embezzle** e **embezzlement** nada têm a ver com beleza, ao contrário, falam de algo muito feio.

2. *Embezzle* é um verbo (regular), significa dar um desfalque, desviar dinheiro dos outros, roubar dinheiro que lhe tinha sido confiado (a um caixa de banco, loja etc.) Coisa feia...

    *George was accused of **embezzling** money from the clients of the bank.*

3. *Embezzlement* é o substantivo, significa "desfalque".

    *He was convicted and sent to prison for the **embezzlement** of thousands of dollars.*

4. E para dizer "embelezar" e "embelezamento", que palavras se usam?

    Para o verbo: *embellish* ou *beautify*; para o substantivo: *embellishment* ou *beautification*.

    *It was a special occasion and the hall had been **embellished** with some gorgeous flower arrangements.*

    *Flowers, banners and colorful balloons contributed to the **embellishment** of the hall.*

5. E, por fim, como se diz "salão de beleza"? *Beauty salon* ou *beauty parlo(u)r* ou ainda, nos Estados Unidos, *beauty shop*.

    *Stella spends hours at the **beauty salon/parlor**, but she says it's worth it.*

William Sydney Porter (1862-1910), norte-americano, teve vários empregos, entre eles o de *bank teller* (caixa de um banco) em Austin, Texas. Não se conhece bem o motivo, mas Porter não resistiu à tentação do vil metal e avançou no dinheiro dos clientes do banco, cometendo o tal do **embezzlement**. Foi julgado, condenado e passou três anos na prisão. Para conseguir dinheiro para o sustento da filha pequena, Porter começou a escrever historinhas, sempre com um final inesperado, um estilo que é a marca registrada de um sujeito chamado O. Henry. Quem é esse O. Henry? O próprio William Sydney Porter, o tal que deu o desfalque e se tornou autor de *short stories* na prisão, sob o pseudônimo de O. Henry. *Amazing, isn't it?* Após sair da prisão, Porter/Henry fixou residência em Nova Iorque, cenário da maioria dos seus contos, e lá escreveu quase 300 deles, sempre com o tal *"twist in the tale"*, um final surpreendente, que o tornou imensa e merecidamente popular. Vale a pena conhecer, de preferência no original, em inglês é claro, *short stories* como *"The Last Leaf"*, *"Mammon and the Archer"* e o mais conhecido e doce de todos, *"The Gift of the Magi"*.

Eis uma história real que começa com uma coisa muito feia – um **embezzlement** – e termina com a beleza do florescer de um talento literário que provavelmente teria ficado por nascer, se Porter tivesse sido apenas um honrado *bank teller* em Austin, Texas.

Escolha a opção que melhor traduz as palavras em destaque nestas frases. Na frase 1 você vai reencontrar *addict*, já vista no verbete 8.

1. *"They are like **addicts**, they can't help themselves. They will steal, cheat, **embezzle** and commit other crimes, just to get money to gamble."* (John Warren Kindt)

Eles são como *a) adidos; b) viciados*; eles não conseguem evitar. Eles roubam, trapaceiam, *a) embelezam; b) fazem desfalque* e cometem outros crimes, só para pegar dinheiro para o jogo.

2. *"The people are fed up with corruption and **embezzlement**. They object to censorship. The first thing that the people of Iran want is free elections."* (Shirin Ebadi)

As pessoas estão fartas de corrupção e *a) embelezamento; b) roubo, desvio de dinheiro*. Elas fazem objeções à censura. A primeira coisa que o povo do Irã quer é eleições livres.

163 **endurance** (subst.) (EUA) /ɪnˈdʊrəns/, (Reino Unido) /ɪnˈdjʊrəns/ rima com *assurance* (garantia, segurança)

endure (verbo) (EUA) /ɪnˈdʊr/, (Reino Unido) /ɪnˈdjʊə/ rima com *assure* (garantir, assegurar)

1. ***Endurance*** é um substantivo quase "de casa" entre nós, aparecendo às vezes na área da preparação física, em academias, competições esportivas de resistência etc. E significa isso mesmo: resistência, capacidade de resistir física e mentalmente, suportar algo difícil ou lidar com situações desagradáveis por um longo tempo.

   *Stephen Hawking showed remarkable powers of **endurance** throughout his life.*

   *A marathon is a true **endurance** test, requiring both mental and physical powers to be successful.*

2. ***Endure*** é um verbo (regular) que pode significar:

   a) resistir (a), aguentar, tolerar

   *Nelson Mandela **endured** confinement and mental torture for twenty-seven years and left prison to become President of South Africa.*

   b) durar, perdurar

   *The apartheid regime **endured** for a very long time in South Africa.*

3. Para os mais distraídos, ***endure*** pode até lembrar o nosso "endurecer", mas não é nada disso. Para isso usa-se *harden*.

> Years of reporting on the cruelties of war had **hardened** Hemingway's heart.
>
> Bread will **harden** if left out of the fridge.

Escolha a opção que melhor traduz as palavras em destaque nestas frases.

1. "*I will love the light for it shows me the way, yet I will* **endure** *the darkness because it shows me the stars.*" *(Og Mandino)*

Amarei a luz porque ela me mostra o caminho, mas *a) aguentarei; b) endurecerei* a escuridão porque ela me mostra as estrelas.

2. "**Endurance** *is one of the most difficult disciplines, but it is to the one who* **endures** *that the final victory comes.*" *(Buddha)*

A *a) resistência; b) duração* é uma das disciplinas mais difíceis, mas é àquele que *a) endurece; b) resiste* que a vitória final chega.

3. "*A hero is an ordinary individual who finds the strength to persevere and* **endure** *in spite of overwhelming obstacles.*" *(Christopher Reeve)*

Um herói é um indivíduo que encontra a força para perseverar e *a) endurecer; b) aguentar* apesar de quase esmagado pelos obstáculos.

A mensagem na última frase tem ainda mais relevância se lembrarmos quem foi o seu autor. Christopher Reeve (1952-2004), o ator norte-americano que fazia o papel de Super-Homem, sofreu uma queda de cavalo durante uma prova de equitação e ficou tetraplégico por nove anos. Reeve, um exemplo de ***endurance***, fundou a *Christopher Reeve Foundation*, financiando a pesquisa de células-tronco, beneficiando inúmeras pessoas que, como ele, sofriam ou sofrem de lesões da coluna vertebral.

164 **energetic** (adj.) /ˌenə(r)ˈdʒetɪk/ rima com *sympathetic* (compreensivo/a; solidário/a)

1. O adjetivo ***energetic*** não é usado, em inglês, em locuções ligadas à energia. Nesses casos, o substantivo *energy* é usado como núcleo da expressão:
   - crise energética: **energy crisis**
   - fonte energética: **energy source**
   - bebidas energéticas: **energy drinks**

2. ***Energetic*** é um adjetivo que significa:

a) enérgico/a, cheio de energia, vigoroso/a

*Grandpa Paul is over eighty now, but he is still quite **energetic**.*

b) árduo/a, exaustivo/a, que exige muita energia ou esforço

*You should avoid **energetic** exercise until your arm gets better.*

3. Mas **energetic** não é usado para "enérgico/a", no sentido de severo/a, rigoroso/a, pessoa que age com dureza. Para isso usa-se *stern* ou *strict*.

*Grandpa Paul can also be rather **stern**, even with his family.*

Escolha a opção que melhor traduz as palavras em destaque nestas frases.

1. *"Surround yourself with positive, **energetic**, successful people and learn from them." (Robert Cheeke)*

Cerque-se de pessoas positivas, a) energéticas; b) enérgicas, bem--sucedidas e aprenda com elas.

2. *"Without energy life is merely a latent possibility. The world belongs to the **energetic**." (Ralph Waldo Emerson)*

Sem energia a vida é apenas uma possibilidade latente. O mundo pertence aos a) energizantes; b) energizados.

---

165 enervate (verbo) /ˈenə(r)veɪt/ rima com *educate* (educar)

enervating (adj.) /ˈenə(r)veɪtɪŋ/ rima com *educating* (educativo/a)

1. Mais um surpreendente... Você vê **enervate** em um texto, logo pensa em "enervar", não? Mas "enervar" em que sentido? Todo mundo conhece o "enervar, dar nos nervos, irritar, deixar nervoso/a". **Enervate** pode ser isso? *No way*. Para esse sentido usa-se *irritate, annoy, get on my/your/his* etc. *nerves*.

*They call that music, I call that noise. And noise really **irritates/annoys/ gets on my nerves**.*

2. Mas então em que sentido de "enervar" podemos usar o **enervate**? Num sentido muito pouco conhecido do nosso verbo "enervar". Poucos de nós, reles mortais, sabem que "enervar" pode ter o sentido de "enfraquecer por completo, fazer perder o vigor (físico, moral ou mental), debilitar, exaurir, deixar sem energia, vontade ou coragem". E, no entanto, esse sentido está nos dicionários. *Check it out!*

*It was summer in Rio and there was no air conditioner. I felt weak and with no energy. Heat **enervates** us.*

*Greenhouse gases **enervate** the protective ozone layer that surrounds our planet.*

3. **Enervating** é o adjetivo. Não quer dizer "enervante, que causa irritação" e sim "debilitante, extenuante, muito fatigante".

   *I think heat is extremely **enervating**.*

Escolha a opção que melhor traduz as palavras em destaque nestas frases.

1. "*Wine and other luxuries have a tendency to **enervate** the mind and make men less brave in battle.*" *(Julius Caesar)*

   O vinho e outros luxos têm a tendência de *a)* enervar; *b)* enfraquecer a mente e fazer com que os homens fiquem menos valentes na batalha.

2. "*It is almost as easy to be **enervated** by triumph as by defeat.*" *(Max Lerner)*

   É quase tão fácil ser *a)* debilitado; *b)* enervado pelo triunfo quanto pela derrota.

---

166 engross (verbo) /ɪnˈgroʊs/ rima com *too close* (perto demais)

engrossed (adj.) /ɪnˈgroʊst/ rima com *almost* (quase)

engrossing (adj.) /ɪnˈgroʊsɪŋ/

1. Vem cá, você nunca iria admitir que **engross** é o mesmo que o nosso "engrossar", né mesmo? Ah, bom! Porque não é, mesmo.

2. **Engross** é um verbo (regular) que significa:

   absorver, ocupar totalmente (a atenção, o tempo), deixar absorto/a, totalmente concentrado/a.

   *Agatha Christie is one of those authors whose stories **engross** readers all the way to the last line.*

3. **Engross** não significa "engrossar, tornar mais grosso (o caldo, molho etc.)". Para isso o verbo usado é *thicken*.

   *The stew was a little too liquid so the cook **thickened** it with flour.*

4. Também não é "engrossar, ser grosseiro/a, rude". Para isso usa-se *get/turn nasty or churlish*.

   *You should never **turn nasty/churlish** to anyone not even if they give you a reason for that.*

5. **Engrossed**, você já concluiu, nada tem a ver com "engrossado/a", que seria *thickened*. **Engrossed** é "absorto/a, totalmente concentrado/a (em pensamentos, estudo, trabalho, leitura etc.)".

   *I was reading "Murder on the Orient Express" and I was so **engrossed** in the mystery that I didn't hear the telephone ring.*

6. E ***engrossing***, na mesma linha de raciocínio, nada tem a ver com "engrossante", que seria *thickening*. ***Engrossing*** é "muito interessante, que prende o interesse, a atenção".

> That story has one of the most ***engrossing*** plots ever created by Agatha Christie.

Escolha a opção que melhor traduz as palavras em destaque nestas frases.

1. *"I must have something to **engross** my thoughts, some object in life which will fill this vacuum, and prevent this sad wearing away of the heart."* (Elizabeth Blackwell)

Preciso ter algo para a) engrossar; b) ocupar totalmente os meus pensamentos, algum objetivo na vida que preencha este vazio e impeça esta triste erosão do coração.

2. *"Pirate Hunters" is a fantastic book, an utterly **engrossing** and satisfying read."* (Douglas Preston)

"Caçadores de Piratas" é um livro fantástico, uma leitura totalmente a) engrossante; b) absorvente e satisfatória.

3. *"If I'm **engrossed** in a book, I have to rearrange my thoughts before I can mingle with other people, because otherwise they might think I was strange."* (Anne Frank)

Se eu estiver a) absorta; b) engrossada na leitura de um livro, tenho de reorganizar meus pensamentos antes de me juntar às outras pessoas porque senão elas podem pensar que sou estranha.

167 **enormity** (subst.) /ɪˈnɔː(r)məti/ rima com *conformity* (conformidade)
enormousness (subst.) /ɪˈnɔː(r)məsnəs/

1. Tanto ***enormity*** quanto ***enormousness*** derivam do latim *ex + norma*, "fora do normal" e ambos originalmente falavam de anormalidade no mau sentido, criminosa, monstruosa, chocante. Mas em inglês moderno temos:

2. ***Enormity*** (plural ***enormities***) com duas acepções de sentido:

    a) enormidade, grande maldade, atrocidade, monstruosidade, para falar de um crime hediondo, que desperta indignação moral

    > The ***enormity*** of Hitler's crimes will never be forgotten.
    > The ***enormity*** of the Holocaust shocked the whole world.
    > They refused to admit the ***enormity*** of their crimes.

    b) enormidade, quantidade, intensidade ou tamanho enorme, imensidão, vastidão

*The **enormity** of the Universe revealed by Science cannot be grasped by the human brain.*

Esse segundo uso de *enormity* (letra *b)* do exemplo acima), quando se fala de *great size*, é muito questionado por alguns especialistas em *English usage* (Fowler, Bryson, Phythian, Hamilton, John Ayto, entre outros), que preferem o uso de *enormousness* nesse caso. No entanto, na prática, especialmente nos Estados Unidos, o uso de *enormity* com esse sentido está estabelecido.

3. ***Enormousness*** era antigamente usado para "enormidade" como sinônimo de atrocidade ou monstruosidade (exemplo 2 *a)* de ***enormity***, acima), mas hoje é mais comum para indicar excesso de tamanho.

    *We can talk about the **enormousness** of a stadium, or the ocean, or even someone's appetite.*

Escolha a opção que melhor traduz as palavras em destaque nestas frases.

1. *"Even these stars, which seem so numerous, are, as sand, as dust, or less than dust, in the **enormity** of the space in which there is nothing. Nothing!"* (Carl Sagan)

Mesmo estas estrelas, que parecem tão numerosas, são como areia, como poeira – ou menos que poeira – na *a)* imensidão; *b)* enormidade do espaço onde não há nada. Nada!

2. *"We are afraid of the **enormity** of the possible."* (Emil Cioran)

Nós temos medo da *a)* enormidade; *b)* atrocidade do que é possível.

3. *"**Enormity** is used of wickedness, cruelty, or horror, not of great size, for which **enormousness** should be used."* (Frederick W. Hamilton)

a) Enorme; *b)* Enormidade é usado em relação a maldade, crueldade, ou terror, e não em relação a grande tamanho; para esse sentido *a)* enorme; *b)* imensidão deve ser usado.

4. *"What counts is not the **enormity** of the task but the size of the courage."* (Matthieu Ricard)

O que conta não é a *a)* enormidade; *b)* vastidão da tarefa, mas o tamanho da coragem.

---

168 enrol (no Reino Unido), **enroll** (nos EUA) (verbo) /ɪnˈroʊl/ rima com *control* (controle; controlar)

enrolment (no Reino Unido), **enrollment** (nos EUA) (subst.)
/ɪnˈroʊlmənt/

1. E vem cá de novo, você nunca iria admitir que *enrol(l)* é o mesmo que o nosso "enrolar", né mesmo? Ah, bom! Porque não é, mesmo.

2. *Enrol/enroll* é um verbo (regular) que significa:

    matricular(-se), inscrever(-se) em curso, escola, faculdade, grupo etc. A diferença de uso desse verbo no Reino Unido e nos EUA não está apenas na grafia, mas também na preposição. No Reino Unido *a student enrols on a course*, enquanto nos EUA *a student enrolls in a course*.

    *It is never too late to **enrol/enroll** on/in a course in education. You are never too old to learn.*

3. *Enrol(l)* não significa "enrolar (fio, tapete, jornal etc.)". Para isso, o verbo usado é *roll up* ou *curl*.

    *We **rolled up** the carpet and sent it to the laundry to be washed.*

4. Também não é "enrolar, tapear, enganar". Para isso, usa-se *deceive* ou *mislead*.

    *Those charlatans **mislead** people into parting with 10% of their earnings.*

5. E também não é "enrolar (o interlocutor) em uma resposta, não ser sincero/a". Isso é *equivocate*, como vamos ver no verbete 170, daqui a pouco.

    *Please give me a straight answer – yes or no – and stop **equivocating**.*

6. *Enrolment* (Reino Unido)/*enrollment* (EUA), significa matrícula, inscrição (em curso, escola, faculdade, grupo etc.).

    ***Enrolments/Enrollments** on/in technological courses are up this year.*

7. *Enrolment/enrollment* não significa "enrolamento", termo usado em eletricidade, o mesmo que "bobina". Isso é o substantivo *bobbin*.

    *The faulty **bobbin** needs to be replaced.*

Escolha a opção que melhor traduz as palavras em destaque nestas frases.

1. "*Focus on the mind and the soul. Read. Study. **Enrol** in a course of lectures. Pray.*" (Jonathan Sacks)

Concentre sua atenção na mente e na alma. Leia. Estude. a) *Enrole-se;* b) *Matricule-se* em um curso de palestras. Reze.

2. "*At the very top state institutions, like UCLA, Berkeley and the University of Texas, however, the trend of downward minority **enrollment** remains persistent and discouraging.*" (Adam Schiff)

Bem no topo das instituições de ensino públicas, como a UCLA, Berkeley e a Universidade do Texas, no entanto, a tendência declinante quanto ao/à a) *enrolamento;* b) *matrícula* das minorias permanece persistente e desanimadora.

169 epidemic (subst., adj.) /ˌepɪˈdemɪk/ rima com *academic* (acadêmico/a)

1. Apesar da terminação em *-ic*, característica de adjetivos (*realistic, optimistic, pessimistic, etc.*), **epidemic** pode ser usado como substantivo: *epidemia*.

    An **epidemic** affects many people at the same time.

2. E também pode ser o adjetivo: "epidêmico/a".

    Yellow fever has reached **epidemic** proportions in Brazil.

3. O substantivo *epidemy* simplesmente não existe. Como já vimos, "epidemia" é **epidemic**.

    A yellow fever **epidemic** has recently hit several regions of the country.

4. O mesmo acontece com **pandemic**. A mesma forma é usada para o substantivo "pandemia" e o adjetivo "pandêmico".

    In 2020 the coronavirus **pandemic** hit the whole world.

    In Italy the disease reached **pandemic** proportions.

Escolha a opção que melhor traduz a palavra em destaque nestas frases.

1. "Gun violence in the United States is an **epidemic**." *(Adam Cohen)*

    A violência com uso de armas de fogo nos Estados Unidos é uma a) epidemia; b) epidêmica.

2. "There is an obesity **epidemic**. One out of every three Americans weighs as much as the other two." *(Robert Jeni)*

    Existe uma a) epidemia; b) epidêmica de obesidade. Um dentre três americanos pesa tanto quanto os outros dois.

---

170 equivocate (verbo) /ɪˈkwɪvəkeɪt/ rima com *exaggerate* (exagerar)

1. Vamos com cuidado com este **equivocate**. Apesar da semelhança com o nosso "equivocar(-se)", ele não tem o mesmo significado. Pedindo desde já perdão pela *play on words*, quem usar o **equivocate** para o mesmo sentido de equivocar(-se) estará cometendo um equívoco, um engano. Para esse sentido usa-se o verbo *err* ou simplesmente a expressão *make a mistake*.

    You are likely to **err/make a mistake** if you use those tricky words out of context.

2. Na verdade **equivocate** é um verbo (regular) só encontrado na linguagem formal e significa:

    tergiversar, usar evasivas ou rodeios, falar propositalmente de modo ambíguo ou pouco claro, com a intenção de não se comprometer ou induzir a outra pessoa a erro ou equívoco. Em linguagem popular, é "enrolar" na resposta.

> Don is a politician, a master in the "art" of **equivocating**, of saying one thing and mean another.
>
> Please give me a straight answer – yes or no – and stop **equivocating**.
>
> If someone says "Maybe, it depends", about lending you something, they are **equivocating**.

Escolha a opção que melhor traduz a palavra em destaque nestas frases.

1. "Pope Francis does not **equivocate** on the death penalty: he opposes it in all circumstances." (Salon, June 8, 2015)

O Papa Francisco não a) se equivoca; b) tem meias palavras sobre a questão da pena de morte: o Papa se opõe a ela em todas as circunstâncias.

2. "Some doctors will **equivocate** and say no one knows, all patients are different and treatments change all the time, so any numbers from the past may not reflect what is possible today." (US News, October 29, 2015)

Alguns médicos a) vão tergiversar; b) vão se equivocar e dizer que ninguém sabe, os pacientes são diferentes e os tratamentos mudam a toda hora, por isso qualquer estatística do passado pode não refletir as possibilidades do presente.

---

171 **escalate** (verbo) /'eskəleɪt/ rima com *calculate* (calcular)

escalator (subst.) /'eskəleɪtə(r)/ rima com *calculator* (calculadora)

1. Mas... um momento... **escalate** não significa "escalar"? Como então aparece nesta seleção de *false friends*? A explicação é simples: o verbo "escalar" em português tem várias acepções e **escalate** só se encaixa em uma delas. Qual? No sentido de "progredir, aumentar, crescer em volume, número, quantidade, intensidade".

   > A little conflict in many cases **escalates** into a full-scale war.
   >
   > Tensions along the Pakistani-Indian border are **escalating** dangerously.

2. Mas o nosso verbo "escalar" tem outros sentidos, além desse. E nesses outros sentidos **escalate** não é usado. Assim **escalate** não se usa para:

   a) subir (morro, montanha, lugar íngreme), fazer escalada. Para isso usa-se *climb*.

   b) selecionar, escolher, formar uma equipe esportiva. Para isso usa-se *select, pick* ou *choose*.

c) selecionar, escolher para fazer parte do elenco de um filme. Para isso usa-se *cast*.

3. ***Escalator*** não é "escalador" em nenhum dos sentidos de escalar. ***Escalator*** é "escada rolante".

*Children should be careful and quiet while standing on the **escalator**.*

Escolha a opção que melhor traduz as palavras em destaque nestas frases. Na frase 1 você vai ver de novo *compromise*, já estudada no verbete 95.

1. *"We found no **compromise**. This uncertainty can **escalate** rather than calm the political situation." (Vaclav Klaus)*

Não conseguimos chegar a um *a) compromisso; b) acordo*. Esta incerteza pode *a) selecionar; b) progredir* ao invés de acalmar a situação política.

2. *"The best **escalator** to opportunity in America is education." (Nicholas Kristof)*

A melhor *a) escada rolante; b) escaladora* para a oportunidade na América é a educação.

3. *"We're facing a growing global crisis that has the potential to **escalate** beyond the control of governments and other authorities." (Anders Fogh Rasmussen)*

Estamos nos defrontando com uma crescente crise global que tem o potencial de *a) se estender; b) selecionar* para além do controle de governos e outras autoridades.

4. *"Life is an **escalator**; you can move forward or backward; you cannot stand still." (Patricia Russell-McCloud)*

A vida é uma *a) escaladora; b) escada rolante*; você pode se mover para cima ou para baixo, mas não pode ficar parado.

---

172 **escapade** (subst.) /ˈeskəpeɪd/ rima com *ready-made* (pronto/a a usar)

1. OK, ***escapade*** é escapada. Mas... que tipo de escapada? Se você pensou em fuga da prisão, em busca da liberdade... *sorry*, não é essa palavra. Para isso usa-se o substantivo *escape*.

*Papillon planned and executed a clever **escape** from Devil's Island using a coconut-powered raft.*

2. Se pensou em ***escapade*** como sinônimo de "escapadela", "ausência breve", também não acertou. Para isso usa-se *brief escape*.

*I had to leave the meeting for a few minutes, but no one noticed my **brief escape**. Soon I was back in the meeting room.*

3. Então o que é **escapade**, afinal? É uma experiência entre audaciosa e irresponsável, que foge à rotina, uma ação arriscada, fora do convencional ou, se o contexto for na área romântica ou sexual, uma aventura "apimentada".

> *If you cut class and spend the morning playing beach soccer in Ipanema, that's an **escapade**.*

> *If your parents do not approve of your marriage to lovely Francisquinha and you two decide to leave the country and get married in Bariloche, that's an **escapade**.*

Escolha a opção que melhor traduz a palavra em destaque nestas frases.

1. *"Travel is about **escapades**, not escapes." (advertisement)*

Viajar tem a ver com *a)* aventuras; *b)* escapadelas e não com fugas.

2. *"When I was younger, many of my romantic **escapades** were just a means of simply avoiding being by myself. I was afraid of feeling lonely, afraid I wouldn't know what to say to myself." (Michael Zaslow)*

Quando eu era mais jovem, muitas das minhas *a)* escapadas; *b)* aventuras românticas eram só um meio de evitar ficar sozinho. Eu tinha medo de me sentir só, medo de não saber o que dizer a mim próprio.

3. *"The court jester had the right to say the most outrageous things to the king. Everything was permitted during carnival, even the songs that the Roman legionnaires would sing, calling Julius Caesar "queen", alluding, in a very transparent way, to his real, or presumed, homosexual **escapades**." (Umberto Eco)*

O bobo da corte tinha o direito de dizer ao rei as coisas mais ultrajantes. Tudo era permitido durante o carnaval, até mesmo as canções que os legionários romanos cantavam, chamando Julio César de *gay*, aludindo, de forma muito transparente, às *a)* escapadas; *b)* aventuras homossexuais, reais ou presumidas, do imperador.

---

173 espy (verbo) /esˈpaɪ/ rima com *spy* (espião; espionar); em ***espy*** pronunciam-se duas sílabas, em *spy* uma só: /spaɪ/

1. ***Espy*** é um verbo (regular: ***espied – espied***), próprio da linguagem literária, significando "avistar, ver algo ou alguém de repente e ao longe".

> *Harold was on the platform. Suddenly he **espied** someone waving at him from the train window.*

2. Não significa "espiar, espreitar, observar às escondidas." Para isso usa-se *peek*.

> *The kids **peeked** into the living room to see who the visitors were.*

3. Também não significa "espionar, atuar como ou bancar o espião". Isso é *spy*.

*The name is Bond and I **spy** for a living.*

Escolha a opção que melhor traduz a palavra em destaque nesta frase.
*"Where love fails we **espy** all faults." (John Ray)*
Onde o amor falha, nós a) *espionamos;* b) *vemos* todos os defeitos.

---

174 estate (subst.) /ɪˈsteɪt/ rima com *a state* (um estado); em ***estate*** pronunciam-se duas sílabas, em *state* uma só: /steɪt/

1. OK, ***estate*** lembra imediatamente a nossa "estado", mas vamos com calma! Se pensarmos em "estado, divisão territorial de um país", ***estate*** é *false friend*. Bate na trave, mas não faz gol, porque para esse sentido usa-se *state*, sem o *e* inicial.

   *São Paulo and Paraná are Southern **states** in Brazil.*

2. Se pensarmos em "Estado, país soberano ou então como o conjunto das instituições públicas de um país", ***estate*** continua sendo *false friend* e batendo na trave, porque a palavra para isso volta a ser *state*, às vezes grafada com *S* maiúsculo.

   *France is one of the original member **states** of the European Union.*

   *Public **(State)** schools in Brazil receive funding from the **State**.*

3. Mas se pensarmos em "estado, classe social ou política, conjunto de pessoas do mesmo extrato socioeconômico de uma nação", ***estate*** deixa de ser *false friend* e faz o seu primeiro gol.

   *In the past the nobility, the clergy, and the commons had distinct political powers. They were the three **estates**.*

   *The Press is often called the fourth **estate**.*

4. Se pensarmos em "estado, conjunto de condições em que uma pessoa ou uma coisa se encontra", ***estate*** volta a ser *false friend* e bater na trave, porque de novo a palavra que se usa é *state*, sem o *e* inicial.

   *My uncle's car is a Volkswagen in its original **state**.*

   *After the accident some of the passengers were in a **state** of shock.*

   *I'm sorry, I've drunk a bit too much, I'm in no **state** to drive.*

5. Nos usos mais frequentes de ***estate***, a palavra segue sendo *false friend*, e agora nem bate na trave. Assim, ***estate*** pode significar:

   grande propriedade (geralmente rural), terras (em geral com mansão ou solar e outras benfeitorias).

   *Michael Jackson owned a large **estate** outside of Santa Barbara, California, known as the Neverland Ranch, besides many other properties.*

6. Patrimônio, bens (imóveis e móveis), tudo o que a pessoa deixa ao morrer. Isso inclui toda a biblioteca e até a coleção de figurinhas e ainda, infelizmente para os herdeiros, as dívidas, se houver.

   *Who did he leave his **estate** to?*

7. Entidade que detém os direitos autorais de artista ou personalidade após a sua morte.

   *The Agatha Christie **estate** allowed a TV producer to put one of her stories on TV.*

8. E, por fim, as locuções e expressões com ***estate*** e com "estado":

   - estado civil: **marital status**
   - estado de bem-estar social: **Welfare State**
   - estado de choque: **state of shock**
   - estado de sítio: **state of siege**
   - **estate agent** (Reino Unido), **real estate agent** (EUA): corretor de imóveis
   - **estate car:** perua, caminhonete (Reino Unido) = *station wagon* (EUA)
   - **housing estate:** conjunto habitacional (Reino Unido)

Escolha a opção que melhor traduz a palavra em destaque nestas frases.

1. "*My friends are my **estate**.*" (Emily Dickinson)

Os meus amigos são o meu a) estado; b) patrimônio.

2. "*Death is not the end. There remains the litigation over the **estate**.*" (Ambrose Bierce)

A morte não é o fim. Ainda resta o litígio por causa do a) patrimônio; b) estado do morto.

3. "*In dedicating his **estate** to the honoring of endeavors that benefit mankind, Alfred Nobel expressed a lifelong concern that is even more timely now than it was in his lifetime.*" (Stanford Moore)

Ao dedicar o seu a) estado; b) patrimônio a premiar as iniciativas que trazem benefício à humanidade, Alfred Nobel expressou uma duradoura preocupação que é ainda mais oportuna hoje do que foi enquanto ele estava vivo.

---

175 estrange (verbo) /ɪˈstreɪndʒ/ rima com *strange* (estranho/a), mas tem duas sílabas, enquanto *strange* tem só uma: /streɪndʒ/.

estranged (adj.) /ɪˈstreɪndʒd/ rima com *arranged* (arranjado/a, arrumado/a)

1. Será "estranho/a"? Estrangeiro/a? Estranhar? Estranhado/a? Nada disso. Vamos aos fatos, por mais "estranhos" que pareçam.

2. ***Estrange*** (com esse *e* inicial, não confundir com *strange*) é um verbo (regular), próprio da linguagem formal, que significa:

   afastar, separar, alienar, fazer com que uma pessoa deixe de se relacionar com outro membro da família, do grupo de amigos ou colegas.

   > Carlos's political beliefs ***estranged*** him from his friends and coworkers.
   >
   > Years of boarding school ***estranged*** the boys from their families.

3. Esse verbo é mais comumente usado na voz passiva: ***be estranged***:

   > The old man had abandoned his family and ***was estranged*** from his children.
   >
   > Angelina Jolie was raised by her single mother and ***estranged*** from her father for many years.

   > Os pais de Angelina Jolie, Marcheline Bertrand, uma jovem candidata ao estrelato, e Jon Voight, ator premiado pelo seu papel em *Midnight Cowboy* e *Coming Home*, separaram-se quando Angelina era ainda uma criança. Ela foi criada por Marcheline, mãe solteira. Angelina foi ***estranged from her father*** (afastada do convívio com o pai), por muito tempo. Nos últimos anos, após a separação de Angelina e Brad Pitt, houve várias tentativas de reconciliação da atriz com seu pai, mas sempre sem sucesso.

4. ***Estranged*** é usado como adjetivo em locuções como:
   - an ***estranged*** couple: um casal que agora vive separado
   - an ***estranged*** husband/wife: um marido/uma esposa que vivem separados

5. ***Estrange*** e ***estranged*** não correspondem a *estranho* ou *estrangeiro*. Vamos ver que palavras usamos para isso:
   - estranho/a, esquisito/a, incomum (adj.): **strange**
     > Lady Gaga sometimes wears some very ***strange*** clothes.
   - estranho, pessoa estranha (subst.): **stranger**
     > I had never seen that girl before. She was a total ***stranger*** to me.
   - estrangeiro/a, de outro país (adj.): **foreign**
     > You need a passport to visit a ***foreign*** country.
   - estrangeiro/a, pessoa que nasceu em outro país (subst.): **foreigner**
     > Borat is from Kazakhstan. To us, he is a ***foreigner***.

Existe, sim, de certa forma, uma ligação de ***estrange*** e ***estranged*** com o substantivo "estranho". Quando um casal se separa, em geral, os dois se afastam e passam a ser... *strangers*. Onde havia um relacionamento de amor e afeto, em geral, passa a haver distância, silêncio, indiferença e às vezes até hostilidade.

6. Para o verbo "estranhar" em geral usa-se a locução *find it strange*.

   Don't you **find it strange** that Hillary Clinton practically disappeared from the media news?

Escolha a opção que melhor traduz a palavra em destaque nestas frases.

1. "The year after they courted and before they became **estranged**, they were almost never apart." (The New Yorker, October 29, 2018)

No ano depois que começaram a namorar e antes de ficarem a) *estranhados*; b) *afastados*, eles quase nunca se separaram.

2. "That night, she called her **estranged** mother, breaking a two-year silence." (The Guardian, September 18, 2018)

Naquela noite, ela ligou para a mãe, de quem se tinha a) *estranhado*; b) *afastado*, quebrando o silêncio que durava dois anos.

---

176 eventual (adj.) /ɪˈventʃuəl/ rima com *essential* (essencial)

eventually (adv.) /ɪˈventʃuəli/ rima com *essentially* (essencialmente)

1. Com esses dois temos de ir de-va-ga-ri-nho, todo o cuidado é pouco. Numa *eventual* votação para os falsos amigos mais falsos, certamente esses dois estariam na briga pelos primeiros lugares.

2. Isto porque **eventual**, é claro, não corresponde ao nosso "eventual, casual, que pode acontecer ou não". Isso é *casual*.

   Yes, I saw Maggie last week, but it was a **casual** meeting, nothing had been planned.

3. E também não significa "eventual, ocasional, que acontece só algumas vezes". Isso é *occasional* ou *sporadic*.

   Our meetings are **occasional/sporadic**.

4. Então, o que significa **eventual**? Pode ser traduzido por "final" e refere-se a algo que acontece após algum tempo ou esforço. Muitas vezes a tradução com "final" fica pesada, forçada, e é preciso modular a frase, para maior naturalidade e fluência, como vamos ver neste exemplo:

   Joe had trained hard for the fight and he was confident of **eventual** victory.

   And yes, Lucky Joe was the **eventual** winner.

Como você traduziria esse finalzinho?

        E, sim, Lucky Joe...

        a) *foi o vencedor final.*   b) *acabou sendo o vencedor.*

    É claro que optamos pela b), né?

5. Vamos agora ver o advérbio, o glorioso **eventually**, sério candidato ao título de "*O Mais Falso dos Falsos Amigos*", já que ele induz os incautos a pensar em "eventualmente, possivelmente, talvez, quem sabe?"... mas não é. Como se diz isso? *Possibly, perhaps, maybe.*

    *Uncle Matthew might **possibly** lend you the car, who knows?*

6. Na verdade, **eventually** pode ser traduzido por "finalmente, por fim" e refere-se a algo que leva tempo para acontecer, mas acaba acontecendo em consequência de algo implícito ou explícito no contexto. Voltando à historinha do Lucky Joe e de sua eventual vitória, usando **eventually** dizemos:

    *Lucky Joe trained hard for more than a year and he **eventually** won the fight.*

✓   E agora, como você traduziria esse finalzinho?

    (...) durante mais de um ano e...

    a) *ele por fim ganhou a luta.*   b) *ele acabou ganhando a luta.*

    Mais uma vez optamos pela b), né?

▶️ Outro exemplo de uso de **eventual** e **eventually**. Afinal, eles merecem um FILMINHO.

*I had lost my glasses. I simply did not know where I had put them. I really need those glasses, I can't see anything without them, and I was sure of **eventual** success. So I looked for them everywhere, I asked everyone to help me find them, I even prayed to Saint Longuinho to help me in the rescue mission and after an hour or so I **eventually** found those glasses. Believe it or not, they were on top of my head.*

*Oh well, I know that story is hardly plausible, but it's just an example of **eventual** and **eventually**...*

✓   Qual é a melhor tradução deste trecho?

    *(...) I was sure of **eventual** success.*

    a) *Eu estava certo do sucesso final.*; b) *Eu tinha certeza de que acabaria tendo sucesso.*

    E o trecho final... *I **eventually** found those glasses.*

    a) *Eu por fim achei aqueles óculos.*; b) *Eu acabei por achar aqueles óculos.*

    Qual é a melhor opção?

    It's up to you, mas eu gosto mais das b).

Escolha a opção que melhor traduz as palavras em destaque nestas frases.

1. "Failure may be just a step toward your **eventual** goal." (Georgette Mosbacher)

O fracasso pode ser apenas um passo em direção ao seu objetivo a) eventual; b) final.

2. "The trouble with a kitten is that **eventually it becomes** a cat." (Ogden Nash)

O problema com um gatinho é que ele a) acaba virando; b) eventualmente vira um gato.

3. "By working faithfully eight hours a day you may **eventually** get to be boss and work twelve hours a day." (Robert Frost)

Se você trabalhar fielmente oito horas por dia você pode a) acabar sendo; b) eventualmente ser o patrão e trabalhar doze horas por dia.

4. "Knowing when to take your losses is an essential part of **eventual** success." (Tom Peters)

Saber quando absorver suas perdas é parte essencial de a) acabar tendo; b) eventualmente ter sucesso.

5. "Every so often, we all gaze into the abyss. It's a depressing fact of life that **eventually** the clock expires; **eventually** the sand in the hourglass runs out. It's the leaving behind of everything that matters to us that hurts the most." (Ben Shapiro)

De vez em quando, todos nós contemplamos o abismo. É deprimente, mas a realidade é que a) por fim; b) eventualmente o relógio para; a areia na ampulheta a) acaba chegando ao fim; b) eventualmente chega ao fim. O que causa mais dor é ter de deixar para trás tudo o que é importante para nós.

---

177 evict (verbo) /ɪˈvɪkt/ rima com *predict* (predizer, prever)

1. Se você encontra a palavra **evict** em um texto em inglês e logo o nosso "evitar" vem à sua mente, então **evict** é um *false friend* para você, como é também para nós. Precisamos *avoid doing that*, porque **evict** não significa "evitar", verbo que corresponde em inglês a *avoid*.

   We must **avoid** jumping to conclusions when we find an unknown word in a text. What we should do is look it up in a good dictionary.

   Então, qual é, afinal, o significado de **evict**?

2. ***Evict*** é um verbo (regular) que significa "despejar, dar ordem de despejo, expulsar, fazer o inquilino/locatário sair do imóvel que o senhorio/locador alugou a ele".

> *If you don't pay the rent, eventually the landlord will **evict** you.*

3. Observe a tradução dessa frase com especial atenção ao *eventually*, que acabamos de estudar no verbete anterior:

> Se você não pagar o aluguel, o locador "vai acabar despejando" você.

4. Outro exemplo, complete a tradução:

> *The landlord **evicted** the tenants who had failed to pay the rent for three months.*
>
> O senhorio/locador .... os inquilinos/locatários que "se esqueceram de pagar" o aluguel de três meses.

Sim, despejou. E aquele *tenants*, você viu, é outro *false friend*. Vamos estudá-lo quando chegarmos à letra T. Prezado *tenant*, pode esperar, a sua hora vai chegar!

Escolha a opção que melhor traduz as palavras em destaque nestas frases.

1. *"I release you. I **evict** you from my heart. Because if I don't do it now, I never will." (Jenny Han)*

Eu te libero. Eu te a) *evito*; b) *expulso* do meu coração. Porque se eu não o fizer agora, nunca o farei.

2. *"**Evict** people who are just taking up space but not contributing to your life. Occupy your future." (Thema Davis)*

a) *Evite*; b) *Dê ordem de despejo* a pessoas que estão só ocupando espaço, mas não contribuindo para sua vida. Ocupe o seu futuro.

3. *"When you don't forgive, you permit your enemies to live rent free in your head – **evict** them today." (Lee Ezell)*

Quando você não perdoa, você permite que os seus inimigos vivam na sua cabeça sem pagar aluguel – a) *despeje-os*; b) *evite-os* hoje.

---

178 exit (subst., verbo) /ˈeksɪt, ˈegzɪt/

1. Essa é figurinha fácil, todo mundo sabe que ***exit*** não tem nada a ver com "êxito, sucesso". Para isso temos *success* ou *hit*.

> ***Success** is getting what you want. Happiness is wanting what you get. (Dale Carnegie)*

*Bernardo is a big fan of Michael Jackson. He knows all the pop star's **hits** by heart.*

2. E todo mundo sabe o verdadeiro sentido de ***exit***, como substantivo:

   a) saída, lugar por onde se sai (do palco, cinema, museu, da autoestrada, de um edifício etc.). Sinônimo: *way out.*

   *We can't normally get out this way. The sign says, "No **exit**".*

   - **emergency exit:** saída de emergência

   b) saída, ato de sair. Sinônimo: *departure.*

   *I had to leave the meeting before it ended. I made an early **exit**.*

   c) morte

   *Ayrton Senna's early **exit** shocked the whole world.*

3. ***Exit*** também pode ser usado como verbo (regular), significando:

   a) sair. Sinônimo: *leave, get out, depart.*

   *Please **exit** the museum by the side doors.*

   b) (Informática) sair, concluir um acesso

   *Don't forget to save your work before you **exit**.*

   c) morrer

   *How did Jesse James **exit**?*

Expressões idiomáticas usadas como sinônimo de ***exit*** no sentido de morrer: *give up the ghost, buy the farm, kick the bucket.*

Existem outras, selecionamos essas três que nos parecem criativas e divertidas (embora o tema nada tenha de divertido):

- **give up the ghost** (literalmente "liberar o fantasma", faz sentido, já que então você se torna um deles)

- **buy the farm** (literalmente "comprar a fazenda", para alguém cujo sonho de consumo na vida foi ser o feliz proprietário de uma fazenda, nessa ocasião ele ganha um vasto e bucólico espaço para finalmente cuidar da fazenda)

- **kick the bucket** (literalmente "chutar o balde", uma expressão que tem origem naqueles linchamentos improvisados, em pleno Oeste sem lei, em que o sujeito que estava sendo enforcado, à falta de um tablado ou patíbulo "adequado", era forçado a subir em um balde; ao sentir o puxão da corda, por reflexo ele chutava o balde e assim *made his **exit*** deste mundo)

Escolha a opção que melhor traduz a palavra em destaque nestas frases.

1. *"There's only one **exit** on the highway of life." (anonymous)*

Só existe um(a) a) saída; b) êxito na autoestrada da vida.

2. *"We are going to **exit** the fossil fuel era. It is inevitable." (Elon Musk)*

Nós vamos a) sair da; b) ter êxito na era dos combustíveis fósseis. É inevitável.

3. *"Life is like a maze in which you try to avoid the **exit**." (Roger von Oech)*

A vida é como um labirinto em que você tenta evitar o/a a) êxito; b) saída.

4. *"Every **exit** is an entry somewhere else." (Tom Stoppard)*

Todo o/Toda a a) êxito; b) saída é uma entrada em outro lugar.

---

179 expert (subst., adj.) /ˈeksp3ː(r)t/ a sílaba tônica é a primeira: EXpert

expertise (subst.) /ˌeksp3ː(r)ˈtiːz/ rima com *Portuguese* (português)

1. ***Expert*** será "esperto/a"? *No way.* Como substantivo ***expert*** significa "perito/a, especialista".

    *Professor Cleonice Berardinelli is an **expert** on Portuguese literature, especially the poetry of Fernando Pessoa.*

    *My friend John Burke is an **expert** at solving computer problems.*

2. Ou então "experto/a", com pedido de desculpa pelo anglicismo. *Sad to say*, já está nos dicionários...

    > Um curso de inglês *online* assegura: "Somos "expertos" no ensino de inglês." Eles poderiam dizer que são "peritos, especialistas", mas talvez por se tratar de um curso de inglês preferiram o (feioso) anglicismo; "experto" veio fazer companhia a "deletar" (mas nós temos "apagar"), *performance* (temos "atuação, desempenho"), "checar" (temos "verificar"), "baby-sitter" (temos "babá"), *mouse* (bom, esse tudo bem, porque o "rato" só roi a roupa do rei da informática lá em Portugal...) e muitos, muitos outros empréstimos linguísticos que vieram para ficar. Como, aliás, esta expressão...

3. Como adjetivo, ***expert*** significa "experiente, especializado/a, altamente qualificado/a".

    *Professor Berardinelli has written a great number of essays and books which reflect her **expert** knowledge of the subject.*

4. ***Expert*** não significa "esperto/a, inteligente, perspicaz". Para isso usa-se *smart, bright, clever, sharp*.

    *Marjorie is a **smart/ bright/ clever/ sharp** student, but maybe a bit lazy.*

> E por falar em **smart**, esse adjetivo pode também ser usado com conotação negativa, correspondendo ao "esperto/a" no sentido pejorativo. Uma palavra interessante, camaleônica, para a qual podemos usar também a forma diminutiva ou aumentativa, com o mesmo sentido. Assim:
>
> *Não banca o **esperto**/**espertinho**/**espertalhão** comigo, não, meu jovem!*
>
> *Don't get **smart** with me, young man!*

5. E *just out of curiosity*, como será que se diz em inglês a nossa "Fique esperto!"? Votamos em qualquer uma destas:

   Keep your eyes peeled/Keep your eyes open/Keep your eyes on the ball.

6. **Expertise** em inglês é "esperteza", em português, certo? Errado. Para dizer "esperteza (a do bem), inteligência", usamos *cleverness*.

   *The **cleverness** of the young girl filled her parents with pride.*

7. E para dizer "esperteza (a do mal), astúcia, manha", usamos *cunning* ou *shrewdness*.

   *Some stereotypes in animal fables: the **cunning** of the fox, the vanity of the crow, the courage of the lion etc.*

8. Então, se **expertise** não é "esperteza", o que é? É perícia, habilidade, especialidade, destreza, mestria.

   *Carol graduated from law school. Her **expertise** in legal matters will certainly be very useful.*

Escolha a opção que melhor traduz as palavras em destaque nestas frases.

1. *"An **expert** knows all the answers – if you ask the right questions."* (Levi Strauss)

Um a) experto; b) esperto sabe todas as respostas – se você fizer as perguntas certas.

2. *"Every **expert** was once a beginner."* (Rutherford B. Hayes)

Todo a) esperto; b) perito foi uma vez principiante.

3. *"Of course I talk to myself. Sometimes I need **expert** advice."* (anonymous)

É claro que eu falo sozinho. Às vezes preciso de conselho a) especializado; b) esperto.

4. *"An **expert** knows more and more about less and less until he knows everything about nothing."* (Albert Einstein)

Um a) especialista; b) esperto sabe cada vez mais sobre cada vez menos até saber tudo sobre nada.

5. *"Never become so much of an **expert** that you stop gaining **expertise**. View life as a continuous learning experience." (Denis Waitley)*

Nunca venha a ser tão a) *esperto;* b) *experto* a ponto de parar de ganhar a) *esperteza;* b) *perícia, destreza.* Veja a vida como uma contínua experiência de aprendizado.

180 exquisite (adj.) /ɪkˈskwɪzɪt, ˈɛkskwɪzɪt/

Certas coisas são mesmo esquisitas. Como é que a mesma palavra, no caso o adjetivo "esquisito/a", em português, pode ter significados tão diversos e até mesmo contrários? Pois é, mas pode. Vamos observar as possíveis acepções de "esquisito/a" e vamos numerá-las, para não nos perdermos.

1. Todo mundo conhece o sentido de "esquisito/a" como "estranho/a, diferente, anormal". Se, em pleno verão carioca, de repente desaba uma chuva de granizo, a criançada sai catando os pequenos fragmentos de gelo e, encantada, anuncia que "está nevando!", isso é muito esquisito.

2. "Esquisito/a" também pode significar "exótico/a, extravagante". Um petisco como *fried cockroaches* (baratas fritas) pode ser uma iguaria para os asiáticos (ver verbete 150, *disgust*), mas, para nós, comer baratas fritas é muito esquisito.

3. "Esquisito/a" pode também referir-se a "algo que tem aspecto feio ou desagradável". Vemos a foto e a legenda (*in English*) de um *platypus*, aprendemos que esse é um animal da Austrália, coberto de pelos, mas dotado de uma cauda como a de um castor e de um bico semelhante ao de um pato, descobrimos que o nome desse animal em português é ornitorrinco e lá vem o comentário, "Que bicho esquisito!" E não é só o bicho que é esquisito, o seu nome também. Ornitorrinco... Um bom nome para rotular alguém que pisou no nosso calo, sem se desculpar. "Peça desculpas, seu ornitorrinco!"

4. "Esquisito/a" pode ainda ser usado para "algo difícil de explicar, que não dá para entender", como o sumiço das vigas do Elevado da Perimetral, no Rio de Janeiro em 2013. 120 toneladas de aço, com quilômetros de extensão, sumiram da noite para o dia, ninguém sabe nem viu para onde foram. Isso também é muito esquisito.

5. E finalmente, "esquisito/a" também pode ser usado para "algo precioso/a, requintado/a, refinado/a, delicioso/a, delicado/a, fino/a, elegante".

Um vinho pode ter um aroma "esquisito", delicado, perfumado, delicioso; um risoto com trufas em um restaurante italiano de primeira classe pode ter um sabor igualmente "esquisito"; um perfume com um aroma "esquisito"; a renda de uma toalha feita à mão pelas mulheres rendeiras do Ceará pode ser "esquisita", fina, frágil e delicada como teia de aranha; um vaso chinês pintado à mão é belo, fino, delicado, "esquisito" e adorna a sala de alguém que, além de dinheiro, tem um gosto "esquisito", apurado e fino. Em todos esses casos, "esquisito" tem uma conotação positiva, ao contrário do que vimos nos quatro anteriores.

> E agora vem a pergunta: Mas o que **exquisite** tem a ver com tudo isso? A resposta é simples e direta. **Exquisite**, em inglês, só corresponde a "esquisito/a" em português neste último sentido, aquele ao qual demos o número 5: "precioso/a, requintado/a, rebuscado/a, refinado/a, delicioso/a, delicado/a, fino/a, elegante, fora do comum". **Exquisite** vem do latim *exquisitus*, particípio de *ex* (fora) + *quaerere* (buscar). Uma flor, um pôr do sol, um poema podem ser **exquisite**, e não será todo o dia nem em todo o lugar que os encontraremos.
>
> **Exquisite** wine/dish/fragrance/lace/Chinese vase/taste/flower/sunset/poem
>
> Se dissermos, em português, que "a voz da Sarah Brightman é absolutamente esquisita", o sentido da frase fica ambíguo, vai depender da entonação e ênfase para sabermos se a intenção é usar "esquisito, estranho" ou "esquisito, belo, delicado, fora do comum". Mas em inglês não pode haver dúvida:
>
> Sarah Brightman's singing voice is absolutely **exquisite**. It is really very beautiful.

6. E, para terminar, como se diz "esquisito/a, estranho/a"? *Odd/strange/peculiar/weird*.

    The platypus is **an odd/a strange/a peculiar/a weird** Australian mammal whose young are born from eggs.

    Escolha a opção que soa mais natural, menos "esquisita, estranha" para traduzir a palavra em destaque nestas frases.

    1. "*A life well lived is the most* **exquisite** *work of art.*" *(Erwin McManus)*

    Uma vida bem vivida é a obra de arte mais *a)* esquisita; *b)* requintada.

    2. "*Life is a spell so* **exquisite** *that everything conspires to break it.*" *(Emily Dickinson)*

    A vida é um encanto tão *a)* delicado; *b)* esquisito que tudo conspira para o quebrar.

    3. "*The body of a beautiful woman is not made for love; it is too* **exquisite**." *(Henri de Toulouse-Lautrec)*

    O corpo de uma bela mulher não é feito para o amor; ele é *a)* delicado; *b)* esquisito demais.

181 extenuate (verbo) /ɪkˈstenjueɪt/ rima com *humiliate* (humilhar)

extenuating (adj.) /ɪkˈstenjuˌeɪtɪŋ/ rima com *humiliating* (humilhante)

1. Aqui vamos começar puxando do arquivo as fichinhas de dois verbos em português: "extenuar" e "atenuar". Você se lembra do significado desses dois?

    "Extenuar" é:

    ■ esgotar(-se), cansar(-se) demais, ficar ou fazer ficar morto/a de cansaço.

    ■ debilitar(-se), enfraquecer(-se), ficar ou fazer ficar muito fraco/a.

    ■ esgotar, exaurir, acabar totalmente com (fortuna, patrimônio etc).

2. **Extenuate**, *in English*, não é nada disso e, portanto, é um *false friend*. Pode lembrar o nosso "extenuar", mas não é. Vamos ver os verbos que, *in English*, correspondem aos vistos acima.

    a) extenuar, esgotar, cansar demais: *exhaust, tire out, wear out*

    *Playing soccer on the beach for hours on end really **exhausts** you / **tires** you **out** / **wears** you **out**.*

    b) extenuar-se, esgotar-se, cansar-se demais: *become exhausted / tired out / worn out*

    *You **become exhausted / tired out / worn out** after running a marathon.*

    c) extenuar, debilitar, enfraquecer: *debilitate, weaken*

    *High fever **debilitates / weakens** you.*

    d) extenuar-se, debilitar-se, enfraquecer-se: *grow weak, grow feeble*

    *The runner had **grown** extremely **feeble** and had to quit before he could reach the finish line.*

    e) extenuar, esgotar, acabar totalmente com: *exhaust, use up, drain, deplete*

    *If they keep wasting money like that, they will eventually **exhaust / use up / drain / deplete** their savings.*

3. Já vimos o "extenuar", agora vamos relembrar o significado de "atenuar", em português.

    "Atenuar" é:

    amenizar, suavizar, reduzir, tornar menos intenso/a, menos grave ou menos importante.

    *O governo apresentou algumas propostas para **atenuar** os efeitos do desemprego.*

4. E o que *extenuate* tem a ver com isso? Tem tudo a ver, mas só por eliminação. Porque *extenuate* não corresponde, como já vimos, ao nosso

"extenuar, esgotar, exaurir", e sim ao nosso "atenuar, amenizar, reduzir a gravidade de (crime, erro, culpa, crise etc.)".

> *The government put forward some proposals to **extenuate** the effects of unemployment.*
>
> *The thief's family was starving when he stole that cell phone. Stealing is a crime, but the circumstances **extenuate** that crime.*

5. E ***extenuating***, o adjetivo da família, não é "extenuante" (isso é *exhausting* ou *extremely tiring*) mas sim "atenuante", o contrário de *agravante*, o que podemos observar pela expressão **extenuating circumstances**: circunstâncias atenuantes.

> *The fact that his family was starving can be considered as **extenuating circumstances**.*

Escolha a opção que melhor traduz as palavras em destaque nestas frases.

*1. "There is but one means to **extenuate** the effects of enemy fire: it is to develop a more violent fire oneself." (Ferdinand Foch)*

Só existe um meio de *a)* extenuar, esgotar; *b)* atenuar, suavizar os efeitos do fogo inimigo: é você próprio desenvolver um fogo mais violento.

*2. "My life has been one unending stream of **extenuating** circumstances." (Clayton Christensen)*

Minha vida tem sido um fluxo contínuo de circunstâncias *a)* atenuantes; *b)* extenuantes.

*3. "We do not live to **extenuate** the miseries of the past nor to accept as incurable those of the present." (Fairfield Osborne)*

Nós não vivemos para *a)* atenuar; *b)* extenuar as extremas dificuldades do passado nem para aceitar que as do presente sejam incuráveis.

*4. "**Extenuating** circumstances to be mentioned on Judgment Day: We never asked to be born in the first place." (Kurt Vonnegut)*

Circunstâncias *a)* agravantes; *b)* atenuantes a serem mencionadas no Dia do Juízo Final: Para começar, nós não pedimos para nascer.

---

182 extrapolate (verbo) /ɪkˈstræpəleɪt/ rima com *exterminate* (exterminar)

1. Mais um verbo (regular) que abordamos com muito cuidado, porque às vezes ele é bonzinho e amiguinho, outras vezes é falso amigo.
2. Assim, ***extrapolate*** pode ser amigo verdadeiro e significar:

extrapolar, generalizar com base em casos específicos, fazer inferências com base em fatos conhecidos, supostamente válidos para o futuro.

> *It's no use **extrapolating** the number of tourists who will come to Rio next year by checking at how many came in previous years.*

3. Mas ***extrapolate*** não é usado no sentido de "extrapolar, exagerar, exceder(-se), ir além dos limites estabelecidos." Para dizer isso, usa-se *overdo* ou *exaggerate*.

> *George sometimes drinks a little too much and then he **overdoes** it.*
>
> *I told you more than a billion times not to **exaggerate**.*

Escolha a opção que melhor traduz as palavras em destaque nestas frases. Na frase 1 você vai reencontrar *exit* e *expertise*, já vistas nos verbetes 178 e 179, respectivamente.

1. "My main **expertise** is in the past, but if I have to **extrapolate** into the future, I would say: no good news any time soon and an obvious **exit** strategy is not apparent to me." (Juan Cole)

Minha principal a) esperteza; b) especialidade é quanto ao passado, mas se tenho de a) extrapolar; b) exagerar quanto ao futuro, eu diria: sem boas notícias em um futuro próximo e também não está visível para mim nenhuma estratégia de a) êxito; b) saída.

2. "People come into McDonald's two to three times a month – **to extrapolate** that to the cause of obesity is a real stretch." (Steve Easterbrook)

As pessoas vêm ao McDonald's duas ou três vezes por mês – a) exagerar; b) extrapolar isso como sendo a causa da obesidade é muito forçado.

3. "Financial markets tend to **extrapolate**, looking at small pieces of information today to project what the future will look like." (New York Times, May 2, 2018)

Os mercados financeiros tendem a a) exagerar; b) extrapolar, olhando fragmentos de informação hoje para projetar como será o futuro.

183 **fabric** (subst.) /ˈfæbrɪk/

fabricate (verbo) /ˈfæbrɪkeɪt/ rima com *fascinate* (fascinar)

fabrication (subst.) /ˌfæbrɪˈkeɪʃ(ə)n/ rima com *fascination* (fascinação)

1. ***Fabric*** lembra imediatamente a nossa "fábrica", mas não é. Fábrica *in English* é *factory* ou *plant*.

> *José works in a car assembly **factory/plant** in São Paulo, where cars are put together from parts. He is a **factory/plant** worker.*

2. Então qual é o significado de *fabric*? *Fabric* pode ser:

   a) tecido

   *Clothes are made of **fabric** or a combination of **fabrics**.*
   *Denim is the **fabric** used to make jeans.*

   > Pegando carona nessa última frase, é bom saber que *denim* corresponde à nossa "sarja, tecido grosso e entrançado, pode ser de algodão, usado na confecção de *jeans*". Então *denim pants*, o que chamamos de *calças jeans*, vem do francês *serge de Nîmes*, sarja de Nîmes. Nîmes é a cidade francesa onde, em 1872, esse tecido foi criado. Mas por que dizemos "calças jeans" e não "calças denim"? Porque *jeans* foi o nome que "colou" e essa etimologia também é curiosa. O primeiro país a importar o *denim* (a tal "sarja de Nîmes") foi a Itália, onde o tecido foi usado para confeccionar os uniformes dos marinheiros de Gênova. Esses marinheiros genoveses eram chamados de *genes* pelos franceses. Quando o tecido chegou à América, foi a vez da língua inglesa entrar em ação e mudar de *genes* para *jeans*. Hoje todos nós usamos *jeans* e podíamos ficar sem saber de toda essa cultura inútil, mas, como algum sábio já disse, nenhuma cultura é inútil.

   b) fundação, estrutura que está na base de algo

   *A public school that offers high quality education is a pillar in the **fabric** of community.*

   - **fabric of society:** tecido social

3. E agora vamos explicar o *fabricate*. Já sei, *fabricate* parece "fabricar", mas não é, certo? Mais ou menos. *Fabricate* pode sim, significar "fabricar = *manufacture*" e "construir = *build*".

   *The frame of that building is **fabricated** of steel and concrete.*

4. Mas, no seu sentido mais comum, *fabricate* tem conotação negativa, significando "inventar, criar, produzir (uma história, versão, informação, dados etc.)" com a intenção de enganar.

   *George was late for the meeting so he **fabricated** a very implausible story that nobody bought.*

5. *Fabrication* é o substantivo da família, sendo usado como "fabricação":

   - **fabrication of spare parts:** fabricação de acessórios

6. Mas o significado mais comum de *fabrication* é "invenção, mentira, falsidade".

   *Nobody believed the witness's testimony. It was total **fabrication**.*

Escolha a opção que melhor traduz as palavras em destaque nestas frases.

1. *"Constant use will not wear ragged the **fabric** of friendship."* (Dorothy Parker)

O uso constante não faz puir o/a *a)* tecido; *b)* fábrica da amizade.

2. *"Love is a **fabric** which never fades, no matter how often it is washed in the water of adversity and grief."* (Robert Fulghum)

O amor é um(a) *a)* fábrica; *b)* tecido que nunca desbota, não importa quantas vezes tenha sido lavado/a na água da adversidade e tristeza.

3. *"Even an obvious **fabrication** is some comfort when you have few others."* (Margaret Atwood)

Até mesmo uma óbvia *a)* mentira; *b)* fabricação dá um pouco de conforto quando ele está difícil de achar.

4. *"To finalize, the purpose of an election is to hear the will of the people, not to **fabricate** votes."* (Lincoln Diaz-Balart)

Para finalizar, o propósito de uma eleição é ouvir a vontade do povo, e não *a)* falsificar; *b)* inventar votos.

5. *"You get racism crossing the street, it's in the very **fabric** of American society."* (Nina Simone)

Você encontra racismo em toda a parte; está no próprio *a)* fabrico; *b)* tecido da sociedade americana.

6. *"On a hanger, no dress is sexy. It's just **fabric** on a hanger."* (Donatella Versace)

Em um cabide, nenhum vestido é sensual. É só um *a)* tecido; *b)* fabrico pendurado em um cabide.

---

184 facility (subst.) /fəˈsɪləti/ rima com *ability* (habilidade; capacidade)

1. ***Facility*** pode ter dois significados:

   facilidade, aptidão ou habilidade natural. Neste sentido não tem forma plural.

   *Since he was very young, Picasso had a great **facility** for drawing.*

2. Instalação, prédio, local ou equipamento construído para um serviço específico. Neste sentido o plural é ***facilities***.

   *They stayed at a hotel with all modern **facilities**.*

   *A smartphone comes with Internet **facility**.*

3. Expressões com ***facility***:

   ▪ **medical facility:** hospital

- **correctional/detention facility:** prisão
- **educational facility:** escola
- **toilet facility:** banheiro

Escolha a opção que melhor traduz as palavras em destaque nestas frases.

1. "*I've always had a certain **facility** with words.*" (Anna Quindlen)

Eu sempre tive uma certa a) instalação; b) facilidade com as palavras.

2. "*Good sports **facilities** are a blessing.*" (Kapil Dev)

As boas a) facilidades; b) instalações esportivas são uma benção.

3. "*Knowledge, or verbal **facility**, is no proof that you know what you're talking about.*" (Terence McKenna)

Conhecimento ou a) facilidade; b) instalação verbal não é prova de que você sabe do que está falando.

4. "*One lesson that every nation can learn from China is to focus more on creating village-level enterprises, quality health services and educational **facilities**.*" (Abdul Kalam)

Uma lição que toda nação pode aprender com a China é focar mais na criação de empresas nas aldeias do interior, serviços de saúde e a) instalações; b) facilidades educacionais de qualidade.

5. "*The **facility** at Guantanamo Bay is necessary to national security.*" (Jeff Miller)

A a) instalação; b) facilidade na Baía de Guantanamo é necessária para a segurança nacional.

Um comentário sobre essa frase de Jeff Miller, deputado norte-americano, assessor para assuntos de segurança nacional do Ministério da Justiça durante o governo de George W. Bush. O que ele chama de ***facility*** seria a forma abreviada de ***detention facility***, uma prisão. Guantanamo Bay é uma baía em território de Cuba onde, por um antigo tratado, os Estados Unidos mantêm uma base naval e, nela, um verdadeiro campo de concentração com os que são considerados *enemy combatants* dos Estados Unidos. Barack Obama prometeu fechar essa prisão, mas isso não aconteceu, tendo, no entanto, diminuído o número de prisioneiros, mas várias organizações internacionais continuam denunciando o abuso de direitos humanos nessa ***facility***.

"*Guantanamo Bay is the anti-Statue of Liberty.*" (Thomas Friedman)

185 fastidious (adj.) /fəˈstɪdɪəs/ rima com *insidious* (insidioso/a)

1. Vem cá. Se você é um simples mortal, como eu, nunca ouviu falar no adjetivo fastidioso ou fastidiosa, né?

    E, no entanto, a palavra existe, está nos dicionários de português. Pode significar:

    a) enfadonho/a, maçante, que causa fastio (no sentido de tédio, enfado), o popular "chato/a"

    b) entediado/a, rabugento/a, mal-humorado/a

2. Em inglês, **fastidious** existe, mas não se usa com os sentidos do nosso fastidioso/a.

    a) Para o sentido 1. *a)* acima, usa-se *boring, dull, monotonous*.

    *We left the theater in the middle of the movie, as it was rather **boring**.*

    b) Para o sentido 1. *b)* usa-se *bored, grumpy, grouchy, cranky, crabby*.

    *It was raining outside, there was nothing to do, the kids were **bored** and **cranky**.*

3. Então em que sentido se usa **fastidious**? Em três sentidos, sempre falando de uma pessoa que é:

    a) muito exigente, difícil de satisfazer (= *demanding, finicky*)

    *If you're going to cook for Helen, be careful. She has a reputation for being a **fastidious** eater, very hard to please.*

    b) meticuloso/a, cuidadoso/a, muito atento/a aos detalhes

    *Professor Berardinelli is a **fastidious** scholar, her books are always **fastidiously** researched.*

    *Ann is **fastidious** about her hair. She spends an hour a day fussing with her long hair.*

    c) exagerado/a quanto à organização, limpeza, arrumação

    *Mrs. Brown has a reputation for being **fastidious**, the kitchen must always be one hundred percent tidy.*

Escolha a opção que melhor traduz a palavra em destaque nestas frases.

1. "The **fastidious** are unfortunate; nothing satisfies them." (Jean de La Fontaine)

Os *a)* fastidiosos; *b)* muito exigentes são infelizes; nada os satisfaz.

2. "If women were as **fastidious** as men, morally or physically, there would be an end of the race." (George Bernard Shaw)

Se as mulheres fossem tão *a)* fastidiosas; *b)* difíceis de agradar, moral ou fisicamente, quanto os homens, seria o fim da raça humana.

*3. "His mind is concrete and **fastidious**, / His nose is remarkably big / His visage is more or less hideous, / His beard it resembles a wig." (Edward Lear)*

Sua mente é concreta e a) fastidiosa; b) meticulosa, / O nariz é de uma extensão maluca, / A cara mais ou menos horrorosa, / E a barba... ela parece uma peruca.

*4. "Those two are a **fastidious** couple. She's fast and he's hideous." (Henry Youngman)*

Aqueles dois são um casal a) fastidioso; b) famoso. Ela é fã e ele é "moso".

Henny (Henry) Youngman (1906-1998), violinista e comediante inglês, radicado nos EUA, autor da citação que reproduzimos como frase 4, era famoso pelas suas piadas curtas, chamadas *one-liners*, em que divertia o público com música, graça e irreverência. O humor da frase 4 fica totalmente *lost in translation*, já que a base está no trocadilho (infame e intraduzível) com a palavra **fastidious**. Youngman separa a palavra em *fast* (rápido/a) + *idious*, que ele "ajusta" para *hideous* (horrível). Tão horrível quanto o trocadilho, intraduzível. Youngman é autor de um grande número de *one-liners*, uma delas esta:

I told the doctor I broke my leg in two places, he told me to quit going to those places.

Henny (Henry) Youngman é o nome dele, vale a pena pesquisar.

186 **fatality** (subst.) /fəˈtæləti/ rima com *reality* (realidade)

1. "Aquilo que aconteceu ninguém teve a culpa, ninguém é responsável, foi coisa do destino, uma fatalidade." A **fatality**? É isso que é **fatality**? *Well*, **fatality** pode, sim, ser fatalidade, no sentido de "qualidade ou estado que pode causar ou está destinado a causar morte ou desastre". Ou então algo estabelecido pelo destino. Mas esses não são os sentidos mais frequentes em que a palavra aparece, como:

   - *a serious problem attributed to **fatality***. Ou então:
   - *the **fatality** of cancer.*

2. Com muito mais frequência **fatality** é usado como substantivo contável (plural: **fatalities**) significando "morto", referindo-se a morte causada por acidente, desastre ou guerra.

    *Two people were injured in the accident, but there were no **fatalities**.*

    *The government has adopted new measures to prevent road **fatalities**.*

    *Truth is the first **fatality** of war.*

Escolha a opção que melhor traduz as palavras em destaque nestas frases.

1. "Alcohol is the leading contributor to automobile **fatalities**." (David Rosenbloom)

O álcool é o fator que mais contribui para as a) fatalidades; b) mortes por acidentes com automóveis.

2. "There is a **fatality** about good resolutions – that they are always made too late." (Oscar Wilde)

Existe uma a) fatalidade; b) morte a respeito das boas resoluções – é que elas sempre são tomadas tarde demais.

3. "92 people are killed every single day in car **fatalities**. What if we filmed every one of them? No one would drive cars." (Greg Gutfeld)

92 pessoas morrem por dia em a) fatalidades; b) acidentes fatais de carro. E se nós filmássemos cada uma delas? Ninguém mais ia querer dirigir um carro.

4. "Statistically there's only one crocodile-related human **fatality** per year in the whole of Australia." (Steve Irwin)

As estatísticas mostram que há apenas uma a) fatalidade; b) morte causada por um crocodilo a uma pessoa em todo o território australiano.

A respeito dessa última frase, lembramos que Steve Irwin (1962-2006), naturalista e personalidade da TV australiana, conhecido mundialmente como *The Crocodile Hunter*, dividia a cena com crocodilos, cobras e outros animais considerados perigosos em documentários do canal *Animal Planet*. Steve morreu em 2006, aos 44 anos, de uma parada cardíaca causada pela ferroada de uma arraia, enquanto filmava um documentário subaquático em Port Douglas, ao largo da costa nordeste da Austrália. O ferrão na cauda da arraia, afiado e fatal como uma baioneta, atingiu o peito de Steve, causando *cardiac arrest* (parada cardíaca, verbete 40) e depois sua **fatality**. Levando em conta a *expertise* (verbete 179, *remember*?) do naturalista e seu conhecimento da *wildlife* da Austrália, podemos dizer que isso tudo foi uma **fatality**?

187 feud (subst. e verbo) /fju:d/ rima com *viewed* (visto/a)

1. Como substantivo, **feud** significa "rixa, briga, hostilidade, inimizade entre pessoas ou grupos".

> *Shakespeare used the **feud** between the Capulets and the Montagues as a basis for Romeo and Juliet, certainly the most popular of his tragedies.*

■ **family feud:** briga entre membros da mesma família

- **blood feud:** rixa que acaba provocando morte(s)

2. *Feud* é também usado como verbo (regular), significando "rixar, manter uma rixa, brigar".

   The Capulets and the Montagues, two prominent families of Verona, *feuded* with each other for years.

3. Por causa das aulas de História da Idade Média, *feud* pode fazer lembrar "feudo, terra concedida pelo senhor feudal ao vassalo em troca de serviços e tributos" ou "o direito sobre essa terra", mas, em inglês moderno, para esse sentido usa-se *fief* ou *fiefdom*. Essas palavras também podem ser usadas, em linguagem figurada, como "zona de influência", ou (na política) como "curral eleitoral".

   In the feudal system the *fief* was the land over which the lord had control.

   Each politician has their personal *fiefdom*.

Escolha a opção que melhor traduz a palavra em destaque nestas frases.

1. "I look upon the whole world as my fatherland, and every war has to me the horror of a family *feud*." (Helen Keller)

   Eu considero o mundo inteiro a minha pátria, e cada guerra tem para mim o horror de um(a) a) feudo; b) briga de família.

2. "Ring out the *feud* of rich and poor, ring in redress to all mankind." (Alfred Lord Tennyson)

   Mandem sair o/a a) rixa; b) feudo entre os ricos e os pobres, mandem entrar a compensação para toda a humanidade.

---

188 figure (subst. e verbo) (EUA) /ˈfɪgjʊr/, (Reino Unido) /ˈfɪgə/ rima com *bigger* (maior)

figure out (locução verbal)

1. É automático, né? Leu *figure* em um texto *in English*, pensou imediatamente em "figura", em português. Certo? Certo, mas, além de figura, *figure* pode ser muito mais.

2. Vamos começar pelo substantivo:

   a) figura, pessoa, personalidade

   Meryl Streep is a key *figure* among American actresses.

   b) figura, corpo

   She is not so young, but she still has a good *figure*.

   c) vulto

   Suddenly I glimpsed a *figure* moving in the shadows.

d) algarismo, número

The number 175 has three **figures**.

e) (no plural) números, contas

Tiago is a bright boy and loves math, he is very good at **figures**.

f) quantia, valor

What kind of **figure** do you expect this project to reach?

g) figura geométrica

A triangle is a three-sided **figure**.

h) (em livro) figura, ilustração

See **figure** B on page 34.

3. Várias expressões incluem o substantivo **figure**:

- **father/mother figure:** figura paterna/materna
- **figure of fun:** motivo de riso, chacota
- **figure of eight:** (a forma de) um 8 (em um nó, ou coreografia de dança ou patinação artística)
- **figure skating:** patinação artística
- **figure of speech:** figura de linguagem
- **ballpark figure:** número aproximado, não exato
- **facts and figures:** dados concretos (e não apenas opiniões)
- **stick figure:** (símbolos em cartazes públicos) desenho simples de figura humana, com traços que representam braços, pernas e corpo

4. *Figure* é também um verbo (regular), que pode ter estes significados:

a) (pode ou não ser seguido de *that*) pensar que, achar que

I **figured** (that) they would be the new champions, but I was wrong.

b) calcular

Can you **figure** the final cost of that project?

5. É também importante destacar **figure out**, uma locução verbal "figurinha fácil", de uso extremamente comum e que podemos rotular de "camaleônica", porque tem vários sentidos:

- **figure out**: a. descobrir, vir a saber; b. entender; c. decidir; d. calcular.

✓ Vamos dar quatro frases com **figure out** para você decidir (*figure out*) qual o sentido da locução em cada uma delas. Volte a ver os sentidos de *figure out*, acima, e marque *a)*, *b)*, *c)* ou *d)* em relação ao uso da expressão em cada frase a seguir, orientando-se pelo contexto:

1. *No other person can* **figure out** *your worth except you.*

Ninguém pode _____ o seu valor a não ser você.

2. *Doris is terribly undecided. She can never **figure out** what to wear.*

Doris é terrivelmente indecisa. Ela nunca consegue _____ o que vestir.

3. *Before going to college you have to **figure out** what you want to do for a living, but that's not an easy task.*

Antes de ingressar na faculdade você tem de _____ o que você quer fazer profissionalmente, mas isso não é tarefa fácil.

4. *Einstein and that famous equation. I just can't **figure it out**.*

Einstein e a famosa equação. Eu simplesmente não consigo _____.

A resposta é d), c), a), b).

6. E duas expressões bem idiomáticas, comuns no uso moderno:
   - *"That **figures**."*: Isso faz sentido, eu já esperava isso.
   - *"Why did Cristiano Ronaldo quit the Real Madrid, where he was treated like a king?" "Go **figure**."*: Vá entender...

7. Para finalizar e *just out of curiosity*, como se diz "figura" em relação a uma pessoa especial, de características peculiares? ***A (real) character***. Como se diz "Aquele cara é uma figura/figurinha/figuraça"?

*That guy is quite a **character**.*

Escolha a opção que melhor traduz as palavras em destaque nestas frases. Na frase 3 vamos reencontrar *advice*, já estudada no verbete 14.

1. *"If your why is strong enough you will **figure out** how." (Asleigh Brilliant)*

Se o seu "por que?" é mesmo forte você irá a) *decidir;* b) *descobrir* o "como".

2. *"Many people cycle or swim to keep trim. But if swimming is good for the **figure**, how do you explain whales?" (Charles Saatchi)*

Muitas pessoas andam de bicicleta ou nadam tentando ficar esbeltas. Mas se nadar é tão bom para a a) *figura, personalidade;* b) *figura, linha corporal,* como explicar as baleias?

3. *"My **advice** to anyone is to **figure out** what you're good at – what it is that you love doing the most in life – and **figure out** a way to make a living from it." (Jeannette Walls)*

Meu a) *aviso;* b) *conselho* a qualquer pessoa é a) *calcular;* b) *descobrir* aquilo que você sabe mesmo fazer – aquilo que você mais gosta de fazer na vida – e a) *descobrir;* b) *entender* um jeito de tirar o seu sustento dessa atividade.

189 finality (subst.) /faɪˈnæləti/ rima com *reality* (realidade)

1. *Finality* convida você a pensar em "finalidade", não é mesmo? Mas, em que sentido? Se pensou em "propósito, objetivo, aquilo que se procura", não use "*finality*", porque é um falso amigo. Qual a palavra em inglês para "finalidade, propósito, objetivo, aquilo que se procura"? *Purpose, aim, objective, goal*.

    The **purpose** *of this book is to help students of English avoid falling into the pitfalls of the so-called false friends.*

2. Então qual é a tradução de **finality**? Finitude. Qualidade, propriedade ou condição do que é finito, tem um fim, um limite, aquilo que nos leva à gélida constatação de que "Acabou!".

    "I quit. It's no use trying to fix it", said the mechanic with an air of ***finality***.

    The ***finality*** *of death makes it the journey of no return.*

Escolha a opção que melhor traduz a palavra em destaque nestas frases.

1. *"Imagine how different a world might be if more leaders took time to ponder the* ***finality*** *of death before racing off to war." (Dan Brown)*

Imagine como o mundo poderia ser diferente se mais líderes parassem para refletir sobre o/a *a) finalidade; b) finitude* da morte antes de sairem correndo para a guerra.

2. *"Every moment was a precious thing, having in it the essence of* ***finality***.*" (Daphne du Maurier)*

Cada momento era uma coisa preciosa, tendo em si a essência da *a) finitude; b) finalidade*.

3. *"With this recognition of the* ***finality*** *of death, no one should willingly withhold acts that would bring benefits, joy or happiness to others." (Joseph Lewis)*

Com este reconhecimento da *a) finitude; b) finalidade* da morte, ninguém deveria por sua própria vontade restringir ações que trariam benefícios, alegria ou felicidade a outros.

---

190 fix (verbo e subst.) /fɪks/ rima com *mix* (misturar)

1. *Fix* leva automaticamente a pensar em "fixar", em português e, sim, esse é mesmo um dos significados, mas há muitos outros. Vamos começar pelo verbo (regular):

    a) fixar(-se), firmar(-se), prender(-se)

    The tables on a ship have to be firmly ***fixed*** *to the deck floor.*

b) estabelecer, determinar

*Experts have **fixed** the exact spot from where the assassin shot Kennedy.*

c) arranjar, providenciar

*Can you **fix** it for me to have a word with your boss?*

d) marcar, combinar

*Have they **fixed** the date of the wedding yet?*

e) consertar

*There's something wrong with my watch. Can you **fix** it, please?*

f) preparar, arranjar (algo para comer ou beber)

*Leave it to me. I'll **fix** dinner today.*

g) arrumar, dar um jeitinho (aparência pessoal, roupas etc.)

*I'll be ready in a moment, darling. I'll just **fix** my hair.*

h) manipular (para resultados fraudulentos), armar uma marmelada

*There's a rumor that the election was **fixed**, but it's probably fake news.*

2. **Fix** pode também ser um substantivo, com estes significados:

a) solução rápida, provisória, gatilho

*I can't see a quick **fix** for the political and economic crisis we're in now.*

b) (informal) situação difícil, encrenca, apuros

*Someone stole our passports and we were in a **fix**.*

c) (gíria) dose (de uma droga)

*He is addicted to cocaine and is craving for a **fix**.*

d) resultado fraudulento, marmelada

*They say the election result was a **fix**, can you believe it?*

Escolha a opção que melhor traduz a palavra em destaque nestas frases.

1. "**Fix** your course on a star and you'll navigate any storm." (Leonardo da Vinci)

a) Conserte; b) Fixe seu curso em uma estrela e você conseguirá navegar através de qualquer tempestade.

2. "I do not **fix** problems. I **fix** my thinking. Then problems **fix** themselves." (Louise L. Hay)

Eu não a) fixo; b) resolvo problemas. Eu a) resolvo; b) fixo o meu modo de pensar. Então os problemas a) fixam-se; b) resolvem-se sozinhos.

3. "Don't **fix** what's not broken." (Robert Atkins)

Não a) conserte; b) fixe o que não está quebrado.

191 folly (subst.) /'fɑːli/ rima com *dolly* (boneca)

1. ***Folly*** é a nossa "folia", certo? Errado. Para dizer "folia, brincadeira, farra", usa-se *revelry*.

    > They had just won the lottery, time for a wild and noisy celebration. It was a night of ***revelry***.

2. Então, o que é ***folly***? Loucura, insensatez, tolice, estupidez.

    > It would be ***folly*** to quit a secure job and then open a lemonade stand on the beach to make a living.

Escolha a opção que melhor traduz a palavra em destaque nestas frases.

1. "Human ***folly*** does not impede the turning of the stars." (Tom Robins)

A *a)* folia; *b)* insensatez humana não cria obstáculos ao movimento das estrelas.

2. "Such is the supreme ***folly*** of man that he labours so as to labour no more." (Leonardo da Vinci)

Tal é a suprema *a)* folia; *b)* loucura do homem: trabalhar tanto para que não precise mais trabalhar.

3. "Every man has his ***folly***, but the greatest ***folly*** of all is not to have one." (Nikos Kazantzakis)

Todo homem tem a sua *a)* loucura; *b)* folia, mas a maior *a)* loucura; *b)* folia de todas é não ter nenhuma.

192 formidable (adj.) /'fɔː(r)mɪdəb(ə)l/ (acento tônico na primeira sílaba); /fə(r)'mɪdəb(ə)l/ (acento tônico na segunda sílaba)

1. Além da armadilha da dupla possibilidade na acentuação, porque esse ***formidable*** foi incluído nesta seleção de *false friends*? Não é "formidável"? Calma! Se você pensa em "formidável" no sentido de "muito impressionante por causa do tamanho, poder, habilidade, algo que merece o seu respeito (e até medo), algo que muitas vezes é difícil de enfrentar", então ***formidable*** não é *false friend*.

    > A ***formidable*** opponent / enemy / weapon / barrier / obstacle / challenge / task
    >
    > Um(a) adversário/a, inimigo/a, arma, barreira, obstáculo, desafio, tarefa muito impressionante, grande, forte, poderoso/a, difícil.

Formidable é meio "do mal", refere-se a algo que te faz usar as mãos para esconder o rosto ou então abrir bem os olhos.

2. Mas "formidável" em português não é isso. Não tem essa conotação de algo que impõe respeito, medo, pavor, susto. "Formidável" refere-se a algo que merece o seu respeito (mas não medo) e admiração, e não é usado para algo difícil de lidar. É muito bom, excelente, magnífico, admirável.

> "Formidável" é todo "do bem", refere-se a algo que te faz usar as mãos para bater palmas e ficar "com aquele brilhozinho nos olhos" de admiração e aprovação, de que nos fala Sérgio Godinho. Não conhece a canção? Veja no YouTube, "Com um brilhozinho nos olhos". Vale a pena, tem muita qualidade.

Escolha a opção que melhor traduz a palavra em destaque nestas frases.

1. "China and Russia are regarded as the most **formidable** cyber threats." (Barton Gellman)

A China e a Rússia são consideradas as ameaças cibernéticas mais a) formidáveis; b) poderosas.

2. "Examinations are **formidable** even to the best prepared, for the greatest fool may ask more than the wisest man can answer." (Charles Caleb Colton)

Os exames são a) formidáveis; b) difíceis de enfrentar até mesmo para os mais bem preparados, porque o maior dos tolos pode perguntar mais do que o mais sábio dos homens é capaz de responder.

3. "No problem is so **formidable** that you can't walk away from it." (Charles M. Schulz)

Não há problema tão a) impressionante; b) formidável que você não possa fugir dele.

---

193 fortuitous (adj.) (EUA) /fɔːrˈtuːɪtəs/, (Reino Unido) /fɔːˈtjuːɪtəs/, rima com *gratuitous* (gratuito/a, desnecessário/a, sem motivo ou justificativa)

1. **Fortuitous** é próprio da linguagem formal e pode não ser *false friend*, tendo o mesmo sentido do adjetivo em português:

fortuito/a, casual, que acontece por acaso. Sinônimo: *accidental*.

> *I was reading about Alexander Fleming's **fortuitous** discovery of penicillin.*
> *I didn't know Joe was in town. Our encounter was entirely **fortuitous**.*
> *"I don't believe that the universe was formed by a **fortuitous** concourse of atoms." (Jonathan Swift)*

2. Mas em ***fortuitous*** pode também haver a ideia de "sorte, acaso feliz, favorável, que traz bons resultados". Neste sentido é sinônimo de *fortunate*.

*They were helped by a **fortuitous** increase in the value of commodities.*

*Thank God you came, we need you here. You couldn't have come at a more **fortuitous** time.*

> Esse segundo uso não corresponde ao nosso "fortuito/a" e ele é combatido por estudiosos da língua inglesa, que o consideram incorreto, mas na prática é um uso já estabelecido.

*When a bird droppings fall on your head it's an unlucky accident, but if a few dollar bills fall on your head it's **fortuitous**.*

Escolha a melhor opção para traduzir as palavras em destaque. Na frase 1 você vai ver de novo *billion*, vista no verbete 60. Na frase 2 você vai reencontrar *concourse*, vista no verbete 97.

1. "We are the product of 4.5 **billion** years of **fortuitous**, slow biological evolution." (Carl Sagan)

Nós somos o produto de 4,5 a) bilhões; b) trilhões de anos de a) feliz; b) fortuita e lenta evolução biológica.

2. "The body is a **fortuitous concourse** of atoms. There is no death for the body, only an exchange of atoms. Their changing places and taking different forms is what we call "death". It's a process which restores the energy level in nature that has gone down. In reality, nothing is born and nothing is dead." (U. G. Krishnamurti)

O corpo é um a) fortuito; b) feliz; a) encontro; b) concurso de átomos. Não há morte para o corpo, somente uma troca de átomos. O processo dos átomos mudarem de lugar e tomarem formas diferentes é o que chamamos "morte". É o processo que restaura o nível de energia na natureza que se esgotou. Na realidade, nada nasce e nada morre.

---

194 **freelance** (subst., adj., verbo) /ˈfriːlæns/ rima com *advance* (avanço; avançar)

freelancer (subst.) /ˈfriːlænsə(r)/

1. A rigor, ***freelance*** e ***freelancer*** não deveriam estar aqui, numa seleção de falsos amigos, já que essas palavras não são confundidas com nenhuma outra em português, de significado diferente. Na verdade, ***freelance*** e ***freelancer*** foram assimiladas e constam dos dicionários de português, com a mesma grafia e o mesmo sentido: profissional que trabalha por

conta própria, sem vínculo empregatício. O popular "frila" (também está nos dicionários, como gíria).

2. Como substantivo usa-se **freelance** ou **freelancer**.

   *Theo decided he would have no boss. He would be a **freelance**/**freelancer**.*

3. **Freelance** é também usado como adjetivo e como verbo (regular), com o mesmo sentido de trabalho independente, sem vínculo empregatício.

   *He decided to look for some **freelance** work.*

   *He says he'd better **freelance** from home rather than work in an office.*

Mas a *word story* de **freelance** é curiosa e vale a pena conhecer. O termo *lance* corresponde à nossa "lança", arma branca, usada nas justas e torneios medievais, com haste longa e ponta aguda de metal, que podia ser arremessada ou introduzida no corpo do inimigo (*Ouch!*). Na Idade Média os cavaleiros (*knights*) lutavam com espada e/ou lança. A maioria dos guerreiros jurava lealdade e obediência ao soberano ou a um certo senhor feudal. Outros, porém, eram independentes, oferecendo sua espada ou lança, seus serviços, a quem lhe pagasse mais. A sua *lance* era *free* de compromisso real ou feudal, eram *freelances* ou.... mercenários.

O termo **freelance** entra na língua inglesa no início dos anos 1800, popularizado pelo romance histórico *Ivanhoe*, escrito por um cavaleiro (um *knight*), Sir Walter Scott. Em um trecho do romance, um senhor feudal (um *lord*) refere-se ao seu exército de mercenários como os seus **Free Lances**...

"I offered Richard the service of my **Free Lances**, and he refused them – I will lead them to Hull, seize on shipping, and embark for Flanders; thanks to the bustling times, a man of action will always find employment."*

E agora surge a dúvida: se "lance" é a arma branca que conhecemos como "lança", então o que é *spear* (rima com *hear*), que também conhecemos como "lança" e também é arma branca? Para ser rápido e prático, entramos na *Time Machine* e vamos à pré-história. Os habitantes das cavernas usavam *spears* nas suas caçadas. Pegamos de novo a *Time Machine*, descemos na Idade Média, assistimos a uma justa, uma disputa a cavalo em que cada um dos dois *knights* usava a sua *lance* para tentar derrubar o adversário. Está esclarecida a diferença entre *lance* e *spear*.

---

* Esse Richard era o rei *Richard I of England* ou *Richard the Lion-Hearted*, Ricardo Coração de Leão, que reinou a Inglaterra de 1189 a 1199.

✓ E agora, sim, para terminar: Se alguém lhe perguntar, por brincadeira, qual dos grandes nomes da literatura inglesa, também por brincadeira, pode ser conhecido por "Guilherme Sacode-a-Lança", qual desses você escolheria?

a) William Blake b) William Wordsworth c) William Shakespeare

A resposta, of course, é a letra c), William Shake + Spear(e).

---

195 **freshwater** (adj.) /ˈfreʃˌwɔːtə(r)/ rima com *manslaughter* (homicídio culposo)

fresh water (locução nominal)

1. Este não é um falso amigo como os outros, palavra em inglês que, pela sua ortografia, lembra outra em português, mas não tem o mesmo significado. ***Freshwater*** entra nesta seleção de *tricky words* por nos induzir a erro quando a traduzimos literalmente.

2. ***Freshwater***: "água fresca". E água fresca, em português, é parte da expressão que é o sonho de consumo de todos os boas-vidas: "sombra e água fresca". Expressão que, passada para inglês, seria algo como *shade and cool water*. *Cool water*. Porque "água fresca" é *cool water*. Então, afinal o que é ***freshwater***?

3. ***Freshwater*** (tudo junto, uma palavra só) é um adjetivo que corresponde ao nosso "de água doce". Falando em peixes de água doce (água de rio ou lago e não água do mar ou oceano, que seria *saltwater*), em inglês, teríamos *freshwater fish*.

> The piranha is a small, **freshwater** fish native to South American rivers like the Amazon and the Orinoco, notorious for its aggressiveness.

> The crocodile is often compared with its **freshwater** cousin, the alligator, which is more numerous and more dangerous.

> De acordo com a revista científica *Smithsonian*, o crocodilo é mais recluso, meio "bicho do mato", "na dele" e tende a evitar as pessoas, ao contrário do seu primo (lá dele), o aligátor, que é mais numeroso e ataca quem o perturbar.

4. *Fresh water* (duas palavras, separadas) pode significar:

   a) água doce, água não salgada

   > The Amazon is the world's largest river by volume and contains 20 percent of the Earth's **fresh water**.

   b) água potável, que dá para beber

   > **Fresh water** does not contain salt and is suitable for consumption.

Escolha a opção que melhor traduz as palavras em destaque nestas frases.

1. *"Water is the basis of life and the blue arteries of the Earth! Everything in the non-marine environment depends on **fresh water** to survive." (Sandra Postel)*

A água é a base da vida e as artérias da Terra! Tudo no meio ambiente não marinho depende da a) *água fresca*; b) *água doce* para sua sobrevivência.

2. *"We are in the midst of a global **freshwater** crisis; unless we manage our water better now, we will run out." (FEW.Resources.org)*

Estamos no meio de uma crise global de a) *água doce*; b) *água fresca*; a menos que haja agora um melhor gerenciamento da água, ela se esgotará.

3. *"We are America's Great Lakes people, her **freshwater** people, not an oceanic but a continental people. Whenever I swim in the ocean, I feel as though I am swimming in chicken soup." (Kurt Vonnegut)*

Somos o povo dos Grandes Lagos da América, o povo da a) *água fresca*; b) *água doce* deste país, um povo continental e não oceânico. Sempre que eu nado no oceano, sinto-me como se estivesse nadando em canja de galinha.

---

196 fuse (subst., verbo) /fjuːz/ rima com *use* (o verbo: usar)

1. **Fuse** parece o nosso "fuso", será? *No way*. Vamos ver em detalhe:
2. **Fuse**, como substantivo pode significar:
    a) fusível, peça de segurança em um circuito elétrico, que se funde e corta a corrente quando há sobrecarga.

    *Oh dear, not again! When the **fuse** blows, the lights go out. Bring some candles, quick!*

    b) estopim, rastilho, detonador (de fogos de artifício, explosivos, bombas, torpedos etc.). Neste sentido, pode-se usar **fuze** em vez de **fuse**.

    *The boys lit the **fuze/fuse** and ran as fast as they could.*

3. Expressões idiomáticas com **fuse**:
    - **blow a fuse:** 1) (fusível) queimar 2) subir pelas paredes, ficar muito bravo/a

      *Mom will **blow a fuse** when she finds out what you did to her favorite hat.*
    - **have a short fuse:** ter o pavio curto, irritar-se com facilidade

      *Mr. Gomes **has a short fuse**, as that journalist soon found out.*

4. **Fuse** também pode ser usado como verbo (regular), significando:

   a) fundir, derreter

   *The heat of the fire makes the metals **fuse** and produce a solid mass.*

   b) fundir(-se), juntar(-se), fazer a fusão de

   *Tin and copper **fuse** together to produce bronze.*

5. E "fuso", como é que se diz, *in English*? Para designar aquela pequena peça de madeira, roliça, usada para fiar, torcer e enrolar o fio de trabalhos feitos na roca, a palavra é *spindle*.

   *Those Peruvian ladies still use a **spindle** to spin and weave cloth on their loom.*

6. E, finalmente, como se diz "fuso horário"? *Time zone.*

   *We flew north and landed in a different **time zone**.*

Escolha a opção que melhor traduz a palavra em destaque nestas frases.

1. "Most stars just *fuse* hydrogen into helium, but larger stars can *fuse* helium into other elements. Still larger stars, in turn, *fuse* those elements into slightly bigger ones, and so on." (Sam Kean)

A maioria das estrelas *a) funde, junta; b) funda* hidrogênio em hélio, mas as estrelas maiores podem *a) fundir, juntar; b) fundar* o hélio em outros elementos. Estrelas ainda maiores, por sua vez, *a) fundam; b) fundem, juntam* esses elementos em outros ligeiramente maiores, e assim por diante.

2. "I can change a tire, but I couldn't change a *fuse* on the computer panel on my car." (Mike O' Malley)

Eu sou capaz de trocar um pneu, mas não consegui trocar um *a) fuso; b) fusível* no painel do computador do meu carro.

3. "Trump doesn't have a plan. There's a screw loose, and he's got a really short *fuse*. Do you really want the leader of the free world with his finger on the button to have a short *fuse*?" (Michael Kelly)

Trump não tem um plano. Há um parafuso solto, e ele realmente tem *a) fuso; b) pavio* curto. Vocês realmente querem que o líder do mundo livre mantenha o dedo no botão e tenha *a) pavio; b) fuso curto*?

---

197 gaze (subst., verbo) /geɪz/ rima com *praise* (elogio; elogiar)

Vem cá! Nunca, nem mesmo em seus *wildest dreams*, você iria achar que *gaze*, em inglês, é o mesmo que "gaze", em português, né? Porque não é mesmo. Mas é parecido, bateu na trave, só tem mais um *u*. Para dizer "gaze, tecido leve, de algodão, usado para curativos" em inglês usa-se *gauze*. *The nurse wrapped the wound in **gauze**.* /gɔːz/ (rima com *laws*).

Então, o que é *gaze*? *Gaze* tem a ver com olhar. É um olhar demorado e fixo, geralmente de contemplação, para algo ou alguém que prende a nossa atenção ou nos encanta. Pode ser um substantivo ou um verbo (regular).

Para ilustrar o *gaze*, vamos a mais um FILMINHO.

She looked at me with an admiring, steady **gaze** *and I felt a bit embarrassed. After all I had never seen her, she was a total stranger to me.*

And then I **gazed** *at her and heard myself saying, "But I know you…"*

Ten years after that happened, every so often Ella and I hold hands and keep **gazing** *at a beautiful sunset or at the stars above.*

Fim do filminho.

Escolha a opção que melhor traduz as palavras em destaque nestas frases. Na última frase você vai ver de novo *eventually*, já estudada no verbete 176.

1. "I don't have the time or the desire to **gaze** at my navel." (Brigitte Bardot)

Não tenho tempo nem desejo de ficar a) gazeteando; b) olhando o meu umbigo.

2. "Are we human because we **gaze** at the stars, or do we **gaze** at the stars because we are human?" said a philosopher. That's pointless. The question is "Do the stars **gaze** back at us?" (Neil Gaiman)

"Somos humanos porque a) olhamos; b) gazeteamos as estrelas, ou a) olhamos; b) gazeteamos as estrelas porque somos humanos?" disse um filósofo. A questão é irrelevante. A questão que interessa é "As estrelas a) olham; b) gazeteiam de volta para nós?"

3. "Every so often, we all **gaze** into the abyss. It's a depressing fact of life that **eventually** the clock expires; **eventually** the sand in the hourglass runs out. It's the leaving behind of everything that matters to us that hurts the most." (Ben Shapiro)

De vez em quando, todos nós a) gazeteamos; b) olhamos o abismo. É deprimente, mas a realidade é que a) por fim; b) eventualmente o relógio para; a areia na ampulheta a) acaba chegando ao fim; b) eventualmente chega ao fim. O que causa mais dor é ter de deixar para trás tudo o que é importante para nós.

---

198 gem (subst.) /dʒem/ rima com *stem* (caule; haste)

1. Mas **gem** é *false friend*? Não é "gema"? Depende. Que tipo de gema? Se você pensou em "gema do ovo"… **gem** não se usa. Para isso usa-se (*egg*) *yolk*.

    This recipe calls for a dozen **egg yolks**.

2. E como se diz "da gema, genuíno/a", como em "Juliana é brasileira da gema"? *Genuine.*

   *Juliana is a **genuine** Brazilian.* Ou então, uma gema mais idiomática: *Juliana is Brazilian **through and through**.*

3. Mas se pensou em "gema, pedra preciosa"... bingo! **Gem** é sinônimo de *jewel* (verbete 240), nesse mesmo sentido: pedra preciosa.

   *Rubies, topazes, emeralds are very expensive because they are **gems**.*

4. E **gem** também é usado como "joia" em sentido figurado:

   *Carlos Heitor Cony's "Quase Memória" is a real **gem**.*

   *Óbidos, a Unesco Heritage 12th century walled town in Portugal, is a **gem** of medieval architecture.*

Escolha a opção que melhor traduz a palavra em destaque nestas frases.

1. "*The **gem** cannot be polished without friction, nor man perfected without trials.*" (Confucius)

A a) gema do ovo; b) gema, pedra preciosa não pode ser polida sem que haja fricção, nem o homem pode ser aperfeiçoado sem que haja experiências difíceis ou dolorosas.

2. "*The pearl is the queen of **gems** and the **gem** of queens.*" (anonymous)

A pérola é a rainha das a) gemas; b) gemadas e a a) joia; b) gemada das rainhas.

---

199 genial (adj.) /ˈdʒiːnɪəl/ rima com *menial* (humilde, servil (falando de um tipo de trabalho))

Genial pode até não ser *false friend*, é verdade. Mas, das 3 acepções que esse adjetivo pode ter, a que corresponde ao nosso "genial, próprio/a de um gênio" é, de longe, a menos votada, já que, em inglês moderno, esse uso é obsoleto. Assim, por ordem de frequência, **genial** pode ser:

a) (pessoa) jovial, alegre, bem-disposto/a, simpático/a

   *Louis is the perfect host. He welcomed all of us with a **genial** smile.*

   *He is also a **genial** companion, always ready with a joke or an anecdote.*

b) (clima) ameno, agradável

   *Lots of tourists come to Madeira Island for the **genial** climate.*

c) (obsoleto) genial, característico de gênio

   *Professor Jelin had some **genial** insights.*

E **genial** ainda pode ser "do queixo, ou relacionado com o queixo". Esse sentido tem origem no Grego *geneion*, "queixo".

Escolha a opção que melhor traduz a palavra em destaque nestas frases.

1. "Christmas is the season for kindling the fire of hospitality in the hall, the **genial** flame of charity in the heart." (Washington Irving)

O Natal é a época de avivar o fogo da hospitalidade na lareira da sala, e avivar a *a)* *genial;* *b)* *alegre* chama da caridade no coração.

2. "The greatest gift that Oxford gives her sons is, I truly believe, a **genial** irreverence toward learning, and from that irreverence love may spring." (Robertson Davies)

O maior presente que (a Universidade de) Oxford dá a seus filhos, eu realmente acredito, é uma *a) alegre; b) genial* irreverência em relação a aprender, e dessa irreverência pode surgir o amor.

200 gracious (adj.) /ˈgreɪʃəs/ rima com *spacious* (espaçoso/a)

1. Vamos ver se ***gracious***, para você, é um *false friend*. Se você acha que ***gracious*** pode corresponder a "gracioso/a" nos sentidos abaixo, pode apagar isso das suas fichinhas, porque ***gracious*** não é nada disso. Assim, para dizer:

2. Gracioso/a, que tem encanto, delicadeza, elegante não usamos ***gracious***, mas sim *graceful*.

    *The audience enjoyed the **graceful** movements of the ballet dancers.*

3. Gracioso/a, engraçado/a, jovial, espirituoso/a, não usamos ***gracious***, mas sim *genial* ou *witty*.

    *Louis's **genial** manner was most welcomed by his guests. He always had something **witty** to say.*

4. Gracioso/a, gratuito/a, grátis, não usamos ***gracious***, mas sim *free*.

    *You don't have to pay for parking here. The hotel has plenty of **free** parking.*

5. Então, afinal, quando se usa ***gracious***? Em dois casos:

    a) amável, gentil, cortês

    *We were tired and lost but the farmer was **gracious** enough to let us in and stay overnight on the farm.*

    b) luxuoso/a, muito confortável, com a elegância que o luxo proporciona

    *It is true that wealth can bring **gracious** living but that should not be your only objective in life.*

6. E ***gracious*** é ainda usado em uma exclamação (um tanto fora de moda) para algo muito surpreendente:

    Good gracious!: Meu Deus!

Escolha a opção que melhor traduz a palavra em destaque nestas frases.

1. "If somebody is **gracious** enough to give me a second chance, I won't need a third." (Pete Rose)

Se alguém tiver a a) gentileza; b) graça de me dar uma segunda chance, eu não precisarei de uma terceira.

2. "Anyone can be a **gracious** winner, but being **gracious** after losing shows strength of character." (Donald Lynn Frost)

Qualquer um pode ser um vencedor a) gracioso; b) elegante; mas ser a) gracioso; b) elegante depois de perder demonstra um caráter forte.

3. "If a man is **gracious** and courteous to strangers, it shows that he is a citizen of the world, and that his heart is no island cut off from other lands, but a continent that joins to them." (Sir Francis Bacon)

Se um homem é a) gracioso; b) amável e cortês com estranhos, isso mostra que ele é um cidadão do mundo, e que seu coração não é uma ilha separada das outras terras, mas um continente que se junta a elas.

TWO HUNDRED DAYS OF FALSE FRIENDS

OK, *time to take a deep breath*, dar uma paradinha na sequência de verbetes e fazer uma breve revisão de alguns dos falsos amigos que vimos mais recentemente. Como na revisão anterior, indicamos entre parênteses o número do verbete em questão, caso seja preciso ajudar a memória.

I. Escolha, dentre as opções a), b) ou c), o verdadeiro significado de cada um dos verbos à esquerda.

1. *condone* (101)	a) sentenciar;	b) dispensar;	c) perdoar; desculpar
2. *devolve* (144)	a) devolver;	b) delegar poderes;	c) doar
3. *crave* (124)	a) ansiar, querer muito;	b) cravar;	c) cravejar
4. *demand* (138)	a) demonstrar;	b) investigar;	c) exigir
5. *gaze* (197)	a) contemplar, olhar;	b) gazetear;	c) ignorar
6. *enervate* (165)	a) debilitar, enfraquecer;	b) irritar;	c) enervar
7. *dispense* (152)	a) fornecer, proporcionar;	b) dispensar;	c) negar
8. *dispose of* (153)	a) descartar, jogar fora;	b) aceitar;	c) adquirir
9. *enrol* (168)	a) enrolar(-se);	b rolar;	c) matricular(-se)
10. *engross* (166)	a) engrossar;	b) interessar muito;	c) negar

II. Na tradução das frases a seguir, às vezes há um erro proposital quanto ao significado da palavra em destaque, outras vezes não há. Guie-se pelo contexto e corrija apenas quando houver erro.

1. He is the leader of a religious sect and obtains money by **deception** *(129)*.
Ele é o líder de uma seita religiosa e obtém dinheiro com trapaça. _____

2. That restaurant serves excellent vatapá, a **delicacy** *(136) from Bahia.*
Aquele restaurante serve um excelente vatapá, delicadeza baiana. _____

3. The traffic had been **diverted** *(155), because of a huge* **demonstration** *(139) on Trafalgar Square.*
O trânsito tinha sido divertido, por causa de uma enorme demonstração na Praça Trafalgar _____

4. "What happens if I don't pay the rent?" "You might be **evicted**." *(177)*
"O que acontece se eu não pagar o aluguel?" "Você pode ser evitado." _____

5. The **defendant** *(133) had been accused of* **assaulting** *(42) a* **contestant** *(112).*
O réu tinha sido acusado de assaltar um contestador. _____

6. George graduated from law school and had great **expertise** *(179) in legal matters.*
George formou-se em Direito e tinha grande esperteza em assuntos jurídicos. _____

7. The police are trying to find three escaped **convicts**. *(116)*
A polícia está tentando encontrar três convictos que escaparam. _____

8. Called to Rome, Galileo Galilei recanted his views under **duress**. *(156)*
Chamado a Roma, Galileu Galilei renegou suas opiniões sob dureza. _____

9. We're going through a serious crisis, but I'm sure things will improve **eventually**. *(176)*
Estamos atravessando uma grave crise, mas tenho certeza de que as coisas vão melhorar eventualmente. _____

10. The idea of eating **beef** *(59)* **disgusts** *(150) a vegetarian.*
A ideia de comer bife desgosta um vegetariano. _____

III. Agora vamos combinar as colunas, encontrando a tradução correta de cada um dos substantivos abaixo.

1. *conductor* (102)   a) réu/ré
2. *con man* (106)   b) não cumprimento, calote
3. *contempt* (110)   c) resistência
4. *contention* (111)   d) instalações

5. *contest* (112)
6. *costume* (118)
7. *criminal* (125)
8. *customs* (127)
9. *default* (132)
10. *deportment* (140)
11. *directory* (146)
12. *disgust* (150)
13. *defendant* (133)
14. *feud* (187)
15. *facilities* (184)
16. *diversion* (155)
17. *endurance* (163)
18. *discussion* (149)
19. *gem* (198)
20. *demand* (138)

e) postura, conduta
f) debate
g) catálogo, livro (de endereços, telefones)
h) desprezo, desdém
i) rixa, briga
j) vigarista, golpista
k) discórdia
l) maestro
m) exigência
n) alfândega
o) criminoso/a
p) nojo, repugnância
q) pedra preciosa
r) fantasia, traje, figurino
s) desvio
t) competição

E, agora, vamos *resume our work*. *Resume*, você já sabe, é *false friend*. Vamos cuidar dele lá na letra R. OK, *resume*, pode esperar...

201 grand (adj. e subst.) /grænd/ rima com *band* (banda)

1. Mas **grand** é *false friend*? Não é "grande"? *Well*, pode ser, sim, de certa maneira, em sentidos mais específicos. Em geral, para os sentidos mais gerais e comuns de "grande", usamos:

   a) Para "grande" no tamanho físico, usamos *big* ou *large*, sendo este último também um falso amigo, por lembrar "largo/a", mas na verdade corresponder a "grande".

   *Brazil is a **large** country, with some **big** problems.*

   b) Para dizer "grande" não no tamanho físico, mas no valor, na importância, algo ou alguém que merece nossa admiração, respeito, elogio, apoio, usamos *great*.

   *Stephan Zweig called Brazil the land of the future. It's true. A continental country endowed by nature with a wealth of valuable resources and a **great** people certainly has a **great** future. Let's wait and hope for the better.*

2. Um outro exemplo sobre a diferença entre *big* e *great*:

   *Gandhi was a **great** man, but he was not **big**. In fact, he was rather short.*

3. E o **grand**, o que significa?

    a) grande, grandioso/a, esplêndido/a

    *That hotel always receives its guests in **grand** style.*

    b) grande, ótimo/a, excelente

    *We had a **grand** time when we stayed at the **Grand** Hotel in Lugano.*

    c) grande, primeiro/a, mais destacado/a

    *Ali was the **grand** champion for years.*

4. E ***grand*** pode também ser usado como substantivo, em gíria, significando: Mil dólares ou mil libras.

    *They paid twenty **grand** for an anniversary party! Wow!*

5. E em locuções como:

- **grand master:** 1) grande mestre de xadrez 2) grão-mestre da maçonaria
- **grand slam:** vitória em todos os torneios esportivos (de tênis, golfe etc.)
- **grand jury:** (nos EUA) júri de instrução (decide se o réu deve ou não ir a julgamento)
- **grand piano:** piano de cauda
- **grand total:** total geral
- **grand prize/prix:** grande prêmio

6. *Grand* (com *G* maiúsculo) ainda aparece em maravilhas como:

- **Grand Canyon** (no Arizona, EUA, uma das 7 maravilhas naturais do planeta). Sem tradução, por favor. "Grandioso Desfiladeiro" ninguém merece...
- **Grand Central Station** (a estação de trem em Nova Iorque, cujo salão central volta e meia aparece em cenas antológicas do cinema, como em "*Os Intocáveis*" (1987), o carrinho de bebê rolando escadaria abaixo...

E não podemos esquecer que ***grand*** também aparece em:

- **grandparents:** avós, a velha corporação que reúne as pessoas mais felizes do planeta!

    *A **grandfather** is someone with silver in his hair and gold in his heart.* (frase anônima, feita por algum neto ou neta que amava seu avô)

Escolha a opção que melhor traduz as palavras em destaque nestas frases. Na frase 2 você vai reencontrar *fabric*, já estudada no verbete 183.

1. "*Life is a **grand** party.*" (Ezra Miller)

A vida é uma a) grande; b) primeira festa.

2. *"What evolution tells us is that we are part of a **grand**, dynamic, and ever-changing **fabric** of life that covers our planet." (Kenneth R. Miller)*

O que a evolução nos diz é que somos parte de um *a) grandioso; b) ótimo*, dinâmico e sempre mutante *a) tecido; b) fabrico* de vida que cobre o nosso planeta.

3. *"The world is like a **grand** staircase. Some are going up and some are going down." (Samuel Johnson)*

O mundo é como uma *a) grandiosa; b) excelente* escadaria. Alguns estão subindo, outros descendo.

4. *"Do not make **grand** plans. Be flexible." (John C. Mather)*

Não faça planos *a) enormes; b) grandiosos*. Seja flexível.

5. *"What a **grand** thing it is to be loved! What a far **grander** thing it is to love!" (Victor Hugo)*

Que coisa *a) grande; b) esplêndida* é ser amado! Que coisa muito mais *a) grande; b) esplêndida* é amar!

202 graphic (adj.) /ˈgræfɪk/ rima com *traffic* (tráfico; tráfego)

1. Um dos sentidos do adjetivo **graphic** é gráfico/a, relativo às artes gráficas, visual, representado/a por figuras, linhas, letras, sinais.

    ***Graphic** resources help the reader understand a text.*

    *A **graphic** novel tells its story with pictures.*

    - **graphic arts:** artes gráficas
    - **graphic design:** design gráfico
    - **graphic novel:** romance em quadrinhos

    Logo, se o adjetivo **graphic** corresponde ao nosso adjetivo "gráfico/a", o que ele está fazendo aqui, nesta lista de falsos amigos?

2. A resposta é que esse não é o único sentido de **graphic**. Na verdade, não é o único e muito menos o mais comum. **Graphic** aparece com muito maior frequência em frases como:

    *The documentary shows terrible scenes of the Holocaust in **graphic** detail.*

    *People under 18 are not allowed to see movies that contain **graphic** sex scenes.*

    *George had seen the accident and insisted on giving us a description in the most **graphic** detail while we were trying to have dinner. He even showed us **graphic** pictures of the dead he had taken with his cell phone.*

    Nesse sentido, **graphic** corresponde a "explícito/a, claro/a, vívido/a, mostrado em detalhe, muitas vezes chocante".

3. E, *just out of curiosity*, como é que se diz "gráfico", o substantivo, o mesmo que diagrama, esquema visual de dados? *Graph*.

> That **graph** shows the rise in unemployment in the last two years.

Escolha a opção que melhor traduz a palavra em destaque nestas frases.

1. "In films of terror, it's often not about being **graphic**. Or if there is a **graphic** image, it's extremely swift. Everyone talks about the shower scene in "Psycho," but that's the only **graphic** scene in the entire film." (Charles Roven)

Em filmes de terror, a ênfase em geral não é o aspecto *a) gráfico; b) chocante*. Ou se há uma imagem *a) gráfica; b) chocante*, ela é muito rápida. Todo mundo comenta a cena do chuveiro em "Psicose", mas essa é a única cena *a) chocante; b) gráfica* em todo o filme.

2. "I haven't touched a piece of meat since I read a **graphic** description of Chicago's slaughterhouses when I was 12." (Christie Brinkley)

Eu não toco em um pedaço de carne desde os meus 12 anos, quando li uma descrição *a) chocante; b) gráfica* dos matadouros de Chicago.

---

203 gratification (subst.) /ˌgrætɪfɪˈkeɪʃ(ə)n/ rima com *multiplication* (multiplicação)

gratify (verbo) /ˈgrætɪfaɪ/ rima com *multiply* (multiplicar)

gratuity (subst.) (EUA) /ˌgrəˈtuːəti/, (Reino Unido) /ˌgrəˈtjuːəti/ rima com *annuity* (anuidade)

1. ***Gratification*** significa gratificação no sentido de "satisfação interior, sentimento misto de alegria, gratidão e autoestima".

    > I was really gratified when they invited me to the party. **Gratification** for the nice invitation.

2. Mas ***gratification*** não se usa quando gratificação tem o sentido de "pagamento adicional" ou "gorjeta". Para isso usa-se *extra payment, bonus* ou *gratuity, tip*.

    > We gave the waitress a generous **tip**.

3. ***Gratify*** é um verbo (regular: ***gratified – gratified***) que significa "gratificar" no sentido de:

    a) satisfazer, agradar, dar satisfação ou prazer a

    > It **gratifies** the old man to see how well his children and grandchildren get along together.

    > He feels **gratified** to see they all love one another.

    b) satisfazer, saciar (um desejo, um capricho, a curiosidade)

*OK, I'll tell you what happened. I'll be glad to **gratify** your curiosity.*

4. Mas ***gratify*** não é usado quando o sentido de "gratificar" é "dar uma gratificação". Para isso usa-se *reward* ou *tip*.

   *Every year on his birthday he **rewards/tips** his employees with an extra salary.*

5. ***Gratuity*** (plural: ***gratuities***) é um substantivo próprio da linguagem formal, significa "gorjeta". É mais formal do que *tip*.

   *In a New York restaurant you are supposed to leave a **gratuity** of up to 22% of the total cost of the meal.*

   Gratuities *accepted.*

6. Mas ***gratuity*** não significa "gratuidade". Para isso usa-se a locução *free admission* ou, em contextos formais, *gratuitousness*.

   *Senior citizens enjoy a small discount but there is no **free admission** to that museum.*

Escolha a opção que melhor traduz as palavras em destaque nestas frases.

1. *"Always do right. This will **gratify** some people and astonish the rest." (Mark Twain)*

Sempre faça o que é certo. Isto vai a) *causar satisfação;* b) *dar gratificação* a algumas pessoas e espanto a outras.

2. *"Books **gratify** and excite our curiosity in innumerable ways." (William Godwin)*

Os livros a) *dão prazer;* b) *dão gorjeta* e provocam a nossa curiosidade de inúmeras maneiras.

3. *"He estimates 2% of his customers leave a **gratuity**, a percentage he hopes will now increase." (Washington Post, May 16, 2016)*

Ele estima que 2% dos seus fregueses deixam uma a) *gratuidade;* b) *gorjeta*, percentagem que ele espera aumentar agora.

---

204 gripe (subst. e verbo) /graɪp/ rima com *type* (tipo)

1. É claro que, se você encontrou esse ***gripe*** em um texto em inglês, pelo contexto você viu que nada tem a ver com a nossa "gripe", doença causada por vírus, que provoca tosse etc. E não tem mesmo. Essa doença em inglês é *influenza* ou a forma abreviada, muito mais comum: *the flu*.

   *When one of us catches **the flu**, the whole family has the disease. It is highly contagious.*

2. Então, qual é o significado de **gripe**?

   Gripe é um substantivo usado em linguagem informal e significa "bronca, queixa, reclamação".

   *Trump seems to have a **gripe** against the whole world, except America.*

3. **Gripe** também pode ser um verbo (regular), significando: bronquear, reclamar.

   *He is always **griping** about anything that is not good for the "American First" idea.*

4. E o que será **Gripe Water**? Água da gripe não faz sentido, né? Na verdade, **Gripe Water** é o nome de um remédio dado a bebês, no Reino Unido, contra a dor de estômago.

5. Uma outra palavra em inglês que também lembra a nossa "gripe", mas que também não se resolve com vitamina C e cama, é *grip*. *Grip* pode ser um verbo (regular: **gripped** – **gripped**) e significa:

   a) agarrar com firmeza

   b) prender o interesse ou a atenção de

6. E, como substantivo, *grip* significa:

   a) ação de agarrar firme

   b) aperto de mão

   c) domínio, controle

   d) (pneu, solado) aderência

   e) valise

7. E entra na expressão *come* ou *get to grips with*: enfrentar, lidar abertamente com

   *Sorry, but I just can't **get to grips with** that. It's your problem, only you can deal with it.*

Escolha a opção que melhor traduz a palavra em destaque nestas frases.

1. "The more you **gripe** about your problems, the more problems you have to **gripe** about." (Zig Ziglar)

Quanto mais você a) agarra; b) reclama de seus problemas, mais problemas você tem para a) agarrar; b) reclamar.

2. "It's human nature to **gripe**, but I'm going ahead and doing the best I can." (Elvis Presley)

a) Reclamar; b) Agarrar é da natureza humana, mas eu sigo em frente e faço o melhor que posso.

205 groceries (subst. plural) /'groʊsriz/

Groceries são os produtos vendidos em uma *grocery store*, também chamada (principalmente no Reino Unido) *grocer's*, a loja que pertence ao *grocer*. Todos esses nomes eram comuns nas grandes cidades, antes da invenção e invasão dos *supermarkets*. O *grocer* era o merceeiro; a *grocery store* (ou *grocer's*), a antiga mercearia ou armazém, estabelecimento comercial onde se vendiam gêneros alimentícios e alguns utensílios domésticos. Nas cidades e aldeias do interior era a popular "venda". Tudo o povo podia encontrar e comprar (muitas vezes fiado) na venda. A *grocery store*, as *groceries* que ela vendia, o *grocer* que era o dono ou lá trabalhava, todas essas palavras hoje aparecem nos dicionários com o rótulo de *old-fashioned*, fora de moda, porque as mercearias, pontos de pequeno comércio local, quase caseiro, foram levadas pelo tsunami das grandes superfícies, os modernos, labirínticos e impessoais supermercados.

Mas, além de oferecer a oportunidade de resmungar e extravasar o saudosismo, o que é que *groceries* está fazendo em uma seleção de *false friends*?

A resposta também só se justifica pelo aspecto sentimental, e o "padrinho" da inclusão de *groceries* neste livro é uma figura ilustre, amada e que muito sabia de sentimentos: Antonio Carlos Jobim. Ele é o padrinho dessas *groceries*. Todos sabemos que Tom Jobim morou algum tempo em Nova Iorque, na época de ouro da bossa nova, tempo em que ele ensinava Ella Fitzgerald e Frank Sinatra a dizer, mesmo que com sotaque, *Ipanema, Dindi, Insensatez* e outras palavras tão exóticas para eles. Tom disse alguma vez, em uma entrevista (e de brincadeira, é claro) que Nova Iorque era "a cidade das grosserias e das delicadezas", porque para qualquer lado que ele se virasse dava para ler as palavras *groceries* e *delicatessens* nos toldos das lojas. Jobim era um gênio e um gozador. Quando os americanos o questionavam sobre alguns aspectos da vida brasileira, ele respondia, sabiamente, "*Brazil is not for beginners*".

Saudades de Tom Jobim e do seu tempo.

1. E afinal, o que são *groceries*? Gêneros alimentícios, produtos vendidos em mercearia.
2. E como seria "grosseria"? *Rudeness, grossness*. Como esses substantivos são *uncountable nouns*, sem forma plural, para dizer "grosserias", no plural, seria algo assim:

    Don has no manners, and he's apt to say some **rude/gross things** to anyone, especially people he finds himself superior to.

    The world has grown accustomed to his **rude/gross manners**.

Escolha a opção que melhor traduz a palavra em destaque nestas frases.

1. "*I went back to work because somebody had to pay for the **groceries**.*" (Bette Davies)

Eu voltei a trabalhar porque alguém tinha de pagar as *a) grosserias; b) compras da mercearia.*

2. "*My kids always perceived the bathroom as a place where you wait it out until all the **groceries** are unloaded from the car.*" (Erma Bombeck)

Meus filhos sempre acharam que o banheiro era o lugar onde eles podiam esperar até que todas as *a) compras da mercearia; b) grosserias* fossem tiradas do carro.

> Erma Bombeck (1927-1996), jornalista e humorista norte-americana, tornou-se celebridade nacional pela coluna diária publicada nos grandes jornais dos EUA. Ela era conhecida pelo olhar crítico, mas bem-humorado, refletido em suas crônicas da vida suburbana (no sentido não pejorativo) do centro-oeste dos EUA, retratos da vida familiar das pessoas "comuns", muitas vezes causos que envolviam sua própria família. Nessa citação de Erma Bombeck é evidente a "indireta" aos seus *kids* e à preguiça que eles tinham de ajudar a mãe a tirar as **groceries** do carro. *Kids* são *kids*, não importa em que hemisfério. Já vi esse filme, passou em um cinema perto de casa...

206 gross (adj.) /grous/ rima com *dose* (dose) ou com *close* (o adjetivo ou advérbio: próximo/a, perto; e não o verbo (fechar), porque neste o *s* tem som de /z/ e não de /s/)

1. Com **gross** temos de ir devagar, "pisando em ovos", porque há várias acepções e em quase todas a bola bate na trave do nosso "grosso". Assim, **gross** pode significar:

   a) grosseiro/a, rude, ordinário/a, vulgar

   *Dercy Gonçalves (1907-2008) was the Brazilian comedian who held the longest career as an actress with Guinness World records: 86 years. Dercy was weird, irreverent and at times downright **gross**. She died at age 101.*

   b) nojento/a, repugnante, indecente

   *Sebastian has a **gross** habit of picking his nose in public.*

   c) (erro, falha, injustiça) grosseiro/a, crasso/a, flagrante, gritante

   *I've told you more than a million times that's a **gross** exaggeration.*

   ■ A ***gross*** **error/mistake/injustice**

   d) (pessoa) muito gordo/a

   *Shrek is a **gross** character with an enormous belly. But the kids love him.*

e) (total, peso, rendimento, lucro) bruto (oposto de *líquido*: *net*)

Bill's **gross** income is astoundingly high.

2. **Gross** domestic product, GDP: (Economia) produto interno bruto

3. Mas **gross** não é usado no sentido de:

a) grosso/a, espesso/a (oposto de fino/a: *thin*). Para dizer isso, usa-se *thick*.

We looked with admiration at the **thick** walls of the Inca temple.

b) (voz) grossa, grave, rouca (oposto de fino/a: *thin, shrill*). Para isso, usa-se *deep*.

Morgan Freeman has a distinctive **deep** voice.

c) (tecido, areia, sal, modos, maneiras) grosso/a, áspero/a. Para isso, usa-se *coarse*.

Donald's **coarse** manners make him the butt of everyone's jokes.

4. E, para terminar, o que é o substantivo **gross**, como em *a gross of pencils*? Um "grosso" de lápis? *It doesn't make any sense!* Não, mesmo. *A gross* é um conjunto de 144 coisas, no caso 144 lápis ou 12 dúzias de lápis. E esse conjunto de 12 x 12 tem um nome em português, que pode lembrar **gross**... Sim, é grosa. Uma grosa de lápis, lápis que não acaba mais!

Escolha a opção que melhor traduz a palavra em destaque nestas frases.

1. "Love is a **gross** exaggeration of the difference between one person and everybody else." (George Bernard Shaw)

O amor é um exagero *a)* grosso; *b)* grosseiro da diferença entre uma pessoa e todas as outras.

2. "As long as poverty, injustice and **gross** inequality persist in our world, none of us can truly rest." (Nelson Mandela)

Enquanto a pobreza, a injustiça e a *a)* grosseira; *b)* grossa desigualdade persistirem em nosso mundo, nenhum de nós poderá de fato descansar.

3. "I ate a bug once. It was flying around me. I was trying to get it away. It went right in my mouth, it was so **gross**!" (Hilary Duff)

Certa vez comi um inseto. Ele estava voando à minha volta. Eu tentando afastá-lo. Aí ele entrou na minha boca, foi tão *a)* grosso; *b)* nojento!

207 gusto (subst.) /ˈgʌstoʊ/

1. **Gusto** é um substantivo que vem do latim *gustus*, nos lembra de "gosto" e pode, de certa forma, ser mesmo traduzido por "gosto". A palavra em geral é acompanhada de **with**.

When you do something **with gusto**, you do it with enthusiasm and enjoyment.

Nesta frase, poderíamos traduzir **with gusto** por "com gosto, com vontade, entusiasmo e prazer". Ou então "a sério".

The kids were eating a large pizza **with gusto**.

As the first chords of the national anthem started playing we all rose to our feet and sang along **with gusto**.

2. Mas *gusto* para por aí. Para outros sentidos de "gosto", em geral, usa-se *taste* ou *liking*. Vamos observar estas expressões e frases:

- de bom/mau gosto: **in good/bad taste**
- Ele é folgado demais para o meu gosto.: **He is too cheeky for my taste/liking.**
- Gosto não se discute/explica: **There's no accounting for taste.**
- Isso tem gosto de quê?: **What does that taste of?**
- Tem gosto bom/ruim/estranho/de baunilha/maracujá: **It tastes good/bad/strange/of vanilla/of passion fruit.**

Escolha a opção que melhor traduz a palavra em destaque nestas frases.

1. "I have never savored life with such *gusto* as I do now." (Candice Bergen)

Eu nunca saboreei a vida com tanto a) *entusiasmo e prazer;* b) *desânimo* quanto agora.

2. "Today is life – the only life you are sure of. Make the most of it. Get interested in something. Shake yourself awake. Develop a hobby. Let the winds of enthusiasm sweep through you. Live today with *gusto*." (Dale Carnegie)

Hoje você está vivo – com a única vida que você de fato tem. Aproveite-a ao máximo. Crie interesse em alguma coisa. Sacuda-se e acorde. Desenvolva um passatempo. Deixe que os ventos do entusiasmo o levem. Viva o dia de hoje com a) *desgosto;* b) *entusiasmo, vontade e prazer.*

208 hospice (subst.) /ˈhɑːspɪs/

1. *Hospice* imediatamente lembra "hospício, manicômio". Mas não é. Para dizer isso usa-se *mental/psychiatric hospital* ou então *mental institution*. Ou ainda *asylum*, mas esse uso está fora de moda.

"One Flew Over the Cuckoo's Nest", a movie directed by Milos Forman, starring Jack Nicholson and Danny DeVito was filmed in a real **mental hospital** and some of the patients joined the crew.

2. Então, o que é **hospice**? É "lar de idosos, especialmente os que estão em fase terminal".

> **Hospice** *means end-of-life care. The admission ticket is a diagnosis from a doctor that the person has six months or less to live.*

3. **Hospice** também pode aparecer (mas nesse sentido a palavra já quase não se usa) como "hospício", no seu segundo sentido em português: abrigo gratuito a pessoas pobres ou doentes, asilo, geralmente mantido por organizações religiosas.

> *The monks run a **hospice** in their mountain retreat.*

Escolha a opção que melhor traduz a palavra em destaque nesta frase.

"*Third floor, **hospice**, for those literally knocking on heaven's door, waiting for someone to answer.*" *(Tiffany D. Jackson, in Allegedly)*

Terceiro andar, a) hospício; b) asilo de idosos, para aqueles que estão literalmente batendo às portas do céu, esperando que haja uma resposta.

---

209 human (adj.) /ˈhjuːmən/ a sílaba tônica é a primeira; rima com *Newman*

humane (adj.) /hjuːˈmeɪn/ a sílaba tônica é a segunda ou última; rima com *insane* (insano/a, louco/a)

1. Aqui vamos propor um desafio: há dois adjetivos em inglês que se traduzem por "humano/a", e em português o adjetivo "humano/a" é usado em dois sentidos principais.

   Os adjetivos em inglês são **human** (a sílaba tônica é a primeira) e **humane** (a tônica é a segunda).

2. "Humano/a" em português pode ser

   a) próprio do homem/da mulher ou formado por homens/mulheres

   b) alguém/algo que demonstra ter compaixão pela condição de outra(s) pessoa(s)

   Agora damos duas frases, em inglês, com lacunas para você preencher com **human** ou **humane**.

   Ready? Go!

   a) Amnesty International acts as a pressure group in defense of _____ rights.

   b) In every war the _____ treatment of prisoners is monitored by Amnesty International and other organizations.

human *completa a frase a) e corresponde à definição a) que vimos em 2. a).*

humane *completa a frase b) e corresponde à definição dada em 2. b).*

Escolha a opção que melhor traduz as palavras em destaque nestas frases.

1. *"We **human** beings are **humane** in part because we can look beyond our biology." (Sam Kean)*

Nós seres a) compreensivos; b) humanos somos a) compreensivos; b) desumanos em parte porque podemos olhar além da nossa biologia.

2. *"An interface is **humane** if it is responsive to **human** needs and considerate of **human** frailties." (Jef Raskin)*

Uma interface é a) humana; b) compreensiva se ela tem a capacidade de responder às necessidades a) humanas; b) compassivas e levar em conta as fragilidades a) humanas; b) compreensivas.

3. *"This inhuman world has to become more **humane**. But how?" (Friedrich Dürrenmatt)*

Este mundo desumano precisa ser mais a) desumano; b) humano, compreensivo. Mas como?

---

210 **husbandman** (subst.) /ˈhʌzbən(d)mən/

husbandry (subst.) /ˈhʌzbəndri/

1. Esses dois não são *false friends*, mas entram na lista porque todos nós conhecemos o sentido moderno de *husband*: marido, homem casado, o masculino de *wife*.

2. Mas **husbandman**... o que será? Marido homem? Homem marido?? Homem do marido??? Marido do homem???? Marido que é homem, mesmo?????

3. Nada disso. **Husbandman** é um termo arcaico, definido nos dicionários como *a person who operates a farm*. Um lavrador.

   *Landowners frequently cultivated the land themselves, but they might employ a **husbandman**.*

A palavra *husband* tem origem Anglo-Saxônica: *hús* (*house*: casa) + *bóndi* (morador, proprietário). Na Idade Média, o *husband* era o morador ou proprietário da casa onde morava com a família. Não havia na palavra *husband*, nessa época, nenhum *status* marital; *husband* era o "mestre da casa", o "chefe de família". Naquela época a maior parte do trabalho das pessoas era no campo, plantando ou criando animais. Daí a ligação de **husbandman** com a atividade de **husbandry**, que vamos ver a seguir.

4. **Husbandry** pode significar:

   a) lavoura, cultivo de plantações, criação de animais, agricultura (= *farming*)

   ▪ **crop husbandry:** lavoura, cultivo, agricultura

   b) aplicação de princípios científicos à agricultura ou agropecuária

   ▪ **animal husbandry:** agropecuária

5. Por extensão, **husbandry** também se usa no sentido de:

   cuidadoso manejo e bom uso de recursos, economia.

   > Mr. Gewan knows how to practice good **husbandry**, and always pays cash, he never buys anything on credit.

Escolha a opção que melhor traduz as palavras em destaque nestas frases. Na frase 4 vamos reencontrar *disgusting*, já vista no verbete 150.

1. "Banquo says, "There's **husbandry** in heaven: their candles are all out." (William Shakespeare, in Macbeth)

Há a) maridos; b) economia no céu: as velas estão todas apagadas.

2. "The life of the **husbandman**, – a life fed by the bounty of the earth and sweetened by the airs of heaven." (Douglas Jerrold)

A vida do a) lavrador; b) marido, – uma vida alimentada pela recompensa da terra e adoçada pelos ares do céu.

3. "Weeds are shallow rooted, suffer them now and they'll overgrow the garden, and choke the herbs for want of **husbandry**." (William Shakespeare)

As ervas daninhas têm raízes curtas, se você deixar elas tomam conta da horta e sufocam o que você plantou, tudo por falta de a) marido; b) bom cultivo.

4. "I know that man started **animal husbandry** thousands of years ago and I think it's **disgusting**. Men and animals should never be allowed to marry. Or have sex. And maybe not even engage in necking, unless it's a man and a giraffe." (Jarod Kintz)

Sei que o homem começou a) a agropecuária; b) o casamento com animais há milhares de anos e eu acho isso a) repugnante; b) desgostoso. O casamento entre homens e animais nunca deveria ser permitido. Ou sexo entre eles. E talvez nem afagos no cangote, a não ser que seja entre um homem e uma girafa.

Na frase 1, a que velas Banquo está se referindo?

Serão as estrelas?

Sobre a frase 4: Jarod Kintz é um escritor norte-americano, autor de *This Book Is Not for Sale*, entre outros. É conhecido pela irreverência e pelo *nonsense* de seus textos.

---

211 **ignore** (verbo) /ɪɡˈnɔː(r)/ rima com *before* (antes)

1. ***Ignore*** é o verbo "ignorar", mas em que sentido?
2. Ignorar (deliberadamente), não tomar conhecimento de, fingir não saber de, não prestar atenção a.

   *I tried to **ignore** Paul's presence, but he wouldn't leave me alone.*

   *Donald knows the rules, but he chooses to **ignore** them.*

   *Let's not play ostrich. We shouldn't **ignore** those problems as if they didn't exist. If we don't face them now, they will only get worse.*

3. ***Ignore*** não significa "ser ignorante (de), não saber (de)". Para isso usa-se *be ignorant/unaware of*.

   *Those tourists are totally **ignorant of** the local traffic rules.*

   *They are also totally **unaware of** the risks involved in visiting a Rio slum without a local guide.*

Escolha a opção que melhor traduz as palavras em destaque nestas frases. Na frase 3 você vai ver de novo uma das acepções de *address*, vista no verbete 9.

1. "*First they **ignore** you, then they laugh at you, then they fight you, then you win.*" *(Mohandas "Mahatma" Gandhi)*

Primeiro eles te a) ignoram; b) chamam de ignorante, depois eles riem de você, depois eles lutam com você, depois você vence.

2. "***Ignore** the ignorant.*" *(Ricky Martin)*

a) Encare; b) Ignore os ignorantes.

3. "*Another way to lose control is to **ignore** something when you should **address** it.*" *(Tim Evans)*

Uma outra forma de perder o controle é a) não tomar conhecimento de; b) chamar de ignorante algo que você deve a) endereçar; b) tentar resolver.

4. *"A man is like a cat; chase him and he will run – sit still and **ignore** him and he'll come purring at your feet."* (Helen Rowland)

O homem é como um gato; você tenta pegá-lo e ele foge – você fica quieta e o a) *persegue;* b) *ignora* e ele vem de mansinho ronronando a seus pés.

Nosso comentário sobre a última frase: "Miau!"

212 **impair** (verbo) /ɪmˈpe(r)/ rima com *compare* (comparar)

impaired (adj.) /ɪmˈpe(r)d/ rima com *compared* (comparado/a)

impairment (subst.) /ɪmˈpe(r)mənt/

1. Pela classe gramatical (***impair*** é um verbo), pela pronúncia (rima com *compare* ou com *fresh air*) e pelo contexto, não dá para pensar que ***impair*** tem a ver com o nosso adjetivo "ímpar", de "par ou ímpar", né? Bom, porque não tem mesmo.
2. Como se diz ímpar, *in English*? *Odd*. Número ímpar: *odd number*. Par ou ímpar: *even or odd*?
3. Então, o que é ***impair***? É um verbo (regular) que significa:

    afetar (negativamente), prejudicar.

    > *Both smoking and drinking can **impair** your health.*
4. ***Impaired*** é o adjetivo: afetado/a, prejudicado/a.

    > *Theo knows his health is **impaired** by lack of exercise, but still he refuses to go for a walk once in a while.*
5. ***Impairment*** é o substantivo: deficiência.

    - **hearing/visual impairment:** deficiência auditiva/visual

    > *Syphilis might not have caused Beethoven's hearing **impairment**. The real cause is still unknown.*
6. ***Impairment*** pode funcionar como um eufemismo, usado para atenuar o impacto negativo de palavras como surdez, mudez, cegueira etc. Assim, ***hearing impairment*** choca menos do que *hearing loss* ou *deafness*; ***visual impairment*** agride menos do que *visual loss* ou *blindness*.

Escolha a opção que melhor traduz as palavras em destaque nestas frases.

1. *"The ignorance of one voter in a democracy **impairs** the security of all."* (John F. Kennedy)

Em uma democracia, o voto de um ignorante a) *afeta negativamente;* b) *afeta positivamente* a segurança de todos.

2. "Blind people are just like seeing people in the dark. The loss of sight does not **impair** the qualities of mind and heart." (Helen Keller)

Os cegos são iguaizinhos às pessoas que veem, só que no escuro. A perda da visão não a) *afeta;* b) *ampara* as qualidades da mente e do coração.

3. "Avoid lawsuits beyond all things. They pervert your conscience, **impair** your health, and dissipate your property." (Jean de la Bruyere)

Evite envolver-se em processos judiciais acima de tudo. Eles pervertem a sua consciência, a) *amparam;* b) *prejudicam* a sua saúde e dissipam os seus bens materiais.

---

213 **impatient** (adj.) /ɪmˈpeɪʃ(ə)nt/ a sílaba tônica é a segunda

inpatient (subst.) /ˈɪnpeɪʃ(ə)nt/ a sílaba tônica é a primeira

1. Aqui colocamos as duas palavras juntinhas, para melhor podermos compará-las e assim evitar qualquer possível confusão de uso.
2. *Impatient* é um adjetivo, sem nenhuma armadilha, é o nosso "impaciente".

    *The meeting took longer than normal and I was getting **impatient** to leave.*
3. *Inpatient* é um substantivo, um termo hospitalar, designa o paciente internado. É o contrário de *outpatient*, o paciente não hospitalizado, que é atendido para tratamento no hospital, mas não fica internado, vai para casa.

    *Theo was an **inpatient** for just two nights.*

Escolha a opção que melhor traduz as palavras em destaque nestas frases.

1. "He who is not **impatient** is not in love." (provérbio italiano)

Quem não está a) *impaciente;* b) *paciente internado* não está apaixonado.

2. "Johns Hopkins Hospital didn't accept Negroes for **inpatient** psychiatric treatment in the early 60's." (New York Times, March 13, 2018)

O Hospital Johns Hopkins não aceitava afrodescendentes como a) *impacientes;* b) *pacientes internados* no início dos anos 1960.

214 impede (verbo) /ɪmˈpiːd/ rima com *indeed* (de verdade)

1. OK, *impede* é o nosso "impedir", né? *Well*.... É impedir... mas não totalmente. Quando usamos "impedir" num sentido mais drástico (tornar impossível ou então proibir, não deixar, não permitir) não usamos *impede* e sim *prevent* ou *stop (someone) from (doing something)*.

   *Jane's family did not approve of the marriage and tried to **prevent/stop** her **from** marrying John.*

   *If you think he lied to you, what **prevents/stops** you **from** calling him a liar?*

2. Quando pensamos em "impedir" no sentido de "dificultar, obstruir, criar obstáculos, tentar impedir" está na hora de usar *impede*.

   *A splitting headache **impeded** me from sleeping last night, but eventually I managed to fall asleep.*

   *Our soldiers tried to **impede** the enemy's advance, but it was all in vain.*

Escolha a opção que melhor traduz as palavras em destaque nestas frases. Na frase 1 você vai ver de novo *folly*, já vista no verbete 191.

1. "Human **folly** does not **impede** the turning of the stars." (Tom Robbins)

A a) folia; b) loucura humana não a) impede; b) dificulta, cria obstáculos ao movimento das estrelas.

2. "At present we live to **impede** each other's satisfactions; competition, domestic life, society, what is it all but this?" (Florence Nightingale)

Atualmente nós vivemos para a) impedir; b) dificultar, criar obstáculos à satisfação uns dos outros; a competição, a vida doméstica, a sociedade, o que são elas senão isso?

3. "Replace behaviors that **impede** growth with behaviors that nourish it, and the flower of self-realization will bloom." (Radhanath Swami)

Substitua os comportamentos que a) dificultam; b) impedem o crescimento por comportamentos que alimentam esse crescimento e a flor do autoconhecimento se abrirá.

---

215 impinge (verbo) /ɪmˈpɪndʒ/ rima com *infringe* (infringir, descumprir)

1. *Impinge* lembra, sim, o nosso "impingir, impor, obrigar a aceitar", mas não tem, nem de longe, esse sentido. *Impinge* é um verbo (regular) próprio da linguagem formal, geralmente seguido da preposição *on* ou *upon*. Significa "afetar, impactar, ter efeito (em geral negativo)".

*Some troubles in Neymar's private life were **impinging** on the player's performance.*

*His social life was also **impinging** on his work.*

*Dorothy tried to **impinge** on my spare time, but I told her I was too busy and couldn't talk to her then.*

2. E como se diz "impingir, impor, obrigar a aceitar", *in English*? Usa-se o verbo *foist*, também geralmente seguido de *on* ou *upon*.

*The salesman insisted on **foisting** a new gadget on me, but I told him I hate gadgets.*

*Some teachers **foist** their political preferences upon their students, which is obviously wrong.*

*Fred's parents were constantly **foisting** job ads on him, but he always put them aside without even looking.*

Escolha a opção que melhor traduz as palavras em destaque nestas frases.

1. *"Apartheid didn't **impinge** on music. It **impinged** on people's freedoms."* (Hugh Masekela)

O Apartheid não *a) impingia; b) afetava* a música. Ele *a) impingia; b) afetava* as liberdades das pessoas.

2. *"I think I'm a bit of a dreamer. I don't like the reality of life to **impinge** much on my life."* (Hugo Weaving)

Eu acho que sou um pouco sonhador. Não gosto que a realidade da vida *a) impinja; b) afete* muito a minha vida.

---

216 implicate (verbo) /ˈɪmplɪkeɪt/ rima com *complicate* (complicar)

implication (subst.) /ˌɪmplɪˈkeɪʃ(ə)n/ rima com *complication* (complicação)

1. *Implicate* é mesmo falso amigo? Mas não é o mesmo que o nosso "implicar"? Calma. Em um dos sentidos de *implicate*, quando vem seguido da preposição *in*, ele corresponde, sim, ao nosso "implicar (em)". Portanto *implicate (in)* significa "implicar, envolver, comprometer (geralmente **em** alguma coisa ruim, um crime, escândalo etc.).

*The prosecutors have plenty of evidence that **implicates** him **in** those corruption scandals.*

*George's business partner was **implicated in** the crime.*

2. Mas *implicate* não é usado quando o nosso verbo "implicar" vier seguido da preposição **com**, significando "implicar **com** alguém, demonstrar antipatia (por alguém), chatear, "pegar para Cristo".

Isso em inglês é expresso por *pick on (someone)* ou *have it in for (someone)*.

> That nagging old man is always **picking on** someone he sees on TV.
>
> Hey, bully boy, why don't you **pick on** someone your own size?

3. O substantivo *implication* corresponde ao nosso "implicação", no sentido de "o que se subentende, aquilo que se pode entender, subentender ou depreender de uma situação ou a consequência de um fato".

> Camila didn't like the **implication** that women can't be good at mathematics.
>
> From what Mike said, the **implication** was that Camila had made a mistake.
>
> You have to consider the inevitable **implications** of what you say or do.

4. Mas *implication* não é usado no sentido de "implicância, manifestação de má vontade ou antipatia com algo ou alguém". Para isso usa-se *ill will* ou *grudge*.

> Ella says she has no **ill will** toward Marion, but few of us believe her.

Escolha a opção que melhor traduz as palavras em destaque nestas frases.

1. "When millions of people are starving, everyone is **implicated**." (Albert Camus)

Quando milhões de pessoas estão passando fome, todos nós estamos a) implicados; b) implicantes.

2. "They don't want a trial. That could **implicate** Fujimori and others in the government." (Fernando Rospigliosi)

Eles não querem um julgamento. Isso poderia a) implicar com; b) envolver Fujimori e outros do governo.

3. "The astronomer Edwin Hubble found that the universe is expanding, and by **implication** must have originated a finite time ago in an explosion called the big bang." (Paul Davies, The New Physics, 1989)

O astrônomo Edwin Hubble descobriu que o universo está se expandindo e por a) implicação, consequência; b) implicância, antipatia deve ter se originado há algum tempo finito em uma explosão chamada big bang.

217 inaugurate (verbo) /ɪˈnɔːgjəreɪt/ rima com *contaminate* (contaminar)

inauguration (subst.) /ɪˌnɔːgjəˈreɪʃ(ə)n/ rima com *contamination* (contaminação)

1. *Inaugurate* e *inauguration* são daquela turma de falsos amigos que trabalha "em meio expediente": na metade das frases em que aparecem são cognatos, na outra metade não são. Assim:

   Inaugurate é um verbo (regular) que significa "inaugurar, funcionar pela primeira vez, dar início a".

   *Brasília was **inaugurated** in 1960.*

2. *Inauguration* é o substantivo da família e significa "inauguração".

   *21 April 1960, Brasília **Inauguration** Day.*

3. Vamos agora observar estes exemplos:

   *Donald Trump was **inaugurated** as President on January 20th 2017.*

   ▪ **to be inaugurated:** tomar posse

   *Robert Frost read poetry at John F. Kennedy's **inauguration** in 1962. Donald Trump's **inauguration** in 2017 was accompanied by demonstrations and protests worldwide.*

   ▪ **inauguration ceremony:** cerimônia de posse

Escolha a opção que melhor traduz as palavras em destaque nestas frases.

1. *"Obama's **inauguration** is a historic global achievement, a major milestone in the journey of a powerful nation."* (Des Browne)

A a) inauguração; b) tomada de posse de Obama é uma conquista histórica global, um marco importante na jornada de uma nação poderosa.

2. *"In May the US **inaugurated** its first embassy in Jerusalem, despite Israel's sovereignty over Jerusalem not being recognised internationally."* (BBC, May 24, 2018)

Em maio os Estados Unidos a) inauguraram; b) deram posse à sua primeira embaixada em Jerusalém, embora a soberania de Israel sobre essa cidade não seja reconhecida internacionalmente.

---

218 **indecisive** (adj.) /ˌɪndɪˈsaɪsɪv/ a sílaba tônica é a terceira: indeCIsive

1. Esta é mais uma das que "trabalham em meio expediente", nem sempre são *false friends*, de manhã aparecem boazinhas, lembrando uma palavra em português e correspondendo a ela em seu significado. Então *indecisive* significa "indeciso/a, incapaz de tomar uma decisão" e é sinônimo de *undecided*.

*Michel has always been very **indecisive** and he often seeks the counsel of his advisers to do this or that.*

2. À tarde, ***indecisive*** assume-se como palavra enganosa, em frases cujo significado é "inconclusivo/a, que não leva a uma conclusão ou resultado claro, sem definição final". Nesse caso é sinônimo de *inconclusive*.

*The test results were **indecisive**. They will have to run another test.*

Escolha a opção que melhor traduz a palavra em destaque nestas frases.

1. *"If I decide to be **indecisive**, that's my decision." (Roger McGough)*

Se eu decido ser *a) inconclusivo; b) indeciso,* essa é a minha decisão.

2. *"The small New Zealand First party became the kingmaker after September's **indecisive** election results."*

O pequeno partido político Nova Zelândia Primeiro tornou-se extremamente influente (na escolha do novo líder) depois dos resultados *a) indecisos; b) inconclusivos* da eleição.

3. *"I used to be **indecisive** but now I am not quite sure." (Tommy Cooper)*

Antigamente eu era *a) indeciso; b) inconclusivo,* mas agora não tenho a certeza.

219 **indicator** (subst.) /ˈɪndɪkeɪtə(r)/ rima com *elevator* (elevador)

1. Mas ***indicator*** não é "indicador"? Nem sempre. Às vezes é, mas há casos em que, apesar de continuarmos dentro da ideia de "indicação", em português usamos outras palavras, bem diferentes. Vamos investigar, começando pelo ***indicator*** que não é *false friend*.

2. Para algo (abstrato) que indica uma certa condição, posição, qualidade, sucesso, usa-se ***indicator***.

   *Inflation rate is an important economic **indicator**.*

   *Value given to education is a good **indicator** of intelligence and good judgement.*

3. Para um instrumento que mede ou registra, como um mostrador, medidor, dial, pode-se usar ***indicator***.

   ■ (Aviação) **airspeed indicator:** medidor da velocidade do ar

4. Mas para nos referirmos ao dedo indicador, usamos *index finger* e não ***indicator***.

   Index finger *is the one next to the thumb; it is also called forefinger.*

5. E se estivermos dirigindo um carro na Inglaterra e quisermos virar para a esquerda ou a direita, teremos de acionar o ***indicator***, não esquecendo de

que na Inglaterra isso corresponde a *turn signal* nos Estados Unidos e ao nosso "farol pisca-pisca", a popular "seta".

*The light on the **indicator** flashes to show which way the car is turning, left or right.*

Escolha a opção que melhor traduz a palavra em destaque nestas frases.

1. *"Money is a poor **indicator** of success." (Richard Branson)*

O dinheiro é um mau a) *farol*; b) *indicador* de sucesso.

2. *"I am still waiting for the day when women will give right **indicator** and turn right. This will push our generation into a new level." (Rahul)*

Ainda estou esperando o dia em que as mulheres vão acionar o a) *indicador*; b) *pisca-pisca* direito e vão virar para a direita. Nesse dia a nossa geração vai atingir um novo patamar.

Sobre o autor da frase 1: Richard Branson é um magnata britânico, fundador do grupo *Virgin*, um dos homens mais ricos do Reino Unido.

Sobre o autor da frase 2: K L Rahul é um famoso jogador de críquete indiano, pediu desculpas publicamente pela piadinha machista.

220 **indignant** (adj.) /ɪnˈdɪgnənt/ a sílaba tônica é a segunda: inDIGnant; rima com *malignant* (maligno/a)

Conhecer prefixos e sufixos e o que eles indicam é um dos melhores meios para se chegar ao significado de uma palavra desconhecida.

Antes de abordar o ***indignant*** vamos trazer à pauta dois dos principais sufixos para a formação de adjetivos, em inglês: *-ing* e *-ed*.

Muitas vezes o sufixo *-ing* corresponde ao nosso sufixo "-ante" e a sua conotação é de "causa". Assim:

- interessante (causa interesse): em inglês *interest* + *ing*: **interesting**
- revoltante (causa revolta): em inglês *revolt* + *ing*: **revolting**
- emocionante (causa emoção): em inglês *excit(e)* + *ing*: **exciting**
- fatigante (causa fadiga): em inglês *tir(e)* + *ing*: **tiring**

Ao sufixo *-ing* se contrapõe o sufixo *-ed* (o nosso "-ado/a") e então a conotação não é de causa e sim de "efeito". Assim:

- interessado/a (que sofreu (ou ganhou) os efeitos do interesse): em inglês *interest* + *ed:* **interested**

- revoltado/a (que sofreu os efeitos da revolta): em inglês *revolt* + *ed:* **revolted**

- emocionado/a (que sofreu (ou ganhou) os efeitos da emoção): em inglês *excite* + *d:* **excited**

- fatigado/a (que sofreu os efeitos da fadiga): em inglês *tire* + *d:* **tired**

Tá bom, mas o que isso tem a ver com *indignant*?

É que em *indignant* esse final *-ant* não é sufixo, não existe *indign* em inglês, seria "indignar", mas esse verbo não existe. *Indignant* não é "indignante" (palavra também inexistente em português, mas que induz a pensar em algo que causa indignação). Na verdade, e contra a lógica de sentido dos sufixos, *indignant* significa "indignado/a".

> Helen felt **indignant** as she thought she had been a victim of injustice. She became **indignant** about the accusation, and wrote an **indignant** letter to the newspaper, demanding an apology.

Escolha a opção que melhor traduz a palavra em destaque nestas frases.

1. "No one lies so boldly as the man who is **indignant**." *(Friedrich Nietzche)*

Ninguém mente tão descaradamente quanto o homem que está *a) indignado; b) revoltante*.

2. "When lying, be emphatic and **indignant**, thus behaving like your children." *(William Feather)*

Quando mentir, seja enfático e *a) revoltante; b) indignado*, o mesmo comportamento dos seus filhos.

3. "When I cease to be **indignant**, I will have begun my old age." *(André Gide)*

Quando eu deixar de estar *a) indignado; b) revoltante*, será o princípio da minha velhice.

221 **individual** (adj., subst.) /ˌɪndɪˈvɪdʒuəl/ a sílaba tônica é a terceira: indiVIDual

1. ***Individual*** só aparece nesta seleção de *false friends* pela sua dupla classe gramatical. Além do adjetivo, que corresponde, direitinho, ao nosso "individual", próprio do indivíduo, oposto de coletivo, ***individual*** também

pode ser o substantivo "indivíduo": 1) ser único de uma certa espécie 2) pessoa, elemento da raça humana.

2. ***Individual***, como adjetivo:

   Students are supposed to receive as much ***individual*** attention as possible.

3. ***Individual***, como substantivo:

   Our school believes in treating each student as an ***individual***. Each ***individual*** has their own way of learning.

   Every ***individual*** has equal rights and duties.

   The markings on zebras are unique to each ***individual***.

Escolha a opção que melhor traduz a palavra em destaque nestas frases.

1. "The high destiny of the ***individual*** is to serve rather than to rule." (Albert Einstein)

O elevado destino do a) individual; b) indivíduo é servir e não mandar.

2. "An ***individual*** doesn't get cancer, a family does." (Terry Tempest Williams)

Um a) indivíduo; b) individual não contrai câncer, a sua família sim.

3. "The greatest enemy of ***individual*** freedom is the ***individual*** himself." (Saul Alinsky)

O maior inimigo da liberdade a) individual; b) indivíduo é o próprio a) indivíduo; b) individual.

222 infamous (adj.) /ˈɪnfəməs/ a sílaba tônica é a primeira: INfamous

1. *Infamous* começa pela armadilha da pronúncia. Se, como sabemos, em *famous* aquele *a* tem som de /eɪ/, parece lógico que aqui em *infamous*, que parece ser o oposto, o *a* tenha o mesmo som. Certo? Errado. Em *infamous* o *a* soa como um *schwa*, uma vogal com som neutro, que só ocorre em sílaba átona, não acentuada. As duas palavras não rimam entre si. Infelizmente, não encontramos uma boa rima nem para *famous* nem para *infamous*, mas é bom ficar alerta para a diferença na pronúncia.

2. A segunda armadilha com que esse *infamous* tenta nos pegar é pelo sentido. Pode parecer lógico que *infamous* seja o oposto de "famoso/a", algo como "pouco conhecido/a". Mas não é. Na verdade, *infamous* pode também ser "famoso/a", mas nunca pelo lado positivo, pelas boas

realizações e sim por algo considerado ruim. Enquanto *famous* é "do bem", ***infamous*** é "do mal" e se traduz por "infame."

> Al Capone committed several ***infamous*** crimes but curiously enough he was sent to prison for tax evasion.

Escolha a opção que melhor traduz a palavra em destaque nestas frases.

1. "I think I'll always be famous. I just hope I don't become ***infamous***." (Cee Lo Green)

Eu acho que sempre serei famoso. Só espero que não venha a ser a) famoso; b) infame.

2. "I will either be famous or ***infamous***." (Otto Dix)

Eu serei ou famoso ou a) infame; b) célebre.

Cee Lo Green (1975-) é um cantor, rapper, compositor e produtor norte-americano, famoso como músico de hip hop, funk, soul e R&B. Até hoje, ao que se saiba, nada fez de infame.

Otto Dix (1891-1969) foi um pintor expressionista alemão, veterano da Primeira Guerra Mundial, tornou-se famoso pela temática de sua obra artística: a miséria causada pela insanidade bélica. Também nada fez de infame, ao contrário usou sua arte para denunciar a infâmia das guerras.

223 **influenza** (subst.) /ˌɪnfluˈenzə/

Influenza é o termo formal para a nossa "gripe". *Atchoo!* (= Atchim, *in English*). Na linguagem informal usa-se a forma abreviada, *the flu*.

> Sally is in bed now. She's got the flu.
>
> All types of ***influenza*** are commonly called "the flu".

A origem de ***influenza*** é do italiano "influenza", vinda do latim medieval *influentia*. Acreditava-se então que as epidemias eram causadas pela influência dos astros. O efeito das estrelas e planetas sobre os seres humanos era atribuído ao "fluxo interior" (sentido literal de "influência") de um líquido invisível vindo do céu. Na Idade Média ***influenza*** referia-se a surtos de doença supostamente causados pela eventual posição pouco comum dos planetas. A partir dos anos 1600 ***influenza*** passou a referir-se especificamente à doença que hoje conhecemos como gripe.

Desgraça pouca é bobagem, ensina a sabedoria popular. Um bom exemplo disso aconteceu há um século, com efeitos trágicos para milhões de pessoas. Em 1918, enquanto grassava o festival de estupidez e mortandade conhecido como Primeira Guerra Mundial, irrompeu a pandemia de *influenza*, também chamada "gripe espanhola". A Espanha mantinha-se neutra nessa guerra, por isso as notícias da pandemia não eram censuradas, como em outros países. Os espanhóis não gostaram nem um pouco de assumir a paternidade dessa gripe e a atribuíram ou a Nápoles ou ao "perigo alemão", mas o nome de "gripe espanhola" colou. E essa *influenza* ou gripe espanhola ou *fiebre de los três diaz* abateu-se sobre a humanidade *worldwide*, causando a morte de mais de 50 milhões de pessoas. Vítimas famosas, entre muitas outras: Gustav Klimt, pintor austríaco; Amadeo de Souza-Cardoso, pintor português; Rodrigues Alves, presidente do Brasil; Woodrow Wilson, presidente dos EUA.

Escolha a opção que melhor traduz a palavra em destaque nestas frases.

1. "Pandemic **influenza** is by nature an international issue; it requires an international solution." *(Margaret Chan)*

A pandemia de *a)* gripe; *b)* influência é por natureza um problema internacional; ele requer uma solução internacional.

2. "When I think of "influence" I think of "**influenza**" like somebody's picked up a germ." *(Tom Verlaine)*

Quando penso em "influência" penso em *a)* "gripe"; *b)* "influxo", como se alguém tivesse contraído um microrganismo capaz de causar uma doença.

---

224 ingenious (adj.) /ɪnˈdʒiːniəs/ rima com *continuous* (contínuo/a)

ingenuity (subst.) /ˌɪndʒəˈnjuːəti/ rima com *continuity* (continuidade)

1. Essas duas são figurinhas fáceis de qualquer lista de *false friends*.

    Ingenious pode lembrar "ingênuo/a", mas não é. **Ingenious** significa:

    a) (pessoa) engenhoso/a, inventivo/a, criativo/a

    *Leonardo da Vinci is a good example of a very **ingenious** mind.*

    b) (coisa) bem bolado/a

    *Several of Leonardo's **ingenious** devices and clever inventions were on exhibit at the museum.*

2. E como se diz "ingênuo/a"? *Naive*. Ou então (e aí é que mora o perigo da confusão...) *ingenuous,* pronunciado /ɪnˈdʒenjuəs/.

*There are lots of innocent, simple, **naive/ingenuous** people and those scoundrels take advantage of that.*

3. ***Ingenuity*** é o substantivo da família. Pode lembrar "ingenuidade", mas não é. ***Ingenuity*** significa:

engenho, engenhosidade, criatividade.

*Leonardo da Vinci's **ingenuity** established him as a man of genius.*

4. E, para finalizar, como se diz "ingenuidade", *in English*? *Naiveté* ou então (novamente perigoso pela eventual confusão com ***ingenuity***) *ingenuousness*, pronunciado /ɪnˈdʒɛnjuəsnəs/.

*How can those people be so naive? Their **naiveté/ingenuousness** is unbelievable.*

Escolha a opção que melhor traduz as palavras em destaque nestas frases.

1. "*A human being: an **ingenious** assembly of portable plumbing.*" (Christopher Morley)

Um ser humano: uma a) ingênua; b) engenhosa montagem de encanamento portátil.

2. "*He is the best physician who is the most **ingenious** inspirer of hope.*" (Samuel Taylor Coleridge)

O melhor médico é o que é mais a) ingênuo; b) criativo na arte de inspirar esperança.

3. "*Corporation: an **ingenious** device for obtaining profit without individual responsibility.*" (Ambrose Bierce)

Corporação: um dispositivo a) ingênuo; b) bem bolado na obtenção de lucro sem responsabilidade individual.

4. "*Never tell people how to do things. Tell them what to do and they will surprise you with their **ingenuity**.*" (George S. Patton)

Nunca diga às pessoas como fazer as coisas. Diga-lhes o que fazer e elas vão lhe surpreender com a sua a) ingenuidade; b) engenhosidade.

225 **inhabit** (verbo) /ɪnˈhæbɪt/

inhabitant (subst.) /ɪnˈhæbɪtənt/

inhabited (adj.) /ɪnˈhæbɪtɪd/

1. Essas três entram na lista de falsos amigos por culpa daquelas letrinhas iniciais, o *in-*. Que, no caso, podem induzir a pensar em prefixo negativo, mas não é, e sim de "interior".

Não existe o verbo *habit*, correspondente ao nosso "habitar", embora – por estranho que pareça – exista o adjetivo *habitable*: habitável que, mais uma vez por estranho que pareça, é sinônimo de *inhabitable*.

With some improvements that old house would be **habitable**/**inhabitable**.

2. *Habit* em inglês é só o substantivo "hábito, costume individual". Para "habitar" usa-se ***inhabit*** ou, na linguagem formal ou literária, *dwell*.

    Several species of birds **inhabit** that island.

    In Greek mythology, Zeus **dwells** on Mount Olympus, Poseidon **dwells** in seas and rivers, Artemis **dwells** in the dark forests and green meadows.

3. Não existe o substantivo *habitant*, correspondente ao nosso "habitante". Para isso usa-se ***inhabitant***.

    How many **inhabitants** are there in Brazil now?

4. Não existe o adjetivo *habited*, correspondente ao nosso "habitado/a". Para isso usa-se ***inhabited***.

    That part of the island is **inhabited** by native tribes. That's an **inhabited** island.

5. Finalmente, para dizer "não habitado/a, deserto/a" aplica-se o prefixo *un-* a *inhabited* ou usa-se o adjetivo *desert*, como por exemplo em:

    an **uninhabited** island/place, a **desert** island/place.

Escolha a opção que melhor traduz as palavras em destaque nestas frases.

1. "The library is **inhabited** by spirits that come out of the pages at night." (Isabel Allende)

A biblioteca é a) desabitada; b) habitada por espíritos que saem das páginas à noite.

2. "If a man happens to find himself, he has a mansion which he can **inhabit** with dignity all the days of his life." (James A. Michener)

Se um homem consegue se encontrar, ele tem uma mansão que pode a) habitar; b) desabitar com dignidade todos os dias de sua vida.

3. "A city becomes a world when one loves one of its **inhabitants**." (Lawrence Durrell)

Uma cidade torna-se um mundo quando a pessoa ama um dos seus a) habitantes; b) habitados.

4. "We **inhabit** a language rather than a country." (Emil Cioran)

Nós a) habitamos; b) falamos uma língua e não um país.

A respeito da última frase, quem foi mesmo que disse,

"Minha pátria é a língua portuguesa."?

a) Chico Buarque b) José Saramago c) Caetano Veloso d) Fernando Pessoa
e) Mia Couto

---

226 inhuman (adj.) /ɪnˈhjuːmən/ a sílaba tônica é a segunda: inHUman; rima com *Paul Newman*

inhumane (adj.) /ˌɪnhjuˈmeɪn/ a sílaba tônica é a terceira e última: inhuMANE; rima com *hurricane* (furacão)

1. Sabemos que *in-* é um prefixo negativo. Logo *inhuman* só pode ser o contrário de *human*. Se *human* é "humano" no sentido de "próprio/a do homem", então *inhuman* pode ser "inumano/a, que não é próprio/a da condição humana".

    *Those people live in **inhuman** living conditions.*

2. Mas *human* também pode ser "humano" no sentido de compreensivo, piedoso, indulgente.

    Então *inhuman* pode também ser "inumano, desumano, cruel, impiedoso, desalmado".

    *Ivan the Terrible was an **inhuman** tyrant.*

3. Continuamos partindo do prefixo negativo *in-*. Se *humane* é "humano" no sentido de "humano/a, compassivo", então *inhumane* só pode ser "desumano/cruel". E é. Então, está tudo explicadinho.

    *Amnesty International is one of those organizations that denounce the **inhumane** treatment of prisoners.*

Escolha a opção que melhor traduz as palavras em destaque nestas frases.

1. "This ***inhuman*** world has to become more ***humane***. But how?" (Friedrich Dürrenmatt)

Este mundo a) impróprio; b) desumano tem de se tornar mais a) humano; b) desumano. Mas como?

2. "You don't have to teach people how to be human. You have to teach them how to stop being ***inhuman***." (Eldridge Cleaver)

Você não tem de ensinar as pessoas a serem humanas. Você tem de as ensinar a deixar de ser a) desumanas; b) humanas.

3. "Americans have been taught that their nation is civilized and humane. But, too often, U.S. actions have been uncivilized and ***inhumane***." (Howard Zinn)

Os americanos aprenderam que a nação deles é civilizada e humana. Mas, muitas vezes, as ações dos Estados Unidos têm sido incivilizadas e *a) desumanas; b) humanas.*

227 **initial** (adj., subst. e verbo) /ɪˈnɪʃ(ə)l/ rima com *official* (adj. oficial; subst. autoridade, alto funcionário)

1. Como adjetivo, **initial** não é *false friend*, já que significa "inicial, do início, do começo".

    There is an **initial** payment of a hundred dollars and then nine installments of two hundred dollars each.

    My **initial** reaction was not to accept the proposal but then I decided to think it over.

2. Como substantivo, **initial** é a letra inicial de uma palavra, sendo mais comum o uso no plural: **initials**.

    John F. Kennedy's middle **initial** stands for Fitzgerald.

    The **initials** J.F.K. stand for John Fitzgerald Kennedy.

3. Mas é como verbo (regular) que **initial** se apresenta como *false friend*. Significa "rubricar, pôr rubrica em (texto, contrato, documento etc.)".

    Please **initial** each page of the contract and sign on the last page.

    E por falar em **initial**, uma *anecdote* (verbete 21) vem a propósito.

Truman Capote (1924-1984), escritor norte-americano, autor de "*In Cold Blood*", entre muitos outros romances, teve um filme sobre si (o título era simplesmente *Capote*) (2005), interpretado por Philip Seymour Hoffman. O escritor era excêntrico e polêmico, conhecido pelo seu fino humor e sarcasmo, seus *retorts, ripostes* ou *repartees*, ditos espirituosos em que a vítima de um desafio "dá o troco" imediato ao desaforado, técnica e arte em que Churchill, Oscar Wilde, Mark Twain, Millôr Fernandes eram também exímios. Certa vez Capote estava em um bar na Flórida quando uma mulher que estava acompanhada do marido, na mesa ao lado, levantou-se e veio à mesa do escritor, pedindo o seu autógrafo. É bom avisar que todos nessa história tinham bebido demais, talvez o mais sóbrio fosse Capote. O escritor preparava-se para autografar o papel entregue pela mulher quando o marido dela, mal se sustentando em pé, chegou à mesa, baixou o zíper e, exibindo o "equipamento", lançou o desafio ao escritor, "*Since you're autographing things, why don't you autograph this?*". Capote não levou dois segundos para responder. Depois de olhar o "equipamento" do bebum, disse calmamente "*I don't know if I can autograph it, but perhaps I can **initial** it.*"

4. E como é que se diz "iniciar" além de *begin* e *start*? Algo parecido com *initial*? Sim. Em linguagem formal, pode-se usar *initiate*, verbo regular:

*Construction of a new hospital will be **initiated** next week.*

*It is no longer a secret that George was **initiated** into a secret organization.*

Escolha a opção que melhor traduz as palavras em destaque nestas frases. Na frase 2, você vai ver de novo *addict*, já vista no verbete 8.

*1. "My **initial** response was to sue her for defamation of character, but then I realized that I had no character." (Charles Barkley)*

A minha reação a) inicial; b) imediata foi processá-la por difamação de caráter, mas então eu me dei conta de que não tinha caráter.

*2. "I have to say that after some **initial** resistance, I'm now a complete "Game of Thrones" **addict**." (Salman Rushdie)*

Eu tenho de dizer que após alguma resistência a) inicial; b) final, agora sou um total a) adicionado; b) viciado em "Game of Thrones".

*3. "I love the HRC. The **initials** are great." (William J. Clinton)*

Eu amo o HRC. As a) rubricas; b) iniciais são ótimas.

Essas três citações merecem ser contextualizadas.

Charles Barkley (1963-), norte-americano, ex-jogador de basquetebol, considerado até hoje como *bad boy*. A pessoa que ele pensou em processar era Tonya Harding (1970-), norte-americana, ex-atleta olímpica, patinadora artística, suspeita de mandar quebrar a perna de uma rival para que esta não pudesse participar das Olimpíadas. Tonya é assumidamente a maior vilã do esporte dos EUA, tendo declarado que queria ser conhecida como a "Charles Barkley" da patinação artística, com isso despertando a ira do outro "anjinho". Charles & Tonya, *bad boy & bad girl*, duas figuras folclóricas do esporte dos EUA.

Sir Ahmed Salman Rushdie (1947-) é o escritor britânico de origem indiana que em 1989 foi vítima de uma *fatwa*, uma sentença de morte islâmica, por ter escrito *"Os Versos Satânicos"*, livro que os aiatolás do Irã consideraram blasfemo, por caluniar o profeta Maomé. Trinta anos depois, o escritor vive enclausurado em algum lugar do planeta, dizem que em New York. Felizmente, para Rushdie e para quem aprecia literatura de boa qualidade, a *fatwa* não foi executada e ele continua firme e forte, curtindo muito os episódios de *"The Game of Thrones"*.

William J. Clinton é ele mesmo, Bill Clinton. E de quem serão as ***initials*** HRC? *Let´s try and guess!*

a) Helen Rogers Cartwell; b) Harvard Rehabilitation Course; c) Harriet Richards Carver; d) Hillary Rodham Clinton.

228 injure (verbo) /'ɪndʒə(r)/ rima com *ginger* (gengibre)
injured (adj.) /'ɪndʒə(r)d/
injury (subst.) /'ɪndʒəri/

1. Esses três são daquela turma do "meio expediente". Metade das vezes em que aparecem eles são bonzinhos, em outra metade assumem o seu lado *tricky* de falsos amigos. Assim:

2. *Injure* é o verbo (regular) que pode ser:
   a) ferir, machucar, lesionar
   *Uncle Theo fell off the bed and **injured** his back.*
   b) injuriar, insultar, ofender, causar dano moral a
   *Those corruption scandals seriously **injured** the company's reputation.*

3. *Injured* é o adjetivo da família e pode ser:
   a) ferido/a, machucado/a, lesionado/a
   *The doctors told him to stay in bed for some days to rest his **injured** back.*
   b) injuriado/a, insultado/a, ofendido/a
   *If your feelings are **injured**, you may feel somewhat upset.*

4. *Injury* é o substantivo e pode ser:
   a) ferimento, machucado, lesão
   *The accident caused Theo a back **injury** from which he is still recovering.*
   *Believe it or not, there were no **injuries** in the car crash.*
   b) injúria, insulto, ofensa, dano moral
   *They are claiming damages from the insurance company for emotional **injury**.*

E o que é *injury time* em um jogo de futebol? Hora da injúria? Todo mundo liberado para xingar o juiz? Brincadeira... O *injury* aí é lesão. E *injury time* é o período de descontos, acréscimo de tempo que o juiz dá por conta do tempo perdido com o atendimento aos jogadores quando *injured*. O mesmo que *extra time*.

E o que é *injured party*? Festa injuriada? Partido político injuriado, todos os políticos se sentindo injuriados (talvez em ato de contrição?). *No way*. Essa é expressão legal (não legal, maneira, bacana, mas legal porque se usa em Direito) para nos referirmos à pessoa que se queixa em tribunal por se considerar vítima de tratamento injurioso, o termo legal "parte prejudicada".

E, para terminar, o que significa **add insult to injury**? Adicionar insulto à injúria? Mas não é muito azar ao mesmo tempo? Na verdade, a expressão, no mundo às vezes caótico em que vivemos, é bem plausível, acontece mesmo e corresponde à nossa "para piorar as coisas".

Jack lost his job on Monday. **To add insult to injury** *someone stole his car on Tuesday.*

Uma expressão em português bem popular que se encaixa aí é aquela do "urubu quando está com azar o de baixo mela o de cima..."

Escolha a opção que melhor traduz as palavras em destaque nestas frases.

1. *"If the other person **injures** you, you may forget the **injury**; but if you **injure** him you will always remember."* (Khalil Gibran)

Se a outra pessoa te *a) insulta; b) agride*, talvez você esqueça o/a *a) insulto; b) agressão*. Mas se o/a *a) agressão; b) insulto* partir de você, ele/ela será inesquecível.

2. *"An **injured** lion still wants to roar."* (Randy Pausch)

Um leão *a) injuriado; b) ferido* ainda quer rugir.

3. *"To **injure** an opponent is to **injure** yourself. To control aggression without inflicting **injury** is the Art of Peace."* (Morihei Ueshiba, atleta japonês)

Se você *a) insulta; b) machuca* um adversário você *a) insulta; b) machuca* a si próprio. O controle da agressão sem causar *a) lesão; b) injúria* é a Arte da Paz.

4. *"Write **injuries** in dust, benefits in marble."* (Benjamin Franklin)

Escreva *a) lesões; b) injúrias* na poeira, benefícios no mármore.

5. *"Stab the body and it heals, but **injure** the heart and the wound lasts a lifetime."* (Mineko Iwasaki)

Esfaqueie o corpo e ele sara, mas *a) machuque; b) insulte* o coração e a ferida dura uma existência.

229 **inscribe** (verbo) /ɪnˈskraɪb/ rima com *describe* (descrever)

inscription (subst.) /ɪnˈskrɪpʃ(ə)n/ rima com *description* (descrição)

1. OK, ***inscribe*** pode ser "inscrever", ***inscription*** pode ser "inscrição". Mas então por que estão incluídos nesta seleção de *false friends*? Porque depende do sentido de "inscrever" e de "inscrição". Assim:

Inscribe é verbo (regular) e significa:

a) inscrever, gravar (em metal, madeira, mármore, vidro etc.)

Inscribing *your spouse's name on your wedding ring is a custom among us.*

*I was thrilled to find the park bench where my parents had **inscribed** their names and a heart, some five decades earlier.*

b) dedicar (livro, obra de arte)

*The author **inscribed** a message in the book before handing it over to his friend.*

2. **Inscription** é substantivo e significa:

   a) inscrição (em moeda, placa, monumento, lápide etc.).

   *The **inscription** on the tombstone read, "I told you I was sick."*

   b) dedicatória (em livro, obra de arte)

   *The book had an **inscription** that read, "To my loving daughter".*

3. Mas hoje em dia **inscribe** não é usado quando "inscrever" tem o sentido de: matricular(-se), registrar(-se) (em curso, competição, programa etc.). Para isso usa-se *enrol* (no Reino Unido), ou *enroll* (nos EUA).

   *My grandfather has **enrolled** on a modern art course. It is never too late to learn.*

4. E modernamente **inscription** não é usado quando "inscrição" tem o sentido de "matrícula, registro (em curso, competição, programa etc.)". Para isso usa-se *enrolment* (no Reino Unido) ou *enrollment* (nos EUA).

   Enrollments *in technological courses are up this year.*

Escolha a opção que melhor traduz as palavras em destaque nestas frases.

1. *"The oaths of a woman I **inscribe** on water." (Sophocles)*

As juras de uma mulher eu *a)* gravo; *b)* matriculo na água.

2. *"All great things must first wear terrifying and monstrous masks in order to **inscribe** themselves on the hearts of humanity." (Friedrich Nietzsche)*

Todas as grandes coisas de início ostentam máscaras aterrorizantes e monstruosas, para assim ficarem *a)* gravadas; *b)* dedicadas nos corações da humanidade.

3. *"I love you is the **inscription** on Pandora's box." (Mason Cooley)*

Eu te amo é a *a)* dedicatória; *b)* inscrição na caixa de Pandora.

Sobre a primeira frase, de Sófocles (496-406 a.C.), dramaturgo grego, autor de "Antígona", "Electra", "Édipo Rei" e muitas outras obras da tragédia grega, um breve mas necessário comentário: "Seu Sófocles, hein, quem diria, machismo é coisa feia..."

Sobre a última frase, de Mason Cooley (1927-2002), norte-americano, professor da cadeira de inglês e literatura da Columbia University, conhecido por seus aforismos espirituosos e nem sempre politicamente corretos. Segundo a mitologia da Grécia Antiga, Pandora foi a primeira mulher, enviada aos humanos por Zeus, o supremo deus do Olimpo. Zeus queria se vingar da ousadia de Prometeu, que tinha roubado o fogo divino para o entregar à humanidade. Zeus enviou Pandora para se casar com Epimeteu, irmão de Prometeu. Como presente de casamento, Pandora levou uma ânfora, depois chamada caixa, que, sem que ela soubesse, continha todos os males do mundo. Pandora tinha ordens de nunca abrir a tal ânfora/caixa, *but curiosity got the better of her*, em outras palavras *curiosity killed the cat*. A curiosidade foi mais forte do que Pandora e ela decidiu abrir a caixa. Logo a doença, a morte, o ódio, a crueldade, a inveja, o preconceito, todo o estoque pensável de coisa ruim saiu da caixa de Pandora e se espalhou pela Terra. Dentro da ânfora/caixa só restou um elemento, esse era bom e é o que nos mantém vivos: a esperança. A expressão idiomática *to open Pandora's box*, usada no sentido de "começar algo que vai causar um monte de problemas", é hoje coloquialmente substituída por *to open a can of worms*, abrir uma lata de minhocas, expressão comum entre o pessoal que adora ficar pescando e, por mais repulsa que isso possa causar a quem não gosta de minhocas, é bem menos trágico do que abrir a caixa de Pandora.

---

230 insensible (adj.) /ɪnˈsensəb(ə)l/ a sílaba tônica é a segunda: inSENSible

insensibility (subst.) /ɪnˌsensəˈbɪləti/ a silaba tônica é a quarta: insensiBILity

insensitive (adj.) /ɪnˈsensətɪv/ a sílaba tônica é a segunda: inSENSitive

insensitivity (subst.) /ɪnˌsensəˈtɪvəti/ a silaba tônica é a quarta: insensiTIVity

1. Essas quatro não são, a rigor, *false friends*, mas achamos boa ideia agrupá-las aqui, para podermos comparar seus significados e *try to make sense* de quando usar uma palavra e não a outra. Assim:

   Insensible significa:

   a) (*to*) insensível (à/ao) dor, frio, calor

   *Those animals seem to be **insensible** to pain.*

   b) (*of/to*) insensível, indiferente, irredutível

*The boss was totally **insensible** to John's request and refused to give him the day off.*

c) inconsciente, desprevenido/a, sem saber (= *unaware*)

*The tourists were totally **insensible** of the risks they were running.*

d) inconsciente, sem sentidos (= *unconscious*)

*Marly was found lying on the kitchen floor, **insensible**.*

2. ***Insensitive*** significa:

a) (*to*) insensível (à/ao) dor, crítica, frio, calor

*Clarice doesn't care what the others say about her. She is **insensitive** to criticism.*

b) (*to*) indiferente, insensível aos sentimentos dos outros

*How could she have been so **insensitive**?*

c) (*to*) insensível à importância ou gravidade de uma situação

*Those politicians are **insensitive** to the mood of the voters. They seem to despise the will of the people.*

3. ***Insensibility*** e ***insensitivity*** são os substantivos dessa família, significando "insensibilidade em geral".

4. Para expressar insensibilidade física, quando, por exemplo, estamos com o braço ou a perna dormente, o adjetivo usado é ***numb***.

*We were on top of the mountain and my fingers were **numb** with cold.*

5. Insensibilidade ou insensatez?

a) Insensibilidade é ausência de sensibilidade, seja física, seja de sentimentos, neste caso o mesmo que indiferença. Em inglês é ***insensibility*** ou ***insensitivity***.

*Ivan the Terrible was a tyrant, notorious for his **insensibility/insensitivity** to pain, especially other people's pain.*

b) Insensatez é falta de bom senso, juízo. Quem é insensato não tem juízo. Em inglês o substantivo é ***foolishness*** e o adjetivo é ***foolish***.

*It was **foolish** of him to say "no" to such a good offer. Sheer **foolishness**!*

Norman Gimbel (1927-2018) foi um premiado letrista norte-americano, autor da versão em inglês de *The Girl from Ipanema*, entre muitos outros sucessos. É dele também a letra de "*How Insensitive*", versão em inglês de "*Insensatez*", letra original de Vinicius de Moraes, música de Tom Jobim. Vinicius escreveu "*A insensatez que você fez / Coração mais sem cuidado (...)*" E Norman Gimbel saiu com "*How insensitive I must have seemed / When she told me that she loved me (...)*" A música original foi gravada pelos autores, Vinicius e Tom, a versão em inglês foi cantada por Frank

Sinatra, Ella Fitzgerald, Astrud Gilberto, Sting. É linda demais... Norman Gimbel tinha autonomia para "voar" na sua versão, mas alguém podia ter avisado a ele que a ideia original era de insensatez (*foolishness*) e não de insensibilidade (*insensibility/insentivity*). Mas tudo bem, encontrar aquela "A insensatez que você fez ..." é coisa só para gênios apaixonados como o poetinha ...

Escolha a opção que melhor traduz as palavras em destaque nestas frases.

1. *"A man is **insensible** to the relish of prosperity until he has tasted adversity." (Rosalind Russell)*

Um homem é a) *insensível*; b) *insensato* ao grande prazer da prosperidade até provar o gosto da adversidade.

2. *"The state should, I think, be called "anesthesia". This signifies **insensibility**. (William Thomas Green Morton)*

Eu acho que o Estado deveria ser chamado "anestesia". Isso significa a) *insensibilidade*; b) *insensatez*.

3. *"The secret to true happiness is a combination of low expectations and **insensitivity**." (Olivia Goldsmith)*

O segredo da verdadeira felicidade é uma combinação de expectativas baixas e a) *insensatez*; b) *insensibilidade*.

4. *"It's one of the ironies of human nature that the most sensitive people are generally **insensitive** to the feelings of others." (Ann Landers)*

É uma das ironias da natureza humana que as pessoas mais sensíveis geralmente sejam a) *insensíveis*; b) *insensatas* aos sentimentos dos outros.

231 **instance** (subst.) /ˈɪnstəns/ rima com *distance* (distância)

1. Todo mundo conhece *instance* na expressão **for instance**. Que não é "por instância" e sim, você sabe, por exemplo:

    *"You can learn many things from children. How much patience you have, **for instance**." (Franklin P. Jones)*

2. ***Instance*** pode significar exemplo ou caso:

    *Nelson Mandela was a powerful **instance** of great courage.*

    *Rubem Fonseca never gave interviews but in that **instance** he made an exception.*

3. Locuções com *instance*:

- **for instance:** por exemplo (= *for example*)
- **in the first instance:** para começar, em primeiro lugar (em uma possível série de ações)
- **in this instance:** neste caso
- **Court of First Instance:** Tribunal de Primeira Instância

4. Mas usamos *resort* e não *instance* para dizer:
   - **como última instância/último recurso:** *as a last resort*
5. *Instance* pode ser usado como "instância" no sentido de:

pedido insistente. É sinônimo de *urging, instigation, request*.

> *George finally retired but only at his family's **instance/urging/instigation/request**.*

Escolha a opção que melhor traduz a palavra em destaque nestas frases.

1. "*Scientific thought, then, is not momentary; it is not a static **instance**; it is a process.*" (Jean Piaget)

O pensamento científico, então, não é momentâneo. Não é um a) *instante;* b) *caso* estático; é um processo.

2. "*The constitutional questions are in the first **instance** not questions of right but questions of might.*" (Ferdinand Lassalle)

As questões constitucionais são em primeiro a) *lugar;* b) *instante* não questões de direito, mas sim questões de poder.

3. "*My luck is getting worse and worse. Last night, for **instance**, I was mugged by a quaker.*" (Woody Allen)

Minha sorte está ficando cada vez pior. Na noite passada, por a) *instância;* b) *exemplo,* fui assaltado por um quacre.

> Woody Allen (1935-), nome artístico de Allen Stewart Konigsberg, é um premiado cineasta, roteirista e escritor norte-americano, conhecido mundialmente por grandes filmes, como *Manhattan, Match Point, Hannah e Suas Irmãs, Meia-Noite em Paris*, sendo o humor fino e por vezes sarcástico uma das suas marcas registradas. O episódio do assalto por um quacre é, evidentemente, mais um voo da imaginação de Woody Allen, já que nunca um quacre desceria tão baixo a ponto de assaltar alguém, muito menos um artista como Woody Allen. Os *quakers* são membros de um grupo cristão, de hábitos puros e simples, que abominam a violência e têm esse nome, segundo uma versão folclórica, pelo suposto hábito de ficar tremendo, quando em transe religioso no decorrer das assembleias espirituais. O verbo *quake* é sinônimo de *tremble* ou *shake*. Para quem ainda "não se tocou", o símbolo do *Quaker* é aquele velhinho risonho e simpático que aparece no rótulo da aveia. Sim, a própria, aveia *Quaker. Quaker* rima com *shaker* ou

maker e não merecia ter sido traduzido para português por aproximação do som da palavra em inglês.* Quacre, convenhamos, é muito estranho. Por outro lado, a tradução pelo significado também iria parecer estranha: tremedor, treme-treme, não pode, né? Ficamos com quacre, então.

232 insufferable (adj.) /ɪnˈsʌf(ə)rəb(ə)l/ a sílaba tônica é a segunda: inSUFFerable

1. Sabemos que *in-* é prefixo negativo, *suffer* é "sofrer" e *-able* é o sufixo que forma adjetivos, correspondente ao nosso *"-ável*, ou *-ível*". Ligando os pontinhos, chegamos a "insofrível". É isso? É isso mesmo, insofrível, que não se pode sofrer, intolerável, insuportável.

   Mas, confessa, você, como todos nós, reles mortais, não tinha ainda sido apresentado a esse "insofrível", ou tinha? Mas o insofrível está nos dicionários.

2. ***Insufferable*** significa insofrível, intolerável, insuportável, muito desagradável. É sinônimo de *intolerable, unbearable*.

   *Donald is too arrogant for my taste. I can't take any more of his **insufferable** arrogance.*

   Escolha a opção que melhor traduz as palavras em destaque nestas frases. Na frase 2 você vai reencontrar *endure*, já vista no verbete 163.

   *1. "The real objection to the great majority of cats is their **insufferable** air of superiority." (P. G. Wodehouse)*

   A verdadeira objeção à grande maioria dos gatos é o *a) insofrido; b) insuportável* ar de superioridade deles.

   *2. "We have resolved to **endure** the unendurable and suffer what is **insufferable**." (Hirohito)*

   Nós resolvemos *a) endurecer; b) suportar* o insuportável e sofrer o que é *a) insofrido; b) insofrível*.

   *3. "Success didn't spoil me. I've always been **insufferable**." (Fran Lebowitz)*

   O sucesso não me estragou. Eu sempre fui *a) insuportável; b) insofrida*.

233 intend (verbo) /ɪnˈtend/ rima com *pretend* (fingir)

intent (adj. e subst.) /ɪnˈtent/ rima com *invent* (inventar)

---

* Pior talvez, só Groenlândia. Ou, ainda pior, Gronelândia. Traduzir *Greenland* (Terra Verde) por Groenlândia, ou Gronelândia... ninguém merece.

1. ***Intend*** é figurinha obrigatória em todas as listas de *false friends*. Alguém pode pensar em "entender", mas, claro, todo mundo sabe que "entender" é *understand*. Então ***intend*** é um verbo (regular) que significa:

   a) pretender, tencionar, ter a intenção de

   *I **intend** to visit MASP the next time I go to São Paulo.*

   b) destinar, ser destinado/a ou previsto/a (para)

   *That book is not **intended** for children.*

   > ***Intend*** tem uma "história de amor" com *pretend*, não só pela rima (***intend*** – *pretend*), mas também porque ***intend*** significa "pretender", "ser o pretendente"..., enquanto *pretend* significa... *Wait a moment*, não vamos pular etapas, cuidaremos do *pretend* quando chegarmos à letra P. OK, *pretend*, pode esperar, a sua hora vai chegar!

2. Agora vamos lidar com ***intent***, que pode ser adjetivo ou substantivo. Como adjetivo, ***intent*** significa:

   a) atento/a, muito interessado/a

   *She gave him an **intent** look and all of a sudden he felt his life would change forever.*

   b) (*on/upon*) concentrado/a, absorto/a (em)

   *I was so **intent** on what I was doing that I didn't notice their presence in the room.*

   c) (*on/upon*) decidido/a (a), disposto/a (a), com a firme (e em geral, má) intenção (de)

   *Trump was **intent** on destroying Biden's reputation.*

3. Como substantivo, ***intent*** significa:

   intenção, propósito (= *intention*).

   *I'm sorry, I really am. It was not my **intent** to hurt anyone's feelings. I apologize.*

   *The guy who stabbed the President was charged with assault with **intent** to kill.*

4. E a expressão (formal):

   - **for all intents and purposes:** para todos os efeitos (= *for all practical purposes*)

Escolha a opção que melhor traduz as palavras em destaque nestas frases. Na frase 6, você vai ver de novo *applicant* e *apply*, vistas no verbete 31.

1. "History will be kind to me for I ***intend*** to write it." (Winston Churchill)

A História será gentil comigo porque eu *a) entendo; b) pretendo* escrevê-la.

2. "I **intend** to live forever. So far, so good." *(Steven Wright)*

Eu *a) tenciono; b) entendo* viver para sempre. Até agora, tudo bem.

3. "I **intend** to live forever, or die trying." *(Groucho Marx)*

Eu *a) entendo; b) pretendo* viver para sempre, ou morrer tentando.

4. "I don't expect to live forever, but I do **intend** to hang on as long as possible." *(Isaac Asimov)*

Eu não espero viver para sempre, mas na verdade *a) pretendo; b) entendo* ficar por aqui o máximo de tempo possível.

5. "I don't **intend** to die." *(Jack Kent Cooke)*

Eu não *a) entendo; b) pretendo* morrer.

6. "We tell **applicants**, 'If you don't **intend** to be here for life, you needn't **apply**'." *(S. Truett Cathy)*

Nós dizemos aos *a) aplicantes; b) candidatos*, "Se você não *a) entende; b) pretende* ficar aqui por toda a sua vida, nem precisa *a) aplicar; b) se candidatar*."

7. "Most people do not listen with the **intent** to understand; they listen with the **intent** to reply." *(Stephen Covey)*

A maioria das pessoas não escuta com a *a) intenção; b) pretensão* de entender; elas escutam com a *a) intenção; b) pretensão* de responder.

8. "A good traveler has no fixed plans, and is not **intent** on arriving." *(Lao Tzu)*

Um bom viajante não tem planos fixos, e não está *a) muito interessado; b) intencionado* em chegar.

Nas frases 2, 3, 4 e 5 diferentes "pianistas" batem na mesma tecla: a recusa em aceitar a morte. Tema recorrente, nada mais natural e próprio da condição humana. Apesar de tudo o que há de errado, injusto e desalentador nesta vida, viver ainda é um doce privilégio. Das quatro versões dos "pianistas", qual a de humor mais fino? A mais séria, bem comportada? A mais patética, desesperada? A mais irônica, brincalhona? As respostas são livres, cada um de nós é livre para interpretar, mas nós escolhemos, respectivamente e pela ordem, a 2, a 4, a 5, a 3. Groucho Marx é simplesmente "impossível".

Sobre o autor da frase 6: Samuel Truett Cathy (1921-2014) foi um empresário norte-americano, fundador da rede de restaurantes de comida rápida Chick-Fil-A, famosa nos Estados Unidos pelo seu *chicken sandwich*. Pela declaração de Cathy, os *applicants* (verbete 31, *remember*?) a uma vaga em um de seus restaurantes tinham garantida a estabilidade no emprego, mas em troca era-lhes negada a carta de alforria.

234 intern (subst.) /ˈɪntɜː(r)n/ a sílaba tônica é a primeira: INtern

intern (verbo) /ɪnˈtɜː(r)n/ a sílaba tônica é a segunda e última: inTERN, rima com *return* (retorno; retornar)

1. Interno? Internar? Calma aí, vamos por partes, como diria *Jack the Ripper* (*old chestnut*, piadinha velha...). Primeiro vamos ver o que de fato **intern** quer dizer.

2. O substantivo **intern** pode significar:

   a) estagiário/a

   *Monica Lewinski worked in the White House as an **intern**.*

   b) médico-residente (nos EUA, = *houseman*, no Reino Unido, *resident* na Austrália)

   *After medical school, Dr. Tolentino worked as an **intern** at Massachusetts General Hospital, in Boston.*

3. **Intern** também pode ser um verbo (regular), significando:

   prender, manter (civis) em prisão por razões políticas ou estratégicas, geralmente durante uma guerra.

   *Many Japanese and Brazilians of Japanese descent were **interned** during the Second World War.*

4. E o adjetivo *interno/a, how do you say that in English*? Depende do substantivo que o acompanha. Vamos ver:

   a) (estrutura/porta/órgão/lesão/hemorragia/investigação/luta: *internal*) **internal** *structure/door/organ/injury/bleeding/inquiry/struggle*

   b) (círculo/ouvido: *inner*) **inner** *circle/ear*

   c) (mercado/política: *domestic*) **domestic** *market/politics*

   d) (colégio) **boarding school**

5. E *internar*? *Admit*.

   *Uncle Theo was **admitted** to the hospital with two broken ribs.*

6. E, para terminar, o que é **internship**? Navio dos internos? Só de brincadeira, né?

   -ship é um sufixo formador de substantivos abstratos. **Internship** é o substantivo abstrato da família de **intern** no sentido de estagiário e no de médico-residente. Logo, **internship**: a) estágio; b) residência

   *Dr. Barnard served his **internship** at Cape Town university hospital.*

   *Monica's **internship** at the White House was involved in scandal.*

Escolha a opção que melhor traduz as palavras em destaque nestas frases. Na frase 1, você verá de novo *expert*, vista no verbete 179.

1. "The **expert** in anything was once an unpaid **intern**." *(anonymous)*

O *a) esperto; b) especialista* em alguma coisa um dia foi um *a) interno; b) estagiário* sem salário.

2. "Many countries persecute their own citizens and **intern** them in prisons or concentration camps. Oppression is becoming more and more a part of the systems." *(Alva Myrdal)*

Muitos países perseguem seus próprios cidadãos e os *a) isolam; b) estagiam* em prisões ou campos de concentração. A opressão está fazendo cada vez mais parte dos sistemas políticos.

3. "Having an affair with an **intern** is just an incredibly stupid thing to do." *(Bradley Whitford)*

Ter um caso com um(a) *a) interno/a; b) estagiário/a* é uma coisa incrivelmente burra de fazer.

235 **intimate** (adj. e subst.) /ˈɪntɪmət/

intimate (verbo) /ˈɪntɪmeɪt/ rima com *classmate* (colega de turma)

intimation (subst.) /ˌɪntɪˈmeɪʃ(ə)n/ rima com *separation* (separação)

1. Aqui precisamos ir com calma, para não haver confusão entre o adjetivo e substantivo **intimate**, que se escrevem igualzinho ao verbo **intimate**, mas divergem na pronúncia.

> Vamos começar pela pronúncia. Existem muitas palavras em inglês terminadas em *-ate*, em que a forma (escrita) do substantivo ou adjetivo é a mesma do verbo. É o caso do nosso glorioso **intimate**, só que a pronúncia não é a mesma. No verbo, o final soa igualzinho a *mate* (companheiro/a) rimando com *eight*. Já em **intimate**, quando adjetivo ou substantivo, o final não soa como em *eight*, o *a* é um *schwa*, uma vogal neutra, fraca, que só aparece em sílaba átona. Outras palavras em que o mesmo acontece (só o final do verbo soa como em *eight*) são: *elaborate* (adj. elaborado/a, detalhado/a; verbo: elaborar, detalhar); *estimate* (subst. estimativa; verbo: estimar, avaliar), *graduate* (subst. graduado/a, formado/a; verbo: graduar-se, formar-se), *moderate* (adj. moderado/a; verbo: moderar), *separate* (adj. separado/a; verbo: separar(-se))
>
> Em *certificate* (subst. certificado) e *intermediate* (adj. intermediário/a), a terminação *-ate* também não soa como *eight*.

2. E agora vamos aos significados. O adjetivo **intimate** significa íntimo/a:

*Theo and Vincent were **intimate** friends who often shared **intimate** secrets.*

- **to be on intimate terms:** ser íntimo/a de, ter intimidade com

3. O substantivo ***intimate*** significa pessoa íntima de outra.

    *They were **intimates**. His name was Vincent, but his **intimates** called him "Vinnie".*

4. ***Intimate*** será intimar? ***Intimation*** será intimação? *No way!* Vamos ver o que de fato esses dois significam:

    Intimate é um verbo (regular) que significa:

    dar a entender, sugerir de modo indireto (= *hint, suggest*)

    *Grandma's smile **intimated** that she approved of her granddaughter's marriage.*

5. ***Intimate*** não significa "intimar", em português. "Intimar" é um verbo que pode significar:

    a) (Direito) convocar mediante notificação judicial. Isso em inglês é *summon* ou *subpoena*.

    *Roger was **summoned** to appear in court, for tax evasion.*

    b) ordenar, mandar. Isso em inglês é *command*.

    *The general **commanded** his men to advance.*

6. ***Intimation*** é o substantivo da família e significa:

    sinal indireto, sugestão, insinuação.

    *Grandma's smile was an **intimation** of her approval.*

7. ***Intimation*** não quer dizer intimação. Para esse sentido usa-se:

    a) (Direito) intimação, convocação: *summons, subpoena*

    *A court official went to Roger's home, to serve him a **summons**.*

    b) (ordem, determinação que parte de autoridade): *command*

    *A general's **command** is to be obeyed.*

Escolha a opção que melhor traduz as palavras em destaque nestas frases.

1. "An ***intimate*** relationship is one that allows you to be yourself." (Deepak Chopra)

Um relacionamento a) intimado; b) íntimo permite que você seja você.

2. "Be courteous to all, but ***intimate*** with few." (George Washington)

Seja cortês com todos, mas a) íntimo; b) intimado com poucos.

3. "To finish a work is to kill it," Picasso declared, providing more than a small ***intimation*** that became so integral to modern art." (New York Times, November 25, 2015)

"Terminar um trabalho é matá-lo", Picasso declarou, fornecendo mais do que uma leve a) *insinuação;* b) *intimação* de algo que passou a ser parte integral da arte moderna.

4. *"Trump has frequently – and very recently –* **intimated** *that he might even withdraw the U.S. from WTO." (Salon, June 12, 2018)*

Trump com frequência – e muito recentemente – tem a) *intimado;* b) *dado a entender* que ele poderia até retirar os Estados Unidos da Organização Mundial do Comércio.

---

236 intoxicate (verbo) /ɪnˈtɑːksɪˌkeɪt/ rima com *investigate* (investigar)

intoxicated (adj.) /ɪnˈtɑːksɪˌkeɪtɪd/ rima com *investigated* (investigado/a)

intoxication (subst.) /ɪnˌtɑːksɪˈkeɪʃ(ə)n/ rima com *investigation* (investigação)

1. "Intoxicar", em português, é (fazer) absorver substância tóxica; envenenar(-se). "Intoxicado/a" é quem sofreu os efeitos dessa ação. "Intoxicação" é o ato ou efeito de intoxicar(-se), envenenamento.

2. Sabemos que a bebida alcoólica, quando ingerida em excesso, é uma substância tóxica, um veneno, então ***intoxicate***, ***intoxicated*** e ***intoxication*** não são *false friends* porque eles significam:

    Intoxicate: intoxicar (com droga, gás); (com álcool) embriagar.

    *Cocaine **intoxicates** millions of people around the world.*

    *To some people, just one glass of wine is enough to **intoxicate** them.*

3. Na linguagem literária, ***intoxicate*** é: inebriar, extasiar.

    *Theo had just won a literary prize and was **intoxicated** with his own success.*

4. ***Intoxicated***: embriagado/a

    *George was charged with driving while **intoxicated**.*

5. Na linguagem literária, ***intoxicated*** é: inebriado/a, extasiado/a.

    *Falling in love can leave you sweetly **intoxicated**.*

6. ***Intoxication***: embriaguez.

    *Amy was so desperate she drank to the point of **intoxication**.*

    *Mary slept inside the car and was later admitted to the hospital with carbon monoxide **intoxication**.*

7. Na linguagem literária, ***intoxication*** é: enlevo, êxtase.

    *The **intoxication** of power in most cases has dreadful consequences.*

8. Para nos referirmos a outras formas de envenenamento, usa-se, respectivamente, *poison*, *poisoned*, *poisoning*.

> *The seafood they had eaten was not fresh and the whole family was admitted to hospital with food **poisoning***.

Escolha a opção que melhor traduz as palavras em destaque nestas frases. Na frase 4 voltamos a ver *disgust*, já estudada no verbete 150.

1. *"Beauty is worse than wine; it **intoxicates** both the holder and the beholder." (Johann Georg Zimmerman)*

A beleza é pior do que o vinho; ela *a) embriaga; b) intoxica* tanto quem segura o copo quanto quem olha para quem o segura.

2. *"No empire **intoxicated** with the red wine of power and the plunder of weaker races has yet lived long in this world." (Mohandas "Mahatma" Gandhi)*

Nenhum império *a) intoxicado; b) embriagado* com o vinho tinto do poder e a exploração de raças oprimidas alguma vez teve longa vida neste mundo.

3. *"The **intoxication** of anger, like that of the grape, shows us to others, but hides us from ourselves." (Charles Caleb Colton)*

A *a) embriaguez; b) intoxicação* da raiva, da mesma forma que a da uva, nos mostra aos outros, mas nos esconde de nós próprios.

4. *"The vine bears three kinds of grapes: the first of pleasure, the second of **intoxication**, the third of **disgust**." (Diogenes)*

A vinha produz três tipos de uvas: a primeira é a do prazer, a segunda é da *a) intoxicação; b) embriaguez*, a terceira é a do *a) desgosto; b) nojo*.

237 **intriguing** (adj.) /ɪnˈtriːgɪŋ/ rima com *fatiguing* (fatigante)

1. *Intriguing* é "intrigante"? Depende do sentido de intrigante. Se pensarmos em intrigante, muito interessante, envolto/a em mistério, algo que desperta curiosidade, *intriguing* is the right word.

    > *The story was so **intriguing** I just couldn't stop reading.*

    > *Rasputin had a very **intriguing** personality.*

2. Mas se pensarmos em "intrigante", relativo a pessoa que faz intriga, mexeriqueiro/a, fofoqueiro/a, *intriguing* não é usado. Para isso usa-se *gossipy*.

    > *A **gossipy** person enjoys talking about other people's lives.*

Escolha a opção que melhor traduz a palavra em destaque nestas frases.

1. *"A door slightly ajar is always more **intriguing** than a fully open one."* (anonymous)

Uma porta ligeiramente entreaberta é sempre mais *a) fofoqueira; b) intrigante* do que uma totalmente aberta.

2. *"I think the more we explore Mars, the more **intriguing** and complex it becomes,"* Dr. Lunine said. *(New York Times, July 25, 2018)*

"Eu acho que quanto mais exploramos Marte, mais *a) intrigado; b) intrigante* ele se torna," disse o Dr. Lunine.

---

238 invaluable (adj.) /ɪnˈvæljuəb(ə)l/ a sílaba tônica é a segunda: inVALuable

1. Sabemos que *in-* é o prefixo negativo aplicado a adjetivos para significar o oposto. Se *valuable* significa "valioso/a, que tem valor" então **invaluable** é usado para qualificar algo sem valor. Certo? Errado. Na verdade, **invaluable** significa "inestimável, incalculável, de valor impossível de avaliar, sem preço".

> *Google is an **invaluable** resource for students.*
>
> *Living in New York for a while was an **invaluable** experience for Tom Jobim.*

2. Para qualificar algo sem valor usa-se *valueless* ou *worthless*.

> *With the present economic crisis, Venezuela's currency is practically **valueless/worthless**.*

Escolha a opção que melhor traduz a palavra em destaque nestas frases.

1. *"As a research tool, the internet is **invaluable**."* (Noam Chomsky)

Como ferramenta de pesquisa, o valor da internet é *a) incalculável b) inviável*.

2. *"The goal is to unite as many people as possible around the simple idea that human life is unique and **invaluable**."* (The Guardian, March 7, 2018)

O objetivo é unir o máximo possível de pessoas ao redor da simples ideia de que a vida humana é singular e *a) inestimável; b) inviável*.

3. *"He missed an **invaluable** opportunity to hold his tongue."* (Andrew Lang)

Ele perdeu uma oportunidade *a) sem valor; b) sem preço* de ficar calado.

Andrew Lang (1844-1912) foi um escritor escocês, de reconhecida erudição e estilo literário ácido, às vezes mordaz e ferino em suas críticas. A quem ele estaria se referindo naquela frase? Lang morreu há muito tempo, nenhum dos políticos que conhecemos tinha nascido ainda, estão inocentes, dessa vez.

239 jar (subst.) /dʒɑː(r)/ rima com *far* (longe)

Jar lembra "jarra" ou "jarro", de imediato, né? Mas não é! Vamos rodar mais um FILMINHO. Imagina que você está em um restaurante, já decidiu pelo seu prato favorito, falta escolher a bebida, mas não pode beber nem vinho nem cerveja porque está tomando antibiótico. Esquecemos de dizer que você está fora do Brasil, em New York ou Boston, por exemplo. Você decide pedir uma jarra de suco de laranja, espremida na hora. Boa pedida. Você já tem à sua frente uma *big* jarra com água, que a garçonete trouxe mesmo sem você pedir, é de graça e é de praxe, a jarra de água vem sem você pedir. Então você decide pedir uma *jar of orange juice*. A garçonete olha para você com um sorriso condescendente (afinal ela também não é *native speaker* e vive caindo nas pegadinhas da língua inglesa) e corrige, simpática, *You mean a pitcher of orange juice?* Se essa cena se passasse em Londres ou em Dublin, a *waitress* diria não a *pitcher*, mas sim a *jug* of orange juice.

Fim do filminho.

Mais tarde você pesquisa e descobre que *jar*, afinal, é um recipiente, sim, mas não para servir líquidos. *Jar* é aquele pote de vidro ou cerâmica, geralmente redondo, de boca larga e tampa, usado, por exemplo, para conter picles, azeitonas, cebolinhas, pepinos, geleias, mel, ou então biscoitos e outras delícias.

*The movie had an intriguing story and we emptied the cookie **jar**.*

Escolha a opção que melhor traduz a palavra em destaque nestas frases.

1. "*People have got to learn: if they don't have cookies in the cookie **jar**, they can't eat cookies.*" (Suze Orman)

As pessoas têm de aprender: se elas não têm biscoitos no *a) jarro; b) pote* de biscoitos, não podem comer biscoitos.

2. "*I spent my childhood eating. The only exercise I got was trying to twist off the cap of a **jar** of mayonnaise.*" (Richard Simmons)

Eu passei a infância comendo. O único exercício físico que eu fazia era tentar abrir um *a) jarro; b) pote* de maionese.

3. *"People think that I must be a very strange person. This is not correct. I have the heart of a small boy. It is in a glass **jar** on my desk." (Stephen King)*

As pessoas devem achar que eu sou uma pessoa muito estranha. Isso não é correto. Eu tenho o coração de um garotinho. Ele está em um *a) pote; b) jarro* de vidro em cima da minha mesa.

> Dois comentários irresistíveis:
>
> Sobre a frase 1: A lei de responsabilidade fiscal. Essa é boa de mostrar aos políticos.
>
> Sobre a frase 3: Stephen King (1947-) é um escritor norte-americano, prolífico autor de romances de terror ou ficção científica, um dos escritores mais traduzidos no mundo inteiro, mestre na técnica do duplo sentido. E um brincalhão, *of course*.

240 **jewel** (subst.) /ˈdʒuːəl/ rima com *cruel* (cruel)

jewelry (EUA), **jewellery** (Reino Unido) /ˈdʒuːəlri/

1. Mas, como assim? ***Jewel*** não é joia? Calma, vamos com calma. ***Jewel*** é joia quando falamos basicamente de uma pedra preciosa. Nesse caso o sinônimo é *gem*.

    *Peter gave his wife a gold ring set with a large **jewel/gem**, a diamond.*

2. Uma ***jewel*** é a pedra preciosa ou semipreciosa, cortada e lapidada, geralmente engastada em um anel, bracelete, colar.

    *The diamond in a diamond ring is a **jewel/gem**.*

3. Esse conjunto (de um objeto de metal precioso engastado com pedra preciosa ou semipreciosa) chama-se **a piece of jewelry**.

    *A diamond ring is **a piece of jewelry.***

    Um anel, uma aliança, um relógio de ouro etc. não são ***jewels***, são *pieces of jewelry* ou, quando designados de um modo geral, ***jewelry/jewellery***.

4. Expressões com ***jewel***:

    - **Crown jewels:** joias da Coroa
    - **the jewel in the crown:** a joia da coroa

    *India used to be known as the **jewel** in the crown of the British empire.*

5. Como parte do mecanismo de um relógio, há uma pequena pedra preciosa ou cristal (ou um substituto) que também se chama ***jewel***.

6. ***Jewel*** é uma joia, em sentido figurado, quando falamos de uma coisa muito bela ou uma pessoa muito especial.

Gaudi's La Sagrada Família, in Barcelona, is a **jewel** of architecture.

When we consider a person as brilliant and precious we say he or she is a real **jewel**.

E esta é uma quadrinha joia:

"*Among life's precious **jewels**,*

Genuine and rare,

The one that we call friendship,

Has worth beyond compare." *(anonymous)*

Seria mais ou menos isto:

"Entre as joias que a vida nos dá,

De graça e de verdade,

A mais bela sempre será,

A joinha da amizade."

Gostou? Então, dê o seu joinha, Amigo.

7. **Jewelry** (Estados Unidos) ou **jewellery** (Reino Unido) são substantivos não contáveis que designam joias em geral.

   *Rings, necklaces, earrings, bracelets are **jewelry/jewellery**.*

8. Cada um desses ornamentos é **a piece of jewelry/jewellery**.

   *A pearl necklace is **a piece of jewelry.***

   *The police seized luxury handbags, watches and **jewellery**. (BBC, May 25, 2018)*

9. Locuções com **jewelry/jewellery**:
   - **costume jewelry/jewellery:** bijuteria(s)
   - **jewelry store:** joalheria

Escolha a opção que melhor traduz as palavras em destaque nestas frases.

1. "*When Lady Diana died, she left her **jewellery** to her sons, to be given to their wives.*" (BBC, May 27, 2018)

Quando Lady Diana morreu, deixou suas a) joias; b) joalherias para seus filhos darem às esposas deles.

2. "*I never worry about diets. The only carrots that interest me are the number of carats in a **jewel**.*" (Mae West)

Nunca me preocupo com dietas. As únicas cenouras que me interessam são o número de quilates em uma *a) pedra preciosa; b) joia*.

Mae West (1893-1980) foi uma atriz e roteirista do cinema norte-americano, a *bad girl* de Hollywood dos anos trinta, famosa não só pela sua beleza, mas também pela malícia e irreverência de seus comentários, sempre brincando sobre uma confessada paixão por homens ricos e joias caras. Nessa frase há o trocadilho infame das *carrots* (cenouras) e dos *carats* (quilates), porque as duas palavras soam igual.

241 journal (subst.) /ˈdʒɜː(r)n(ə)l/ rima com *kernel* (miolo – de noz, amêndoa –, parte interna e comestível; cerne, âmago, parte essencial)

1. Todo mundo sabe que o substantivo que corresponde ao nosso "jornal" é *newspaper* ou a forma abreviada, *paper*.

    *Grandpa still reads the **paper** every morning, while having a mug of coffee and milk.*

2. E o jornal da TV, aquela hora em que diariamente nos atualizamos, chamando toda a força interior para não nos deixarmos abater com as desgraças cotidianas deste mundo? Isso é *the news*.

    *Grandpa also watches **the news** every evening.*

3. Então, o que é esse *journal*? Vamos lá. *Journal* pode ser:

    a) jornal diário. O nome *journal* vem de diário, mas hoje em dia ele só permanece em títulos, como em *"The Wall Street **Journal**"*.

    b) publicação mensal ou trimestral, acadêmica ou científica, especializada ou corporativa, como *"The **Journal** of the American Medical Association"* ou *"Geographical **Journal**"*.

    *The new discovery is reported in the **journal** Scientific Advances. (BBC, July 19, 2018)*

    c) (Contabilidade) livro-diário

    ***Journal** entries involve a debit to one or more accounts and a credit to one or more accounts in the same amount.*

    d) diário (pessoal), sinônimo de *diary*.

    *Darwin kept a **journal** of his personal life, much of which would later be included in "On the Origin of Species".*

Um trechinho de um *journal* de Charles Darwin:

"I have called this principle, by which each slight variation, if useful, is preserved, by the term of Natural Selection, in order to mark its relation to man's power of selection."

– On the Origin of Species by Means of Natural Selection, 1859

Escolha a opção que melhor traduz a palavra em destaque nestas frases.

1. "The keyboard is my *journal*." (Pharrell Williams)

O teclado é o meu a) jornal; b) diário.

2. "I didn't have to keep a bloody *journal*. It's terribly boring keeping a *journal* anyway. I hate it. You spend more time writing down life instead of living it." (Christopher Plummer)

Eu não tive de escrever um maldito a) jornal; b) diário. Escrever um a) jornal; b) diário é muito chato mesmo. Eu odeio isso. Você passa mais tempo escrevendo sua vida do que vivendo.

3. "After the writer's death, reading his *journal* is like receiving a long letter." (Jean Cocteau)

Depois da morte do escritor, ler o a) jornal; b) diário dele é como receber uma longa carta.

4. "I've never managed to keep a *journal* longer than two weeks." (J. K. Rowling)

Nunca consegui manter um a) diário; b) jornal mais de duas semanas.

Saber um pouquinho que seja sobre os autores das frases ajuda a torná-las mais saborosas.

Pharrell Williams (1929-) é um cantor, compositor, *rapper* norte-americano.

Christopher Plummer (1929-2021) foi um ator canadense, fez o papel de Capitão Von Trapp em "A Noviça Rebelde" (1965).

Jean Cocteau (1889-1963) foi um poeta e dramaturgo francês.

J. K. Rowling (1965-) é uma escritora inglesa, autora da consagrada série Harry Potter. O J é de Joanne ou Jo, o K é uma homenagem que a autora presta à avó dela, Kathleen Ada Bulgen Rowling, que morreu quando Joanne tinha nove anos. A autora adotou a letra K do nome da avó em seu nome artístico. Fofa, a J.K. Rowling.

242 judgment/judgement (subst.) /ˈdʒʌdʒmənt/

1. As duas grafias existem, com ou sem *e* depois do *g*, isso não afeta a pronúncia, que é a mesma. ***Judg(e)ment*** é julgamento? É, mas nem sempre. Vamos lá.

    Judg(e)ment pode ser:

    a) Sentença de um juiz, decisão de um tribunal

    *It was the **judg(e)ment** of the court that he was guilty of corruption and money laundering.*

    b) Juízo, parecer, opinião crítica

    *In my **judg(e)ment**, insisting on making shady political compromises was the wrong thing to do.*

    *You should never rush to **judg(e)ment** without examining the evidence.*

    c) Discernimento, bom senso

    *He should have used his **judg(e)ment** and refuse to deal with those politicians.*

2. Expressões com ***judg(e)ment***:

    - **in my judg(e)ment:** na minha opinião
    - **pass judg(e)ment (on):** emitir opinião (geralmente crítica) (sobre)
    - **judg(e)ment call:** decisão pessoal, intuitiva
    - **Judg(e)ment Day/Last Judg(e)ment:** Dia do Juízo Final

3. Mas quando nos referimos a julgamento, audiência de um tribunal perante o juiz, não se usa ***judg(e)ment***. A palavra a usar é *trial*.

    *The Nuremberg **trials** were a series of thirteen **trials** carried out after the Second World War, in which former Nazi leaders were indicted and tried as war criminals.*

Escolha a opção que melhor traduz as palavras em destaque nestas frases. Na frase 2, você vai reencontrar *intent*, vista no verbete 233.

1. "*Love is the absence of **judgment**.*" (Dalai Lama XIV)

    O amor é a ausência de *a) discernimento; b) opinião crítica*.

2. "*My failures have been errors in **judgment**, not of **intent**.*" (Ulysses S. Grant)

    Minhas falhas têm sido erros de *a) julgamento; b) bom senso*, e não de *a) intenção; b) pretensão*.

3. "*The only difference between a flower and a weed is **judgement**.*" (Wayne Dyer)

A única diferença entre uma flor e uma erva daninha é questão de a) opinião crítica; b) decisão pessoal.

4. *"It is only our conception of time that makes us call the **Last Judgement** by this name. It is, in fact, a kind of martial law."* (Franz Kafka)

É só a nossa concepção de tempo que nos faz usar o termo a) Juízo Final; b) Julgamento Final. Ele é, de fato, uma espécie de lei marcial.

5. *"I shall tell you a great secret, my friend. Do not wait for the **last judgment**, it takes place every day."* (Albert Camus)

Vou lhe contar um grande segredo, meu amigo. Não espere o a) último julgamento; b) juízo final, porque ele acontece todos os dias.

243 lace (subst. e verbo) /leɪs/ rima com *face* (rosto; encarar)

1. Alguma chance de *lace* ser o nosso "laço"? Nenhuma, *forget it*. Então, o que é *lace*? Vamos ver:
2. Como substantivo, *lace* quer dizer:
   a) renda
   *The bride wore **lace** on her beautiful wedding gown.*
   b) cadarço (também *shoelace*)
   *These **laces** have become worn out. I need new **laces** for my shoes.*
3. Como verbo, *lace* é regular e quer dizer:
   a) amarrar (sapatos)
   ***Lace** your shoes. Be careful not to trip.*
   b) adicionar gotas de bebida alcoólica (a café, leite etc.)
   *Have you ever tried **lacing** your coffee with a few drops of whiskey? That's Irish coffee!*
4. E como se diz "laço"? Depende. Laços há muitos, de várias espécies. Vamos ver:
   a) laçada (no cabelo, cadarço do sapato etc.) **bow** *(*rima com *know)*
   ▪ dar um laço, uma laçada: **tie (one's hair, shoelaces etc.) in a bow**
   b) (com nó) **loop**
   c) (de gravata) **knot**
   d) (de vaqueiro) **lasso**
   e) (vínculo) *tie*, **bond**
5. E as expressões:
   ▪ laços de amizade: **bonds/ties of friendship**
   ▪ laços de família/diplomáticos: **family/diplomatic ties**

Escolha a opção que melhor traduz a palavra em destaque nestas frases.

1. "It is difficult to see why **lace** should be so expensive; it is mostly holes." (Mary Wilson Little)

É difícil explicar porque o/a a) laço; b) renda é tão cara, já que consiste basicamente de buracos.

2. "I consider **lace** to be one of the prettiest imitations ever made of the fantasy of nature." (Coco Chanel)

Eu considero a/o a) renda; b) laço uma das mais bonitas imitações já feitas da fantasia da natureza.

3. "I slipped through the sleeping house as silently as a needle through **lace**." (Gail Carson Levine, in Ella Enchanted)

Deslizei em silêncio pela casa adormecida como uma agulha passando por a) renda; b) laço.

244 lamp (subst.) /læmp/ rima com *damp* (úmido/a)

1. *Lamp* lembra lâmpada, né? Bom, se você pensar em lâmpada elétrica, para luz artificial, o nome é outro. Mas se pensar na lâmpada mágica do Aladim, aquela que, quando o Aladim friccionava, saía de lá um gênio a quem ele podia fazer três pedidos... OK, estamos falando de **Aladdin's magic lamp**.

   Mas fora das 1001 noites e da Scheherazade, nos tempos modernos *lamp* tem outras aplicações e outros sentidos. Assim:

2. A *lamp* pode ser chamada de luminária:

   - Uma **bedside lamp** é uma luminária de mesinha de cabeceira.
   - Uma **table** ou **desk lamp** é uma luminária de mesa ou de escrivaninha.

   São elétricas, produzem luz artificial, e também são chamadas abajur. O abajur propriamente dito, quebra-luz, a peça que protege os nossos olhos da luz é **lampshade**.

3. A lâmpada elétrica (de vidro), que produz a luz, é *light bulb* ou simplesmente *bulb*.

   *Paul put a new **light bulb** in the **lamp**.* Paul trocou a lâmpada do abajur.

4. Antigamente, principalmente nas áreas rurais, onde não havia eletricidade, as pessoas usavam

   - **an oil/a kerosene lamp:** um lampião ou candeeiro a óleo/querosene
   - **fluorescent lamp:** lâmpada fluorescente
   - **incandescent lamp:** lâmpada incandescente

E na história da humanidade há não apenas uma, mas duas, lindas senhoras que ficaram conhecidas como *The Lady with the Lamp*. Uma delas é Florence Nightingale (1820-1910), jovem de família inglesa, nascida na cidade italiana de Florença (por isso ela ganhou o nome de Florence), a mais ilustre das figuras ilustres da enfermagem. Em 1854, durante a Guerra da Crimeia, à noite, sozinha, deslizando pelas alas infectas de um hospital de campanha, era ela que vinha, como um anjo bom, trazer a luz do conforto e possível melhora à saúde dos soldados britânicos, enfermos ou feridos. Ela e sua lanterna, Florence Nightingale, *the lady with the lamp*.

E a outra dama ilustre, quem será? Uma dica: ela está sempre lá, de pé, "de pedra e cal", numa pequena ilha chamada Staten, à entrada do porto de New York. Descobriu? É ela, sim, *Miss Liberty* e sua *lamp*, no caso uma *torch* com o fogo eterno da liberdade que, por justiça, nunca deveria se apagar.

Escolha a opção que melhor traduz as palavras em destaque nestas frases.

1. "*To keep a **lamp** burning, we have to keep putting oil in it.*" *(Mother Teresa)*

Para manter o/a *a) lampião; b) lâmpada* queimando, precisamos continuar alimentando-o/a com óleo.

2. "*Death is not extinguishing the light; it is only putting out the **lamp** because the dawn has come.*" *(Rabindranath Tagore)*

A morte não é o extinguir da luz; é só o gesto de apagar o/a *a) candeeiro; b) lâmpada* porque a aurora chegou.

3. "*A **lampshade** is often a little thing that makes a big difference.*" *(Elle Daniel)*

Um *a) abajur; b) lampião* muitas vezes é uma coisinha que faz uma grande diferença.

4. "*If you light a **lamp** for somebody, it will also brighten your path.*" *(Siddhartha Gautama)*

Se você acender um *a) abajur; b) lampião* para alguém, ele também iluminará o seu caminho.

245 large (adj.) /lɑː(r)dʒ/ rima com *charge* (cobrança; cobrar)
largely (adv.) /ˈlɑː(r)dʒli/

1. Esta é figurinha fácil, todo mundo sabe.

    Large parece largo/a, mas não é. É grande. No tamanho físico, no número, na quantidade.

*Brazil is a **large** country, the largest in South America.*

*Those T-shirts are available in three sizes: small, medium, and **large**.*

2. ***Large*** aparece em locuções, bem idiomáticas:
   - **at large:** 1) em geral; 2) à solta, foragido/a
   - **by and large:** de modo geral, no todo
3. E como se diz largo/a? *Wide* ou *broad*.
   - **a wide river/a broad road:** um rio largo, uma estrada larga
   - **broad shoulders/hips:** ombros/quadris largos
   - **loose/baggy clothes:** roupa larga, folgada
4. ***Largely*** é o advérbio: principalmente, em grande parte, mais do que tudo, quase completamente.

   *Venezuela's economy is based **largely** on oil.*

Escolha a opção que melhor traduz as palavras em destaque nestas frases.

1. "*New Zealand is not a small country but a **large** village.*" *(Peter Jackson)*

A Nova Zelândia não é um país pequeno, e sim uma a) larga; b) grande aldeia.

2. "*Happiness is having a **large**, loving, caring, close-knit family in another city.*" *(George Burns)*

Felicidade é ter uma família a) larga; b) grande, adorável, afetuosa e muito unida vivendo em outra cidade.

3. "*Happiness is **largely** an attitude of mind, of viewing life from the right angle.*" *(Dale Carnegie)*

A felicidade é a) largamente; b) principalmente uma atitude mental, é ver a vida do ângulo certo.

4. "***By and large**, language is a tool for concealing the truth.*" *(George Carlin)*

a) De modo geral; b) Bem ao largo, a linguagem é uma ferramenta para ocultar a verdade.

5. "*A **large** income is the best recipe for happiness I ever heard of.*" *(Jane Austen, in Mansfield Park)*

Uma renda a) grande; b) larga é a melhor receita de felicidade que eu conheço.

Sobre os autores das frases 2 e 4 George Burns (1896-1996) e George Carlin (1937-2018) foram dois premiados comediantes norte-americanos, conhecidos pelo humor ferino, por vezes cínico e sua implacável crítica social. Em qual das frases dos dois George você diria que há uma maior dose de cinismo? Você concorda com alguma delas?

246 lecture (subst. e verbo) /ˈlektʃə(r)/

1. Esse é falso amigo dos mais traiçoeiros, mas não para nós e sim para os franceses. *Lecture en français* significa "leitura". E *lecture* in English não é "leitura", embora toda a pessoa que dá uma *lecture* tenha, obrigatoriamente, de ter lido muito sobre o assunto... e não só.

2. O substantivo *lecture* é:

   a) palestra, exposição oral e formal sobre um tema

   *I attended one of Mia Couto's **lectures** when he was in Brazil.*

   b) (em universidade) aula

   *Professor Dawkins delivers a course of **lectures** on evolution at the university.*

   c) sermão, repreensão

   *Marina had come home late and got a **lecture** from her father.*

3. *Lecture* é também um verbo (regular) significando:

   a) dar aulas, palestras

   *Mia Couto often **lectures** on modern African literature in Portuguese.*

   b) dar aulas, curso em universidade

   *Professor Dawkins **lectures** on evolution at the University of Oxford.*

4. Repreender, passar um sermão em

   *I still remember my father **lecturing** me and my brother on the importance of being earnest. And honest too, for that matter.*

5. E leitura, você sabe, é *reading*.

   ***Reading** is to the mind what exercise is to the body. (Joseph Addison)*

Escolha a opção que melhor traduz a palavra em destaque nestas frases.

1. "These are strange and uncertain times," Obama noted at the outset of the *lecture*." (The New Yorker, July 18, 2018)

"Estes são tempos estranhos e incertos," Obama disse no início da a) leitura; b) palestra.

2. "I thought about the fact that my daughters think anything I tell them is a *lecture*." (The New Yorker, July 19, 2018)

Eu pensei no fato de que as minhas filhas acham que qualquer coisa que eu lhes diga é um(a) a) sermão; b) palestra.

3. *"When I give a **lecture**, I accept that people look at their watches, but what I do not tolerate is when they look at it and raise it to their ear to find out if it stopped." (Marcel Achard)*

Quando eu dou uma *a) leitura; b) palestra*, aceito que as pessoas olhem para seus relógios, mas o que não tolero é quando elas olham para o relógio e o levam até o ouvido, para saber se parou.

247 legend (subst.) /'ledʒənd/

1. **Legend** convida a pensar em "legenda", mas não é. **Legend** pode ser:

   a) (História) lenda

   The **legend** of the Loch Ness monster still attracts thousands of tourists to Scotland.

   > Na Idade Média **legend** era uma palavra usada na área religiosa. "*The Golden **Legend***", uma coleção da vida de santos, foi compilada por Jacobus de Voragine no século XIII. Mais tarde a palavra tomou o sentido de "lenda", sendo usada para falar de histórias tradicionais ou míticas, como as sobre o Rei Arthur e os seus *knights of the Round Table*.

   b) (pessoa) mito

   *Pelé is a living **legend** in the world of sports.*

   ▪ **a living legend:** uma pessoa que está viva e é muito famosa

2. **Legend** não significa "legenda".

   a) de foto, em jornal ou revista. Isso é *caption*.

   *The **caption** on the picture reads, "Pelé, a soccer living **legend**".*

   b) (plural) de filme. Isso é *subtitles*.

   *The Iranian movie was shown with English **subtitles**.*

Escolha a opção que melhor traduz a palavra em destaque nestas frases.

1. *"Nobody knows anything about Shakespeare the person. It's all **legend**, it is all rumor." (Jeanette Winterson)*

Ninguém sabe nada sobre Shakespeare, a pessoa, o homem. É tudo *a) legenda; b) mito*, é tudo boato.

2. *"**Legend**: a lie that has attained the dignity of age." (H. L. Mencken)*

a) Legenda; b) Lenda: uma mentira que, por ser dita há muito tempo, atingiu o *status* de digna, passou a ser aceita como verdade.

3. *"If I get to be a **legend**, I've achieved my goal." (Usain Bolt)*

Se eu chegar a ser um(a) *a) mito; b) legenda*, terei atingido meu objetivo.

4. *"I won't be a rock star. I'll be a **legend**." (Freddie Mercury)*
Eu não serei um astro do *rock*. Serei um(a) a) legenda; b) lenda.

5. *"I'm not a real person. I'm a legend." (Jean-Michel Basquiat)*
Eu não sou uma pessoa de carne e osso. Sou uma a) lenda; b) legenda.

A julgar pelo que dizem Usain Bolt, Freddie Mercury e Jean-Michel Basquiat sobre si próprios, qual deles você diria que a mosca azul mordeu com mais vontade?

---

248 lemon (subst.) /ˈlemən/ rima com *Bremen* (cidade do norte da Alemanha)

lime (subst.) /laɪm/ rima com *time* (tempo; vez)

limelight (subst.) /ˈlaɪmlaɪt/

✓ Marque a opção correta para responder a esta pergunta:
Com quantos _____ se faz uma caipirinha?
a) lemons   b) limes

*Se você marcou **lemons**, think again. Caipirinha se faz com **limes**.*

No Brasil, quando se pensa em limão, pensa-se imediatamente no limão da caipirinha, o do tipo Taiti (*Citrus aurantifolia*), verde, de casca fina, muitas vezes redondinho, de forte acidez. Esse fruto em inglês chama-se *lime* (que é um *false friend*, porque não é *lima*, e sim, como já vimos, limão).

1. Então o que é ***lemon***? É limão... só que de um tipo muito pouco comum no Brasil, o chamado limão siciliano (*Citrus limon*). **Lemon** é um tipo de limão muito comum na Europa (principalmente na Sicília, daí o nome) e nos Estados Unidos. Tem casca grossa, amarelo-clara, é oval, maior e muito menos ácido do que o ***lime***. Pelo seu sabor quase doce, não é bom para a caipirinha, mas é ótimo para limonada, que é *lemonade, in English*.

2. Um outro possível significado de ***lemon***, parece brincadeira, é o nome de outra fruta. Quando falamos de uma máquina que não funciona direito, um carro, por exemplo, que de vez em quando tem de fazer uma visita ao mecânico, em português podemos dizer que esse carro, afinal é um tremendo "abacaxi". *In English* dizemos que:

    *That car is a real **lemon**.*

3. Como vimos acima, ***lime*** não é *lima* e sim limão, o do tipo mais comum no Brasil, limão Taiti, ótimo na caipirinha.

    *In Brazil, **limes** are much more common than lemons.*

4. Além de limão, **lime** também tem (no Reino Unido) outra aplicação no campo da Botânica, podendo designar a tília, árvore europeia de cujas flores se faz chá, de propriedades medicinais. Nos Estados Unidos a tília é também conhecida como *linden*.

> *Ann was feeling weak and nauseated so we gave her some **lime** tea.*

5. E **lime** (ou *quicklime*) também pode significar "cal".

> *The farmer spread **lime** on the soil to make it less acidic.*

E *limelight*, o que é: Luz da lima? Do limão? Da cal? Que confusão!

Calma! Desse uso de **lime** para "cal" é que vem a palavra **limelight** e a expressão *to be in the limelight*, que significa "estar em grande evidência, ser o centro das atenções". **Lime** pode ser o mesmo que *calcium oxide*: óxido de cálcio, a popular cal. **Limelight** era um tipo de luz usada na ribalta, nos palcos dos teatros, em que a cal era aquecida até ficar incandescente e assim criar uma iluminação intensa. A expressão *to be in the limelight* era, portanto, inicialmente aplicada aos atores e atrizes que estavam sendo focalizados e iluminados com destaque na cena. **Limelight** é o nome de um filme escrito, dirigido e interpretado por Charles Chaplin, exibido no Brasil em 1952 com o nome de *Luzes da Ribalta*.

---

6. E se **lime** não é lima, como se diz lima, *in English*? Depende da lima. Pode ser:
   a) lima, lima-da-pérsia: *sweet lime*
   b) lima, ferramenta: *file*
7. E Lima, capital do Peru? *You must be kidding*. Essa é Lima, mesmo.

Escolha a opção que melhor traduz as palavras em destaque nestas frases.

1. "When fate hands you a **lemon**, make lemonade." (Dale Carnegie)

Quando o destino lhe der um a) limão siciliano; b) limão Taiti, faça limonada.

2. "Each day I was overcome by the smell of jasmine, **lemon** and orange trees and roses." (Wall Street Journal, May 1, 2018)

Todo dia eu era tomado pelo aroma de jasmim, a) limão Taiti; b) limão siciliano, laranjeiras e rosas.

3. "On my desk, I always have a lemon or a **lime** drying. I love the fragrance." (Maira Kalman)

Na minha escrivaninha eu sempre tenho um limão siciliano ou um(a) a) lima; b) limão Taiti secando. Eu amo o perfume.

4. *"If life gives you **limes**, make margaritas."* (Jimmy Buffett)

Se a vida te dá a) limas; b) limões, faz margaritas.

> Margarita é o coquetel nacional do México. É feito com tequila, sal, suco de limão Taiti e licor de laranja.

249 library (subst.) (EUA) /ˈlaɪbreri/, (Reino Unido) /ˈlaɪbrəri/

1. Esta é uma das figurinhas mais fáceis da lista de *false friends*, bem manjada, só os mais incautos vão admitir que **library** é o local onde se vendem livros, uma livraria. Na verdade, todos nós, até os reles mortais, sabemos que em uma **library** podemos ler livros, revistas, jornais e, se formos *library members*, podemos até levar alguns para casa por empréstimo por alguns dias.

> Carl Sagan (1934-1996), astrônomo norte-americano, uma das mentes científicas mais brilhantes que já iluminou a humanidade, disse certa vez que "(...) Somos a única espécie no planeta, ao que se saiba, a ter inventado uma memória comunitária guardada não em nossos genes nem em nossos cérebros. O armazém dessa memória chama-se **library**."

2. E como se diz "livraria", então? Nos Estados Unidos chama-se *bookstore*, no Reino Unido é mais comum *bookshop*.

Escolha a opção que melhor traduz a palavra em destaque nestas frases.

1. *"The only thing that you absolutely have to know is the location of the **library**."* (Albert Einstein)

A única coisa que você absolutamente tem de saber é onde fica a a) livraria; b) biblioteca.

2. *"The **library** connects us with the insight and knowledge, painfully extracted from Nature, of the greatest minds that ever were, with the best teachers, drawn from the entire planet and from all our history, to instruct us without tiring, and to inspire us to make our own contribution to the collective knowledge of the human species."* (Carl Sagan)

A a) livraria; b) biblioteca nos liga à descoberta e ao conhecimento, penosamente extraído da Natureza, das maiores mentes que já viveram, os melhores professores de todo o planeta e de toda a História, de modo a nos ensinar incansavelmente, e nos inspirar a darmos a nossa própria contribuição para o conhecimento coletivo da espécie humana.

3. *"I have always imagined that Paradise will be a kind of **library**."* (Jorge Luís Borges, in *Poema de los dones*, 1955)

Eu sempre imaginei que o Paraíso será um tipo de a) biblioteca; b) livraria.

> Jorge Francisco Isidoro Luís Borges Acevedo (1899-1986), escritor, poeta, tradutor, crítico literário, ensaísta argentino, escreveu esse *Poema de los Dones* em 1955, quando, já cego, foi nomeado diretor da Biblioteca Nacional da Argentina. No poema ele comenta a ironia da sua situação: viver cercado de milhares de livros que não podia mais ler. Reproduzimos um trechinho do poema:
>
> *Nadie rebaje a lágrima o reproche*
>
> *Esta declaración de la maestría*
>
> *De Dios, que com magnífica ironía*
>
> *Me dio a la vez los livros y la noche.*
>
> *(...)*
>
> Autor de frases ao mesmo tempo desconcertantes e instigantes, Borges disse certa vez... "Um cego é um prisioneiro. Há muito tempo estou cego. Comecei a ficar cego quando comecei a enxergar."

250 liquor (subst.) /ˈlɪkə(r)/ rima com *sticker* (adesivo)

1. **Liquor** lembra licor, bebida alcoólica doce, geralmente de fruta ou essência, mas não é isso. **Liquor** é bebida alcoólica destilada, de alto teor alcoólico, como o uísque, gin, vodca, aguardente etc.

    > *Theo likes wine and beer, but he doesn't drink any hard **liquor**. He knows it's bad for his heart.*

2. Para dizer "licor", a palavra em inglês é *liqueur* /lɪˈkɜ:(r)/.

    > *After dinner they had coffee and a small glass of orange **liqueur**.*

Escolha a opção que melhor traduz a palavra em destaque nestas frases.

1. "*I like **liquor** – its taste and its effects – and that is just the reason why I never drink it.*" (Thomas Jackson)

Eu gosto de a) licor; b) bebida destilada forte – gosto do seu sabor e dos seus efeitos – e é por isso que nunca bebo.

2. "*I doubt it if you can have a truly wild party without **liquor**.*" (Carl Sandburg)

Duvido que você possa dar uma festa realmente de arromba sem a) licor; b) bebida forte.

251 locate (verbo) /loʊˈkeɪt/ rima com *create* (criar)

location (subst.) /loʊˈkeɪʃ(ə)n/ rima com *creation* (criação)

1. ***Locate*** é "locar, alugar"? *No way*. ***Locate*** é um verbo (regular) que significa:
    a) localizar(-se)
    *Our hotel is **located** within walking distance of a subway station.*
    *The mechanic is still trying to **locate** the source of the problem.*
    b) estabelecer(-se)
    *Pelé's parents went to Minas Gerais, and **located** there.*
2. Para dizer "locar, alugar", usamos *rent*.
    *Those tourists intend to **rent** a car as soon as they come to Rio.*
3. ***Location***, o substantivo da família, tem três sentidos. Nos sentidos mais comuns, ***location*** é falso amigo porque pode ser:
    a) local, lugar
    *They chose a lovely **location** overlooking the valley and built a house there.*
    b) localização
    *Radar hasn't been able to find the exact **location** of the missing plane.*
4. Mas ***location*** tem ainda um outro sentido, em que ele não é falso amigo e sim correspondente a "locação", quando se fala do lugar onde um filme está sendo filmado.
    *Most of the scenes of The Lord of the Rings were shot on **location** in New Zealand.*
5. E para dizer "locação, aluguel", usa-se ***location***? *No way*. A palavra aí é *rental*.
    *Those tourists are looking for a car **rental** company.*

Escolha a opção que melhor traduz as palavras em destaque nestas frases. Na frase 2 você vai voltar a ver *library*, já vista no verbete 249.

1. "*I **locate** that special problem in a character and then try to understand it. That's the genesis of all my work.*" (Manuel Puig)

Eu a) localizo; b) alugo aquele problema especial em um personagem e então tento entendê-lo. É essa a gênese de todo o meu trabalho.

2. "*The only thing that you absolutely have to know is the **location** of the **library**.*" (Albert Einstein)

A única coisa que você absolutamente tem de saber é a a) locação; b) localização da a) livraria; b) biblioteca.

252 locust (subst.) /ˈloʊkəst/

1. Parece com lagosta, e a palavra tem origem comum com lagosta, sim. Mas enquanto a lagosta é um crustáceo marinho, muito apreciado pela sua carne, um prato digno de reis, às vezes disponível nos restaurantes mais caros, **locust** não dá para comer. Ou melhor, é ele quem tem um apetite devorador. **Locust** é o nome em inglês dado a um grande *grasshopper* (gafanhoto) do gênero *Locusta*, com uma única espécie, uma praga para os agricultores principalmente da África, por atacar em grandes enxames e destruir as plantações. Pode ser chamado a *locusta* ou o *gafanhoto-do-deserto*.

   *A swarm of **locusts** caused great destruction in parts of Ethiopia by eating up all vegetation in their path.*

2. E então como é que se diz "lagosta"? *Lobster*.

   *We were in Fortaleza and had **lobster** for dinner.*

   Escolha a opção que melhor traduz as palavras em destaque neste trecho.

   *"The white man has settled like a **locust** over Africa, and, like the **locusts** in early morning, cannot take flight for the heaviness of the dew on their wings. But the dew that weights the white man is the money that he makes from our labor." (Doris Lessing)*

   O homem branco instalou-se como uma *a)* lagosta; *b)* locusta sobre a África e, da mesma forma que as *a)* lagostas; *b)* locustas de manhãzinha, não pode alçar voo por causa do peso do orvalho em suas asas. Mas o orvalho que pesa sobre o homem branco é o dinheiro que ele obtém do nosso trabalho.

253 lunch (subst.) /lʌntʃ/ rima com *punch* (soco)

1. Mais uma figurinha fácil da lista de *false friends*, mais uma manjada e esta bem a propósito, já que **lunch** não significa "lanche" e sim almoço.

2. Na verdade uma das definições mais comuns nos dicionários de inglês para **lunch** é: *a light meal eaten in the middle of the day*. Corresponde então a "almoço", sim, menos para aqueles que se aproveitam da ocasião para se empanturrar de comida. **Lunch** deveria ser *a light meal*, com destaque para a leveza do *light*.

   *What's for **lunch**?*

   *Where do you want to go for **lunch**?*

3. E como é "lanche", então? *Afternoon snack*, ou simplesmente *snack*.

   *I didn't have time for lunch, I just had a **snack** of potato chips and onion sauce. No wonder I'm hungry now…*

4. **Lunch** aparece nestas expressões, bem idiomáticas:

    ▪ **There's no such thing as a free lunch/there's no free lunch:** nada é de graça, tudo tem seu preço

    ▪ **To be out for lunch:** estar perdido/a, confuso/a; estar por fora

    Escolha a opção que melhor traduz a palavra em destaque nestas frases.

    1. *"A free **lunch** is only found in mousetraps." (John Capozzi)*

    a) Lanche; b) Almoço grátis só é encontrado em ratoeiras.

    2. *"Ask not what you can do for your country. Ask what's for **lunch**." (Orson Welles)*

    Não pergunte o que você pode fazer pelo seu país. Pergunte o que há para o *a) lanche; b) almoço*.

254 luxury (subst.) /ˈlʌkʃ(ə)ri/

luxurious (adj.) /ˌlʌgˈʒjʊəriəs/ rima com *injurious* (injurioso/a, danoso/a)

1. **Luxury** pode parecer luxúria, lascívia, manifestação excessiva de sexualidade (do tipo gata no cio), mas não é.
2. **Luxury** (plural: **luxuries**) significa luxo, ostentação, o oposto de modéstia e simplicidade.

    *A private plane is a **luxury** only a famous soccer player or a rock star can afford.*

    *I love having a nice afternoon nap, it's one of life's little **luxuries**.*
3. **Luxury** é usado na expressão:

    ▪ **live in the lap of *luxury*:** viver no maior dos luxos
4. E como se diz "luxúria"? *Lust, lewdness.*

    *Kevin was consumed by **lust**, and was later arrested for public **lewdness**.*
5. **Luxurious** é o adjetivo, significa luxuoso/a.

    *They stayed at the Ritz, a **luxurious** hotel in Paris.*

    Escolha a opção que melhor traduz as palavras em destaque nestas frases.

    1. *"**Luxury** must be comfortable, otherwise it is not **luxury**." (Coco Chanel)*

    O/A *a) luxo; b) luxúria* tem de ser confortável, senão não é *a) luxo; b) luxúria*.

    2. *"Contentment is natural wealth, **luxury** is artificial poverty." (Socrates)*

    O contentamento é riqueza natural, o *a) luxo; b) luxuoso* é pobreza artificial.

*3. "Utility is when you have one telephone, **luxury** is when you have two, opulence is when you have three – and paradise is when you have none." (Doug Larson)*

Utilidade é quando você tem um telefone, a) luxúria; b) luxo quando você tem dois, opulência quando tem três – e o paraíso é quando você não tem nenhum.

*4. "Living in the lap of **luxury** isn't bad except that you never know when **luxury** is going to stand up." (Orson Welles)*

Viver no colo do/da a) luxo; b) luxúria não é mau, o problema é que você nunca sabe quando o/a a) luxo; b) luxúria vai se levantar.

*5. "Let me be surrounded by **luxury**, I can do without the necessities." (Oscar Wilde)*

Deixem-me viver cercado de a) luxúria; b) luxo, eu posso muito bem viver sem as necessidades.

> Para apreciar a ironia da frase 4, a do Orson Welles, a expressão idiomática *live in the lap of luxury* (viver no maior dos luxos), se entendida literalmente seria "viver no colo do luxo".

255 macaroon (subst.) /ˌmækəˈruːn/ rima com *afternoon* (tarde)

1. ***Macaroon*** lembra imediatamente o nosso, ou melhor o italiano "macarrão", mas não é. Você já viu ou comeu "macarrão doce, tipo biscoitinho"? Então... ***macaroon*** é um biscoitinho feito com clara de ovo, açúcar, amêndoas moídas ou coco moído. É redondinho, apresentado em várias cores suaves, desmancha na boca, é uma das especialidades da rica doçaria francesa.

    *For dessert, we had almond **macaroons** and coffee.*

2. E macarrão, como é que se diz? Para o tipo de massa: *macaroni*, para massa em geral: *pasta*.

Escolha a opção que melhor traduz a palavra em destaque nestas frases.

*1. "Again the waiter opened the door, and entered the room with two dishes, one filled with biscuits, the other with **macaroons**." (Kock, Chales Paul de)*

Novamente o garçom abriu a porta e entrou na sala com duas travessas, uma cheia de biscoitos, a outra com a) macarrões; b) biscoitos de amêndoa.

*2. "For dessert: apple pudding, lemon jelly, fruit almond **macaroons** and coffee." (New York Times, July 24, 2011)*

Como sobremesa: pudim de maçã, geleia de limão siciliano, a) macarrão; b) biscoitos de amêndoa e fruta e café.

256 magazine (subst.) /ˌmægəˈziːn/ rima com *seventeen* (dezessete)

1. Muita calma na abordagem a esse *magazine*, porque o substantivo tem várias acepções, quase sempre longe do nosso "magazine".

2. Em inglês moderno, *magazine* pode ser:

    a) revista (semanal ou mensal)

    *Grandpa subscribes to Time **Magazine** and National Geographic **Magazine**.*

    b) programa de rádio ou TV no formato de uma revista semanal

    *Sunday Morning is a popular weekly **magazine** program on CBS News.*

> *The Economist* é uma publicação semanal, das mais sérias e respeitadas revistas em língua inglesa, mas curiosamente eles referem a si próprios como sendo *a newspaper, not a magazine*.

3. Mas agora passamos para a área militar:

    a) (em arma automática) pente

    *A **magazine** is the part of a gun that holds bullets.*

    b) paiol, depósito de armas e munições

    *A **magazine** is a building or room where military supplies are stored.*

4. E o nosso "magazine", grande casa comercial varejista, onde se vende de tudo? Você é do tempo do Magazine Mesbla, no Rio e em São Paulo? E o Magazine Luiza? *How do you say that it in English? Department store.*

    *Macy's and Marks & Spencer are large **department stores** in New York and London.*

> A origem da palavra *magazine* explica as suas acepções: ela vem da palavra *magazin* em francês que, por sua vez, vem do árabe *makhazin*, significando "armazém", local para depósito de coisas.

Seja de mercadorias, munições ou até mesmo de informações (como no caso da revista), em um "magazine" você encontra de tudo.

Escolha a opção que melhor traduz a palavra em destaque nestas frases.

1. *"In a **magazine**, one can get – from cover to cover – 15 to 20 different ideas about life and how to live it." (Maya Angelou)*

Em uma a) *revista;* b) *loja varejista,* você pode ter – de capa a capa – de 15 a 20 ideias diferentes sobre a vida e como a viver.

DICIONÁRIO E PRÁTICA DE *FALSE FRIENDS*

2. *"What's the justification for a semiautomatic weapon with a **magazine** of 30 rounds?" (Richard Cohen)*

Qual é a justificativa para uma arma semiautomática ter um(a) *a) revista; b) pente* com 30 tiros?

3. *"I have the LIFE **Magazine** of the men walking on the moon." (Christa McAuliffe)*

Eu tenho a *a) loja comercial; b) revista* LIFE que mostra os homens andando na Lua.

> Christa McAuliffe (1948-1986) era a professora-astronauta norte-americana que morreu a bordo do ônibus espacial *Challenger*, quando essa nave explodiu durante o lançamento em Cape Canaveral, em janeiro de 1986, matando todos os sete tripulantes.

257 malice (subst.) /ˈmæləs/ rima com *palace* (palácio)

malicious (adj.) /məˈlɪʃəs/ rima com *delicious* (delicioso/a)

1. Tanto em português quanto em inglês, seja malícia, malicioso/a ou *malice, malicious* a conotação é ruim, mas em inglês é ainda pior do que em português. Vamos investigar.

2. Quando dizemos que alguém agiu com malícia, em geral há uma certa tendência para o mal. O que, naturalmente, ninguém aprova. Mas há situações em que podemos dizer que uma certa malícia, uma certa ausência de ingenuidade, nos faz desconfiar de um daqueles telefonemas patéticos, em que do outro lado da linha um espertalhão tenta te aplicar um golpe. Nesse caso estamos falando de uma malícia "positiva", salvo seja. E há outras situações em que a malícia "bem colocada" em uma letra de samba de malandro, do Bezerra da Silva, por exemplo (Se gritar "Pega ladrão!", não fica um, meu irmão), essa qualidade do que é brejeiro, maroto, até pode merecer elogios. Estamos falando de malícia e malicioso, em português.

3. Agora corta para *malice* e *malicious*, *in English*. Esses termos são usados sempre para algo que é absolutamente condenável. Assim:

Malice é maldade, má intenção (premeditada, deliberada, com propósito de prejudicar, causar dor, lesão, sofrimento a alguém), ódio, rancor.

> *After twenty-seven years in prison, Nelson Mandela didn't bear any **malice** toward his enemies.*

> *The villains in the movies are always full of **malice**.*

Mother Teresa had **malice** towards no one.

Absence of **Malice** is a movie (1981), directed by Sydney Pollack, starring Paul Newman and Sally Field.

Malicious é maldoso/a, com más intenções, rancoroso/a.

Donald denied having made those **malicious** comments and said they were nothing but "fake news".

You shouldn't believe what they say about Justin. It's all **malicious** gossip.

4. **Malice** é usada em uma expressão comum do Direito:

   - **with malice aforethought:** de forma dolosa, com premeditação

Escolha a opção que melhor traduz as palavras em destaque nestas frases.

1. "Let not your rage or **malice** destroy a life." (Leonardo da Vinci)

Não deixe que a sua raiva ou a) malícia; b) má fé destrua uma vida.

2. "Mischief and **malice** grow on the same branch of the tree of evil." (Aaron Hill)

A travessura e a a) malícia; b) maldade crescem no mesmo ramo da árvore do mal.

3. "The Trump administration in April imposed sanctions on Russia for the election meddling and other **malicious** activities around the globe." (Washington Times, June 28, 2018)

A administração Trump em abril impôs sanções sobre a Rússia por causa da intervenção eleitoral e outras atividades a) maldosas; b) maliciosas ao redor do mundo.

4. "With **malice** toward none, with charity for all... let us bind up the nation's wounds... and achieve a just and lasting peace." (Abraham Lincoln, Second Inaugural Address)

Sem fazer a) malícia; b) mal a ninguém, cuidando de todos... vamos curar as feridas da nação... e atingir uma paz justa e duradoura.

258 manage (verbo) /ˈmænɪdʒ/ rima com *tannage* (bronzeamento)

1. **Manage** é um verbo (regular) que pode ter vários significados:

   a) conseguir (geralmente algo difícil)

   There was a long line but eventually I **managed** to buy the tickets.

   How did Papillon **manage** to escape from that prison?

b) controlar, lidar com

Susan is a good teacher but she finds it difficult to **manage** an unruly class.

c) administrar, gerir

Who **manages** this lousy shop? I want to talk to the manager.

Does Tite still **manage** the Brazilian soccer teams?

d) arranjar-se, dar um jeito, "se virar"

In modern times, how can anyone **manage** without a cell phone?

How can anyone **manage** on a minimum wage?

"Do you need any help?" "No, thanks, I can **manage**."

e) (trabalho, tarefa, comida) dar conta (de)

I just can't **manage** all this work on my own, I need some help.

2. Mas se você pensa em "manejar, controlar com as mãos, manusear, manobrar, não use **manage**. Para isso, usa-se *handle*.

She **handled** the car with total confidence.

Be careful when **handling** those crystal wine glasses. They must be **handled** with care.

Escolha a opção que melhor traduz a palavra em destaque nestas frases.

1. "If a man can't **manage** his own life, he can't **manage** a business." (S. Truet Cathy)

Se um homem não consegue a) manejar; b) administrar a sua própria vida, ele não pode a) manejar; b) administrar um negócio.

2. "Fear is always there; it's a survival instinct. You just need to know how to **manage** it." (Jimmy Chin)

O medo está sempre lá; é o instinto de sobrevivência. Você só precisa saber como o a) controlar; b) manejar.

3. "It's not the strongest nor the most intelligent who will survive but those who can best **manage** change." (attributed to Charles Darwin)

Quem sobrevive não é o mais forte nem o mais inteligente, mas aqueles que melhor souberem a) manejar; b) lidar com a mudança.

259 **marmalade** (subst.) /ˈmɑː(r)məleɪd/ rima com *lemonade* (limonada)

Vamos fazer rolar mais uma vez o FILMINHO da imaginação. Você e sua alma gêmea (*your soul mate*) estão os dois no hotel em Londres, prontos para o café da manhã, aliás *breakfast*. O casal vai mergulhar na refeição mais apreciada pelos locais, o *English breakfast* (seguramente a única refeição inglesa que merece distinção gastronômica). Para maior sofisticação, trocamos Londres por Oxford ou York, *English breakfast* mais *English*, impossível. Esquecemos de dizer que o *breakfast* é no estilo *buffet*, vocês vão lá e se servem de tudo o que quiserem. Na parte dedicada às geleias e compotas caseiras está lá um potinho (*a jar*, verbete 239, remember?) com o rótulo *homemade marmalade*. Entre as geleias escolhidas para comer com torradinhas, vocês decidem pegar um pouco (ou muito, vá!) dessa *marmalade* caseira. Crente que é "marmelada", você é doido/a por marmelada e no Brasil é difícil encontrar a marmelada pura, com aquele gostinho um tanto ácido característico do marmelo, uma fruta também pouco comum no Brasil, você vai ter uma surpresa, *you're in for a surprise*.

Antes de chegarmos ao ponto da *marmalade* propriamente dito e para aumentar um pouquinho só o suspense dessa experiência gastronômica, lembramos que o termo "marmelada", que usamos popularmente no Brasil para falar de uma transação desonesta, ou uma combinação ilegal para fraudar o resultado de uma competição, uma armação, vem do (mau) costume de alguns fabricantes de marmelada de, à falta de marmelo, misturarem ao produto grandes quantidades de chuchu, que é barato e absolutamente sem sabor. Até hoje alguns dizem que, na Copa de 1978, a vitória da França (do Zidane) sobre o Brasil (do Ronaldo Fenômeno) teria sido uma marmelada, um acordo para os donos da casa ganharem a Copa. Para os que amam as teorias da conspiração, essa história é plausível, embora as cabeçadas do Zidane tenham sido indefensáveis.

Anyway... onde estávamos mesmo antes de *digress* (nos desviarmos) para o sentido mais negativo da marmelada e as cabeçadas do Zidane? Ah, sim. O casal sentado à mesa do hotel em Oxford ou York, pronto para experimentar a *homemade marmalade*. Torradinha na mão esquerda, com a direita uma generosa colherada da "marmelada", primeira dentada e TOING! O sabor azedinho da fruta cítrica, muito provavelmente laranja, cozida com casca e tudo, avisa que afinal aquilo não é marmelada, não é feita com marmelo (= *quince*) e sim uma geleia pastosa de fruta cítrica, em geral laranja, com pedacinhos da fruta e da casca, que lhe dão aquele sabor azedinho. A menos que no rótulo apareça a palavra *quince* (= marmelo) e aí será *quince marmalade* a geleia será de fruta cítrica, mais provavelmente laranja, ou limão siciliano (*lemon*, verbete 248, *remember*?).

Fim do filminho.

1. E como se diz marmelada, afinal? *Quince jam* ou *quince paste* (mais espessas), *quince jelly* (mais líquida, vidrada) e ... sim ... *quince marmalade*.
2. E, para finalizar, como se diz "marmelada" no sentido de "resultado desonesto"? *Fix*. Ou então, usa-se o verbo *rig*.

*The election results were not expected and some people suspect a **fix**.*
*Some people believe the election was **rigged**.*

Escolha a opção que melhor traduz a palavra em destaque nestas frases.

1. "Happiness is **marmalade** on toast." *(www.funhappyquotes.com)*

A felicidade é *a)* marmelada; *b)* geleia de laranja na torrada.

2. "Wit ought to be a glorious treat like caviar; never spread it about like **marmalade**." *(Noel Coward)*

O dito espirituoso deve ser uma iguaria fina, como o caviar; não o vulgarize espalhando-o por aí como uma reles *a)* marmelada; *b)* geleia de laranja.

3. "**Marmalade** in the morning has the same effect on taste buds that a cold shower has on the body." *(Jeanine Larmoth)*

a) Geleia de laranja; *b)* Marmelada de manhã tem o mesmo efeito nas papilas gustativas de uma ducha fria sobre o corpo.

---

260 Marmite (subst.) /ˈmɑː(r)maɪt/ rima com *dynamite* (dinamite)

É claro que você pensou logo em "marmita", recipiente em que uma pessoa transporta a própria comida para sua refeição. Mas isso em inglês é *lunchbox*.

Bob never eats at a restaurant. He brings his own **lunchbox** to the office.

Marmite, in English, é uma TM, uma marca registrada, o nome deriva do francês marmite, um grande pote (de barro) ou panela (metálica) e tem a ver com comida, sim. Na verdade, *Marmite* é uma verdadeira instituição da cultura inglesa, fazendo parte da história do Reino Unido como talvez nenhum outro alimento. Trata-se de uma pasta de cor castanho-escura, originalmente contida em pequenos e bojudos potes de vidro, é feita de *yeast extract* (extrato de levedura), tem um sabor forte e salgado, é meio sem graça ou meio estranho (você escolhe qual dos dois...). Os ingleses (os que gostam, porque há os que amam e há os que detestam, talvez estes em maior número do que aqueles) usam a *Marmite* como se fosse manteiga para passar na torrada ou no pão, durante o *breakfast*. Os fãs da *Marmite* usam-na também em sopas ou como caldo de carne. A pasta tem alto valor energético e nutritivo, e em tempos de guerra e de racionamento, tanto na Primeira quanto na Segunda Guerra Mundial, o potinho de *Marmite* (ou de *Bovril*, um produto concorrente) não podia faltar na mesa britânica.

Escolha a opção que melhor traduz a palavra em destaque nestas frases.

1. "Happiness is hot toast and **Marmite**." *(www.funhappyquotes.com)*
Felicidade é torrada quente e *a) marmita; b) Marmite*.

2. "I think I'm like **Marmite**; you either love me or hate me." *(Lily Allen)*
Eu acho que sou como a *a) Marmite; b) marmita*; ou você me ama ou me odeia.

---

261 matron (subst.) /ˈmeɪtrən/ rima com *patron* (patrono; padroeiro; freguês)

Matron é matrona? Se pensarmos em "matrona" com sentido pejorativo, quase um xingamento, falando de uma mulher de meia-idade, bem madura, corpulenta, de modos duros ou agressivos, *matron* será um falso amigo, porque não é isso.

1. *Matron* pode ser:
   a) senhora casada, mãe de família, não muito jovem, que exerce posição social de destaque

   Neste sentido poderíamos dizer que corresponde a "madrinha", como *counterpart* (verbete 121, *remember*?) ao uso de *"patron"* (verbete 284, dá uma espiadinha) para "padrinho", quando se trata de um homem.

   *Mrs. Graham is one of those society **matrons** who often organize benefits for charity.*

   b) (em escola feminina) diretora

   *Mrs. Graham is also the **matron** of a prestigious school for girls in Boston.*

   c) (em hospital) enfermeira-chefe

   *Nurse Ratched (played by Louise Fletcher) is a monster of a **matron** who oppresses the patients in "One Flew Over the Cuckoo's Nest", a 1975 movie directed by Milos Forman, with Jack Nicholson and Danny DeVito.*

   d) (em prisão, nos EUA) superintendente, chefe das guardas femininas

2. *A **matron of hono(u)r*** é uma dama de honra, mulher casada que é madrinha de casamento da noiva. Funciona como *counterpart* (verbete 121) à *maid of hono(u)r*, que também é dama de honra da noiva, mas é jovem e solteira.

Matrona, na Antiguidade romana, significava "mulher casada"; o nome vem do latim *matrona*, mãe de família, senhora; mulher, esposa; deusa protetora de um lugar.

Escolha a opção que melhor traduz a palavra em destaque nestas frases.

*1. "The city's police department began hiring his first "**matrons**", women entrusted with looking after female prisoners, in 1881." (New York Times, July 26, 2018)*

O departamento de polícia da cidade começou a contratar suas primeiras *a) matronas; b) superintendentes*, mulheres responsáveis por cuidar das prisioneiras, em 1881.

*2. "After all Eliza was a flower girl, not a flower **matron**." (New York Times, February 27, 2018)*

Afinal de contas, Eliza era uma jovem florista e não uma *a) matrona; b) senhora* que vende flores.

*3. "In cities, the solution was the boarding house, often run by a **matron**, who served meals family style and might scold you if you got home too late." (The New Yorker, May 26, 2016)*

Nas cidades, a solução era a pensão, muitas vezes dirigida por uma *a) senhora; b) matrona* que servia refeições caseiras e poderia te repreender se você chegasse a casa muito tarde.

262 **mayor** (subst.) (EUA) /ˈmeɪ(ə)r, mer/, (Reino Unido) /meə/

1. ***Mayor*** lembra "maior". Mas não é isso. Sabemos que, ao comparar pessoas ou coisas para dizer "maior", usamos *bigger* ou *larger* (para tamanho físico) e *greater* (em relação ao valor). E quando destacamos em nível superlativo, usamos *biggest*, *largest* e *greatest*, respectivamente. Então ***mayor*** não é maior, nem o/a maior.

2. E *major*, patente do exército, acima de capitão, poderá ser ***mayor***? Também não. Para esse sentido, a palavra é ***major***.

Então, o que será ***mayor***? É o funcionário público com maiores deveres e poderes para a governança de um município ou cidade. Rudy Giuliani e Michael Bloomberg foram New York ***mayors***, Boris Johnson foi London ***mayor***, o atual ***mayor*** de Londres é Sadiq Khan, representante da imensa colônia paquistanesa de Londres, o primeiro prefeito muçulmano de uma capital europeia. Por esses exemplos já deu para saber que ***mayor*** corresponde a prefeito. E o ***mayor*** de Rio Belo é... ninguém sabe quem é... mas isso não faz a menor diferença.

Escolha a opção que melhor traduz as palavras em destaque nestas frases.

*1. "Winning the election is a good-news, bad-news kind of thing. Okay, now you're the **mayor**. The bad news is, now you're the **mayor**." (Clint Eastwood)*

Ganhar a eleição é aquele tipo de coisa que traz boas e más notícias. OK, agora você é o *a) maior; b) prefeito*. A má notícia é que você é o *a) prefeito; b) maior*.

2. "As the **mayor** of London, my highest priority is keeping Londoners and visitors to our city safe from harm." (Sadiq Khan)

Como *a) maior; b) prefeito* de Londres, minha maior prioridade é manter em segurança os londrinos e os que visitam a nossa cidade.

---

263 **militate** (verbo) /ˈmɪlɪteɪt/ rima com *meditate* (meditar)

1. ***Militate*** é um verbo (regular) que pode trazer à lembrança o nosso verbo "militar, defender uma causa ou aderir a um partido, religião ou instituição, ser militante." Mas ***militate*** não é nada disso. Para esse sentido, usa-se *adhere (to)*.

    *Rapha believes in and strongly **adheres** to the Workers' Party.*

2. Então, qual é mesmo o significado de ***militate***? Ele vem quase sempre seguido da preposição *against* e significa "tornar difícil, dificultar, trabalhar contra".

    *The complexity of the political situation **militates** against a solution to the economic crisis.*

    *Loris is young and inexperienced and those factors **militate** against her promotion.*

Escolha a opção que melhor traduz as palavras em destaque.

"Two ideas **militate against** our consciously contributing to a better world. The idea that we can do everything or the conclusion that we can do nothing to make this globe a better place to live are both temptations of the most insidious form. One leads to arrogance; the other to despair." (Joan D. Chittister)

Duas ideias *a) militam; b) dificultam, trabalham contra* a nossa consciente contribuição para um mundo melhor: a ideia de que podemos fazer tudo ou a conclusão de que nada podemos fazer para melhorar o mundo são duas tentações bem insidiosas. Uma delas leva à arrogância, a outra, ao desespero.

---

264 **minute** (subst.) /ˈmɪnɪt/ a sílaba tônica é a primeira: MInute, rima com *win it* (vencê-lo)

minute (adj.) (EUA) /maɪˈnuːt/, (Reino Unido) /maɪˈnjuːt/ a tônica é a segunda e última: miNUTE

minuteman (subst.) /ˈmɪnɪtmæn/

minutes (subst. plural) /ˈmɪnɪts/

1. Atenção à diferença de pronúncia do substantivo ***minute*** (a sílaba tônica é a primeira: MInute), e a do adjetivo ***minute*** (a tônica é a segunda e última: miNUTE).

2. O substantivo ***minute*** pode significar:

    a) minuto

    *There are sixty seconds in a **minute**.*

    *Charles is so lazy that he always waits until the last **minute** to do whatever has to be done.*

    b) (no plural) ata de uma reunião

    *Please let me know the **minutes** of the last meeting.*

3. O adjetivo ***minute*** pode significar:

    a) diminuto/a, minúsculo/a

    *Microbes are **minute** organisms that can be seen only with a microscope.*

    b) minucioso/a

    *The lawyer went over the contract in **minute** detail.*

> ***Minuteman*** só por brincadeira pode ser entendido como "homem do minuto" ou, pior, "homem diminuto", mas tem um pouco a ver com a primeira. Na verdade, a palavra designava os milicianos que, durante a guerra da independência dos Estados Unidos, juravam estar prontos para o combate, bastando o aviso de um minuto.

4. ***Minutes*** (sempre no plural) significa, como vimos acima: ata, registro escrito de uma reunião.

    *I couldn't attend the meeting but I read the **minutes**, so I know exactly what happened.*

Escolha a opção que melhor traduz as palavras em destaque nestas frases.

1. *"Better three hours too soon than a **minute** too late."* (William Shakespeare)

Melhor três horas cedo demais do que um a) minuto; b) diminuto tarde demais.

2. *"Put your hand on a hot stove for a **minute** and it seems like an hour. Sit with a pretty girl for an hour, and it seems like a **minute**. That's relativity."* (Albert Einstein)

Ponha a mão num fogão quente durante um *a) minuto; b) diminuto* e parece uma hora. Sente-se com uma garota bonitinha durante uma hora, e parece um *a) minuto; b) diminuto*. Isso é relatividade.

3. "A meeting is an event at which **the minutes** are kept and the hours are lost." (Joseph Stilwell)

Uma reunião é um acontecimento em que *a) os minutos; b) a ata* são/é registrados/a e as horas são perdidas.

---

265 **miser** (subst.) /ˈmaɪzə(r)/ rima com *wiser* (mais sábio/a)

miserable (adj.) /ˈmɪz(ə)rəb(ə)l/ a sílaba tônica é a primeira: MISerable

misery (subst.) /ˈmɪz(ə)ri/ a silaba tônica é a primeira: MISery

1. Vamos com cuidado com essas três palavrinhas tristes, "pisando em folhas mortas", para abordar sentidos que nada têm de alegre ou divertido.
2. *Miser* é o substantivo miserável, sim, mas só no sentido de "sovina, avarento, pão-duro, o típico Tio Patinhas", mas sem charme.

    J. Paul Getty's favorite pastime was to sit and play with his money. He was the typical **miser**.

    Ebenezer Scrooge is the main character of Charles Dickens's novel "A Christmas Carol" (1843). Scrooge is now a synonym for a **miser**.

    In Shakespeare's "The Merchant of Venice" Shylock is a greedy and cruel **miser**.

3. *Miserable* é o adjetivo que pode ter vários significados, todos com conotação negativa.

    a) (pessoa – estado de ânimo) arrasado/a, muito infeliz

    Jack had lost his job and was feeling **miserable**.

    b) (situação, ocasião, lugar) deprimente, terrível

    No one can be indifferent to the **miserable** situation of the refugees.

    The weather was **miserable**, very cold and rainy, and the kids had to stay at home, feeling **miserable**.

    c) (quantia, valor) ínfimo/a, irrisório/a

    They offered me less than a thousand dollars a year, a **miserable** contract.

    d) (xingamento) miserável, desgraçado/a (= *wretched*)

    You **miserable**/*wretched* creep! You lied to me!

4. Mas *miserable* não significa miserável, no sentido de "pão-duro, avarento/a". O adjetivo para isso é *cheap, mean, miserly, stingy*.

    George is very **mean** and never leaves a tip for the waiter.

5. E também não se usa quando dizemos que alguém é "miserável, muito pobre, indigente". Para isso a palavra é *destitute* ou *extremely poor*.

Bill gives a lot of money to the charity that cares for **destitute** children.

6. *Misery* é o substantivo que pode significar:

a) desgraça, infelicidade, infortúnio

The plight of the refugees is a sad example of human **misery**.

b) sofrimento, agonia, aflição

The poor dog was in great pain, so we put it out of its **misery** (in other words, we allowed the veterinarian to kill it).

c) miséria, pobreza extrema

Millions of people all over the world live in overcrowded slums in utter **misery**.

Homeless people live in **misery** every day.

> E, finalmente, como é que se diz, *in English*, o título da obra-prima de Victor Hugo, "Os Miseráveis"? A edição em inglês desse romance histórico, publicado primeiramente em 1862, mantém o título em francês *"Les Misérables"*. O musical da Broadway também teve o mesmo título, mas os americanos acharam um jeito mais fácil de o pronunciar, que passou a ser *"Les Misras"* ou simplesmente *"Les Miz"*.

Escolha a opção que melhor traduz as palavras em destaque nestas frases.

1. "You don't have to be a **miser**. Just be wiser with your money." (Dorethia Conner Kelly)

Você não precisa ser um *a)* miserável; *b)* sovina. Só precisa ser mais sábio/a com seu dinheiro.

2. "Want is **misery**." (Ellen Pompeo)

A necessidade é sinônimo de *a)* infelicidade; *b)* miséria.

3. "The white man's happiness cannot be purchased by the black man's **misery**." (Frederick Douglass)

A felicidade do branco não pode ser comprada pela *a)* infelicidade; *b)* miséria do negro.

4. "Be **miserable**, or motivate yourself. Whatever has to be done, it's always your choice." (Wayne Dyer)

Seja *a)* miserável; *b)* infeliz, ou motive-se. O que precisar ser feito, é você quem escolhe.

5. "A rich **miser** and a fat goat are of no use until they are dead." (provérbio hebraico)

Um *a)* miserável; *b)* pão-duro rico e um bode gordo são inúteis até morrerem.

6. *"Life is full of **misery**, loneliness, and suffering – and it's all over much too soon." (Woody Allen)*

A vida é cheia de *a) miséria; b) infelicidade,* solidão e sofrimento – e acaba cedo demais.

> Sobre a última e contraditória frase, marcada pela argúcia e fina ironia de Woody Allen: é isso mesmo, Woody, você tem razão, *so true*....

266 momentum (subst.) /məˈmentəm/ rima com *per centum* (por cento)

1. *But wait a moment...* **Momentum** é falso amigo, palavra enganosa? Não tem nada a ver com "momento"? *Well,* estão sobrando as duas letrinhas do final. Se falamos de "momento" no sentido de instante ou então de tempo presente, a palavra, todo mundo sabe, é *moment.*

    *What are you doing at the **moment**?*

2. Mas aprendemos nas aulas de Física que, na linguagem técnica, **momentum** é "momento, quantidade de movimento".

    ***Momentum** is the property that a moving object has because of its weight and motion.*

    Ou, de forma mais simples:

    ***Momentum** is the force of something moving.*

    *In an avalanche the snow keeps rolling down the mountainside under its own **momentum**.*

3. ***Momentum*** também pode significar "ímpeto".

    *The ball gained **momentum** as it rolled down the hill.*

    *The investigation gained **momentum** as some important witnesses started telling what they had seen.*

    *"The Phantom of the Opera" loses **momentum** towards the end, in my opinion.*

4. Expressões com ***momentum***:

    - **gain/gather/pick up momentum:** ganhar ímpeto, aumentar
    - **lose momentum:** perder ímpeto, diminuir

    Escolha a opção que melhor traduz as palavras em destaque nestas frases. Na frase 1 você vai ver de novo uma forma do verbo *demand*, visto no verbete 138.

    1. "***Momentum demands** movement.*" (anonymous)

    a) Momento; b) Momentâneo; a) pergunta; b) exige movimento.

2. *"Success is like a snowball. It takes **momentum** to build and the more you roll it in the right direction the bigger it gets." (Steve Ferrante)*

O sucesso é como uma bola de neve. É preciso *a) ímpeto; b) instante* para construir e quanto mais ele rola na direção certa maior fica.

3. *"When you focus your attention on your intention, you gain **momentum**." (David Shoup)*

Quando você concentra sua atenção em sua intenção, você ganha *a) ímpeto; b) instante*.

---

267 morose (adj.) /mə'roʊs/ rima com *engross* (absorver, ocupar – a atenção, o tempo etc.)

1. *Morose* é "moroso, demorado, lento/a," certo?

    Errado.

2. *Morose* é tristonho/a, de cara amarrada, "emburrado/a, jururu". É o mesmo que *sullen, gloomy, ill-humored*.

    *Dahlia was always in a bad mood, unhappy, didn't talk to anyone, a really **morose** young girl.*

3. E para dizer moroso/a, demorado/a, lento/a, você sabe, é *slow*.

    *The government was very **slow** in dealing with the problem.*

Escolha a opção que melhor traduz as palavras em destaque nestas frases.

1. *"The **morose one** refuses to smile even when he has just had his teeth cleaned." (Mason Cooley)*

O *a) moroso; b) emburrado* recusa-se a sorrir mesmo quando acabou de lavar os dentes.

2. *"Avoid using the word "very" because it's lazy. A man is not very tired, he is exhausted. Don't use very sad, use **morose**." (Robin Williams, no papel de John Keating, no filme Dead Poets Society)*

Evitem usar a palavra "muito", porque isso é preguiça. Um homem não está muito cansado, ele está exausto. Não usem "muito triste", usem *a) moroso; b) tristonho, jururu*.

---

268 necessitate (verbo) /nə'sɛsɪteɪt/ rima com *manipulate* (manipular)

1. Mas *necessitate* não é "necessitar"? Quase, é da família. Observe o que de fato é *necessitate*, verbo regular, próprio da linguagem formal. Assinale o significado do verbo em destaque neste exemplo:

    *The sudden death of the President **necessitated** another election.*

a) necessitou; b) tornou necessária

2. A resposta é a letra b), é claro. Mais um exemplo:

*The recent increase in sales **will necessitate** the hiring of some new employees.*

a) necessitará; b) tornará necessária

Novamente a letra b).

3. Concluímos que **necessitate** significa "tornar necessário/a, requerer, obrigar a". É sinônimo de *require*.

*The visit of the Pope will **necessitate/require** boosting safety measures.*

4. E então, *how do you say* "necessitar"? Essa, todo mundo sabe, é o mesmo que "precisar de". *Need*, o velho e glorioso *need*.

*What the world **needs** now, is love, sweet love...*

Escolha a opção que melhor traduz as palavras em destaque nestas frases.

1. *"To write honestly always **necessitates** showing angles: light and shadow."* (Salon, July 27, 2018)

Escrever honestamente sempre a) necessita; b) requer que se mostre os ângulos: luz e sombra.

2. *"In April, Aretha developed pneumonia **necessitating** a third hospital stay."* (New York Times, August 3, 2018)

Em abril, Aretha contraiu pneumonia a) necessitando; b) obrigando a uma terceira internação hospitalar.

3. *"The rumor that the state of my health will **necessitate** my resignation is entirely unfounded."* (Frederick William Borden)

O boato de que o meu estado de saúde a) necessitará; b) tornará necessária a minha renúncia é totalmente infundado.

---

269 notice (subst. e verbo) /ˈnoʊtɪs/ rima com *lótus* (flor de) (lótus)

1. ***Notice*** lembra "notícia", mas todo mundo sabe que notícia é *news*, portanto ***notice*** é um falso amigo, uma palavra enganosa.

2. ***Notice***, como substantivo, pode significar:

   a) aviso (escrito)

   *Helena's parents received a **notice** from her school about the trip.*

   *Have you read the **notice** on the board about the next test?*

   b) (em jornal) 1) anúncio; 2) artigo, resenha

   *I read a **notice** about Jack and Joan's marriage in the newspaper.*

*The movie got a highly favorable **notice** in the New York Times.*

c) aviso, informação dada com antecedência

*Please give us enough **notice** to prepare for your arrival.*

3. Expressões com ***notice***:

- **at/on short notice; at/on a moment's notice:** com pouca antecedência
- **come to one's notice:** chegar ao conhecimento de, vir a saber
- **give (someone) notice:** 1) demitir (funcionário/a); 2) despejar (locatário/a)
- **give/hand in one's notice:** entregar o pedido de demissão
- **take no notice of:** não fazer caso de, ignorar
- **an obituary notice:** um aviso fúnebre
- **until further notice:** até segunda ordem
- **without notice:** sem aviso, de repente

4. Como verbo, ***notice*** é regular e significa:

notar, reparar em

*When I sing, trouble can sit on my shoulder and I don't even **notice**. (Sarah Vaughan)*

5. Como já dissemos (e todo mundo sabia), para dizer "notícia" usamos *news*. Nos tempos atuais, em que a expressão *fake news* (= notícia falsa) está na moda, o sentido de *news* não é novidade. Mas é preciso cuidado no uso da palavra, a gramática recomenda. *News* é um substantivo não contável, portanto não é precedido de artigo indefinido. Não se diz *a news*, mas pode-se usar uma forma vaga, como *some news*. E *news* concorda com verbo no singular.

*I've got **some news** for you. And the **news** is bad, I'm afraid.*

6. Para falar especificamente de "uma" notícia e não mais de uma, usa-se a locução *a piece of news* (que só por brincadeira pode ser entendida como "um pedaço de notícia").

*I'm afraid it's **a** bad **piece of news**. Your team has lost another match.*

7. Expressões com ***news***:

- **break the news (to someone):** dar uma notícia (geralmente ruim) (a alguém)
- **No news is good news.:** O fato de não haver notícias é, em si, um bom sinal.
- **That's news to me.:** Isso é novidade para mim.
- **Mr. So-and-so is bad/good news.:** Fulano de Tal é mau/bom sujeito.

Finalmente, só para ilustrar a importante regra de concordância verbal do substantivo *news*, lembramos que o lema do *New York Times*, todos os dias publicado na primeira página, junto ao título do jornal, no cantinho superior esquerdo, é "*All the News That's Fit to Print*" (Todas as notícias que são ('s = *is*, e não "*are*") próprias para imprimir, ser divulgadas).

Escolha a opção que melhor traduz a palavra em destaque nestas frases.

1. "*Civilization exists by geological consent, subject to change without notice.*" (Will Durant)

A civilização existe por consentimento geológico, sujeito a mudança sem *a) notícia; b) aviso*.

2. "*People don't notice whether it's winter or summer when they're happy.*" (Anton Chekhov)

As pessoas não *a) noticiam; b) notam* se é inverno ou verão quando estão felizes.

3. "*If you wear a wig, everybody notices. But if you then dye the wig, people notice the dye.*" (Andy Warhol)

Se você usa uma peruca, todo mundo *a) noticia; b) nota*. Mas se depois você tinge a peruca, as pessoas *a) reparam; b) noticiam* na tintura.

4. "*You must pay for your sins. If you have already paid, please ignore this notice.*" (Sam Levenson)

Você tem de pagar pelos seus pecados. Se você já pagou, por favor ignore este/esta *a) aviso; b) notícia*.

270 notorious (adj.) /nouˈtɔːriəs/ rima com *victorious* (vitorioso/a)

1. Posso até ouvir o comentário, "Mas *notorious* é falso amigo? Não é "notório, evidente, conhecido por todos"?"

2. É verdade, é isso mesmo. Mas enquanto, em português, "notório" pode ser "do bem" ou "do mal", conhecido pelas suas belas realizações ou pelo que faz ou fez de ruim e reprovável, em inglês *notorious* é sempre "do mal".

   Bill Laden was a *notorious* mastermind of terrorist activities.

   Hitler had a short fuse, he was *notorious* for his violent verbal outbursts.

Em um livro didático de inglês para o ensino médio, editado no Brasil, por um erro de revisão, é possível encontrar uma alusão a Mozart, o célebre compositor de música clássica:

"(...) *Wolfgang Amadeus Mozart was one of the most **notorious** composers of all time.*"

A autora da frase queria dizer *famous*, mas foi induzida a erro pelo uso de "notório" em português. Todos nós, fãs de Mozart e da boa música, protestamos pelo uso de **notorious** nessa frase...

Desta vez vamos mudar o formato do exercício. Preencha as lacunas optando por **notorious** ou **famous**, de acordo com o contexto.

1. Alphonse Capone, known as Al Capone or Scarface was a _____ gangster who ruled the Chicago underworld in the twenties and was sent to prison for tax evasion.

2. Some of Rio's slums are _____ for drugs and crime.

3. Cubatão and Contagem are _____ for the smog.

4. Fernanda Montenegro is a _____ Brazilian actress.

---

271 novel (subst. e adj.) (EUA) /ˈnɑːv(ə)l /, (Reino Unido) /ˈnɔːv(ə)l/

1. **Novel** lembra muito a nossa "novela", mas não é isso.
2. Como substantivo, **novel** é "romance, obra literária de ficção".
   *Have you read any of Jane Austen's **novels**?*
3. Como adjetivo, *novel* significa "novo/a, original, com algo diferente e interessante, nunca tentado antes".
   *Roger came up with a **novel** idea to keep your computer safe from hackers.*
4. E para dizer "novela de TV ou rádio", usa-se a expressão *soap opera* ou simplesmente *soap*.
   *Many Brazilians are virtually addicted to **soap operas**.*

A expressão *soap opera* vem do fato de as primeiras telenovelas serem patrocinadas por marcas de sabão e sabonete e também por seu enredo em geral piegas e melodramático.

Escolha a opção que melhor traduz as palavras em destaque nestas frases.

*1. "Life resembles a **novel** more often than **novels** resemble life." (George Sand)*

A vida se assemelha a um(a) a) romance; b) novela mais frequentemente do que as/os a) novelas; b) romances se assemelham à vida.

*2. "Women want love to be a **novel**. Men, a short story." (Daphne du Maurier)*

As mulheres querem que o amor seja um(a) a) romance; b) novela, enquanto os homens querem que ele seja um conto.

3. *"The person, be it a gentleman or lady, who has not pleasure in a good **novel**, must be intolerably stupid." (Jane Austen)*

A pessoa, seja homem ou mulher, que não tem prazer em um(a) *a) romance; b) novela*, deve ser insuportavelmente burro.

272 **oblige** (verbo) /əˈblaɪdʒ/

1. Mais um verbo (regular), próprio da linguagem formal, que "trabalha em meio expediente". De manhã ele é bonzinho, parece o nosso "obrigar, forçar".

    *George had a family to support and felt **obliged** to find another job.*

    *His present job **obliges** him to work on weekends but he doesn't complain, he needs the money.*

    *I would be much **obliged** if they would give me the information I requested.*

2. De tarde *oblige* decide ser "mauzinho", vira falso amigo, palavra enganosa. Vamos ver por estes exemplos de uso:

    *"Thank you for your help." "You don't have to thank me, I'm always happy to **oblige**."*

    *The poor woman asked for food and we **obliged** with sandwiches and some fruit.*

✓ Como traduzir esse segundo sentido de *oblige*, então? *Escolha a opção correta:*

a) Obrigar alguém a fazer algo.   b) Atender, fazer o que alguém pediu.

A resposta é b), fácil de ver, pelo contexto.

Escolha a opção que melhor traduz as palavras em destaque nestas frases.

1. *"**To oblige** persons often costs little and helps much." (Baltasar Gracian)*

a) Obrigar; b) Atender, ajudar as pessoas muitas vezes custa pouco e ajuda muito.

2. *"Fiction is **obliged** to stick to possibilities. Truth isn't." (Mark Twain)*

A ficção é *a) obrigada; b) ajudada* a limitar-se às possibilidades. A verdade não é.

3. *"Once upon a time, if someone asked you for a photo, you **obliged**." (Seattle Times, June 27, 2018)*

Antigamente, se alguém te pedia uma foto você *a) obrigava; b) atendia*.

4. *"I look upon it as a Point of Morality, to be **obliged** by those who endeavour to **oblige** me." (Richard Steele)*

Eu considero isso uma Questão Moral, ser *a) atendido; b) obrigado* por aqueles que tentam me *a) atender; b) obrigar.*

273 obsequies (subst. plural) /'ɑːbsəkwiz/
obsequious (adj.) /əbˈsiːkwiəs/

1. *Obsequies* é mais um substantivo usado na linguagem formal, desta vez no plural. Lembra "obséquios, favores, gentilezas", mas o verdadeiro sentido está longe disso.

    Na verdade, *obsequies* traduz-se por "exéquias, cerimônias ou honras fúnebres".

    > The acts that make up a funeral ceremony are called **obsequies**.

    > The **obsequies** for Martin Luther King, Jr were held in Atlanta on April 9, 1968.

2. Para dizer "obséquios", que é o mesmo que "favores", usa-se *favors* (nos EUA) ou *favours* (no Reino Unido).

    > I recognize he did me many **favors** and I am thankful for that.

3. *Obsequious* logo nos lembra de "obsequioso/a". E o que é "obsequioso/a"? É prestativo/a, que presta obséquios, favores, solícito/a. Mas em inglês, *obsequious* não é só isso. É um adjetivo próprio da linguagem formal, usado com conotação desaprovadora, em relação a alguém que se esforça para atender ou agradar a outra pessoa, de forma servil e bajuladora. Estamos falando da atitude do popular "puxa-saco". *Obsequious* é um adjetivo sinônimo de *servile* (servil) ou *fawning* (puxa-saco).

    > Madonna was having dinner at a restaurant surrounded by **obsequious** waiters eager to attend her.

4. Para dizer prestativo/a, solícito/a, não se usa *obsequious*, e sim *helpful* ou, em linguagem formal, *solicitous*.

    > The staff at that hotel are friendly and **helpful**.

Uriah Heep, além de nome de banda de *rock*, é um personagem criado por Charles Dickens para seu romance *David Copperfield* e é marcado, entre outros defeitos de personalidade, por ser *obsequious*. Há muitas palavras em inglês para bajulador, puxa-saco. O substantivo *sycophant* (verbete 343) pode ser comparado ao adjetivo *obsequious*, mas enquanto o *sycophant* usa *flattery* (bajulação, fala ou atitude falsa para inflar o ego do bajulado), quem é *obsequious* se rebaixa com gestos de puro servilismo. Como Sir Walter Raleigh* (1554-1618) estendendo sua capa na poça de

---

* Raleigh /ˈrɔːli/ rima com *Dolly*.

lama para que a poderosa Rainha Elizabeth I* não sujasse suas reais botinhas. Outros nomes usados para puxa-saco, além de **obsequious** e *sycophant*: *yes-man* (se for homem, *of course*), *toady*, *creep*.

Escolha a opção que melhor traduz as palavras em destaque nestas frases.

1. "*Life often is not about making money, it's about collecting people for your* ***obsequies***." (Rishi Rishi)

Muitas vezes na vida não se trata de ganhar dinheiro, mas de reunir pessoas para os seus/as suas a) obséquios; b) exéquias.

2. "*In a White House full of* ***obsequious*** *ass-kissers ever eager to stroke President Trump's fragile ego, Vice-President Mike Pence stands apart.*" (Daily Intelligencer, April 18, 2018)

Em uma Casa Branca cheia de a) obsequiosos; b) servis puxa-sacos sempre ansiosos para afagar o frágil ego do Presidente Trump, o Vice--Presidente Mike Pence fica fora desse grupo.

---

274 officer (subst.) /ˈɑːfɪsə(r)/

official (adj. e subst) /əˈfɪʃ(ə)l/ rima com *initial* (inicial)

officious (adj.) /əˈfɪʃəs/ rima com *delicious* (delicioso/a)

1. ***Officer*** é um substantivo que em geral se refere a alguém que usa farda, traja uniforme militar ou de corporação civil.

   a) oficial (do Exército, Marinha, Aeronáutica)

   *Mr. Sampaio is a commanding **officer** in the navy.*

   b) (também ***police officer***) policial

   *Pedro Contreras is a police **officer** in New York.*

   c) autoridade, alto/a funcionário de órgão da administração pública ou privada

   *Mr. Bezos was the Chief Executive **Officer** (CEO) at Amazon.*

2. ***Official*** pode ser um substantivo, significa

   funcionário/a do governo, autoridade da administração pública ou de empresa privada.

   *Ms. Rice is a senior **official** in the present administration.*

   ■ **A customs/public/city/government official:** um(a) funcionário/a da alfândega/público/a/da prefeitura/do governo

---

* Elizabeth I, conhecida como *the Virgin Queen* foi homenageada pelos colonos da América, que deram o nome de *Virginia* a uma das treze colônias originais.

3. Como adjetivo, ***official*** corresponde ao nosso "oficial, que provém de autoridade competente".

> *The President is on an **official** visit to Canada.*
>
> *Canada is a bilingual country, with two **official** languages: French and English.*

4. ***Officious*** é um adjetivo de conotação pejorativa, significando "metido/a a importante, disposto/a a exercer suposta autoridade, intrometido/a".

> *No one had asked for George's opinion, but that **officious** little man didn't miss the opportunity to supervise the whole situation.*

5. ***Officious*** não significa oficioso/a como "prestativo/a, atencioso/a". Para dizer isso, usa-se *helpful* ou, na linguagem formal, *solicitous*.

> *Sorry to interrupt, I was only trying to be **helpful**.*

Escolha a opção que melhor traduz as palavras em destaque nestas frases.

*1. "If you are a public **official**, your life is an open book." (Rodrigo Duterte)*

Se você é *a) oficial; b) funcionário* público, sua vida é um livro aberto.

*2. "Yes, **officer**, I did see the speed limit sign. I just didn't see you." (anonymous)*

"Sim, *a) senhor guarda; b) oficial*, eu vi a placa de limite de velocidade. O que eu não vi foi o senhor."

*3. "The government is huge, stupid, greedy and makes nosy, **officious** and dangerous intrusions into the smallest corners of life." (P. J. O'Rourke)*

O governo é enorme, burro, ganancioso e faz intrusões enxeridas e *a) oficiosas; b) intrometidas* nos menores cantinhos da vida.

*4. "From George Washington to George W. Bush, presidents have evoked God's name in the performance of their **official** duties." (Linda Chavez)*

Desde George Washington até George W. Bush, os presidentes têm evocado o nome de Deus na execução de seus deveres *a) oficiais; b) oficiosos*.

---

275 **ordinary** (adj.) (EUA) /ˈɔːrdəneri/, (Reino Unido) /ˈɔːd(ə)n(ə)ri/
rima com *necessary* (necessário/a)

1. ***Ordinary*** pode não ser uma palavra enganosa, já que significa o mesmo que o nosso "ordinário/a", no sentido de comum, habital, costumeiro/a, normal, nada de especial.

> *We spent an **ordinary** summer day at the beach together with some other **ordinary** people, people just like us.*
>
> *Einstein was an **ordinary** student, some books say.*

2. Mas o adjetivo "ordinário/a", em português, pode ter outros sentidos, como:

(para coisas) ordinário/a, ruim, de má qualidade. Em inglês, para essa acepção, não se usa **ordinary**, e sim *inferior, bad, of poor quality*.

> We didn't like that restaurant. The food was **ordinary**, nothing special and the service was **of very poor quality**.

3. E também:

(para pessoas) ordinário/a, sem caráter, grosseiro/a, grosso/a. Em inglês para isso não se usa **ordinary**, e sim *vulgar, rude, crude*.

> Donald has got no manners. He's **rude** to everyone.

Escolha a opção que melhor traduz a palavra em destaque nestas frases.

Na frase 4 você reencontrará *application*, vista no verbete 31.

1. "A hero is no braver than an **ordinary** man, but he is brave five minutes longer." (Ralph Waldo Emerson)

Um herói não é mais valente do que um homem a) comum; b) ordinário, mas sua valentia dura cinco minutos mais.

2. "One machine can do the work of fifty **ordinary** men. No machine can do the work of one extraordinary man." (Elbert Hubbard)

Uma máquina pode fazer o trabalho de cinquenta homens a) comuns; b) ordinários. Nenhuma máquina pode fazer o trabalho de um homem extraordinário.

3. "To be in love is merely to be in a state of perceptual anesthesia – to mistake an **ordinary** young woman for a goddess." (H. L. Mencken)

Estar apaixonado é meramente estar com a percepção anestesiada – confundir uma jovem a) ordinária; b) comum com uma deusa.

4. "My powers are **ordinary**, only my **application** brings me success." (Isaac Newton)

Meus poderes são a) ordinários; b) extraordinários, só a minha a) aplicação, dedicação; b) aplicação, inscrição me faz ter sucesso.

---

276 ore (subst.) (EUA) /ɔːr/, (Reino Unido) /ɔː/ rima com *more* (mais)

> **Ore** nos lembra de "ouro", mas todos sabemos que "ouro" é *gold*.
>
> **Gold** is the devil's fishhook.

Então, o que é **ore**? Minério.

> Vale (do Rio Doce) mines and exports iron **ore**.

Escolha a opção que melhor traduz a palavra em destaque nestas frases.

Na frase 1 você vai ver de novo *lamp*, vista no verbete 244.

*1. "Reason is the miner's **lamp** used in bringing up **ore** from the mind." (Austin O'Malley)*

A razão é a *a) lanterna; b) lâmpada elétrica* de mineiro que usamos para trazer o *a) ouro; b) minério* extraído da mente.

*2. "Everything has its limit – iron **ore** cannot be educated into gold." (Mark Twain)*

Tudo tem um limite – não se pode educar o *a) dourado; b) minério* de ferro de modo que ele se transforme em ouro.

277 outdoor (adj.) /ˌaʊtˈdɔː(r)/ rima com *adore* (adorar)

1. Esta palavra foi selecionada por ser especial, começando pela classe gramatical. Vamos observar que em inglês **outdoor** é um adjetivo atributivo, vem sempre antes de um substantivo, dizendo que ele acontece "ao ar livre". **Outdoor sports** são esportes praticados ao ar livre, **an outdoor swimming pool** é uma piscina externa, **outdoor clothes** são roupas próprias para atividades como caminhar, acampar etc.

    ***Outdoor** concerts are common in summer.*

2. O que no Brasil se conhece e usa como substantivo (um ***outdoor***), grande painel publicitário, geralmente em via pública, é *billboard* (nos EUA) ou *hoarding* (no Reino Unido). O nosso uso de **outdoor** como substantivo se explica por esta ser a forma reduzida da locução **outdoor advertising**: publicidade ao ar livre.

3. Da "família" do adjetivo ***outdoor*** e talvez de uso mais frequente é *outdoors*, que existe como advérbio e como substantivo. Veja os exemplos:

    *If the weather is good, we can have a picnic **outdoors**. (advérbio: ao ar livre)*

    *Raphael loves nature and on his holidays he always goes camping to enjoy the **outdoors**. (substantivo: o campo, o espaço rural)*

Escolha a opção que melhor traduz a palavra em destaque nestas frases.

*1. "The lack of power to take joy in **outdoor** nature is as real a misfortune as the lack of power to take joy in books." (Theodore Roosevelt)*

A incapacidade de curtir com alegria a natureza *a) interna; b) externa* é um infortúnio tão grande quanto a incapacidade de curtir um bom livro.

*2. "There are no **outdoor** sports as graceful as throwing stones at a dictatorship." (Ai Weiwei)*

Não há esportes a) *ao ar livre;* b) *no outdoor* tão graciosos quanto atirar pedras em uma ditadura.

3. "Skiing combines **outdoor** fun with knocking down trees with your face." (Dave Berry)

Esquiar combina divertir-se a) *no outdoor;* b) *ao ar livre* com derrubar árvores ao chocar-se de cara com elas.

278 parade (subst.) /pəˈreɪd/ rima com *invade* (invadir)

1. É claro que essa não pega ninguém. O que é **parade**, todo mundo sabe: é parada, sim, mas no sentido de desfile, como a *Disney parade* ou a *gay parade*, ou então no sentido militar, como a parada de Sete de Setembro.

    *They watched the Thanksgiving Day **parade** in New York.*

2. Pedindo desde já perdão pela implicância (longe de nós querermos ser pedantes...) mas, gente... por que "parada"? Se, ao contrário do que acontece nesse tipo de manifestação, todos os integrantes se movimentam, só os que assistem ficam parados? Não seria mais adequado dizer "andada, caminhada, marchada, desfilada", algo assim?

3. Brincadeiras à parte, vamos aos fatos. A expressão **on parade** pode significar:

    a) em desfile

    *The Royal Guards were **on parade** in front of Buckingham Palace.*

    b) em exibição, sendo mostrado/a

    *You can see violence and stupidity **on parade** on TV most of the time.*

4. Para o sentido básico de "parada" (interrupção do movimento) usa-se *stop*. Algumas locuções com a palavra "parada":

    - parada de ônibus: **bus stop**
    - parada obrigatória: **mandatory** (ou **obligatory**, menos usado) **stop**
    - parada cardíaca: **cardiac arrest**
    - parada para um café: **coffee break**

5. E quando a *flight attendant* pede aos passageiros para ficarem parados, de cinto afivelado (*buckled up*) em seus assentos, até a parada total da aeronave, *how does she say that, in English? Until complete **stop** of the aircraft.*

6. *Parade*, no sentido de desfile, aparece nas locuções:

    - parada de sucessos: **hit parade**
    - desfile de beleza: **beauty parade** (= *beauty contest*)

A respeito de **beauty parade**, é preciso dizer que essa locução pode, ela própria, ser enganosa, por parecer ser o que não é. Explica-se: antigamente a locução era usada só para falar de concurso de beleza ou desfile de misses (hoje a expressão mais usada para isso é *beauty contest*), mas acabou sendo adotada no mundo dos negócios para falar de uma "apresentação formal em que um provedor de serviços concorre com outros apresentando sua proposta a uma organização ou companhia".

*The company held a **beauty parade** of rival banks and chose one of them.*

7. E há uma expressão idiomática curiosa, que inclui ***parade***:

   ■ **rain on someone's parade:** chover na parada/no desfile de alguém, mais ou menos o nosso "jogar água no chope de alguém", estragar o prazer de alguém

   *I don't mean to **rain on your parade**, but there are no more tickets for the show.*

Escolha a opção que melhor traduz a palavra em destaque nestas frases.

1. *"If you wait for inspiration you'll be standing on the corner after the **parade** is a mile down the street." (Ben Nicholas)*

Se você ficar esperando pela inspiração, vai ficar parado na esquina depois que a *a) parada; b) marcha* já passou e está a uma milha de distância.

2. *"If you're not in the **parade**, you watch the **parade**. That's life." (Mike Ditka)*

Se você não está no *a) grupo; b) desfile*, você assiste ao *a) grupo; b) desfile*. Assim é a vida.

3. *"Language is the dress of thought; every time you talk your mind is **on parade**." (Samuel Johnson)*

A linguagem é a roupagem do pensamento; sempre que você fala a sua mente está *a) parada; b) em desfile*.

279 **parcel** (subst. e verbo) /ˈpɑː(r)səl/ rima com *tarsal* (relativo ao tarso, parte posterior do pé)

1. Como substantivo, ***parcel*** pode significar:

   a) (no Reino Unido) pacote, embrulho (nos Estados Unidos = *package*)

   *In Carlos Heitor Cony's novel "Quase Memória" he receives a mysterious **parcel** supposedly from his deceased father.*

   b) (nos Estados Unidos) lote, terreno

   *The Browns bought a **parcel** of real estate in Miami, Florida.*

   ■ **parcel post:** (nos EUA) serviço de encomenda postal

   *Do you want to send this book by **parcel post**?*

2. Uma expressão muito comum com **parcel** é:

- **to be part and parcel of:** fazer parte de, ser parte essencial ou integrante de

*The possibility of making mistakes **is part and parcel of** being able to choose.*

*The only religious way to think of death is as **part and parcel** of life. (Thomas Mann)*

3. Como verbo (regular: **parcel(l)ed**) é usado com *out*, na locução:

- **parcel out:** dividir, repartir

*You cannot **parcel out** freedom in pieces because freedom is all or nothing. (Tertullian)*

4. Para dizer "parcela (de um pagamento)", usa-se:

- (no Reino Unido) **instalment**, (nos EUA) **installment**

*We agreed to pay for the car in twenty-four **instal(l)ments**.*

Escolha a opção que melhor traduz as palavras em destaque nestas frases. Na frase 1 você vai ver de novo *library*, já vista no verbete 249.

*1. "I grew up in a house full of books, and we belonged to the Country Landing Service – each month the State **Library** would send us a **parcel** of books by train." (Garry Disher)*

Eu cresci em uma casa cheia de livros e nós pertencíamos ao Serviço Nacional de Empréstimos – todo mês a a) Livraria; b) Biblioteca enviava um(a) a) pacote; b) parcela de livros por trem.

*2. "My use of language is **part and parcel** of my message." (Theo Van Gogh)*

O meu uso da linguagem é a) parte e parcela; b) parte integrante da minha mensagem.

*3. "Modern traveling is not traveling at all; it is merely being sent to a place, and very little different from becoming a **parcel**." (John Ruskin)*

As viagens modernas não são de fato viagens; você é simplesmente enviado para um lugar e acaba quase virando um(a) a) pacote, embrulho postal; b) parcela.

280 **parent** (subst.) /'perənt/ rima com *apparent* (aparente)

1. Este talvez seja o *false friend* mais conhecido, um bom exemplo do que é um falso amigo e nós falamos dele na apresentação deste Dicionário. Mais "manjado", impossível. E, no entanto, sempre é preciso cuidado na abordagem ao **parent**.

2. Porque não é qualquer parente e sim, como sabemos, pai ou mãe. É bem mais comum aparecer no plural, designando os pais.

> We never know the love of a **parent** till we become **parents** ourselves. (Henry Ward Beecher)
>
> Angelina Jolie's mother was a single **parent**.
>
> Angelina's **parents**, Jon Voight (an actor, himself) and Marcheline Bertrand, separated when Angelina was a child. Angelina was raised by her mother and was estranged from her father for many years.

✓ **Parent** nem sempre fala de um relacionamento entre pessoas, podendo aparecer em linguagem figurada, como neste exemplo:

"Thought is the **parent** of the deed." (Thomas Carlyle)

Escolha a melhor tradução:

a) O pensamento é o parente do ato.   b) O pensamento é o pai do ato.

A resposta é b), of course.

3. E para dizer "parente", claro, todo mundo sabe, é *relative* ou *relation*, também mais comum no plural.

> God gave us our **relatives**; thank God we can choose our friends. (Addison Mizner)

✎ Aqui vamos mudar o formato do exercício, bastando preencher as lacunas com *parent(s)* ou *relative(s)*, orientando-se pelo contexto.

1. "One loyal friend is worth ten thousand _____." (Euripides)

2. "The best kind of _____ you can be is to lead by example." (Drew Barrymore)

3. "Everyone is related to Africa. Everyone comes from Africa. We are all distant _____." (Damian Marley)

4. "Gratitude is not only the greatest of virtues, but the _____ of all others." (Cicero)

5. "Having one child makes you a _____. Having two, you are a referee." (David Frost)

> Sobre a frase 5: Quem é pai (ou mãe) de duas crianças, sabe muito bem (e concorda com) o que David Frost diz, com ironia. E como é difícil ser juiz em situações dessas. Salomão, empresta-me a tua sabedoria!

281 partial (adj.) /ˈpɑː(r)ʃəl/ pronunciam-se só duas sílabas; rima com *marshall* (marechal; delegado de polícia (EUA)

1. Mas **partial** é *false friend*? Não é "parcial"? Calma! **Partial** tem três acepções, em duas delas não é falso amigo, é o nosso "parcial", sim. Mas a terceira acepção vai deixar você surpreso. Vamos apostar? Começamos pelo **partial** bonzinho, correspondendo a "parcial, incompleto/a".

   *Those are **partial** results only. We will have to wait for the final election results.*

   *There is no such thing as failure, only **partial** success. (Suzanne Yoculan)*

2. **Partial** também pode ser "parcial", que toma partido, tendencioso/a, que favorece um dos lados. Neste sentido o oposto é *impartial* (imparcial).

   *Judges must never be **partial**. Impartiality must be absolute.*

   *Flamengo complained that the referee had been **partial** toward the other side.*

3. Até aqui, tudo bem, sem surpresas. Mas a expressão **be partial to** (*someone or something*) significa "gostar muito de, ter predileção ou preferência acentuada por (alguém ou algo)". Ganhei a aposta?

   *I'm very **partial to** strawberry ice cream.*

   *Of all the religions, Ella is most **partial to** Budhism.*

   *I'd been very **partial to** Malcom X, particularly his self-help teachings. (Clarence Thomas)*

Escolha a opção que melhor traduz a palavra em destaque nestas frases.

1. "*Love transcends all animosity and is never **partial**.*" (Mohandas "Mahatma" Gandhi)

O amor transcende toda a animosidade e nunca é a) parcial, incompleto; b) parcial, tendencioso.

2. "*In many environments, take away the ants and there would be **partial** collapses in many of the land ecosystems.*" (E. O. Wilson)

Em muitos ambientes, se retirassem as formigas haveria um colapso a) parcial; b) total em muitos dos ecossistemas terrestres.

3. "*Science, for me, gives a **partial** explanation of life. In so far as it goes, it is based on fact, experience and experiment.*" (Rosalind Franklin)

A ciência, para mim, dá uma explicação a) parcial, tendenciosa; b) parcial, incompleta da vida. Até onde é possível, ela é baseada em fato, experiência e experimentação.

4. "*All knowledge is **partial**, infinitesimally **partial**. Reason is a net thrown out into an ocean. What truth it brings in is a fragment, a glimpse, a scintillation of the whole truth.*" (Ursula K. Le Guin)

Todo o conhecimento é *a) parcial, tendencioso; b) parcial, incompleto*. A razão é uma rede que atiramos ao oceano. A verdade que ela traz é só um fragmento, um breve olhar, um brilhozinho da verdade toda.

5. *"I'd say I **am partial to** women." (Bob Hoskins)*

Eu diria que *a) tenho predileção pelas; b) sou parcial com as* mulheres.

---

282 **particular** (adj.) /pə(r)'tɪkjələ(r)/ rima com *curricular* (relativo ao currículo)

1. A grafia é a mesma, as mesmas letrinhas na mesma ordem. A pronúncia é outra, já que a sílaba tônica de **particular** em inglês é a segunda: parTICular. Quanto às várias acepções, esse adjetivo tanto em inglês quanto em português se usa para dizer:

   Particular, específico/a, certo/a, determinado/a:

   *Do you have any **particular** plans for tonight?*

   *I called her for no **particular** reason, I just wanted to hear her voice.*

   *I'm sorry but I can't help you. On that **particular** day, I wasn't here.*

2. *ParTICular* também pode ser "especial, a ser destacado/a".

   *This book is of **particular** interest to you.*

   *The teacher asked her students to pay **particular** attention to the poet's choice of words.*

3. Mas, em português, o adjetivo "particular" não se usa para as seguintes acepções de ***particular**, in English*:

   a) exigente, detalhista, que dificilmente se satisfaz

   *Gloria is very **particular** about what she eats and the way the food is served.*

   *Professor Jelin was very **particular** when it came to certain **particular** grammar rules.*

   b) minucioso/a, cheio/a de detalhes

   *The boss gave us a **particular** account of his weekend in New York and we had to listen to it for hours. After all, he's the boss.*

4. Por outro lado, algumas acepções do nosso "particular" não se encontram no adjetivo em inglês. Assim, para dizer

   a) Particular, privado/a, privativo/a, que não é público/a, não se usa ***particular*** e sim *private*.

   *Ms. Roughton no longer gives **private** lessons. She's retired.*

   *Very little is known about Shakespeare's **private** life.*

b) Particular, confidencial, reservado/a, que não pode ser conhecido/a por todos; aqui também não se usa **particular** e sim *private* ou *confidential*.

*Would you please leave us alone? This is a **private** conversation.*

*Those documents are strictly **confidential**.*

Não confundir:

▪ **in particular:** específico/a, em particular

*"Are you looking for anything **in particular**?" the librarian asked me.*

Com:

▪ **em particular, só nós dois/duas:** *in private*

*Sorry, may I have a word with you **in private**?*

E, "escola particular", como se diz, *in English? Good question*, mas vamos com calma... Isso depende da geografia e da classe social. Se estivermos nos Estados Unidos, "escola particular" é *private school*, "escola pública" é *public school*. Até aqui deu a lógica. Mas na Inglaterra há a escola particular tradicional, aristocrata, de alto nível acadêmico, que é paga (e bem paga) pelas famílias ricas e que se chama ... *public school*. A ideia de *public* aí é quanto ao público que paga, as famílias ou responsáveis pelos alunos e não o Estado, o governo. Eton, Harrow e Winchester são três das mais conceituadas *public schools*. Existem também as *private schools* e as *independent schools*, que são particulares, pagas pelas famílias ou responsáveis pelos alunos, mas são de nível mais baixo do que as *public schools* e muito mais baratas. E há também, *of course*, as escolas públicas, gratuitas para os alunos, sustentadas pelo Estado, chamam-se *state schools*.

E para terminar, o que será uma *particular school*? Isso tem a ver com o sentido número 1 visto neste verbete. Trata-se de uma "certa" escola, uma "determinada" escola, uma escola de que estamos falando especificamente.

Vamos repetir o formato do exercício do verbete anterior, agora propondo preencher as lacunas com **particular** ou **private**, orientando-se pelo contexto.

1. *"The happiest people seem to be those who have no _____ cause for being happy except that they are so." (William Ralph Inge)*

2. *"I have a _____ plane. But I fly commercial when I go to environmental conferences." (Arnold Schwarzenegger)*

3. *"Men acquire a _____ quality by constantly acting in a _____ way." (Aristotle)*

4. "Your soul is a dark forest, but the trees are of a _____ species, they are genealogical trees." (Marcel Proust)

5. "I'm a very _____ person. My life story isn't for everybody." (Barry Bonds)

---

283 paste (subst. e verbo) /peɪst/ rima com *taste* (gosto, sabor; provar, saborear)

1. *Brace yourself!* (Se segura!) Vamos desvendar os segredos desta palavra. O que vem à lembrança, quando vemos esse **paste**, parecido com outro substantivo em português?

2. Pasta? De que tipo?

    Se pensarmos em "pasta", produto culinário, alimento de consistência cremosa, como a massa de tomate ou pasta/patê de peixe (atum/sardinha/anchova) ou a pasta de grão-de-bico, a tão saborosa hummus (ou homus) da comida árabe, sim, **paste** é usado:

    *tomato/sardine/anchovy/sesame **paste***

3. Mas se pensarmos em "pasta" para guardar ou arquivar papéis, documentos etc., **paste** não é usado. A palavra para isso é *file*.

    *Please keep these documents in a separate **file**.*

4. E se pensarmos em "pasta" do tipo 007, geralmente de couro, para carregar documentos, secretos ou não, não se usa **paste** e sim *briefcase* ou *attaché case*.

    *John is a lawyer and he always carries a **briefcase**/an **attaché case** when he goes to court.*

5. E se pensarmos em "pasta" como posto de ministro, **paste** também não se usa. A palavra para isso é *portfolio*.

    *Jair Bolsonaro offered Paulo Guedes the Minister of Economy **portfolio**.*

6. Mas se pensarmos em "pasta de dentes", o substantivo **paste** estará presente.

    *We need to buy another tube of **toothpaste**. This one is useless.*

7. Cansou de pensar? Tem mais... **Paste** será "massa, como macarrão, espaguete etc." especialidade culinária tipicamente italiana? Não. Para isso em inglês usa-se a mesma palavra do italiano: *pasta*.

    *Spaghetti, ravioli, lasagna, macaroni are popular kinds of **pasta**.*

8. Então qual é o significado de **paste**, *in English*? É cola, substância (em massa ou pasta) feita para colar, grudar.

    *The decorator used **paste** to wallpaper the room.*

9. Tudo isso é quanto ao substantivo **paste**. E quanto ao verbo?

10. Ele é um verbo (regular) que tem basicamente o sentido de "colar, fazer grudar".

    *I found a very interesting article in the paper, so I cut it out and **pasted** it into my scrapbook.*

11. Em informática, o termo "**cut and paste**" é conhecido como "tesoura e cola".

    O adjetivo *cut-and-paste* refere-se a um trabalho sem originalidade, mera compilação de trechos encontrados em outras fontes da internet.

    *Tom's essay was castigated for being a crude "**cut-and-paste**" job.*

12. O verbo **paste** também se usa, na linguagem informal, correspondendo a "surrar, aplicar uma surra", seja fisicamente, com os punhos, seja para a ideia de derrotar impiedosamente.

    *Mike is much stronger than his opponent and **pasted** him.*

    *The Brazilian soccer team got **pasted** 7-1 by the Germans in the 2014 World Cup, something no soccer fan could ever think of.*

✎ Escolha a opção que melhor traduz as palavras em destaque nestas frases. Na frase 1 você vai ver de novo *combine*, vista no verbete 85. Na frase 2, vai ver de novo *jar*, vista no verbete 239.

1. "*In a small bowl, **combine** mustard, tomato **paste** and Worcestershire sauce.*" (Wall Street Journal, June 7, 2018)

Em uma pequena tigela, a) adicione; b) misture mostarda, a) massa; b) cola de tomate e molho inglês.

2. "*There was a small paper label **pasted** on the **jar**.*" (Jacqueline Kelly, in The Evolution of Calpurnia Tate)

Havia um pequeno rótulo de papel a) postado; b) colado no a) jarro; b) pote.

3. "*In the 1980s, scientists also began to cut and **paste** DNA between species in what is known as genetic engineering.*" (Washington Post, August 11, 2018)

Nos anos 1980 os cientistas também começaram a cortar e a) pastar; b) colar DNA entre as espécies, no que é conhecido como engenharia genética.

---

284 **patron** (subst.) /ˈpeɪtrən/ rima com *matron* (senhora; madrinha)

patronize (EUA) /ˈpeɪtrənaɪz/, **patronise** (Reino Unido) (verbo) /ˈpætrənaɪz/ rima com *paralyze, paralyse* (paralisar)

patronizing (EUA) /ˈpeɪtrəˌnaɪzɪŋ/, **patronising** (Reino Unido) (adj.) /ˈpætrəˌnaɪzɪŋ/ rima com *paralyzing, paralysing* (paralisante)

1. ***Patron*** é "patrão"? *No way!* Todo mundo sabe que a palavra para "patrão" é *boss*.

   *I used to work eight hours a day, working hard and hoping to be able to start my own business. Now I'm the **boss** and work twelve hours a day.*

2. ***Patron*** também é patrono, padrinho, protetor, patrocinador (de causa, ideias, artes, escolas, organizações de caridade etc.).

   *The Royal Family is a **patron** of several charities.*

   *Pascoal Carlos Magno was known as a **patron** of the dramatic arts.*

3. ***Patron*** é padroeiro, santo padroeiro? Sim, é.

   *Sebastian is the **patron** saint of Rio de Janeiro.*

4. Algum outro sentido em que ***patron*** seja usado? Sim, na linguagem um tanto formal usada pelos donos de lojas, hotéis ou restaurantes, eles podem referir-se aos *customers* como sendo ***patrons***: fregueses/freguesas, cliente(s).

   *200 Park Avenue: This area is reserved for restaurant **patrons** only.*

5. ***Patronize*** é o verbo (regular) da família do ***patron*** e significa:

   a) patrocinar, apoiar financeiramente

   *Walter Moreira Salles's family **patronizes** the arts, especially the cinema.*

   b) (formal) ser freguês/freguesa de

   *That restaurant is **patronized** by a lot of regular customers.*

6. Mas, no seu uso mais frequente, a ideia do verbo ***patronize*** afasta-se do substantivo ***patron*** – e aqui é que "mora o perigo" –; aqui ***patronize*** é um falso amigo. Nessa acepção ele corresponde a "tratar alguém "de cima", falar com o jeito de quem se acha superior ao outro.

   *Please don't **patronize**. I know whales are mammals.*

   *I simply can't bear Professor Jones's tone of voice when he **patronizes** his students.*

7. E o adjetivo ***patronizing*** segue essa mesma linha de pensamento. Podemos traduzi-lo por "condescendente, indulgente, paternalista".

   *When I asked Professor Jones how many languages he spoke, he gave me a **patronizing** smile and said, "More than I can remember.".*

Escolha a opção que melhor traduz as palavras em destaque nestas frases.

1. "Bill Gates has become the ***patron*** saint of philanthropy, and the poster child of rebirth and, from what I can tell, rightly so." (John Battelle)

Bill Gates tornou-se o santo *a)* patrão; *b)* padroeiro da filantropia e o garoto-propaganda do renascimento e, na minha opinião, com justiça.

2. *"No restaurant workers or **patrons** were injured," the police said." (New York Times, August 5, 2018)*

Nenhum funcionário do restaurante ou *a) patrão; b) freguês* se machucou, disse a polícia.

3. *"Movies are my religion and God is my **patron**." (Quentin Tarantino)*

Os filmes são a minha religião e Deus é o meu *a) patrono; b) patrão*.

4. *"Look closely at those who **patronize you**. Half are unfeeling, half are untaught." (Johann Wolfgang von Goethe)*

Olhe bem para aqueles que *a) te patrocinam; b) te tratam com suposta superioridade*. A metade deles é insensível, a outra metade é ignorante.

5. *"Love is not **patronizing** and charity isn't about pity, it is about love (...) so don't just give money but reach out your hand instead." (Mother Teresa)*

O amor não é *a) patrocinador; b) paternalista* e a caridade não se trata de pena, trata-se de amor, por isso não apenas dê dinheiro, mas estenda a mão para chegar às pessoas também.

---

285 peculiar (adj.) /pɪˈkju:liə(r)/ rima com *familiar* (familiar)

1. Mais uma palavra igualzinha na grafia, as mesmas letrinhas, na mesma ordem. Mas a diferença começa na pronúncia; em português a sílaba tônica de *peculiar* é a última: peculiAR, enquanto em inglês acentua-se a segunda: peCULiar.

2. Quanto ao significado, *peculiar* pode ser "específico/a, característico/a, próprio/a ou típico/a de algo ou alguém", significado também de *peculiar*, em português. Nesse caso é geralmente seguido da preposição *to*:

    *Alceu Valença sings with that sweet accent that is **peculiar** to people from the Brazilian Northeast.*

    *He sings and talks in his own **peculiar** way.*

    *Popcorn holds a **peculiar** fascination for children and moviegoers.*

3. Mas, em inglês, *peculiar* é usado em outro sentido, que não existe em português: diferente, fora do comum, estranho/a, esquisito/a (muitas vezes em referência a algo ou alguém desagradável). Nesse sentido, *peculiar* é sinônimo de *odd* ou *strange*.

    *We were driving along a swamp and we certainly could feel a **peculiar** smell.*

    *George has the most **peculiar** ideas. He told us a **peculiar** story about ghosts and I had the **peculiar** feeling that I had seen that man before. Spooky, isn't it?*

4. *Peculiar* também pode ser usado no sentido de "maldisposto/a, indisposto/a, com mal-estar", sentido também inexistente em português.

*After watching that video I felt a little **peculiar** and decided to take a walk and get some fresh air.*

Escolha a opção que melhor traduz a palavra em destaque nestas frases.

1. *"The Universe is one great kindergarten for man. Everything that exists has brought with it its own **peculiar** lesson." (Orison Swett Marden)*

O Universo é um grande jardim de infância para a humanidade. Tudo aquilo que existe trouxe consigo a sua lição *a)* estranha; *b)* especial, específica.

2. *"All sensitive people agree that there is a **peculiar** emotion provoked by works of art." (Clive Bell)*

Todas as pessoas sensíveis concordam que há uma emoção *a)* especial; *b)* esquisita provocada pelas obras de arte.

3. *"The press is like the **peculiar** uncle you keep in the attic – just one of those unfortunate things." (G. Gordon Liddy)*

A imprensa é igual ao tio *a)* estranho, amalucado; *b)* peculiar que você mantém escondido no sótão – uma daquelas coisas desagradáveis (que você tem de tolerar).

4. *"It is the **peculiar** quality of a fool to perceive the faults of others and to forget his own." (Cicero)*

É qualidade *a)* típica; *b)* estranha de um tolo perceber os defeitos dos outros e esquecer os seus.

---

286 **pedagogue** (subst.) /ˈpedəgɑːg/ rima com *demagogue* (demagogo/a)

pedant (subst.) /ˈped(ə)nt/

1. Sempre me habituei a associar a palavra **pedagogue** a tudo de bom, pedagogo é professor, é educador, nunca passaria pela minha ignorante cabeça que a **pedagogue** poderia ser imputada alguma conotação pejorativa. E, no entanto...

2. Neste verbete juntamos **pedagogue** e **pedant**, porque, em inglês, segundo alguns especialistas, como Adrian Room e Bill Bryson, os dois substantivos são sinônimos.

Bill Bryson, em seu *Dictionary of Troublesome Words*, Penguin Books, 1984, afirma que:

"**Pedant** e **pedagogue** são sinônimos. Os dois descrevem alguém que faz uma ostentação pomposa do seu conhecimento ou é dogmático, purista e preciosista a respeito de regras, principalmente gramaticais. Alguns dicionários ainda registram **pedagogue** apenas como professor ou educador, mas hoje em dia o sentido pejorativo de **pedant** está igualmente "colado" em **pedagogue**."

Pedant vem do italiano *pedante*: pedagogo, professor, mas sua origem é duvidosa. Uma teoria sustenta que o significado original em italiano era "soldado de infantaria, soldado a pé", ligado à palavra italiana *pedagogo*: professor, porque os professores trabalham de pé. Outra teoria era de que o italiano *pedante* formou-se da raiz do grego *paidenuein*, ensinar, que é a fonte da palavra em inglês **pedagogue**: pedagogo, professor. O fato é que, hoje em dia, **pedagogue** tem conotação negativa, lhe sendo atribuído pedantismo.

A origem de **pedagogo** também é surpreendente: vem do grego *paidagógos*, de *pais* (menino) + *agogós* (guia) e designava o escravo que, na Grécia Antiga, era encarregado de levar e trazer o menino da casa à escola. Do Estado escravocrata da Grécia Antiga esse escravo/guia com o tempo passou a ser o preceptor, pedagogo, professor. Talvez isso explique a visão preconceituosa de alguns políticos achando que o pedagogo tem, de certo modo, de ser escravo na sociedade moderna.

Escolha a opção que melhor traduz as palavras em destaque nestas frases.

1. "Thought for Today: "Fools act on imagination without knowledge, **pedants** act on knowledge without imagination." (Washington Times, September 8, 2018)

Pensamento do Dia: "Os tolos agem com imaginação sem conhecimento, os a) pedagogos; b) pedantes agem com conhecimento sem imaginação."

2. "**Grammar pedants** are more likely to be introverts." (BBC, April 1, 2016)

Os a) puristas da gramática; b) professores são mais propensos a ser introvertidos.

3. "It's hard to write about usage without sounding like a **pedant**." (Slate, May 27, 2016)

É difícil escrever sobre o uso do idioma sem parecer ser um a) pedante; b) gramático.

---

287 pedestrian (subst. e adj.) /pə'destriən/ rima com *equestrian* (equestre)

1. Como substantivo, **pedestrian** não pega ninguém. É bonzinho e corresponde ao nosso "pedestre, que anda ou está a pé".

   *That area is open only to **pedestrians**; no cars are allowed there.*

   *Sidewalks are for **pedestrians**.*

2. Como adjetivo, **pedestrian** também não engana ninguém em expressões como:

- **pedestrian crossing:** passagem de pedestres (= *crosswalk*, nos EUA)
- **pedestrian mall** (EUA)**/precinct** (Reino Unido)**:** centro comercial, shopping só para pedestres (não é permitida a entrada de carros)

3. Mas em linguagem formal o adjetivo **pedestrian** pode ter outro sentido e aí ele é *false friend. Believe it or not*, o adjetivo **pedestrian** pode significar "desinteressante, prosaico/a, chato/a, sem graça, sem imaginação ou criatividade".

> *The senator's speech was long and **pedestrian**, full of clichés and boring sentences.*

Escolha a opção que melhor traduz a palavra em destaque nestas frases.

*1. "There are two kinds of **pedestrians**: the quick and the dead." (Thomas Dewar)*

Há dois tipos de a) pedestres; b) chatos: os rápidos e os mortos.

*2. "People who think there is something **pedestrian** about journalism are just ignorant." (Rick Bragg)*

Quem acha o jornalismo meio a) pedestre; b) sem graça é simplesmente ignorante.

*3. "When I am a **pedestrian**, I hate cars. When I am driving, I hate **pedestrians**." (anonymous)*

Quando eu sou um a) pedestre; b) chato, odeio carros. Quando estou dirigindo, odeio a) chatos; b) pedestres.

*4. "The things I care about are the most **pedestrian** things in the world. I care about good ice cream and being a good dad and a decent husband." (Michael Ian Black)*

As coisas de que eu gosto são as mais a) sem graça; b) pedestres do mundo. Gosto de um bom sorvete, de ser um bom pai e um bom marido.

288 petrol (subst.) /ˈpetrəl/

1. ***Petrol*** é petróleo? Não, mas é um derivado, é da família. Na verdade, ***petrol*** é o substantivo usado no Reino Unido para o que nos Estados Unidos se chama *gasoline* ou, muito mais comumente, *gas*. Logo, ***petrol*** é gasolina.

> ***Petrol/Gas(oline)*** *is a liquid made from petroleum, used especially as a fuel for engines.*

2. E qual a palavra para petróleo, então? O termo técnico é *petroleum*.

> ***Petroleum*** *is a kind of oil that comes from below the ground and is the source of gasoline and other products.*

3. Mas popularmente nos Estados Unidos a palavra usada para petróleo é *oil*.

   *To many people the invasion of Iraq in 2003 was all about **oil**.*

✎ Escolha a opção que melhor traduz as palavras em destaque nestas frases. Na frase 2 você vai reencontrar *commodity*, vista no verbete 88. Na frase 3 você vai reencontrar *luxury*, vista no verbete 254.

1. "***Petroleum*** *is a more likely cause of international conflict than wheat.*" *(Simone Weil)*

   O/A a) petróleo; b) gasolina é uma causa mais provável de conflito internacional do que o trigo.

2. "*A century ago,* ***petroleum*** *– what we call **oil** – was just an obscure **commodity**; today it is almost as vital to human existence as water.*" *(James Buchan)*

   Há um século, o/a a) petróleo; b) gasolina – o que nós chamamos a) petróleo; b) óleo – era só uma a) comodidade; b) mercadoria obscura; hoje é quase tão vital para a existência humana quanto a água.

3. "*Too many people in the modern world view poetry as a* ***luxury****, not a necessity like* ***petrol****. But to me it's the* ***oil*** *of life.*" *(John Betjeman)*

   Muitas pessoas no mundo moderno veem a poesia como um(a) a) luxo; b) luxúria, não uma necessidade como a) o petróleo; b) a gasolina. Mas para mim ela é o a) petróleo; b) óleo da vida.

---

289 **physician** (subst.) /fɪˈzɪʃ(ə)n/ rima com *position* (posição)

1. ***Physician*** se confunde com *physicist*. Mas ***physician*** é *a doctor of medicine*, enquanto ***physicist*** é *a scientist who has specialized in physics*.

   Alexander Fleming e Jonas Salk eram ***physicians***.

   Albert Einstein e Stephen Hawking eram ***physicists***.

2. O termo ***physician*** era usado principalmente para distinguir os médicos clínicos (*general practitioners*) dos cirurgiões (*surgeons*). Modernamente, porém, ***physician*** soa formal, preferindo-se *doctor*.

> "*The Physician*", romance de Noah Gordon, conta a história de um jovem inglês, cristão, que no século XI atravessa o continente europeu para estudar medicina com os persas. A versão em português de Portugal recebeu o título de "*O Médico de Ispahan*", sendo essa cidade da Pérsia um importante centro de estudos da medicina na Idade Média. No Brasil o livro recebeu o título de "*O Físico*". Para alguns, esse título seria um erro

de tradução, para outros não haveria erro porque, na Idade Média, descrita no livro, os médicos eram chamados de físicos.

Neste exercício você vai preencher as lacunas optando por **physician(s)** ou **physicist(s)**.

1. "_____ are made of atoms. A _____ is an attempt by an atom to understand itself." (Michio Kaku)

2. "The good _____ treats the disease; the great _____ treats the patient who has the disease." (William Osler)

3. "One of the first duties of the _____ is to educate the masses not to take medicine." (William Osler)

4. "A _____ is just an atom's way of looking at itself." (Niels Bohr)

---

290 plant (subst. e verbo) (EUA) /plænt/, (Reino Unido) /plɑːnt/ rima com *ant* (formiga)

plantation (subst.) (EUA) /plæn'teɪʃ(ə)n/, (Reino Unido) /plɑːn'teɪʃ(ə)n/ rima com *foundation* (fundação)

1. Mas... *just a moment*... **Plant** não é a nossa "planta"? A verdinha, vegetal, com clorofila e celulose em suas células? É sim, é claro que é.

    *Botany is the scientific study of **plants**.*

2. Mas planta não é o único significado de **plant**. Pela ordem de frequência, o substantivo **plant** pode também ser:

    a) fábrica, usina

    ▪ **a car assembly plant:** uma montadora de carros
    ▪ **a power plant:** uma usina de energia elétrica
    ▪ **a nuclear power plant:** uma usina nuclear

    b) aparelhagem, máquinas usadas na indústria

    *The factory was accused of investing more in **plant** than in workers.*

    c) algo ilegal colocado, de propósito, entre os pertences de uma pessoa, para a incriminar

    *The customs officer found a box with drugs in George's suitcase but he insisted it was a **plant**.*

3. Como verbo, **plant** é regular e significa:

    a) plantar

    *Always do your best. What you **plant** now, you will harvest later. (Og Mandino)*

    b) fixar, colocar com firmeza

*The child **planted** himself in front of the TV and refused to move.*

*Some scientists say that one day we will be able to **plant** images, memories and emotional states directly into the brain.*

c) colocar algo ilegal (dinheiro, drogas, armas) entre os pertences de alguém, para o incriminar

*George insisted someone had **planted** those drugs in his suitcase.*

4. E como se diz "planta", não a verdinha, vegetal, mas a da casa, do escritório, da cidade, aquela planta projetada no estúdio do arquiteto? *Plan*. É igual a **plant**, sem o *t*.

*The architect showed us the new house **plans** for our approval.*

5. E **plantation**, não é "plantação"?

Vamos devagar aí. Se eu disser que o Tio Tavim tinha uma bela plantação de tomates lá no sítio em Teresópolis, mas a seca acabou com a plantação, a palavra **plantation** não vai ser usada. Nesse contexto, usa-se *crop*.

*Uncle Tavim had a nice tomato **crop** but it was ruined by a severe drought.*

6. **Plantation** é o nome (mantido em português e estudado nos livros de geografia e história) dado a um sistema agrícola aplicado no Brasil colônia e também em outros países da América, durante as colonizações espanhola e inglesa.

*In Brazil, sugarcane, coffee and cotton were the main commodities grown in **plantations** during the colonial period.*

7. **Plantation** pode ser usado para designar grandes fazendas (em regiões tropicais) com cultivo em larga escala de cana-de-açúcar, ou bananas, café, chá, tabaco, borracha, algodão etc., para exportação.

*In Latin America many international companies own banana and coffee **plantations**.*

*Before the American Civil War there were many **plantations** in the South that used slave labor to grow cotton and tobacco.*

Escolha a opção que melhor traduz as palavras em destaque nestas frases. Na frase 5 vamos voltar a ver *cocoa*, já visto no verbete 80.

*1. "If you think in terms of a year, **plant** a seed; if in terms of ten years, **plant** trees; if in terms of one hundred years, teach the people." (Confucius)*

Se você pensa em termos de um ano, *a) plante; b) compre* uma semente; se em termos de dez anos, *a) derrube; b) plante* árvores; se em termos de cem anos, ensine as pessoas.

*2. "Liberty, when it begins to take root, is a **plant** of rapid growth." (George Washington)*

A liberdade, quando começa a se enraizar, é uma *a) planta; b) usina* de crescimento rápido.

3. "We pay for power **plant** pollution through higher health costs." (Sheldon Whitehouse)

Nós pagamos pela poluição causada pelas *a) usinas; b) plantas* elétricas com custos mais altos na saúde.

4. "Don't judge each day by the harvest you reap but by the seeds that you **plant**." (Robert Louis Stevenson)

Não julgue cada dia pela colheita, mas pelas sementes que você *a) compra; b) planta*.

5. "Huge swaths of forest are being razed to clear space for **palm oil and cocoa plantations**." (New York Times, September 30, 2018)

Enormes trechos de floresta estão sendo arrasados para abrir espaço para *a) plantações de óleo de coco e de cacau; b) grandes fazendas de óleo de coco e de cacau*.

---

291 **polemic** (subst.) /pəˈlemɪk/ rima com *systemic* (sistêmico/a)

1. Em inglês, as palavras terminadas em *-ic* em geral são adjetivos: *atomic, organic, romantic, athletic, scientific, fantastic* etc. Mas para este dicionário de *false friends* selecionamos duas palavras terminadas em *-ic* que são substantivos e não adjetivos: *epidemic* (epidemia), vista no verbete 169 e este **polemic** que, sem jogo de palavras, lembra "polêmica", mas não deve causar confusão, embora seja da família da polêmica.

2. O que é **polemic**, então? É um substantivo próprio da linguagem formal usado para designar uma crítica cáustica e violenta, um ataque feroz em que o autor expressa sua opinião ou argumentos de maneira forte, agressiva, contra outras ideias ou crenças.

   *One of the opposition leader's latest speeches was a fierce **polemic** against the inequalities of society.*

   *Many of Voltaire's prose works were written as **polemics**, often preceded by his caustic prefaces.*

   *Verissimo wrote a **polemic** against the visible rise of the far right in Brazilian politics.*

3. Como vemos pelos exemplos, o substantivo **polemic** em inglês não designa a polêmica em si, a controvérsia propriamente dita, a divergência de opiniões que pode provocar debates sobre um assunto, mas uma manifestação, oral ou por escrito, que pode levar a isso.

   *Einstein once wrote a fierce **polemic** against wars.*

> Einstein disse certa vez, "*I am not only a pacifist but a militant pacifist. I am willing to fight for peace. Nothing will end war unless the people themselves refuse to go to war.*"
>
> A origem de **polemic** mantém coerência com o seu sentido moderno: a palavra vem do grego *polemikos*, que significa "beligerante ou hostil".

4. E para dizer "polêmica, controvérsia", qual é a palavra? *Polemics* ou *controversy*.

    The negotiators managed to discuss the problem without resorting to **polemics/controversy**.

5. E, finalmente, o adjetivo, qual é? Para dizer "polêmico/a", controverso/a", qual é a palavra? *Polemical* ou *controversial*.

    A **polemical** *discussion or a* **polemical** *article/essay/book may start a war on words.*

    Many people like the **polemical**, *aggressive tone of Arnaldo Jabor's writing.*

Escolha a opção que melhor traduz a palavra em destaque nestas frases.

1. "*Virginia Woolf reworked her lectures into her splendid* **polemic** *"A Room of One's Own", published in 1929.*" (The Guardian, September 3, 2018)

    Virginia Woolf reagrupou suas palestras no/a esplêndido/a a) *polêmica*; b) *ensaio crítico*, publicado/a em 1929, "Um Teto Todo Seu", na versão brasileira.

2. "*The worst offence of this kind which can be committed by a* **polemic** *is to stigmatize those who hold the contrary opinion as bad and immoral men.*" (John Stuart Mill)

    A pior ofensa que pode ser cometida por uma a) *crítica violenta*; b) *polêmica* é estigmatizar aqueles que mantêm uma opinião contrária como sendo homens ruins e imorais.

3. "*It was a* **polemic** *from a conservative news site posted as a retort to the* **polemic** *from a liberal news site.*" (New York Times, February 22, 2017)

    Era uma a) *polêmica*; b) *crítica cáustica* postada por um site de notícias conservador em resposta a uma a) *crítica cáustica*; b) *polêmica* feita por um site de notícias liberal.

---

292 **police** (subst.) /pəˈliːs/ rima com *a piece* (um pedaço)

policy (subst.) /ˈpɑːləsi/

politics (subst.) /ˈpɑːlətɪks/

political (adj.) /pəˈlɪtɪk(ə)l/ rima com *it's critical* (é crítico)

politician (subst.) /ˌpɑːləˈtɪʃ(ə)n/ rima com *competition* (competição)

1. Este verbete está bem "nutrido", englobando nada menos de 5 palavras, mas elas não estão dentro de "um saco de gatos", todas têm algo em comum e é bom marcar a diferença entre elas.

2. *Police*, todo mundo sabe, é polícia, a corporação que tem o dever de assegurar a lei, a ordem e a segurança de uma sociedade. Entra nesta lista não pelo significado, que é conhecido de todos. Mas é preciso cuidado com a concordância do substantivo *police*. Ao contrário do que acontece em português, *police* é usado com verbo no plural.

    *There's been a crime and the **police are** investigating the case.*

3. Já se falarmos em "policial", a concordância, é claro, é no singular.

    *The **policeman/policewoman/police officer** at the door wants to see you.*

4. *Policy* significa "política, linha de ação, norma de conduta, modo de agir". Não deve ser confundido com *politics*, a seguir.

    *Honesty is the best **policy**.*

5. *Policy* também pode significar "apólice".

    *Glebcke was trying to find his insurance **policy** and eventually he found it.*

6. *Politics* é a "política", tida como uma ciência ou, para outros, a arte da organização, direção e administração de Estados ou nações. A concordância verbal é no singular, como acontece nos substantivos terminados em *"ics"*: *Economics, Physics, Logics* etc.

    ***Politics** is more dangerous than war, for in war you are killed only once.* (Winston Churchill)

7. *Political* é o adjetivo "político/a", relacionado com a política.

    *We need a **political** solution if we are ever to find an economic solution for the country.*

8. *Politician* é o substantivo político/a, usado para falar de uma pessoa.

    *Few **politicians** die, and none resign. (Thomas Jefferson)*

Todas as palavras em destaque neste verbete têm origem em *polis*, a palavra grega para "cidade". A prática de governo exercida nas cidades-estados da Grécia Antiga era "política" (***politics***, em inglês). O curso de ação tomado por esse governo era "política, modo de agir" (***policy***, *in English*). E o direito do governo de controlar as ações dos habitantes da *polis*, de acordo com padrões de lei e moral estabelecidos, era executado por um grupo que hoje chamamos "polícia" (***police***, *in English*). Tudo vem de *polis*.

Neste exercício você é convidado a escolher uma das opções, a) ou b), para completar a frase adequadamente.

1. "Man is by nature a a) politics; b) political *animal*." (Aristotle)

2. "It is always the best a) politics; b) policy *to speak the truth, unless, of course, you are an exceptionally good liar.*" (Jerome K. Jerome)

3. "Let me be clear about this. I don't have a drug problem. I have a a) police; b) politician *problem*." (Keith Richards)

4. "a) Politics; b) Policy *has no relation to morals.*" (Niccolo Machiavelli)

5. "A good a) political; b) politician *is quite as unthinkable as an honest burglar.*" (H. L. Mencken)

---

293 **porter** (subst.) /ˈpɔː(r)tə(r)/ rima com *shorter* (mais baixo/a, mais curto/a)

1. Mas **porter** é falso amigo, não é "porteiro"? Calma! Além de "porteiro", **porter** pode ter outras funções e significados, dependendo do uso em inglês britânico ou norte-americano. Vamos ver isso em detalhe.

2. O sentido mais comum de **porter** é "carregador", aquele profissional que você encontra em aeroportos, terminais de passageiros ou em hoteis, que ajuda você a levar a sua bagagem, caso você insista em não *travel light* e levar mais malas do que as que cabem em um carrinho de supermercado. Depois que inventaram as malas com rodízios, esses **porters** perderam muita clientela, mas ainda há muitos.

   *With all that baggage you'll certainly need a **porter** when you get to the airport.*

   Nesse sentido, **porter** vem do latim *portare* e do francês *porter*, = carregar, transportar, levar.

3. **Porter** também pode ser, nos Estados Unidos, "comissário de trem de luxo", que atende aos passageiros e os acomoda na cabine-leito.

4. No Reino Unido, **porter** pode também ser "porteiro de hotel, hospital, faculdade etc." Para esse sentido, nos Estados Unidos usa-se *doorman*.

   *The Night **Porter** is a movie (1974) with Charlotte Rampling and Dick Bogarde.*

   Nesse sentido, **porter** vem do latim *porta* e é o mesmo que *door attendant*.

5. No Reino Unido, **porter** pode também ser "maqueiro", profissional que transporta as pessoas hospitalizadas de uma parte do hospital para outra. Nesse sentido, o sinônimo é *orderly*.

6. Finalmente, ***porter*** pode também designar não uma pessoa, mas um tipo de cerveja escura, forte, amarga. Supostamente seria a cerveja preferida dos ***porters***, os carregadores.

> *Let's have a glass of **porter**.*

Porterhouse não é, como pode parecer, a casa do porteiro, ou do carregador. Trata-se de um estabelecimento comercial onde se pode comprar bebidas, como a ***porter*** e outros tipos de cerveja. Você pode também saborear um ***porterhouse*** steak, especialidade de um tradicional restaurante de Nova Iorque onde esse corte de carne (praticamente igual ao *T-bone steak*) foi introduzido.

7. E o nosso "porteiro, zelador", de prédios residenciais? Nos Estados Unidos, usa-se ***porter*** ou *janitor*. No Reino Unido usa-se *caretaker*.

E, *just out of curiosity*, como se diz síndico/a? *Super*. A forma abreviada de *superintendent*.

> *In most apartment buildings, the **porter** or **super** knows everyone's business.* (New York Times, September 28, 2017)

Escolha a opção que melhor traduz a palavra em destaque nestas frases.

1. "*Their father is a **porter** in a building around the block.*" (New York Times, August 25, 2017)

O pai deles é um *a) carregador; b) porteiro* em um prédio na outra quadra.

2. "*The **porters** were piling luggage on the taxi.*" (Agatha Christie, in *And Then There Were None*)

Os *a) carregadores; b) porteiros* estavam empilhando a bagagem no táxi.

3. "*The **porter** at the desk looked up briefly and then went back to his paper.*" (Philip Pullman, in *The Subtle Knife*)

O *a) carregador; b) porteiro* na recepção deu um olhar breve e logo voltou a ler o seu jornal.

4. "*They were supported by some 900 **porters** carrying about 26 tons of food, clothing, equipment and scientific instruments.*" (New York Times, September 27, 2017)

Eles foram apoiados por cerca de 900 *a) carregadores; b) porteiros* transportando cerca de 26 toneladas de alimentos, roupas, equipamentos e instrumentos científicos.

---

294 portent (subst.) /ˈpɔː(r)tent/

portentous (adj.) /pɔː(r)ˈtentəs/

1. "Que orgulho eu tenho deste garoto! Ele é um portento! Esta redação está portentosa!"

   Se esse pai orgulhoso disser isso *in English* será que usa **portent** e **portentous**? *No way!* Nem pensar!

2. **Portent** é um substantivo, próprio da linguagem literária, significa:

   agouro, presságio de um acontecimento possivelmente desastroso que há de vir (= *omen*).

   > Many people believe the recent tsunamis in Asia are **portents** of a future environmental calamity.

3. **Portentous** é o adjetivo da família, aparece na linguagem literária ou formal e pode significar:

   a) agourento, avisando de algo ruim no futuro (= *ominous*)

   > Al Gore's "Our Choice" contains many **portentous** references to a future ecological disaster, if no action is taken about global warming.

   b) pomposo/a, empolado/a, tentando mostrar importância, para impressionar os outros

   > The problem with the book is that it sometimes contains **portentous** language.

   > He speaks in **portentous** tones, trying to look important and authoritative.

4. E como se diria "portento" e "portentoso/a", então?
   - um portento: **a marvel**
   - portentoso/a: **marvel(l)ous**

Escolha a opção que melhor traduz as palavras em destaque, abaixo.

1. "Modern dancers give a sinister **portent** about our times." (Agnes de Mille)

   Os dançarinos modernos nos dão um sinistro *a)* portento; *b)* agouro dos nossos tempos.

2. "May no **portent** of evil be attached to the words I say." (anonymous)

   Que nenhum mau *a)* portento; *b)* presságio seja colado às palavras que eu digo.

3. "I was thirty. Before me stretched the **portentous**, menacing road of a new decade." (F. Scott Fitzgerald, in *The Great Gatsby*)

   Eu tinha trinta anos de idade. Diante de mim se estendia a *a)* portentosa; *b)* agourenta e ameaçadora estrada de uma nova década.

4. "Slender certainty is better than **portentous** falsehood." (Leonardo da Vinci)

   Uma certeza magrinha é melhor do que uma mentira *a)* agourenta; *b)* portentosa.

295 **prejudice** (subst.) /ˈpredʒudɪs/
prejudiced (adj.) /ˈpredʒudɪst/
prejudicial (adj.) /ˌpredʒuˈdɪʃ(ə)l/ rima com *artificial* (artificial)

1. ***Prejudice*** é um dos *false friends* mais abusados e importantes. Significa "preconceito" e não "prejuízo" ou "prejudicar".

    *Ignorance is stubborn and **prejudice** is hard. (Adlai Stevenson I)*

    *Many people have a mindless **prejudice** against anything that is unfamiliar to them.*

2. ***Prejudiced*** é outro falso amigo. Significa "preconceituoso/a" e não "prejudicado/a".

    *We all decry prejudice, yet are all **prejudiced**." (Herbert Spencer)*

3. ***Prejudicial*** pode ter duas acepções de sentido, uma em que ele é falso amigo, sendo sinônimo de ***prejudiced*** e significando "preconceituoso/a".

    *George admits he is a **prejudiced** person who often has **prejudicial** feelings.*

4. Mas ***prejudicial*** também pode não ser falso amigo, correspondendo ao nosso "prejudicial, danoso/a, que causa dano ou prejuízo". Nesse caso é sinônimo de *damaging*.

    *They should be careful in adopting those measures, as they might be **prejudicial** to the children's development.*

5. E *prejuízo*, como se diz, *in English*? Para dizer *prejuízo* no sentido de dano, estrago, usa-se: *harm, damage*.

    *The scandal caused serious **harm/damage** to his image.*

6. E no sentido de:

    prejuízo financeiro, perda, usa-se: *loss*.

    *Eike suffered serious financial **loss** and almost went bankrupt.*

    *He sold some of his businesses **at a loss**. (com prejuízo)*

7. E *prejudicar*?

    (para pessoas): *harm*

    *Heavy smoking **harms** your health, you know that.*

8. E para carreira, colheita etc.: *damage*

    *The rains **damaged** the crops and caused financial loss to the farmers.*

Escolha a opção que melhor traduz as palavras em destaque nestas frases. Na frase 3 vamos ver de novo *parent*, já vista no verbete 280. Na frase 4 vamos ver de novo *condone*, já vista no verbete 101.

1. *"Hypocrisy is the mother of all evil and racial **prejudice** is still her favorite child."* (Don King)

A hipocrisia é a mãe de todo mal e o *a) prejuízo; b) preconceito* racial ainda é o seu filho favorito.

2. *"**Prejudice** is a learned trait. You're not born **prejudiced**; you're taught it."* (Charles R. Swindoll)

O *a) preconceito; b) prejuízo* é uma característica adquirida. Você não nasce *a) prejudicado; b) preconceituoso*, te ensinam a ser assim.

3. *"If my child had **prejudice** in his head, I'd be ashamed. I would see it as my failure as a **parent**."* (Salman Rushdie)

Se o meu filho tivesse *a) preconceito; b) prejuízo* na cabeça, eu ficaria envergonhado. Veria nisso meu fracasso como *a) parente; b) pai*.

4. *"I don't **condone** racism. I don't **condone** prejudice."* (John Schnatter)

Eu não *a) condeno; b) desculpo* o racismo. Eu não *a) condeno; b) perdoo* o *a) preconceito; b) prejuízo*.

---

296 prescribe (verbo) /prɪˈskraɪb/ rima com *subscribe* (fazer assinatura de jornal etc.)

prescription (subst.) /prɪˈskrɪpʃ(ə)n/ rima com *subscription* (assinatura de jornal etc.)

1. Mas **prescribe** é "falso amigo"? Não é "prescrever"? Calma! Vamos ver isso, agora. **Prescribe** e *prescrever* se correspondem, direitinho, em duas acepções:

2. **Prescribe** é um verbo (regular) que significa:

    (médico/a) prescrever, receitar (remédio, tratamento, terapia).

    *The doctor **prescribed** two months of physical therapy for my back.*

3. E na linguagem formal **prescribe** significa:

    prescrever, determinar, estabelecer com autoridade, dar ordem para.

    *Penalties for drunk-driving are **prescribed** by law.*

    *The law **prescribes** that every child must be educated.*

4. Mas quando o sentido de prescrever é "caducar, ficar sem efeito pela expiração do prazo legal", **prescribe** não se usa. Nesse caso usa-se *expire*.

    *The crime had **expired** because it had been committed more than five years before they filed a lawsuit.*

> Não se pode confundir:
>
> ■ **Prescrever:** 1) receitar; 2) determinar. Corresponde a **prescribe**, como vimos em 2 e 3, acima.

■ **Proscrever:** 1) banir, expulsar, exilar; 2) banir, proibir. Corresponde a *proscribe*, in English.

a) Gilberto Gil and Caetano Veloso were **banished** and **exiled** in London during Brazil's dictatorship.

b) Some of their songs were censored, some others were **banned/proscribed** during that period.

Pensando bem, tanto *in English* quanto em português, ***prescribe*** (prescrever) e *proscribe* (proscrever) são opostos. O mesmo acontece com os substantivos ***prescription*** (prescrição) e *proscription* (proscrição). O primeiro é uma instrução, recomendação para fazer algo, o segundo é uma proibição de o fazer.

5. ***Prescription*** é o substantivo: prescrição ou receita médica, para remédio, tratamento ou terapia.

   *You can buy antibiotics only if you have a **prescription**.*

   *That drug is available only by **prescription**. It's a **prescription drug**.*

   E não se pode confundir:

   ■ **Prescription:** prescrição, receita médica

   ■ **Recipe** /ˈresəpi/: receita culinária

   That recipe calls for a dozen eggs.

6. E prescrição, esgotamento de prazo estabelecido por lei, qual é a palavra? *Expiration* (nos EUA), *expiry* (no Reino Unido).

   *My driver's license will **expire** in a month. The **expiration** date is a month from now.*

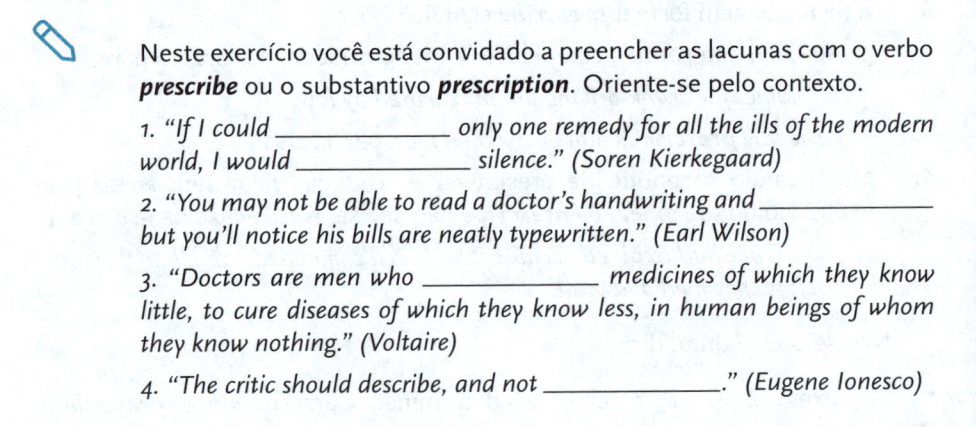

Neste exercício você está convidado a preencher as lacunas com o verbo ***prescribe*** ou o substantivo ***prescription***. Oriente-se pelo contexto.

1. "If I could _____ only one remedy for all the ills of the modern world, I would _____ silence." (Soren Kierkegaard)

2. "You may not be able to read a doctor's handwriting and _____ but you'll notice his bills are neatly typewritten." (Earl Wilson)

3. "Doctors are men who _____ medicines of which they know little, to cure diseases of which they know less, in human beings of whom they know nothing." (Voltaire)

4. "The critic should describe, and not _____." (Eugene Ionesco)

297 presently (adv.) /ˈprez(ə)ntli/

1. Você encontra **presently** em um texto. Sabe que *present significa* "presente, atual", também sabe que o sufixo *-ly* corresponde ao nosso *-mente*. Logo, **presently** só pode ser "presentemente, atualmente". Certo?

    Certo, mas vamos com cuidado. Com esse sentido, **presently** só é usado na linguagem formal e alguns estudiosos do idioma consideram esse uso supérfluo, podendo simplesmente ser omitido da frase. Com esse sentido, **presently** é sinônimo de *at present, at the present time* ou *now* e vem antes do verbo principal.

    > Mr. Boris Johnson, **presently** leader of the government, has announced that (…)

    > He is **presently** negotiating with the European Union leaders about Brexit (…)

    > The matter is **presently** being discussed in Brussels.

2. Mas **presently** pode ser uma palavra enganosa. O perigo mora no fato de que **presently** pode também significar "logo, daqui ou daí a pouco", sendo sinônimo de *soon*. Com esse sentido, **presently** vai aparecer depois do verbo, geralmente no final da frase.

    > Mr. Smith is busy now, but he will be with you **presently**.

> **Presently** dá trabalho e exige atenção. *English* é mesmo uma *crazy language*, como garante Richard Lederer.* Como a mesma palavra pode significar "agora" e também "logo, daqui ou daí a pouco"? O primeiro uso (o de "agora") é criticado pelos puristas, embora esteja estabelecido na escrita e na literatura. Mas em frases como *"Presently, Joe Biden is the President of the United States"*, o uso de **presently** é considerado supérfluo, a mesma frase continuaria com o mesmo sentido sem esse **presently**. Já para o sentido de "logo, em breve", **presently** é aceito, embora também considerado formal. Um truque para distinguir quando **presently** significa "agora" e quando significa "logo, em breve" é a sua posição na frase. Quando antes do verbo é sinônimo de *now* (e é dispensável), quando depois do verbo (em geral no final da frase) é sinônimo de *soon*.

---

* Richard Lederer é autor de vários livros sobre a língua inglesa, entre eles esse "*Crazy English*", em que o autor partilha com os leitores uma saborosa coleção de paradoxos linguísticos. Em que outra língua, pergunta Lederer... *do people drive in the parkway and park in the driveway? Parkway*, embora composta de *park*: estacionar e *way*: caminho, na verdade designa uma autoestrada arborizada, enquanto que *driveway* é composta de *drive*: dirigir e *way*: caminho, mas na verdade designa o acesso à entrada da garagem da residência de alguém. *Crazy English*, by Richard Lederer, uma delícia de livro, recomendável a todos aqueles que amam a "maluquinha" língua inglesa.

Escolha a opção que melhor traduz a palavra em destaque nestas frases.

1. "**Presently**, everything you're angry about blocks you from seeing happiness." (Karen Salmansohn)

Tudo aquilo que você está a) atualmente; b) logo, daqui a pouco com raiva, te impede de ver a felicidade.

2. "At first I thought I should be a second Beethoven; **presently** I found that to be another Schubert would be good; then gradually, satisfied with less and less, I resigned to be a Humperdinck." (Engelbert Humperdinck)

A princípio eu pensei em ser um segundo Beethoven; a) atualmente; b) logo, daí a pouco pensei que ser um outro Schubert seria bom; então, aos poucos, satisfeito com cada vez menos, resignei-me em ser um Humperdinck.

3. "If it's difficult, I'll do it now. If it's impossible, I'll do it **presently**." (Sir Donald Bradman)

Se é difícil, faço isso agora. Se é impossível, faço isso a) presentemente; b) daqui a pouco.

4. "Indoors or out, no one relaxes

In March, that month of wind and taxes,

The wind will **presently** disappear,

The taxes last us all the year." (Ogden Nash)

Em casa ou lá fora, todos indispostos

É março, mês de vento e de impostos.

O vento a) atualmente; b) logo vai parar

Mas os impostos continuarão a chegar.

> Na terceira linha do poeminha, "*The wind will **presently** disappear*", Ogden Nash fez uso de uma licença poética, que lhe permitiu inverter as posições entre ***presently*** e *disappear*, de modo a rimar com *year*. Normalmente, esse ***presently*** seria usado depois do verbo, no final da frase: *The wind will disappear **presently***.

298 **preservative** (subst.) /prɪˈzɜː(r)vətɪv/ rima com *conservative* (conservador(a))

1. Este é muito claro e fácil de distinguir. **Preservative**, *in English* é "*a chemical used to stop food from decaying*", uma substância ou produto químico que retarda ou impede que um certo alimento se estrague. Logo,

o que chamamos de "conservante ou (menos comum neste sentido) preservativo".

*That cake doesn't contain any artificial **preservatives**.*

2. Mas não é "preservativo" quando falamos de "dispositivo ou substância usada para evitar concepção, camisa de vênus, camisinha." Isso é *condom*.

*A **condom** is used during sex in order to prevent the woman from getting pregnant or to prevent the spread of sexual disease.*

Escolha a opção que melhor traduz a palavra em destaque nestas frases.

1. "*Alcohol is a good **preservative** for everything but brains.*" (Mary Pettibone Poole)

O álcool é um bom *a) conservante; b) preservado* para tudo menos o cérebro.

2. "*Fear is implanted in us as a **preservative** from evil.*" (Samuel Johnson)

O medo está implantado em nós como *a) algo que conserva; b) algo que protege* do mal.

3. "*Correct opinions well established on any subject are the best **preservative** against the seduction of error.*" (Richard Mant)

Ter opiniões corretas e bem estabelecidas sobre qualquer assunto é o melhor *a) conservante; b) conservador* contra a sedução do erro.

4. "*The best **preservative** to keep the mind in health is the faithful admonition of a friend.*" (Francis Bacon)

O melhor *a) conservador; b) preservativo* para manter a mente saudável é a fiel advertência de um amigo.

---

299 **pretend** (verbo) /prɪ'tend/ rima com *intend* (pretender, ter a intenção de)

pretense/pretence (subst.) /prɪ'tens/ rima com *intense* (intenso/a)

pretension (subst.) /prɪ'tenʃ(ə)n/ rima com *intention* (intenção)

1. ***Pretend*** é um verbo (regular) do vocabulário básico e um dos "falsos amigos" mais conhecidos. Ele "convida" a ser traduzido por "pretender, ter a intenção de", mas seu verdadeiro significado é "fingir, fazer de conta".

*The children **pretended** to be asleep.*

*Freddie Mercury sang "Oh yes, I'm the great pretender, **pretending** I'm doing well (...)"*

*Let's just **pretend** for a moment. You're the President. What would you do first?*

2. **Pretend** não significa "pretender, ter a intenção de". Isso é *intend*.

    We **intended** to spend the day at the beach, but then torrential rain started to fall hard and fast.

3. **Pretense** (EUA), **pretence** (Reino Unido) pode significar:

    fingimento, mentira, simulação, falsa aparência.

    He is frank and honest, never trying to make any **pretense** of wanting to do business with us.

    Dorothy tried to keep up the **pretense** that nothing unpleasant had happened, but we all knew she was making a false show.

    ■ **on pretense of:** sob o pretexto de

4. **Pretension** não é "falso amigo", porque parece "pretensão" e é esse mesmo o seu significado.

    The author is humble about the quality of that book and says it has no **pretensions** to literature.

✓ **Pretend** é uma canção popular norte-americana dos anos 1950, música de Lou Douglas, letra de Dan Belloc, Cliff Parman e Frank Lavare, gravada, entre outros, por Nat King Cole.

Na sua voz de veludo, Nat nos dizia ...

(1) "**Pretend** you're happy when you're blue,

It isn't very hard to do (...)

E lá para o final ...

"And if you sing this melody,

(2) You'll be **pretending** just like me,

The world is mine, it can be yours, my friend,

(3) So why don't you **pretend**?"

Escolha a melhor opção para traduzir as palavras em destaque, na ordem acima:

(1) a) Pretenda; b) Finja

(2) a) fingindo; b) pretendendo

(3) a) pretende; b) finge

A resposta é (1) b); (2) a); (3) b).

Nessa mesma época, lá pelos anos 1950, sempre que uma canção internacional fazia grande sucesso logo aparecia uma versão em português (do Brasil), que igualmente conquistava o gosto popular. No caso do **Pretend**, tivemos a versão de Alberto Ribeiro, cantada por Carlos Galhardo e Leny Eversong, entre outros, em que, desde o título, o autor da versão "comeu uma mosca", certamente intencional, mudando o sentido da mensagem. Curiosamente, o título dessa música (a melodia é linda) é... *Pretenda*.

E o Carlos Galhardo ou a Leny Eversong nos diziam...

*"Pretenda sempre ser feliz
Esqueça todo o dissabor (...)"*

E mais para o final:

*"Pretenda sempre fingir
Que logo, logo há de vir (...)*

"Pretenda sempre fingir" sai dos trilhos do raciocínio lógico, não?

Neste exercício vamos preencher as lacunas com **pretend, pretense/pretence** ou **pretension**, de acordo com o contexto.

1. *"If you're not a confident person, _____ to be one."* (Caitlin Moran)

2. *"I forgive all personal weaknesses except egomania and _____."* (Herb Kelleher)

3. *"People discuss my art and _____ to understand as if it were necessary to understand, when it's simply necessary to love."* (Claude Monet)

4. *"Science makes no _____ to eternal truth or absolute truth."* (Eric Temple Bell)

5. *"I don't _____ to understand the Universe – it's a great deal bigger than I am."* (Thomas Carlyle)

6. *"Political freedom without economic equality is a _____, a fraud, a lie: and the workers want no lying."* (Mikhail Bakunin)

300 prevaricate (verbo) /prɪˈværɪkeɪt/ rima com *exaggerate* (exagerar)

1. **Prevaricate** é um verbo (regular), próprio da linguagem formal, que significa: falar de modo evasivo, responder de forma ambígua, sem dizer a verdade, evitando se comprometer. Na linguagem popular, **prevaricate** é "enrolar" na resposta. É sinônimo de *equivocate*, que não significa "equivocar-se", também é "falso amigo", visto no verbete 170. **Prevaricate** e **equivocate** são ambos da área da mentira e são praticamente sinônimos.

    *Please give me a direct question, do not **prevaricate**.*

2. E o que é "prevaricar", em português?

    a) transgredir, não cumprir com o dever

    b) agir mal, de maneira incorreta

    c) praticar adultério

3. ***Prevaricate*** não se usa em nenhum dos sentidos vistos em 2.

Para *a)*, usa-se *transgress rules* ou *transgress one's duty*.

Para *b)*, usa-se *misbehave*.

Para *c)*, usa-se *commit adultery, have an affair*.

Escolha a opção que melhor traduz a palavra em destaque nestas frases.

1. "*Remember, there are occasions when it is necessary to **prevaricate** in order to prevent greater evils – this is one of them.*" (Laura Jean Libbey)

Lembre-se de que há ocasiões em que é necessário *a) prevaricar; b) evitar uma resposta direta* com o fim de evitar males maiores – esta é uma delas.

2. "*Lying is the same as alcoholism. Liars **prevaricate** even on their deathbeds.*" (Anton Chekhov)

Mentir é o mesmo que o alcoolismo. Os mentirosos *a) prevaricam; b) ocultam a verdade* até no leito de morte.

3. "*Don't **prevaricate**, sir; which is it, yes or no?*" (Raymond Paton, in The Tale of Lal)

Não *a) oculte a verdade; b) prevarique*, senhor; qual vai ser sua resposta, sim ou não?

THREE HUNDRED DAYS OF FALSE FRIENDS

OK, *time to take a deep breath*, dar uma outra paradinha na sequência de verbetes e fazer uma breve revisão de alguns dos falsos amigos que vimos mais recentemente. Como na revisão anterior, indicamos entre parênteses o número do verbete em questão, caso seja preciso dar uma ajudinha à memória.

I. Escolha, dentre as opções a), b) ou c), o verdadeiro significado de cada um dos verbos à esquerda.

1. *prescribe* (296) a) receitar b) caducar c) banir
2. *necessitate* (268) a) precisar b) tornar necessário c) necessitar
3. *manage* (258) a) mandar b) conseguir c) controlar
4. *notice* (269) a) divulgar b) apagar c) perceber
5. *pretend* (299) a) privar b) pretender c) fingir
6. *oblige* (272) a) brigar b) atender c) agradecer

7. *paste* (283)	a) colar	b) postar	c) pastar
8. *injure* (228)	a) lesionar	b) iniciar	c) deter
9. *intend* (233)	a) entender	b) simular	c) pretender
10. *locate* (251)	a) localizar	b) locar	c) alugar

II. Na tradução das frases abaixo, às vezes há um erro proposital quanto ao significado da palavra em destaque, outras vezes não há. Guie-se pelo contexto e corrija apenas quando houver erro.

1. The poor woman was lying on the floor, **insensible**. (230)

A pobre mulher estava deitada no chão, insensível. _____

2. The **matron** (261) didn't say a word, but her smile was an **intimation** (235) of her approval.

A matrona não disse uma palavra, mas o seu sorriso era intimação de sua aprovação. _____ _____

3. Charles is always in a bad mood, looking unhappy, a really **morose** (267) young man.

Charles está sempre de mau humor, infeliz, um jovem realmente tristonho. _____

4. The **magazine** (256) was so **intriguing** (237) I didn't **notice** (269) your presence in the room.

O magazine era tão instigante que eu não noticiei a presença de vocês na sala. _____ _____ _____

5. Fernandinho Beira-Mar is one of the most **notorious** (270) **criminals** (125) in jail in Brazil.

Fernandinho Beira-Mar é um dos mais famosos criminosos presos no Brasil. _____ _____

6. You can't park your car here. This area is reserved for restaurant **patrons** (284).

Você não pode estacionar o carro aqui. Esta área é reservada aos patrões do restaurante. _____

7. A group of **politicians** (292) visited the nuclear power **plant** (290) at Angra dos Reis last week.

Um grupo de políticos visitou a planta nuclear de Angra dos Reis na semana passada. _____ _____

8. I think Paulo Coelho's latest **novel** (271) is rather **pedestrian** (287).

Acho a última novela de Paulo Coelho um tanto sem graça. _____ _____

9. I like classical music in general but I'm really **partial to** (281) Mozart, his sonatas **in particular** (282).

Eu gosto de música clássica em geral, mas de fato sou parcial com Mozart, as sonatas em particular. _____ _____

10. Angelina Jolie's **parents** (280) are Marcheline Bertrand and Jon Voight; Angelina was **estranged** (175) from her father when she was a child.

Os parentes de Angelina Jolie são Marcheline Bertrand e Jon Voight; Angelina foi afastada do pai quando era criança. _____ _____

III. Agora vamos combinar as colunas, encontrando a tradução correta de cada um dos substantivos abaixo.

1. *portent* (294)   a) aula; palestra
2. *physician* (289)   b) maldade; rancor
3. *parcel* (279)   c) ata (de reunião)
4. *injury* (228)   d) infelicidade; infortúnio
5. *location* (251)   e) presságio, agouro
6. *legend* (247)   f) gerenciamento de recursos, economia
7. *lace* (243)   g) intenção
8. *jar* (239)   h) médico/a
9. *luxury* (254)   i) bebida alcoólica
10. *malice* (257)   j) local; localização
11. *minutes* (264)   k) queixa, reclamação
12. *misery* (265)   l) preconceito
13. *ore* (276)   m) pacote, embrulho
14. *gripe* (204)   n) lenda
15. *prejudice* (295)   o) pote
16. *judg(e)ment* (242)   p) renda
17. *lecture* (246)   q) lesão
18. *intent* (233)   r) luxo
19. *husbandry* (210)   s) minério
20. *liquor* (250)   t) juízo, julgamento

E, agora, vamos *resume our work*. *Resume*, você já sabe, é "falso amigo". Vamos cuidar dele lá na letra R. OK, *resume*, pode esperar...

---

301 **primordial** (adj.) /praɪˈmɔː(r)diəl/

1. Na grafia encontramos as mesmas letras, na mesma ordem. A pronúncia é diferente, já que em inglês a segunda sílaba é a tônica: priMORDial. E o significado?

Em português *primordial* significa:

a) relativo a primórdio, origem, início, princípio

b) que se originou primeiro, que surgiu primeiro

2. O adjetivo em inglês tem esses mesmos sentidos? Tem, sim. Portanto, aqui ***primordial*** é bonzinho, não é um "falso amigo".

> ***Primordial*** *man lived in caves. He was a cave-dweller.*

> ***Primordial*** *soup is the name given to the liquid substance that existed on our planet before the existence of animals, humans, and plants, a mixture of organic molecules from which life on Earth originated.*

> *The man who speaks with **primordial** images speaks with a thousand tongues. (Carl Jung)*

3. Então é isso? *Primordial*, em inglês e em português são sempre iguais? Não, porque em português *primordial* também pode significar:

principal, importante ou o mais importante.

> *O valor **primordial** em uma democracia é o respeito aos outros.*

E a palavra em inglês não tem essa acepção. Para isso usa-se *main, chief, major, most important.*

> *The **main / chief / major / most important** value in a democracy is respect toward the others.*

Escolha a opção que melhor traduz a palavra em destaque nestas frases.

1. "*Pheromones are Earth's **primordial** idiom.*" (Karen Joy Fowler)

Os feromônios são o idioma a) primordial, mais importante; b) primordial, primeiro da Terra.

2. "*The principle of organization is built into nature. Chaos itself is self-organizing. Out of **primordial** disorder, stars find their orbit, rivers make their way to the sea.*" (Steven Pressfield)

O princípio da organização está embutido na natureza. O próprio caos tem auto-organização. Apesar da desordem a) primordial, primitiva; b) primordial, mais importante, as estrelas encontram sua órbita, os rios acham seu caminho para o mar.

3. "*Smell is the **primordial** sense, more powerful, more primitive, more intimately tied to our memories and emotions than any other.*" (Donna Karan)

O olfato é o sentido a) primordial, primeiro; b) primordial, importante, mais poderoso, mais primitivo, mais intimamente ligado às nossas memórias e emoções do que qualquer outro.

302 **procure** (verbo) /prəˈkjʊə(r)/

1. ***Procure*** é um verbo (regular) próprio da linguagem formal, que pode ter dois significados:

a) obter, conseguir, adquirir, especialmente algo difícil (= *obtain*)

*Sheila was happy as she had managed to **procure** two seats to the opening night of the play.*

b) atuar como cafetão (*pimp*) ou cafetina (*madam*), providenciar os serviços de prostituta para alguém

*Fred was accused of being a pimp, **procuring** prostitutes for foreigners.*

2. Para dizer "procurar", todos sabemos, usa-se *look for* ou *search for*.

*What are you **looking for**?*

*They **searched** high and low **for** a new house and finally found one that they could afford to buy.*

Escolha a opção que melhor traduz a palavra em destaque nestas frases.

1. "Whoever does not have a good father should **procure** one." (Friedrich Nietzsche)

Aquele que não tem um bom pai deve a) conseguir; b) procurar um.

2. "Rulers who want to unleash war know very well that they must first **procure** or invent a first victim." (Elias Canetti)

Os governantes que querem deflagrar guerra sabem muito bem que primeiro têm de a) procurar; b) obter ou inventar uma primeira vítima.

3. "The way to **procure** insults is to submit to them." (William Hazlitt)

A forma de a) conseguir; b) procurar insultos é submeter-se a eles.

---

303 **professor** (subst.) /prəˈfesə(r)/ rima com *processor* (processador(a))

1. Mas **professor** não é o nosso "professor(a)"? É, mas nem todo o nosso professor(a) pode receber o título, em inglês, de **professor**. Há uma diferença de nível, grau e uso entre *teacher* e **professor**.

2. *Teacher* é qualquer pessoa que *teaches*, ensina.

   *If you can read this, thank a **teacher**.*

   *Mirka is a piano **teacher**, Theo is an English **teacher** at high school. They are **teachers**, but they are not **professors**.*

   *Every **professor** was once a teacher, but not every teacher will one day be a **professor**.*

3. Nos EUA, **professor** é um(a) *teacher* de tempo integral em uma faculdade ou universidade.

   *Professor Leão is a political sciences **professor** at Berkeley University. He began as an assistant professor, then became an associate professor and now he is a full professor.*

4. No Reino Unido, **professor** é um(a) *teacher* do mais alto nível em uma universidade, geralmente chefe de departamento, responsável pelo grupo de professores dessa área.

   *Professor Dawkins began as a lecturer, then became a senior lecturer and now he is a **professor**.*

5. **Professor** pode ser usado como título, geralmente antes do sobrenome da pessoa, o que não acontece com a palavra *teacher*. *Teacher* designa a profissão, mas não é usado como título. Esse erro é muito comum entre nós.

   > O Sr. Nelson Cunha, que foi professor da Marcinha, dá os parabéns a ela, em inglês, pelo aniversário. Quando ela agradece, também em inglês, Marcinha diz, *"Thanks a lot, teacher"*. Isso é certo? Não, porque *teacher* não é um título. Se o Sr. Nelson Cunha fosse *professor* (*in English*) e não *teacher* ela poderia dizer, *"Thanks a lot, professor"* e isso estaria certo.
   >
   > No caso ela deveria dizer *"Thanks a lot, sir!"*

6. **Professor** também pode ser usado como vocativo, o que de novo não acontece com o termo *teacher*. Podemos dizer:

   Professor Leão *is living in the United States at present.*

   > E, se estivermos andando por uma rua de San Francisco e de repente virmos o Professor Leão passando por ali, podemos perfeitamente chamar a sua atenção, pelo título **"Professor!"** (*in English, of course*). Se ele vai ouvir ou se vai preferir ignorar o nosso chamado, não podemos saber, nem vem ao caso. O que queremos dizer é que **Professor** é um vocativo, um termo que podemos usar, no discurso direto, se nos dirigirmos a alguém que tem esse título.
   >
   > Já *teacher* não pode ser usado assim. Quando os alunos, no Brasil, falam a respeito do seu ou da sua *English teacher*, não devem usar o termo *teacher* como título e sim o seu sobrenome, precedido de *Mr., Mrs., ou Ms.* E também não devem usar o termo *teacher* como vocativo, mas sim *Sir*, ou *Miss*. Como prova disso, é só pesquisar o vídeo no YouTube de *"To Sir, With Love"* ("Ao Mestre, Com Carinho"), filme britânico de 1967 com a Lulu cantando em homenagem ao seu *teacher*, representado por Sidney Poitier, bem novinho. *Good old days...*

Escolha a opção que melhor traduz as palavras em destaque nestas frases. Na frase 1 voltamos a ver *novel*, já vista no verbete 271.

1. *"I think of myself as a serious **professor** who, during the weekend, writes **novels**."* (Umberto Eco)

Eu me considero um a) *professor universitário;* b) *professor* sério que, durante o fim de semana, escreve a) *novelas;* b) *romances.*

2. *"There are nowadays **professors** of philosophy, but not philosophers." (Henry Thoreau)*

Hoje em dia existem a) *professores universitários;* b) *professores* de filosofia, mas não filósofos.

3. *"In America, the **professor** talks to the mechanic. They are in the same category." (Noam Chomsky)*

Nos Estados Unidos, o a) *professor;* b) *professor universitário* fala com o mecânico. Eles estão na mesma categoria.

304 propitiate (verbo) /proʊˈpɪʃieɪt/ rima com *participate* (participar)

1. **Propitiate** faz lembrar o nosso "propiciar". Algo a ver? Não, nada a ver.
2. **Propitiate** é um verbo (regular), próprio da linguagem formal, e significa:

    Apaziguar a raiva, aplacar a má vontade ou hostilidade de um adversário ou inimigo, fazer com que ele fique do seu lado e não contra você. É sinônimo de *appease.*

    *In ancient times, sacrifices were made to **propitiate** the gods.*

    *Charles tried to **propitiate** Dorothy's anger and invited her to spend a week in Hawaii.*

    *British Prime Minister Neville Chamberlain tried to **propitiate** Hitler but it didn't work. A short time after they met, Germany invaded Poland and the world was again at war.*

3. "Propiciar", em português, não é nada disso. Significa "oferecer a oportunidade ou condições para que algo aconteça, proporcionar".

    *A coincidência de projetos **propiciou** aos dois amigos um bom negócio.*

    *The coincidental projects **offered** the two friends the opportunity of making a good deal.*

Escolha a opção que melhor traduz a palavra em destaque nestas frases.

1. *"All over the world, belief in the supernatural has authorised the sacrifice of people to **propitiate** bloodthirsty gods, and the murder of witches for their malevolent powers." (Steven Pinker)*

No mundo inteiro, a crença no sobrenatural permitiu que pessoas fossem sacrificadas para a) *propiciar;* b) *apaziguar* deuses sedentos de sangue, e o assassinato de bruxas por causa de seus poderes malévolos.

2. *"Piety and holiness of life **will propitiate** the gods." (Cicero)*

Devoção e reverência a Deus e a santidade da vida *a) apaziguarão; b) propiciarão* os deuses.

*3. "Pity and charity may be at root an attempt to **propitiate** the dark powers that have not touched us yet." (Marilynne Robinson)*

Piedade e caridade podem estar na base de um esforço para *a) propiciar; b) apaziguar* as forças sombrias que ainda não nos tocaram.

---

305 **prosecute** (verbo) /ˈprɑːsɪkjuːt/ rima com *persecute* (perseguir)

prosecution (subst.) /ˌprɑːsɪˈkjuːʃ(ə)n/ rima com *persecution* (perseguição)

prosecutor (subst.) /ˈprɑːsɪkjuːtə(r)/ rima com *persecutor* (perseguidor)

1. ***Prosecute*** é um verbo (regular) usado na área jurídica, significa "processar judicialmente".

    *That politician was **prosecuted** and convicted of corruption and fraud.*

2. ***Prosecution*** é o substantivo, significa "acusação":

    a) instauração de processo

    *Many Brazilian politicians have been subjected to **prosecution** and convicted in corruption scandals.*

    b) promotoria, advogado(s)/advogada(s) de acusação

    *The **prosecution** proved that those politicians had really committed those crimes.*

3. ***Prosecutor*** é o substantivo que designa a pessoa: promotor(a) da justiça.

    *Kamala Harris used to work as a **prosecutor** in the United States.*

4. ***Prosecute**, **prosecution** e **prosecutor*** não devem ser confundidos com ***persecute**, **persecution** e **persecutor***, que significam, respectivamente, *perseguir, perseguição* e *perseguidor*, todos no sentido de "perseguição moral (tratamento injusto, assédio, hostilidade, por motivos raciais, étnicos, religiosos, sociais, políticos etc.)".

    *Religious minorities have often been **persecuted** because of their beliefs. They have been victims of religious **persecution**.*

    *In the Middle Ages the Inquisition acted as the main **persecutor** of witches.*

5. E também não podemos fazer confusão com ***pursue**, **pursuit** e **pursuer***, que significam, respectivamente, perseguir, perseguição e perseguidor, mas no sentido de "correr ou ir atrás de, tentando alcançar".

    *The police **pursued** the driver of the stolen car and eventually caught him.*

    *They were going in hot **pursuit** of the criminal.*

*The driver of the stolen car tried to escape his **pursuers**, but they eventually caught him.*

Escolha a opção que melhor traduz as palavras em destaque nestas frases. Na frase 2 voltamos a ver *convicted*, já vista no verbete 116. Na frase 4 voltamos a ver *official*, já vista no verbete 274.

1. *"Adultery is still illegal in 21 U.S. states, although it is rarely **prosecuted**." (Los Angeles Times, September 27, 2018)*

O adultério ainda é ilegal em 21 dos estados norte-americanos, embora raramente seja *a) perseguido; b) objeto de processo judicial*.

2. *"My job as a **prosecutor** is to do justice. And justice is served when a guilty man is **convicted** and an innocent man is not." (Sonia Sotomayor)*

O meu trabalho como *a) perseguidora; b) promotora* é fazer justiça. E faz-se justiça quando um homem culpado é *a) convicto; b) condenado* e um inocente não é.

3. *"I think those who have a terminal illness and are in great pain should have the right to end their own life, and those who help them should be free from **prosecution**." (Stephen Hawking)*

Eu acho que os que têm uma doença terminal e sofrem muita dor deveriam ter o direito de pôr fim à sua própria vida e aqueles que os ajudassem deveriam ser livres de *a) processo judicial; b) perseguição*.

4. *"But there was this government **official** who was **prosecuting** him and **persecuting** him about this." (Slate, September 28, 2018)*

Mas havia aquele *a) alto funcionário; b) oficial* do governo que o estava *a) processando judicialmente; b) perseguindo* e também o estava *a) perseguindo, assediando; b) perseguindo, correndo atrás dele*.

---

306 **prospect** (subst.) /ˈprɑːspekt/ rima com *project* (projeto)

1. ***Prospect*** nos lembra logo de "prospecto, folha de papel impressa com propaganda, folheto". É isso? Não. ***Prospect*** pode ter vários significados, como:

    a) perspectiva, expectativa, possibilidade de que algo venha a acontecer

    *After three years abroad, Roger was excited at the **prospect** of going home again.*

    *There's little **prospect** that such an age-old conflict will come to an end anytime soon.*

    *We were looking forward to the **prospect** of a quiet weekend but then the whole gang came to visit us on the farm.*

b) cliente em potencial

*If you don't believe in what you're selling, neither will your **prospect**. (Frank Bettger)*

c) vista, panorama

*The porch provides a beautiful **prospect** of the valley below.*

2. E então qual é a palavra para "prospecto, folheto"? *Leaflet, flier.*

*A young woman on the street was handing out **leaflets/fliers** advertising a new block of flats on Rui Barbosa Avenue, in Rio.*

Escolha a opção que melhor traduz as palavras em destaque nestas frases. Na frase 2 vamos voltar a ver *bondage*, já vista no verbete 63.

1. "***The prospect** of going home is very appealing.*" (David Ginola)

a) O prospecto; b) A perspectiva de ir para casa tem grande apelo.

2. "*Religious **bondage** shackles and debilitates the mind, and unfits it for every noble enterprise, every expanded **prospect**.*" (James Madison)

A a) bondade; b) servidão religiosa aprisiona e debilita a mente e a deixa inadequada para todo o nobre empreendimento, toda a) prospecção; b) perspectiva expandida.

3. "*I have always been delighted at the **prospect** of a new day, a fresh try, one more start, with perhaps a bit of magic waiting somewhere behind the morning.*" (J. B. Priestley)

Eu sempre me deliciei com o/a a) perspectiva; b) prospecto de um novo dia, uma nova tentativa, mais um começo, com talvez um pouco de mágica escondida em algum cantinho pela manhã.

4. "*A little thing in hand is worth more than a great thing in **prospect**.* (Aesop)

Mais vale uma coisinha na mão do que uma grande coisa em a) prospecto; b) perspectiva.

307 **pulse** (subst. e verbo) /pʌls/

O primeiro substantivo que vem à nossa mente quando vemos esse ***pulse*** em um texto em inglês é o nosso "pulso". E todos sabemos que "pulso" é a parte do corpo que fica ao final do braço, antes do início da mão. É onde usamos o relógio, graças ao pedido que Alberto Santos-Dumont fez a Monsieur Cartier. Santos-Dumont, então em Paris e sempre ocupado com seus balões voadores, precisava de uma *timepiece* que ele pudesse usar no pulso, muito mais prático do que aqueles relógios ligados a uma corrente, que se usavam antigamente no bolso da calça ou do colete. Em

> 1904 Monsieur Cartier fez então o primeiro relógio de pulso, batizado como Santos (pronuncia-se *santô*, em francês). Esse relógio usa-se onde? No **pulse**? Não. Relógio de pulso usa-se no pulso, sim, mas a anatomia nos ensina que essa parte do corpo em inglês chama-se *wrist*. E o relógio de pulso é um *wristwatch*.

*You wear a **wristwatch** on a **wristband** around your **wrist**.*

1. Portanto lembramos que para "pulso", ponto em que o antebraço se articula com a mão, a palavra é *wrist*. Então o que significa **pulse**? Há vários sentidos:

2. **Pulse** pode ser pulso, pulsação, latejamento das artérias, o rítmico bombeamento de sangue pelas artérias e veias, causado pelas batidas do coração, que se percebe na parte interna do pulso (*wrist*).

   *The nurse took my **pulse** as a way of measuring my heart rate.*

   *He has a strong/weak **pulse**.*

   ■ **take the pulse:** tomar o pulso, checar a pulsação

   ■ **pulse rate**: batimento arterial

   *That machine measures **pulse rate** and blood pressure.*

   *Exercise increases your **pulse rate**.*

3. **Pulse** também pode se referir a outras atividades que têm uma batida rítmica, como a batida forte e regular da música de dança ou o impulso de corrente elétrica ou de luz, como o **pulse** de uma luz que pisca e volta a piscar.

   *They were dancing to the strong **pulse** of the music.*

   *The data can be changed into **pulses** of light.*

   ■ **the pulse of life:** o pulsar, o batimento ritmado da vida

4. A expressão **have your/his/her, etc. finger on the pulse** corresponde à nossa "estar por dentro da situação, saber das coisas, estar ciente, a par do que se passa".

   *Ricardo Boechat had a long experience as a journalist and **had his finger on the pulse** of the everyday political scene in Brazil.*

5. Na área da agricultura, quando usado no plural, **pulses**, estamos falando de um nome genérico para grãos comestíveis.

   *Peas, beans, and lentils are **pulses**.*

6. **Pulse** também é um verbo (regular): pulsar, vibrar, que pode ser usado literalmente ou em sentido figurado.

   *When Ella gets nervous, the veins on her forehead **pulse**.*

   *A big city like São Paulo **pulses** with life.*

Escolha a opção que melhor traduz a palavra em destaque nestas frases.

1. *"If you have nothing to be grateful for, check your **pulse**. You may be dead." (anonymous)*

Se você não tem nada que tenha de agradecer, é bom checar sua a) pulsação; b) palpitação. Você pode estar morto.

2. *"The individual man is transitory, but the **pulse** of life and of growth goes on after he is gone, buried under a wreath of magnolia leaves." (Marjorie Kinnan Rawlings)*

O indivíduo é breve, mas o a) pulso; b) pulsar da vida e do crescimento continua depois que ele se vai, enterrado debaixo de uma coroa de folhas de magnólia.

3. *"If you can find your **pulse**, you can find your purpose." (Bill E. Williams)*

Se você consegue achar o seu a) punho; b) pulso, também consegue achar o seu propósito na vida.

4. *"Worry – a God, invisible but omnipotent. It steals the bloom from the cheek and lightness from the **pulse**; it takes away the appetite, and turns the hair gray." (Benjamin Disraeli)*

A preocupação é um Deus invisível, mas todo-poderoso. Ela rouba o frescor do rosto e a leveza do a) punho; b) pulso; ela retira o apetite e torna o cabelo grisalho.

5. *"Happiness never **lays its finger on its pulse**." (Adam Smith)*

A felicidade nunca a) toma o próprio pulso; b) põe o dedo no pulso.

Sobre a frase 4: *Why worry, then?*

Sobre a citação 5, como se pode interpretar a frase de Adam Smith? Será que, para ele, a felicidade não se programa nem se prepara, simplesmente acontece, espontânea e sem cuidados?

Adam Smith (1723-1790) foi um filósofo e economista escocês, considerado o pai da economia moderna. Além de propor a teoria da riqueza das nações, dinheiro, capitalismo etc. ele também disse isto sobre a felicidade: *What can be added to the happiness of a man who is in health, out of debt, and has a clear conscience?*

Adam Smith sabia das coisas, ele estava por dentro.

He had his finger on the pulse.

308 push (verbo e subst.) /pʊʃ/ rima com *bush* (arbusto)

1. Em uma lista de *false friends*, **push** é um clássico, um "falso amigo" de carteirinha. Todos nós, reles mortais, em um momento ou outro da vida, diante de uma porta com os dizeres em inglês: PUSH ou PULL, defrontados com o prosaico problema de puxar ou empurrar a porta e acessar o paraíso, hesitamos e... muitas vezes erramos.

2. **Push** é um verbo (regular), lembra "puxar", mas é "empurrar".

    *You don't have to **push** me. I'm in line too.*

    *When my old car stopped it had to be **pushed** off the road.*

    *The last time I saw Tio Carlim he was **pushing** a cart in the wine store, with a happy smile on his face.*

3. **Push** também pode ser "apertar, pressionar" um botão ou uma tecla em um dispositivo. Nesse caso, é sinônimo de *press*.

    *To call the elevator, simply **push**/press the button on the wall.*

4. Para dizer "puxar" usa-se o verbo que faz o contrário: *pull*.

    *They never stay at a hotel. They use their car to **pull** a trailer and they hit the road on every weekend.*

    *It was very cold. I climbed into bed and **pulled** the blankets over my head.*

    *The police officer raised the gun and **pulled** the trigger. The robber held his arms high and surrendered.*

5. **Push** também pode ser usado como substantivo, com o sentido de "empurrão, agressivo, hostil ou não, incentivo, empurrão "do bem".

    *"Sometimes history needs a **push**." (Vladimir Lenin)*

6. E esse substantivo faz parte de uma expressão interessante, aludindo ao fato de que um *shove* (grande e brusco empurrão) é mais forte do que um simples **push**. Assim,

    ■ **When push comes to shove:** na hora H, quando a coisa fica feia...

    *When **push** comes to shove, it's good to have a friend around.*

Vamos caprichar na pronúncia desse *shove*: /ʃʌv/. Rima com *love, glove* (luva) ou *dove* (pomba) e não com *couve*, em português. Aliás, é preciso caprichar também na pronúncia de *love, glove* e *dove* que, ao contrário do erro que os comerciais do sabonete ajudam a espalhar, também não rimam com couve.

Escolha a opção que melhor traduz a palavra em destaque nestas frases.

1. *"You cannot **push** anyone up a ladder unless he is willing to climb a little himself." (Andrew Carnegie)*

Não se pode *a) ajudar, puxando; b) ajudar, empurrando* ninguém a subir uma escada, a menos que a pessoa esteja, ela própria, disposta a subir um pouquinho.

2. "Happiness is a ball after which we run wherever it rolls, and we **push** it with our feet when it stops." (Johann Wolfgang von Goethe)

A felicidade é uma bola atrás da qual corremos onde quer que ela role, e a *a) empurramos; b) puxamos* com os pés quando ela para.

3. "Few things in the world are more powerful than a positive **push**. A smile. A word of optimism and hope. A "You can do it!" when things are tough." (Richard M. DeVos)

Poucas coisas neste mundo são mais poderosas do que um *a) puxão; b) empurrão* positivo. Uma palavra de otimismo e esperança. Um "Você consegue!" quando as coisas estão difíceis.

4. "If you die in an elevator, be sure to **push** the UP button." (Sam Levenson)

Se você morrer dentro de um elevador, não se esqueça de *a) puxar; b) apertar* o botão de SUBIR.

---

309 quiet (adj. e subst.) /ˈkwaɪət/ pronunciam-se duas sílabas; rima com *diet* (dieta)

quite (adv.) /kwaɪt/ pronuncia-se uma sílaba; rima com *light* (luz)

1. **Quiet** imediatamente nos lembra "quieto/a". Pode ser? Pode, sim, esse é um dos significados:

    "Please be **quiet**. Don't move, don't touch anything," said the detective.

2. Mas também pode ser "calado/a, silencioso/a".

    Will you please be **quiet**, I'm trying to listen to the news.

    The whole class went **quiet** when the principal came in. Professor Brick is very stern.

3. E também pode ser "tranquilo/a, calmo/a, sossegado/a".

    "The **Quiet** American" a novel by Graham Greene (1955) was published in Brazil under the title "O Americano Tranquilo".

    She spoke in a very **quiet** voice.

    They live in a **quiet** residential part of town.

4. **Quiet** também pode ser um substantivo: calma, tranquilidade, sossego.

    I need a little peace and **quiet** here. I'm trying to finish my report.

5. **Quiet** é usado nas expressões:

    ▪ **on the quiet:** em segredo, na moita

- **keep quiet**: ficar calado/a, quieto/a, calmo/a, sossegado/a

6. *Quiet* não deve ser confundido com *quite*. A começar pela pronúncia: em *quiet* pronunciam-se duas sílabas, rimando com *diet* ou *riot* (rebelião); em *quite* pronuncia-se uma sílaba só, rimando com *right, fight, light* etc. *Quiet* é um adjetivo ou substantivo, com os sentidos que vimos acima; *quite* é um advérbio geralmente usado com conotação positiva (bem, bastante), um grau abaixo de *very*.

    *The test was **quite** easy, but not as easy as expected.*

7. *Quite* é um advérbio, usado antes de um adjetivo que tenha ideia positiva e relativa, algo que pode ter uma certa gradação; *easy*, por exemplo, pode ser mais fácil ou menos fácil; assim, *quite* é comparável a *very* (muito), que indica maior intensidade.

    *The test was **very** easy. I'm sure everyone passed.*

    Já se o adjetivo tiver ideia negativa e relativa, algo como *difficult*, por exemplo, em vez de *quite* usa-se *rather*.

    *The test was **rather** difficult. And to some people it was **very** difficult. Very few people passed.*

Neste exercício vamos preencher as lacunas ou com **quiet** ou com **quite**, como for adequado, pelo contexto.

1. "There is a time to be _____ and a time to talk." (Aung San Suu Kyi)

2. "How inappropriate to call this planet Earth when it is _____ clearly Ocean." (Arthur C. Clarke)

3. "The best cure for the body is a _____ mind." (Napoleon Bonaparte)

4. "I'm really _____ simple. I plant flowers and watch them grow. I stay at home and watch the river flow." (George Harrison)

5. "George Harrison was known as the _____ Beatle. _____ people are often _____ because they are deep thinkers." (Ray Comfort)

6. "A good politician is _____ as unthinkable as an honest burglar." (H. L. Mencken)

---

310 **rationale** (subst.) /ˌræʃəˈnæl/ a sílaba tônica é a terceira: ratioNALE, em contraste com o adjetivo *rational* (racional), em que a sílaba tônica é a primeira: RAtional

1. **Rationale** terá algo a ver com "racional"? Até tem, mas só de longe. Vamos tentar adivinhar o significado de **rationale**, pelo exemplo a seguir.

*I can't understand their decision. They lived in a quiet residential neighborhood then all of a sudden decided to move out. What was their **rationale**?*

2. **Rationale** é a base, o fundamento, o que está por trás de uma decisão, um plano, uma crença, a razão ou explicação de algo.

   *What is the **rationale** behind these new government measures, can anyone tell me?*

3. E "racional", que tem a ver com a razão, o raciocínio, *how do you say that in English*? É só trocar o *c* por um *t*: *rational*. Mas a pronúncia é bem diferente em *rational*: /ˈræʃənəl/, rima com *national*.

   *To be quite frank, I can't find a **rational** explanation for what they did.*

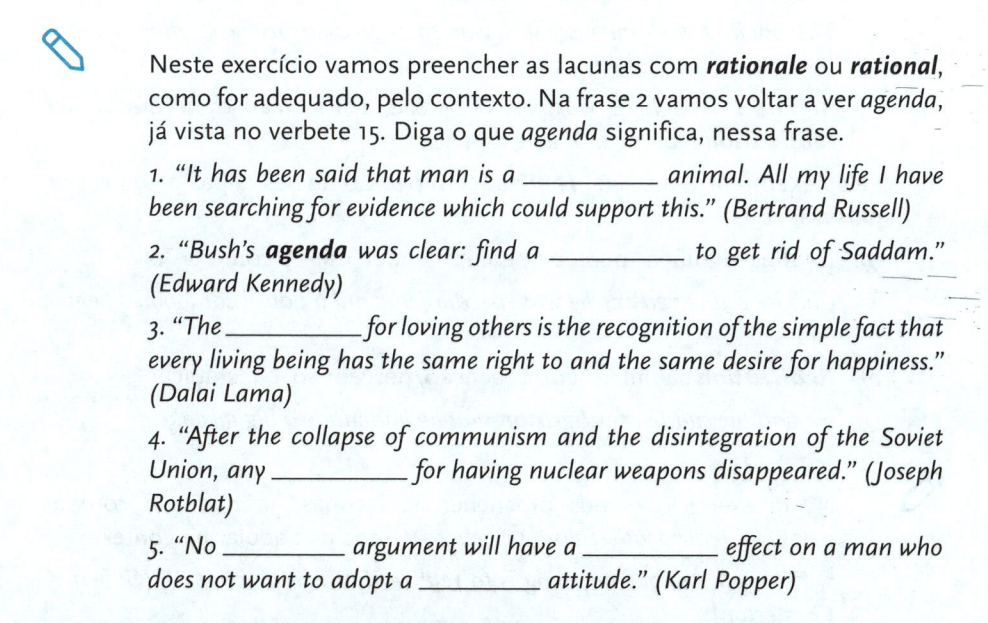

Neste exercício vamos preencher as lacunas com **rationale** ou **rational**, como for adequado, pelo contexto. Na frase 2 vamos voltar a ver *agenda*, já vista no verbete 15. Diga o que *agenda* significa, nessa frase.

1. "It has been said that man is a _____ animal. All my life I have been searching for evidence which could support this." (Bertrand Russell)

2. "Bush's ***agenda*** was clear: find a _____ to get rid of Saddam." (Edward Kennedy)

3. "The _____ for loving others is the recognition of the simple fact that every living being has the same right to and the same desire for happiness." (Dalai Lama)

4. "After the collapse of communism and the disintegration of the Soviet Union, any _____ for having nuclear weapons disappeared." (Joseph Rotblat)

5. "No _____ argument will have a _____ effect on a man who does not want to adopt a _____ attitude." (Karl Popper)

---

311 realize (verbo) (EUA) /ˈriːəlaɪz/, (Reino Unido) /ˈrɪəlaɪz/ rima com *organize* (organizar)

realization (subst.) (EUA) /ˌriːəlaɪˈzeɪʃ(ə)n/, (Reino Unido) /ˌrɪəlaɪˈzeɪʃ(ə)n/ rima com *organization* (organização)

1. Estes dois são da conhecida turma que "trabalha em meio expediente": de manhã são bonzinhos, a ortografia lembra uma palavra na outra língua e o significado é o mesmo. É o caso de *realize* e *realization*.

2. **Realize** pode, sim, significar "realizar, tornar real, concretizar". Nesse sentido é sinônimo de *accomplish* ou *achieve*.

> *Sheila was a very diligent student, she studied hard and finally **realized** her goal. She graduated from medical school. She is now Dr. Sheila Sanders.*

3. **Realization** é o substantivo e segue o mesmo caminho, significando "realização", sinônimo de *accomplishment* ou *achievement*.

   > *The **realization** of Sheila's goal was celebrated by her family and friends.*

4. Mas esse significado de **realize** e **realization** não é o mais comum. Com muito maior frequência encontramos exemplos de uso em que essas duas palavras têm outro significado. Vamos ver pelos exemplos:

   > *John made a mistake, but he refuses to admit it. When he finally **realizes** he was wrong, I hope it won't be too late.*

   > *When will people **realize** an election is a serious matter?*

   > *The book was so interesting, I was so engrossed in the reading, I didn't **realize** it was already midnight.*

   > *At first I thought it was just a passing crush, then came the sudden **realization** that I was in love with her.*

5. Pelos exemplos é possível **realize** (com pedido de desculpas pelo jogo de palavras) que:

   a) **Realize** significa "perceber, compreender, dar-se conta de".

   > *Charles didn't **realize** he was speeding up until a patrol car loomed behind him.*

   b) **Realization** significa "compreensão, percepção, constatação".

   > *He had the sudden **realization** that he had made a big mistake.*

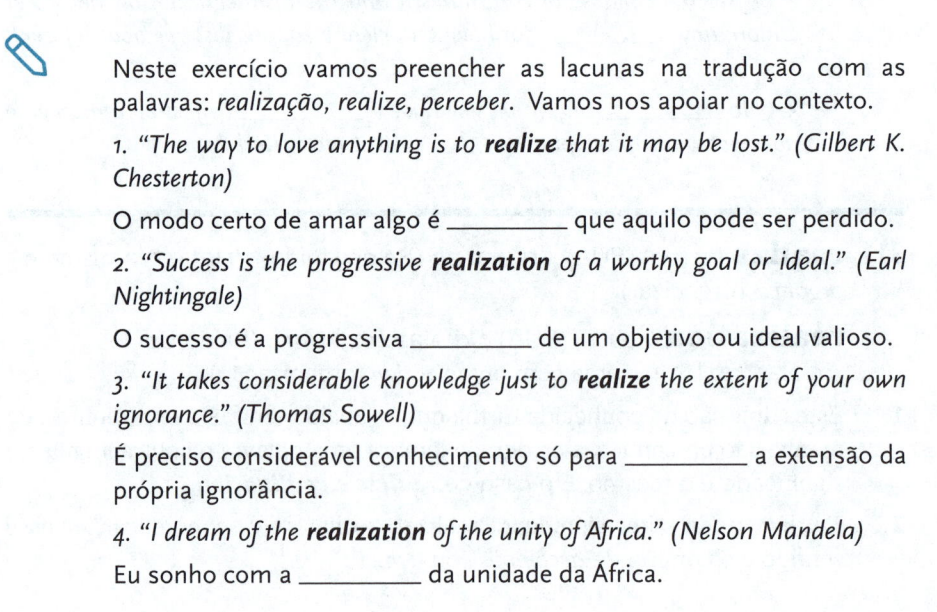

Neste exercício vamos preencher as lacunas na tradução com as palavras: *realização, realize, perceber*. Vamos nos apoiar no contexto.

1. "The way to love anything is to **realize** that it may be lost." (Gilbert K. Chesterton)

   O modo certo de amar algo é _____ que aquilo pode ser perdido.

2. "Success is the progressive **realization** of a worthy goal or ideal." (Earl Nightingale)

   O sucesso é a progressiva _____ de um objetivo ou ideal valioso.

3. "It takes considerable knowledge just to **realize** the extent of your own ignorance." (Thomas Sowell)

   É preciso considerável conhecimento só para _____ a extensão da própria ignorância.

4. "I dream of the **realization** of the unity of Africa." (Nelson Mandela)

   Eu sonho com a _____ da unidade da África.

5. *"Life is a song – sing it. Life is a game – play it. Life is a challenge – meet it. Life is a dream – **realize** it. Life is love – enjoy it."* (Sai Baba)

A vida é uma canção – cante-a. A vida é um jogo – jogue-o. A vida é um desafio – enfrente-o. A vida é um sonho – _____-o. A vida é amor. Curta-o.

312 **recipient** (subst.) /rɪˈsɪpiənt/ a sílaba tônica é a segunda: reCIPient; rima com *incipient* (iniciante)

1. Você encontra a palavra ***recipient*** em um texto e logo pensa no nosso "recipiente". Mas qual? Se pensar em uma "coisa", um objeto que pode conter algo, uma vasilha... esqueça o ***recipient***, porque não é isso. Para esse tipo de recipiente, usa-se a palavra "*container*".

    *A bottle is a **container** for liquids, a jar is a **container** for jam, a carton is a **container** for milk or fruit juice, a can is a **container** for peas, corn, sardines etc. Those are different kinds of **containers**.*

2. Mas se pensar em "recipiente" como receptor(a), pessoa que recebe uma transfusão sanguínea ou um transplante de um órgão, então ***recipient*** é a palavra certa. E não é só no campo da saúde que se usa recipiente. A pessoa pode também receber um prêmio, pode ser a feliz ***recipient*** *of an award*.

    *Jorge Amado received several literary awards. He was the **recipient** of many honors.*

Escolha a opção que melhor traduz a palavra em destaque nestas frases.

1. *"The art of advice is to make the **recipient** believe he thought of it himself."* (Frank Tyger)

A arte do conselho é fazer o *a) receptor; b) doador* acreditar que a ideia partiu dele.

2. *"India is more of an aid **recipient** than a provider of aid."* (Bill Gates)

A Índia é mais um *a) receptor; b) doador* de ajuda do que um provedor de ajuda.

3. *"A word of kindness is seldom spoken in vain. It can be and is often treasured by the **recipient** for life."* (George D. Prentice)

Uma palavra gentil raramente é dita em vão. Ela pode ser e muitas vezes é apreciada para sempre por quem a *a) dá; b) recebe*.

4. *"Charity is injurious unless it helps the **recipient** to become independent of it."* (John D. Rockefeller)

A caridade é um insulto, a menos que ajude o *a) receptor; b) doador* a se tornar independente dela.

313 reclaim (verbo) /rɪˈkleɪm/ rima com *exclaim* (exclamar)

reclamation (subst.) /ˌrekləˈmeɪʃ(ə)n/ rima com *exclamation* (exclamação)

1. ***Reclaim*** logo lembra "reclamar, queixar-se". Mas não é. Para isso usa-se *complain*.

    *Uncle Malcolm is always **complaining**, he's a grumpy old man.*

2. Na verdade, ***reclaim*** tem várias acepções de sentido. Pode ser recuperar, reaver:

    *A wallet has been found and can be **reclaimed** at the manager's office.*

    *We **reclaimed** our baggage as soon as we cleared passport control.*

    ■ **baggage claim/reclaim:** recuperação da bagagem

3. Reutilizar, reaproveitar, reciclar.

    *Those toys were made from **reclaimed** plastic bottles.*

    *They used a lot of **reclaimed** building materials when they built their summer house.*

4. Aterrar, sanear (área antes coberta por água, brejo, pântano, área degradada).

    *The Flamengo Park in Rio de Janeiro was **reclaimed** about sixty years ago. Cariocas call it the Aterro.*

5. ***Reclamation*** não corresponde à nossa "reclamação, queixa". Isso é *complaint*.

    *I wrote a letter of **complaint** to that hotel, complaining about the poor service they offer.*

6. ***Reclamation*** pode significar:

    reutilização, reaproveitamento.

    *The **reclamation** of those swamplands is an old demand of several environmental agencies.*

    *Land **reclamation** has been on the agenda of those groups for decades.*

    ■ **reclamation landfill:** aterro

Escolha a opção que melhor traduz as palavras em destaque nestas frases. Na frase 1 vamos voltar a ver *compass*, já vista no verbete 90. Na frase 3, vamos ver de novo *eventually*, já vista no verbete 176.

1. "It is time to **reclaim** our country's moral **compass**." (Paul Gosar)

Está na hora de a) reclamar; b) reaver o/a a) compasso; b) bússola moral do nosso país.

2. *"You **reclaim** your power by loving what you were once taught to hate."* (Bryant H. McGill)

Você a) *recupera;* b) *reclama* o seu poder amando aquilo que certa vez lhe ensinaram a odiar.

3. *"On the city's ocean front, a part of the ocean is blocked from view because of the **reclamation** project that will **eventually turn into** the new commercial district."* (Reuters, November 8, 2018)

Na frente oceânica da cidade, uma parte do oceano não pode ser vista por causa do projeto de a) *reclamação;* b) *aterro* que a) *eventualmente se transformará em;* b) *virá a ser* o novo bairro comercial.

314 recorder (subst.) /rɪˈkɔː(r)də(r)/ rima com *law and order* (lei e ordem)

1. É claro que muito dificilmente essa palavra seria confundida com o nosso "recordar". E não é mesmo. Para recordar, usamos *recall*.

    *Grandpa likes to **recall** his youth and tell us about what he calls "the good old days".*

2. E, com a popularidade da tecnologia moderna, todo mundo sabe que *recorder* pode significar "gravador".
    - **tape/video recorder:** gravador de fita/vídeo
    - **flight (data) recorder:** (em aeronave) caixa-preta
    - **cockpit voice recorder:** (em aeronave) gravador de voz da cabine do piloto

3. Além disso, *recorder* pode também ser um instrumento musical, de sopro. Nesse caso pode ser considerada uma palavra enganosa, porque esse instrumento não é usado para gravar e sim para soprar e produzir música. *Recorder* é flauta.

    *Stella likes to play the **recorder** as a hobby.*

4. Mas, que tipo de flauta? A flauta doce ou a transversa? *Recorder* é flauta doce, também chamada flauta inglesa, posicionada verticalmente e soprada na extremidade. É em geral usado por jovens, muitas vezes sendo o seu primeiro instrumento musical. A flauta transversa, também chamada flauta alemã, é mais comum para adultos, integra as orquestras e é chamada *flute*.

    *"The Magic **Flute**" is an opera in two acts by Wolfgang Amadeus Mozart.*

Escolha a opção que melhor traduz as palavras em destaque nestas frases. Na frase 3, voltamos a ver *locate*, já vista no verbete 251.

1. *"It's such a relief for me to sit in front of a **tape recorder** and not be using it to learn my lines." (Peter O'Toole)*

É para mim um grande alívio sentar à frente de um(a) *a) gravador de fita; b) flauta doce* e não o/a estar usando para decorar as falas para um filme.

2. *"I first began with **the recorder** in our community music school. After that I played the flute and participated in the school orchestra." (Max Martin)*

Eu comecei com *a) o gravador; b) a flauta doce* na escola de música da nossa comunidade. Depois disso toquei flauta transversa e participei da orquestra da escola.

3. *"Searchers are still trying to **locate** the **cockpit voice recorder**." (Washington Times, November 5, 2018)*

As pessoas envolvidas nas buscas ainda estão tentando *a) locar; b) localizar* o/a *a) gravador de voz da cabine do piloto; b) caixa-preta*.

---

315 remarkable (adj.) /rɪˈmɑː(r)kəb(ə)l/

1. ***Remarkable*** tem a ver com "remarcável, que pode voltar a ser marcado", como preços, por exemplo? Nada disso, *forget it*.

2. O que é ***remarkable***, então? Esse adjetivo tem origem no verbo francês *remarquer*, que significa "notar". E o sufixo *-able* corresponde ao nosso "*-ável*", então fica fácil chegar a... notável. De fato, ***remarkable*** é notável, geralmente com conotação positiva. Algo que é ***remarkable*** é digno de nota, atenção, é incomum, extraordinário e, quando falamos de pessoas, é ilustre, renomado/a.

   *The first landing on the moon was a **remarkable** feat for mankind.*

   *Winston Churchill was a **remarkable** man, who had a **remarkable** political career.*

   *Maria's English is not very good, but she has made **remarkable** progress.*

   *It is really **remarkable** that nobody got hurt in that accident.*

   Escolha a opção que melhor traduz a palavra em destaque nestas frases.

   1. *"Nothing is so commonplace as the wish to be **remarkable**." (Oliver Wendell Holmes, Sr., in The Autocrat of the Breakfast Table)*

   Nada é tão banal quanto o desejo de ser *a) marcável; b) notável*.

   2. *"Learning to speak was the most **remarkable** thing you ever did." (Jeffrey Kluger)*

   Aprender a falar foi a coisa mais *a) notável; b) remarcável* que você já fez.

   3. *"His ignorance was as **remarkable** as his knowledge." (Arthur Conan Doyle, in A Study in Scarlet)*

A ignorância dele era tão *a) marcável; b) notável* quanto o seu conhecimento.

---

316 **render** (verbo) /ˈrendə(r)/ rima com *tender* (terno/a)

rendition (subst.) /renˈdɪʃ(ə)n/ rima com *condition* (condição)

1. **Render** é um verbo (regular), próprio da linguagem formal, que tem vários significados, nenhum deles correspondendo ao nosso verbo "render". **Render** pode ser:

    a) prestar (serviço, assistência)

       *The local people were the first to **render** assistance to the injured in the accident.*

    b) (com adjetivo, em geral de sentido negativo) tornar + adj., fazer ficar + adj.

       *Computers **rendered** my old typewriter obsolete.*

    ▪ **render impossible/useless:** tornar impossível/inútil

    c) (Música, Teatro) interpretar, executar

       *Elis Regina **rendered** those songs with talent and total passion.*

    d) (Direito) decidir, declarar, sentenciar

       *The judge **rendered** a verdict of guilty.*

    e) (com *into*) traduzir

       *Isa Mara Lando **rendered** some of Emily Dickinson's poems into Portuguese.*

2. **Rendition** é o substantivo (= *rendering*) da família e nada tem a ver com o nosso "rendição". **Rendition** pode ser:

    a) interpretação, execução

       *Elis Regina gave an emotional **rendition** of "Atrás da Porta", a powerful song written by Chico Buarque.*

    b) tradução

       ***Renditions** of Jorge Amado's novels are available in several languages.*

3. Para dizer "render", em português, como verbo transitivo (seguido de complemento), usa-se:

    a) render dinheiro: *bring in*

       *Selling homemade cookies on the beach doesn't **bring in** a lot of money.*

    b) render juros: *earn interest*

       *How much **interest** do those bonds **earn**?*

    c) render (o inimigo), sujeitar, subjugar, dominar: *subject, subdue, conquer*

       *After a long battle, they finally **conquered** the enemy.*

d) render (alguém), ficar no seu lugar: *relieve, take over*

After a 10-hour watch, the guard was happy to be **relieved**.

4. Como verbo intransitivo (sem complemento): dar lucro: *pay off*

She was happy as those investments had **paid off**.

5. E para dizer "render-se, entregar-se": *surrender, give in*

The enemy was much stronger and it was foolish to continue fighting, so they **surrendered**.

6. Finalmente, para o substantivo "rendição", usa-se *surrender*.

The enemy demanded total and unconditional **surrender**.

Escolha a opção que melhor traduz as palavras em destaque nestas frases.

1. "Always **render** more and better service than is expected of you, no matter what your task may be." (Og Mandino)

Sempre a) renda; b) preste mais e melhor serviço do que se espera de você, não importa qual seja sua tarefa.

2. "Philosophy and Art both **render** the invisible visible by imagination." (George Henry Lewes)

A Filosofia e a Arte ambas a) rendem; b) tornam o invisível visível através da imaginação.

3. "A concert is not a live **rendition** of our album. It's a theatrical event." (Freddie Mercury)

Um concerto não é uma a) rendição; b) interpretação ao vivo do nosso álbum. É um evento teatral.

4. "The service we **render** others is the rent we pay for our room on earth." (Wilfred Grenfell)

O serviço que a) prestamos; b) rendemos aos outros é o aluguel que pagamos pelo nosso quarto na Terra.

---

317 renounce (verbo) /rɪˈnaʊns/ rima com *pronounce* (pronunciar)

renunciation (subst.) /rɪˌnʌnsiˈeɪʃ(ə)n/ rima com *pronunciation* (pronúncia)

resign (verbo) /rɪˈzaɪn/ rima com *incline* (inclinar(-se))

resignation (subst.) /ˌrezɪgˈneɪʃ(ə)n/ rima com *inclination* (inclinação)

1. Mais alguns amigos que às vezes são falsos e outras vezes são bonzinhos, são aquilo mesmo que parecem ser. Vamos ver primeiro o **renounce** e o **renunciation**.
2. Antes de mais nada, um lembrete sobre a ortografia desses dois. Note-se a ausência do *o* antes do *u*, no substantivo. O mesmo acontece em *pronounce* e *pronunciation*. É bom se lembrar disso na hora de escrever e não cair na armadilha.
3. **Renounce** é um verbo (regular), próprio da linguagem formal, que pode significar:
    a) repudiar, renegar, declarar publicamente que não mais acredita, segue ou apoia algo
    *The terrorists issued a declaration **renouncing** the use of violence.*
    b) renunciar a, abdicar, abrir mão de (trono, cargo público, título, posição, privilégio, direito)
    *In 1936, King Edward VIII **renounced** the British throne so that he could marry the woman he loved.*
4. **Renunciation** é o substantivo correspondente a **renounce** (note-se a perda do *o* antes do *u*, no substantivo): repúdio, renegação, renúncia
    *Their **renunciation** of terrorist tactics and methods came as a surprise to the Western world.*
    *The king's **renunciation** of power shocked the British monarchy.*
5. **Resign** é um verbo (regular) que significa:
renunciar, demitir-se.
    *The Watergate scandal forced Richard Nixon to become the only U.S. president in history to **resign**.*
6. **Resign** *myself/yourself/himself etc. to (something)* significa:
resignar-se, conformar-se com (algo).
    *We all have to **resign** ourselves to the fact that becoming old is inevitable and generally unpleasant.*
7. **Resignation** é o substantivo correspondente a **resign**. Pode ser *false friend*:
renúncia, demissão.
    *The corruption scandals forced the governor's **resignation** from his post.*
    *After a while he was forced to hand in his letter of **resignation**.*
8. E pode ser inocente, bonzinho, lembrando a palavra em português: resignação.
    *There was nothing to do except admit defeat. That's what the politician did, with a sigh of **resignation**.*

Escolha a opção que melhor traduz as palavras em destaque nestas frases. Na frase 2, vamos ver de novo *crave*, já vista no verbete 124.

1. "*I **will not resign**.*" (Michel Temer)

Eu *a)* não me resignarei; *b)* não renunciarei.

2. "***Crave** for a thing, you will get it. **Renounce** the craving, the object will follow you by itself.*" (Swami Sivananda)

a) Anseia; *b)* Crava por uma coisa e a terás. A) Renuncia; B) Resiste a esse desejo e o objeto te seguirá por conta própria.

3. "***Renunciation** is not getting rid of the things of this world, but accepting that they pass away.*" (Robert Baker Aitken)

a) Renúncia; *b)* Repúdio não é livrar-se das coisas deste mundo, mas aceitar o fato de que elas acabam.

4. "*I cannot **resign myself** to the decline of Europe, and of France.*" (Jacques Delors)

Eu não consigo *a)* renunciar; *b)* me resignar ao declínio da Europa e da França.

5. "*Please accept my **resignation**. I don't care to belong to any club that will have me as a member.*" (Groucho Marx)

Por favor, queiram aceitar a minha *a)* resignação; *b)* demissão. Não quero pertencer a nenhum clube que me aceite como sócio.

6. "*If I could get my membership fee back, **I'd resign** from the human race.*" (Fred Allen)

Se eu pudesse ter o meu dinheiro de volta, *a)* renunciaria; *b)* resignaria à raça humana.

---

318 **requirement** (subst.) /rɪˈkwaɪə(r)mənt/ rima com *retirement* (aposentadoria)

1. Mas ***requirement*** é *false friend*? Não é requerimento? ***Requirement*** é um *false friend* "da pesada", uma palavra realmente enganosa. Lembra, mas não é requerimento. Para "requerimento" usamos:

    a) (Direito) *(formal) petition*

    Angelina stunned her fans when she filed a ***petition*** for divorce.

    b) (universidade, emprego, empréstimo etc.) *(letter of) application*

    Ann sent a letter of ***application*** to one or two companies, giving her experience and qualifications.

2. Então, o que é ***requirement***? Pode ser:

    a) requisito, exigência

*Candidates who fail to meet the **requirements** for admission to the university should be more careful before applying again.*

- **meet/satisfy the requirements:** atender/satisfazer as exigências

b) necessidade

*One of the minimum **requirements** in a politician should be his moral integrity.*

Escolha a opção que melhor traduz as palavras em destaque nestas frases. Na frase 3 vamos reencontrar *library*, vista no verbete 249.

1. *"Flexibility is a **requirement** for survival." (Roger von Oech)*

A flexibilidade é um *a) requerimento; b) requisito* para a sobrevivência.

2. *"Continuous learning is the minimum **requirement** for success in any field." (Brian Tracy)*

O aprendizado contínuo é um *a) requisito; b) requerimento* mínimo para o sucesso em qualquer campo.

3. *"Perhaps no place in any community is so totally democratic as the town **library**. The only entrance **requirement** is interest." (Lady Bird Johnson)*

Talvez nenhum outro lugar em qualquer comunidade seja tão totalmente democrático quanto a *a) livraria; b) biblioteca* da cidade. O único *a) requerimento; b) requisito* de ingresso é o interesse.

4. *"A wise man sets **requirements** only for himself, an unwise man makes **requirements** for others." (Leon Tolstoy)*

Um homem sábio estabelece *a) requerimentos; b) exigências* somente para si próprio, um tolo faz *a) requerimentos; b) exigências* para os outros.

319 resolve (subst. e verbo) /rɪˈzaːlv/ rima com *involve* (envolver)

1. ***Resolve*** começa "dando trabalho" por existir não só como verbo (lembra o nosso "resolver", tudo bem) mas também como substantivo:

   resolução, forte determinação, resolução enérgica, vontade, firmeza, desenvoltura (= *resolution*).

   *The terrorist attack strengthened the government's **resolve** to wipe them out.*

   *Eleanor Roosevelt looked fragile, but she was a woman of **resolve**.*

2. Como verbo, ***resolve*** é regular, próprio da linguagem formal e pode ter estas acepções:

   a) resolver, solucionar, encontrar uma solução aceitável (para um conflito, problema, uma dificuldade, uma crise) (= *settle*)

*They had a meeting in which both sides were clearly trying to **resolve** their differences.*

b) decidir, aprovar formalmente uma proposta

*The Parliament **resolved** to hold a plebiscite on the matter.*

c) decidir-se, tomar uma decisão firme

*She **resolved** never to see him again.*

Escolha a opção que melhor traduz as palavras em destaque nestas frases.

1. *"**Resolve** to make each day the very best and don't let anyone get in your way. If they do, step on them." (Ivan Benson)*

a) Decida; b) Solucione fazer cada dia melhor do que o outro e não deixe que ninguém lhe atrapalhe. Se assim for, pise neles.

2. *"**Resolve** to perform what you ought; perform without fail what you **resolve**." (Benjamin Franklin)*

a) Solucione; b) Decida-se a executar o que você deve executar; execute sem falha aquilo que você a) solucionar; b) decidir.

3. *"Determination gives you the **resolve** to keep going in spite of the roadblocks that lay before you." (Denis Waitley)*

A determinação te dá a a) resolução, vontade; b) solução para seguir em frente apesar das barreiras que estavam à tua frente.

4. *"I fear all we have done is to awaken a sleeping giant and fill him with a terrible **resolve**." (Isoruku Yamamoto)*

Receio que tudo o que fizemos foi despertar um gigante adormecido e fazer com que ele fique tomado de uma terrível a) solução; b) resolução, determinação.

> Isoruku Yamamoto (1884-1943) foi o almirante japonês principal responsável pelo ataque a Pearl Harbor, durante a Segunda Guerra Mundial. Essa frase foi dita por ele em tom de mau agouro após o ataque, já antecipando as terríveis consequências para o Japão que adviriam daquele ataque.

320 respite (subst.) (EUA) /ˈrɛspɪt/, (Reino Unido) /ˈrɛspaɪt/

1. Sabemos que ***respite*** não é, a rigor, um *false friend*. Afinal vai ser confundido com o quê? "Respeito"? Mas todo mundo sabe que a palavra para "respeito, respeitar" é *respect*.

2. Na verdade, ***respite*** entra nesta seleção de palavrinhas traiçoeiras, não pelo significado e sim pela pronúncia. Se você conhece a preposição *despite* (a despeito de, apesar de), sinônimo de *in spite of*, sabe que ela rima com *invite* (convidar) ou *polite* (polido/a, bem educado/a). Então, quando aparece esse ***respite*** em um texto, é natural e compreensível você pensar que ***respite*** rima com *despite*. Não rima. Em *despite* acentua-se a segunda sílaba desPITE, em ***respite*** acentua-se a primeira: RESpite. E ainda temos a armadilha adicional de que, na pronúncia dos EUA, a sílaba final soa como *pit* (buraco, cova) enquanto na pronúncia do Reino Unido essa sílaba rima com *bite* (morder).

3. E afinal, o que significa ***respite***? Descanso, folga, respiro, alívio temporário, ou ainda "trégua". Observe os exemplos:

> *It had been a long and boring meeting. The coffee break came as a welcome* ***respite***.
>
> *It had been cold and rainy for days. There had been no* ***respite*** *to that awful weather.*
>
> *I had a splitting headache, which gave me no* ***respite***.

4. Mas atenção: para "trégua" no sentido militar, pausa temporária nas hostilidades, usa-se outra palavra: *truce*.

> *The two sides have agreed to a* ***truce***, *let's hope it lasts a long time.*

Escolha a opção que traduz a palavra em destaque nestas frases.

1. "*Art is a spiritual, immaterial* ***respite*** *from the hardships of life.*" (Fernando Botero)

A arte é um a) respeito; b) alívio temporário espiritual, imaterial, das dificuldades da vida.

2. "*Poetry affords us a* ***respite*** *in which we may gather renewed strength for the old struggle to adapt ourselves to reality.*" (Robert Haven Schauffler)

A poesia nos dá um a) respeito; b) respiro, descanso temporário de forma a podermos renovar as forças para a velha luta de nos adaptarmos à realidade.

---

321 resume (verbo) (EUA) /rɪˈzuːm/, (Reino Unido) /rɪˈzjuːm/ rima com *presume* (presumir, supor)

résumé, resumé, resume (subst.) (EUA) /ˈrezəmeɪ/, (Reino Unido) /ˈrezjumeɪ/

E finalmente chegou a hora do ***resume***. Danadinho, esse ***resume***. Você encontra esse verbo (regular) em uma frase como,

> *It was a noisy place, but Emily sat down at a table and tried to **resume** her work.*
>
> E agora? Se não houver um contexto maior e se você não tiver sido prevenido a respeito do ***resume***, é provável entender a frase assim:
>
> Era um lugar barulhento, mas Emily sentou-se a uma mesa e tentou resumir o seu trabalho.
>
> Se foi essa a sua tradução, o ***resume*** acaba de fazer mais uma vítima. Porque ***resume*** não significa "resumir" e sim "recomeçar". Na tradução daquela frase temos de trocar "resumir" por "recomeçar".

1. Mais exemplos com ***resume***:

   *The game had been interrupted because of a blackout, but it **resumed** after the lights came back on.*

   *After the coffee break we all **resumed** our seats and Professor Brick **resumed** his lecture.*

2. E como se diz "resumir, fazer um resumo"? *Summarize* ou *sum up*.

   *The solution to mankind's problems can be **summarized/summed up** in just one word: love.*

3. Finalmente, o substantivo ***résumé*** ou ***resumé*** (ou ainda grafado sem os acentos, que os *native writers* de inglês acham "estranho": *resume*) é o nosso "currículo profissional", o mesmo que *CV* ou *curriculum vitae*.

   *When applying for a job, you have to submit your **résumé/resumé/resume** to the employer.*

Escolha a opção que melhor traduz as palavras em destaque nestas frases. Na frase 1 você vai reencontrar *resign*, vista no verbete 317. Na frase 3, você vai reencontrar *facilities*, vista no verbete 184.

1. "*I have no intention of **resigning**, and confidently expect to **resume** official duties within three months.*" (Frederick William Borden)

Não tenho intenção de a) renunciar; b) resignar e com confiança espero a) resumir; b) recomeçar os deveres oficiais dentro de três meses.

2. "*You are not your **resume**, you are your work.*" (Seth Godin)

Você não é o seu a) currículo; b) resumo, você é o seu trabalho.

3. "*North Korea said it would **resume** dismantling its main nuclear **facilities**, hours after the United States removed the communist country from a list of states that sponsored terrorism.*" (Washington Times, October 12, 2018)

A Coreia do Norte disse que a) resumiria; b) recomeçaria o desmanche de suas principais a) facilidades; b) instalações nucleares, horas depois que os Estados Unidos retiraram o país comunista da lista de Estados que patrocinam terrorismo.

322 retire (verbo) /rɪˈtaɪə(r)/ rima com *require* (requerer, exigir; necessitar)

retired (adj.) /rɪˈtaɪə(r)d/ rima com *required* (requerido/a, exigido/a; necessitado/a)

retirement (subst.) /rɪˈtaɪə(r)mənt/ rima com *requirement* (requisito, exigência; necessidade)

1. O uso mais frequente do verbo (regular) **retire** é:

   aposentar-se.

   > *Professor Hagge **retired** from teaching at the university and moved out to Mendoza.*
   >
   > *Betty plans to **retire** in a couple of years and dedicate herself to gardening.*

2. Em linguagem formal, **retire** pode significar:

   retirar-se.

   > *Having heard all the witnesses, the jury **retired** to consider the evidence.*
   >
   > *I like to **retire** to my study and read a good book.*

3. E, em linguagem literária, **retire** pode ser:

   recolher-se, ir dormir.

   > *It was after midnight, time to call it a day and **retire**.*

4. **Retired** é o adjetivo "da família", significa:

   aposentado/a.

   > *Doctor Parker no longer works in a hospital. He is a **retired** physician now.*

5. **Retirement** é o substantivo:

   aposentadoria.

   > *What's the official **retirement** age in Brazil now?*
   >
   > *Ricardo plans to take **retirement** at age 65.*

6. **Retirement** é usado nas locuções:

   - **retirement home:** lar para idosos
   - **retirement plan:** plano de aposentadoria particular

Escolha a opção que melhor traduz as palavras em destaque nestas frases.

1. "When I **retire**, I hope I am remembered for being a decent guy." (Lionel Messi)

Quando eu me *a) retirar; b) aposentar*, espero ser lembrado por ser um cara legal.

2. *"The trouble with **retirement** is that you never get a day off."* (Abe Lemons)

O problema da *a) retirada; b) aposentadoria* é que você nunca tem um dia de folga.

3. *"People do not **retire**. They are **retired** by others."* (Duke Ellington)

As pessoas não se *a) aposentam; b) retiram*. São *a) retiradas; b) aposentadas* pelos outros.

4. *"If anything could have pulled me out of **retirement**, it would have been an Indiana Jones film."* (Sean Connery)

Se algo poderia ter me tirado da *a) retirada; b) aposentadoria*, teria sido um filme do Indiana Jones.

323 retribution (subst.) /ˌretrɪˈbjuːʃ(ə)n/ rima com *distribution* (distribuição)

1. Você está preparado para uma surpresa? Se eu te fizer uma gentileza, um elogio, se te der uma dica de uma nova marca de chocolate ou de um filme imperdível na Netflix, o que eu posso esperar como **retribution**?

2. Não o que **retribution** significa, porque não seria justo, seria ingratidão sua. Porque **retribution** não é o nosso "retribuição", algo bom e positivo, troca equivalente, compensação ao mesmo nível e sim...

castigo, punição por algo que se fez de errado.

> The killer acted without any fear of **retribution**, he was certain of impunity.
>
> Some people refrain from doing evil things for fear of punishment from God, what they call divine **retribution**.

O sentido original de **retribution** fica mais claro se usarmos um hífen depois do prefixo re-, significando *payback*, pagar de volta. *Re-tribution* era, na origem da palavra, um pagamento devido por um serviço ou um tributo (não no sentido de imposto, mas no de homenagem) por alguma coisa boa, ou a devolução de algo que tinha sido tomado emprestado. Era um pagamento por serviços recebidos, pagamento no sentido positivo. Mas é então que entra em cena a Igreja Católica e fala de um *Day of Retribution* ou *Day of Judgement*, o Dia do Juízo Final, quando é conhecida a recompensa ou a punição divina, de acordo com o bom ou mau comportamento do mortal em sua vida terrena. E agora, no inglês moderno, o sentido secular de **retribution** é quase sempre negativo: **retribution** não é retribuição e sim punição ou castigo pelos pecados cometidos.

3. E como se diz "retribuição", no bom sentido? *Reward*.

    *Tio Montalvim deserves a **reward** for being so helpful.*

Escolha a opção que melhor traduz as palavras em destaque nestas frases.

1. *"Memory is earth's **retribution** for man's sins."* (Augusta Jane Evans)

    A memória é a *a) retribuição; b) punição* terrena pelos pecados do homem.

2. *"You will achieve more in this world through acts of mercy than you will through acts of **retribution**."* (Nelson Mandela)

    Você conseguirá mais neste mundo através da misericórdia do que através da *a) punição; b) retribuição*.

3. *"To be left alone, and face to face with my own crime, had been just **retribution**."* (Henry Wadsworth Longfellow)

    Ficar sozinho, cara a cara com o meu próprio crime, tinha sido *a) castigo; b) retribuição* justo/a.

4. *"**Retribution** is really a stone age concept."* (Thomas Metzinger)

    A *a) punição; b) retribuição* é um conceito da idade da pedra.

---

324 reunion (subst.) /riːˈjuːniən/ rima com *communion* (comunhão)

1. Mas *reunion* é falso amigo? Não é "reunião"? Calma! É reunião ou, melhor, reencontro, mas não de qualquer tipo.

2. Se, em um daqueles programas de TV que apelam para o sentimentalismo das pessoas (garantia absoluta de grande audiência...), a produção do programa tiver preparado a emocionante reunião, um reencontro de uma mãe e seu filho, afastados há mais de vinte anos por circunstâncias que não vêm ao caso citar, teremos o quê?

    *The emotional **reunion** of mother and son*

3. E se dissermos que é muito comum, nos Estados Unidos, principalmente no Dia de Ação de Graças (mais ainda do que no Natal), as famílias se reunirem, geralmente na casa da matriarca, para a tradicional *family reunion*, filhos, filhas, netos, netas, cada um vindo de sua casa, muitas vezes distante dali, todo mundo sentado à volta de uma grande mesa e de olho no previsível e conspícuo peru...

    *It was Thanksgiving and Mrs. Taylor was happy to have her family **reunion** one more time.*

4. Ou então a *high school reunion*, aquela ocasião em que você é chamado para um almoço em que vão estar todos os colegas de turma que você não

vê há séculos, onde sempre há muitos causos para ouvir e para contar, o reencontro de algumas pessoas admiráveis, outras insuportáveis, umas se divertindo, outras se exibindo...

*Are you going to our 30th class **reunion**?*

5. O uso de **reunion** para "reunião" para por aí. Se quisermos falar de uma reunião profissional, de negócios, do escritório, da empresa, da escola, a palavra a usar – todo mundo sabe – é *meeting*.

*Let's have a **meeting** to discuss those problems.*

*Tio Gilbertim can't see you now. He's in a **meeting**.*

Observe o contexto e complete as frases abaixo com **reunion** ou **meeting**.

1. "A _____ is a deliberation where hours are wasted and minutes are recorded." (anonymous)

2. "If you don't believe in ghosts, you've never been to a family _____." (Ashleigh Brilliant)

3. "High School _____ Truth: You forget how much you miss your classmates until you see them again." (varsity.reunions.com)

4. "A Parliament is nothing less than a big _____ of more or less idle people." (Walter Bagehot)

5. "A family _____ is an effective form of birth control." (Robert A. Heinlein)

Para entender bem o sentido daquele *minutes* na frase 1 é bom voltar ao verbete 264.

---

325 **salient** (adj.) /ˈseɪliənt/

1. Sabe aquele sujeitinho atrevido, folgado, assanhado, que os antigos chamavam de "saliente"? Nem pensar em usar o **salient**, em inglês, para chamar a atenção dessa figura saliente. Para esse sentido usa-se o adjetivo *fresh* ou *forward*.

   *Don't try to get **fresh** with me, young man.*

2. Na verdade, **salient** é um adjetivo próprio da linguagem formal, geralmente usado em relação a coisas (fatos, características, pontos) e pode significar: importante, relevante, proeminente, destacado/a, que se sobressai.

   *She insisted on presenting the **salient** points of her proposal.*

*One of the most **salient** features of their new home is the swimming pool in the back yard.*

Salient vem do latim, do verbo *salire* (saltar); o particípio presente é *saliens*, "saltando". Daí o adjetivo **salient**, que salta, se destaca.

Escolha a opção que melhor traduz a palavra em destaque nestas frases.

1. *"Science fiction writers missed the most **salient** feature of our modern era: the Internet." (Jack McDevitt)*

Os escritores de ficção científica não previram a característica mais *a) saliente; b) destacada* da era moderna: a internet.

2. *"Beyond doubt, the most **salient** characteristic of life in this latter half of the 19th century is its speed." (William Rathbone Greg)*

Sem dúvida, a característica mais *a) destacada; b) saliente* desta segunda metade do século 19 é a sua velocidade.

3. *"The three **salient** features of love are: Where there is love, there is no question. Where there is love, there is no pain. Where there is love, there is nothing impossible". (Harbhajan Singh Yogi)*

As três características *a) salientes; b) proeminentes* do amor são: Onde há amor, não há problema. Onde há amor, não há sofrimento. Onde há amor, nada é impossível.

326 sanction (subst. e verbo) /ˈsæŋkʃ(ə)n/

1. Cuidado com **sanction**, muita atenção ao contexto, porque essa palavra tem dois sentidos contraditórios, que podem levar a confusão.

2. Vamos começar pelo substantivo **sanction**.

    O governo de um país pode impor sanções a outro, como de vez em quando os Estados Unidos fazem com países como Cuba, Rússia, Coreia do Norte, Yemen, Venezuela etc. Nesse caso, **sanction** é uma sanção, punição, um castigo.

    *The United Nations has imposed new economic **sanctions** on Yemen.*

    *Boca Juniors is now pressing for the same **sanctions** for its rival. (New York Times, November 26, 2018)*

3. Mas **sanction** também pode significar: sanção, permissão, autorização, aprovação official.

    *The United States invaded Iraq in 1953 without the **sanction** of the United Nations.*

4. Como verbo (regular), **sanction** é usado com muito mais frequência no sentido de sancionar, autorizar, aprovar oficialmente.

   *The United States has **sanctioned** the sale of arms to Saudi Arabia.*

   *The government has **sanctioned** the use of force in the war against drug dealers.*

   *The United Kingdom is scheduled to leave the European Union on 29 March 2019, whether the deal is **sanctioned** or not. (BBC, November 27, 2018) That's old news now.*

5. Mas, como verbo, **sanction** também pode aparecer no sentido de penalizar, castigar, impor sanções contra alguém ou alguma instituição. Esse uso é combatido por alguns estudiosos da língua inglesa, mas existe.

   *Boca Juniors asked Conmebol to suspend the game and **sanction** River Plate for the behavior of its fans. (New York Times, November 25, 2018)*

Sanction vem do latim *sanctio*, lei sagrada, decreto inviolável. O importante no sentido original dessa palavra era o elemento de autoridade, exigência de submissão, obediência à lei ou ao decreto, que poderia ser favorável ou contra quem a **sanction** fosse aplicada.

Mas como vamos saber quando a palavra significa "permitir, autorizar" e quando é o oposto: "proibir, punir"? Pelo contexto. Mais uma vez – e como sempre – é preciso ficar bem atento ao contexto.

Escolha a opção que melhor traduz as palavras em destaque nestas frases.

1. "*Economic **sanctions** rarely achieve the desired results.*" (Omar Bongo)

a) Sanções, autorizações; b) Sanções, punições econômicas raramente atingem os resultados desejados.

2. "*We're not afraid of **sanctions**. We're not afraid of military invasion. What frightens us is the invasion of Western immorality.*" (Ruhollah Khomeini)

Nós não temos medo das a) sanções, punições; b) sanções, autorizações. Não temos medo de uma invasão militar. Do que temos muito medo é da imoralidade que vem do Ocidente.

3. "*Evil requires the **sanction** of the victim.*" (Ayn Rand)

O mal necessita da a) autorização; b) punição da vítima.

327 sanguine (adj.) /'sæŋgwɪn/

1. Em inglês moderno, **sanguine** é um adjetivo (formal) usado para designar uma pessoa que é:

   otimista, confiante, positivo/a, esperançoso/a.

   *Tio Piê has a **sanguine** temperament.*

   *In spite of all the present crises, he is **sanguine** about the country's future.*

2. **Sanguine**, é evidente, vem de *sanguis*, a palavra para *sangue*, em latim.

E o que será que o sangue tem a ver com a moderna acepção de **sanguine**, vista acima? A História explica: Os antigos gregos acreditavam haver quatro humores ou fluidos primários no corpo: a fleuma, a cólera ou bile negra, a melancolia ou bile amarela e o sangue. Cada pessoa tinha o seu fluido dominante e isso determinaria a sua personalidade. Você poderia ser fleumático, calmo, nada te perturbaria, como o Dalai Lama. Poderia ser colérico, facilmente dominado pela raiva, de pavio curto, como Hitler. Poderia ser melancólico, propenso a ficar triste e pensativo, como o poeta francês Charles Baudelaire (*Les Fleurs du Mal...*). E se você tivesse uma **sanguine disposition**, ou **temperament**, isso seria visível no seu rosto vermelho, feliz, sorridente, mostrando ter muito sangue ali, assim como nas veias e nas artérias, é claro. Como quem? Como você e eu.

A vida nos ensinou a ser otimistas, confiantes, positivos, esperançosos em um mundo melhor, apesar de tudo. Não temos outra escolha.

We have no choice.

Escolha a opção que melhor traduz as palavras em destaque nestas frases.

1. "His **sanguine** spirit turns every firefly into a star." (Arthur Conan Doyle, in *The Parasite*)

O seu espírito *a) sanguíneo; b) positivo* transforma em estrela cada vagalume que ele vê.

2. "That glorious vision of doing good is so often the **sanguine** mirage of so many good minds." (Charles Dickens, in *A Tale of Two Cities*)

Aquela gloriosa visão de fazer o bem muitas vezes é a miragem *a) sanguínea; b) otimista* de tantas mentes boas.

3. "(...) that **sanguine** expectation of happiness which is happiness itself." (Jane Austen, in *Sense and Sensibility*)

(...) aquela expectativa *a) positiva; b) sanguínea* de felicidade que é a própria felicidade.

328 scallop (subst.) /ˈskɑːləp, ˈskæləp/

1. "Escalope", no dicionário de português, é um substantivo que aparece em culinária, definido como "fatia fina de filé cortada na transversal". Escalopinhos ao molho Madeira, quem não gosta?

2. **Scallop** "pede" para ser "escalope", mas está muito longe disso. Na verdade, é um fruto do mar, muito valorizado e caro, talvez mais fácil de identificar pela concha que protege esse saboroso molusco, chamado vieira ou leque. Talvez o nome "leque" ajude mais a identificar essa delícia das marisqueiras, porque a concha lembra mesmo um leque aberto. Outra dica para a identificação (pelo menos da concha) é de que ela serve de logomarca à Shell, é aquela bem visível em todos os postos de gasolina Shell. E ainda há outra forma de lembrar, novamente da concha e não do molusco em si, e é para os interessados em fazer o caminho de Santiago. Os peregrinos que seguem até Santiago de Compostela, na Galícia, noroeste da Espanha, eram identificados por uma concha de vieira (ou leque), **scallop** in *English*, no chapéu.

> Sir Walter Raleigh* escreveu *"The Passionate Man's Pilgrimage"*, um poema sobre a peregrinação a Santiago de Compostela, do qual damos o trecho abaixo:
>
> *Give me my scallop-shell of quiet,*
>
> *My staff of faith to walk upon,*
>
> *My script of joy, immortal diet,*
>
> *My bottle of salvation,*
>
> *My gown of glory, hope's true gage;*
>
> *And thus I'll take my pilgrimage.*
>
>   Walter Raleigh
>
> Seria mais ou menos isto, em português:
>
> Dai-me a concha-leque da tranquilidade,
>
> Meu bordão de fé para ajudar na caminhada,
>
> Meu texto de alegria, doce imortalidade,
>
> Minha garrafa de salvação,
>
> Meu manto de glória, medida certa da esperança,
>
> E aqui estou, peregrino, pronto para a andança.

---

* Sir Walter Raleigh (rima com Dolly) (1552-1618) foi explorador, corsário (mais sofisticado do que pirata), espião, aventureiro, um dos favoritos da Rainha Elizabeth I (*the Virgin Queen*), escritor e poeta inglês, além de peregrino a Santiago de Compostela.

329 scholar (subst.) /ˈskɑːlə(r)/ rima com *dollar* (dólar)

1. **Scholar** convida imediatamente a pensar em "escolar" mas, embora seja da área da educação, não é essa a tradução adequada.

2. **Scholar** pode ter duas acepções de sentido:

    a) estudioso/a, erudito/a, autoridade, pessoa que tem profundo e amplo conhecimento de um assunto, adquirido por meio de leitura e estudo

    *Antonio Cândido (1918-2017) was one of the most important Brazilian literary **scholars**.*

    b) bolsista, pessoa que recebeu uma *scholarship*, bolsa de estudos

    *Fundação Estudar offers support for former and current young Brazilian **scholars**.*

3. Para dizer "escolar" usa-se *school* como adjetivo e *schoolboy, schoolgirl* ou *student* como substantivo.

    *That movie is not adequate for children of **school** age.*

    ***Schoolboys** and **schoolgirls** who go to the same school are schoolmates.*

Escolha a opção que melhor traduz a palavra em destaque nestas frases.

1. "A **scholar** who cherishes the love of comfort is not fit to be deemed a scholar." (Lao Tzu)

Um a) escolar; b) estudioso que é apaixonado pelo conforto não merece ser chamado de estudioso.

2. "A good writer is basically a story teller, not a **scholar** or a redeemer of mankind." (Isaac Bashevis Singer)

Um bom escritor é basicamente um contador de histórias, não um a) estudioso; b) escolar ou um redentor da humanidade.

3. "The learner always begins by finding fault, but the **scholar** sees the positive merit in everything." (Georg Wilhelm Friedrich Hegel)

O aprendiz sempre começa por achar defeitos, mas o a) escolar; b) estudioso vê o mérito positivo em todas as coisas.

330 score (subst. e verbo) /skɔː(r)/ rima com *store* (loja)

1. Se você gosta de esportes, certamente conhece um dos sentidos de *score*, como substantivo: escore, placar, resultado de um jogo.

    *Qual é o escore? What's the **score**?*

    *The final **score** was 2-0.*

> Essa mesma pergunta, *What's the score?*, também pode ser feita, em linguagem coloquial, no mesmo sentido de *Como é que é? O que afinal ficou decidido?*

2. Mas o substantivo **score** pode ter várias outras acepções:

    a) nota, número de pontos obtidos em uma prova

    *In school, you get a **score**, or a grade, on your tests and papers.*

    b) (Música) partitura

    *Mozart wrote the **score** of scores of symphonies.*

    c) (Cinema, Teatro) música, trilha sonora

    *Andrew Lloyd Weber wrote the **score** for The Phantom of the Opera.*

    d) (plural inalterado: score) (Literário) vintena

    *Four **score** and seven years ago…*

> "*Four **score** and seven years ago our fathers brought forth on this continent a new nation (…)*" Essas são as palavras iniciais do "*Gettysburg Address*," famoso discurso de Abraham Lincoln, feito em novembro de 1863, durante a Guerra Civil dos EUA. Lincoln referia-se em linguagem poética a algo que tinha acontecido em 1776, 87 anos antes, daí o enigmático "*four **score** and seven years ago*". A esse respeito vale a pena ler de novo o verbete 9: *address*.

    e) (plural: scores) grande número de

    *Mozart wrote the score of **scores** of symphonies.*

3. E como verbo (regular) **score** pode significar:

    a) marcar (gols, pontos)

    *Pelé **scored** over a thousand goals.*

    b) registrar o escore, tomar nota de

    *Who's going to **score** for our card game?*

    c) atribuir pontos, dar nota a

    *Judges **score** the skater's performances based on their art and originality.*

    d) (informal) marcar pontos, ter grande sucesso

    *He made a great speech. He always **scores** as a public speaker.*

    e) orquestrar

    *Legendary composer John Williams **scored** the music for Star Wars, Indiana Jones and many other blockbusters.*

4. Expressões com **score**:

    ■ **on that score:** nesse aspecto, quanto a isso

*The deal is closed, there's nothing to worry about **on that score**.*

- **keep score:** marcar pontos; tomar nota (dos pontos, gols etc.) mas também usado, em linguagem figurada, para situações domésticas

    *In a relationship it's a mistake to **keep score** of things that do not work out well.*

- **settle a/the score:** acertar as contas, ficar quites

    *He was sure he had been betrayed and swore to **settle the score** someday.*

5. Em **nenhum** dos seus sentidos **score** significa "escora" ou "escorar". Isso é *prop* (o substantivo) e *prop up* (o verbo).

    *He used some pillows as a **prop** to keep the shelf in position.*

    *She is a religious woman and her faith **propped** her **up** in times of grief.*

Escolha a opção que melhor traduz as palavras em destaque nestas frases.

1. *"If winning isn't everything, why do they keep **score**?"* (Vince Lombardi, Jr.)
Se ganhar não é importante, por que anotar a) os pontos; b) as partituras?

2. *"Without having a goal it's difficult to **score**."* (Paul Arden)
Sem uma meta, é difícil a) marcar gols; b) atribuir pontos.

3. *"Life is a game. Money is how we keep **score**."* (Ted Turner)
A vida é um jogo. O dinheiro é a forma como a) marcamos os pontos; b) acertamos as contas.

4. *"If the purpose for learning is to **score well** on a test, we've lost sight of the real reason for learning."* (Jeannie Fulbright)
Se o propósito de aprender é a) registrar bem o escore; b) marcar muitos pontos em um teste, perdemos de vista a verdadeira razão para aprender.

---

331 **sensible** (adj.) /ˈsensəb(ə)l/ rima com *gullible* (enganável, crédulo/a)

sensibility (subst.) /ˌsensəˈbɪləti/ rima com *possibility* (possibilidade)

sensitive (adj.) /ˈsensətɪv/ rima com *relative* (relativo/a)

sensitivity (subst.) /ˌsensəˈtɪvəti/ rima com *relativity* (relatividade)

1. *Sensible* significa:

    a) sensato/a, ajuizado/a, racional

    *It was raining hard and staying at home seemed to be the only **sensible** thing to do.*

    b) (seguido de *of*) ciente (de) (= *aware (of)*)

*The President has to be **sensible** of the responsibility of the task that lies ahead of him.*

c) (roupa, calçado) prático/a, funcional

*Remember to pack some **sensible** clothes and shoes, it can be rainy and cold out there in the winter.*

2. **Sensitive** significa:

a) (pessoa) sensível, facilmente afetada pelas críticas dos outros

*Carly is a very **sensitive** person who doesn't like to be criticized.*

b) (assunto, situação) delicado/a, melindroso/a

*Abortion and birth control are very **sensitive** issues and should be approached with extreme care.*

c) (pele, organismo) sensível, delicado/a, que exige cuidados

*Michelle's skin is very **sensitive**, she shouldn't be out in the sun for too long.*

d) (pessoa), compreensível, gentil, de bom coração

*Tio Sergim is the boss, but he is a **sensitive** man, I'm sure he will find a good solution.*

3. **Sensibility** e **sensitivity** são os substantivos "dessa família", significando "sensibilidade em geral".

*"Sense and **Sensibility**" was Jane Austen's first novel.*

"*Sense and **Sensibility***", traduzido no Brasil primeiro por "Razão e Sentimento", depois por "Razão e Sensibilidade", e em Portugal por "Sensibilidade e Bom-senso", foi o primeiro romance de Jane Austen a ser publicado, em 3 volumes, em 1811. Não tinha o nome da autora, ela preferiu esconder-se em um misterioso pseudônimo: "*A Lady*".

Escolha a opção que melhor traduz as palavras em destaque nestas frases. Na frase 1 vamos reencontrar *arguably*, já vista no verbete 38.

1. "*Getting a tattoo is **arguably** one of the most insane decisions a **sensible** human can make.*" (Jenna Wortham)

Tatuar-se é, a) *indiscutivelmente;* b) *certamente, na minha opinião,* uma das decisões mais insanas que um ser humano a) *sensível;* b) *sensato* pode tomar.

2. "***Sensitive** people suffer more, but they love more and dream more.*" (Augusto Cury)

As pessoas a) *sensíveis;* b) *sensatas* sofrem mais, mas amam mais e sonham mais.

3. "*Too much **sensibility** creates unhappiness and too much insensibility creates crime.*" (Charles Maurice de Talleyrand)

a) Sensibilidade; b) Sensatez demais cria infelicidade, insensibilidade demais cria crime.

4. *"The people **sensible** enough to give good advice are usually **sensible** enough to give none."* (Eden Philipotts)

As pessoas que são suficientemente *a) sensatas; b) sensíveis* para dar bons conselhos em geral são também *a) sensatas; b) sensíveis* para não dar nenhum.

---

332 silicon (subst.) /ˈsɪlɪkən/ rima com *amazon* (amazona)

silicone (subst.) /ˈsɪlɪkoʊn/ rima com *telephone* (telefone; telefonar)

1. Se o substantivo *silicon* aparece em um texto em inglês, assim, sozinho, solitário, podemos considerá-lo um falso amigo, já que a palavra que vem logo à mente é a nossa "silicone", usado em implantes de seio ou outras partes do corpo. Mas *silicon* não é isso.

2. Já se a palavra se apresenta na locução "**Silicon Valley**", o perigo de confusão não existe porque isso, todo mundo sabe, não é o Vale do Silicone e sim o Vale do Silício, região da baía de São Francisco, na Califórnia, famosa pela concentração de empresas de alta tecnologia. E também por uma série da TV norte-americana do mesmo nome, **Silicon Valley**.

> Milhares de empresas de alta tecnologia têm *headquarters* no Vale do Silício, entre elas Apple, Microsoft, Facebook, Google, Amazon, Netflix, Intel... e vai por aí, a lista é longa.

3. Lembramo-nos então das aulas de química e que *silicon* corresponde ao nosso "silício, elemento químico não metálico de Símbolo Si", utilizado, entre muitas outras aplicações, nos famosos *chips*, mas não as batatinhas fritas, mas os circuitos integrados de eletroeletrônicos. O silício hoje em dia faz parte da vida cotidiana de todo o cidadão da Terra, mesmo que ele nunca tenha ouvido falar desse nome.

> *Next to oxygen, **silicon** is the most common element, making up 28% of the Earth's crust.*

> A palavra "silício" vem do latim *sílex*, que significa "pedra dura".

4. Já o ***silicone*** (*in English* escreve-se igualzinho ao substantivo em português) é usado em larga escala em vários setores da indústria, na fabricação de borracha artificial, tinta, resina, fibra de vidro, filtros solares, lentes de contato, cosméticos, sem falar, é claro, nos implantes de cirurgia plástica.

> ***Silicone*** *breast implants are now a common procedure in plastic surgery.*

Neste exercício você vai apenas traduzir a palavra destacada em cada frase, optando por **silício** ou **silicone**.

1. *"**Silicon** Valley is a mindset, not a location." (Reid Hoffman)*

O Vale do _____ não é um local e sim uma configuração da mente, uma mentalidade.

2. *"Being fake doesn't only mean **silicone** implants, opinions that aren't yours, and listening to music you hate. Being fake is being anything other than what you really, truly are." (Me, boardofwisdom.com)*

Ser falso não quer dizer apenas implantes de _____, opiniões alheias, escutar música que odeia. Ser falso é ser aquilo que você realmente e na verdade não é.

3. *"There will always be ignorance, and ignorance leads to fear. But with time, people will come to accept their **silicon** masters." (Bill Gates)*

Sempre haverá ignorância e a ignorância leva ao medo. Mas com o tempo, as pessoas vão chegar a aceitar os seus mestres de _____.

4. *"Women with **silicone** breast implants should feel reassured." (Joseph McLaughlin)*

As mulheres com implantes de _____ nos seios têm de se sentir em segurança.

---

333 siren (subst.) /ˈsaɪrən/ rima com *Byron*

1. Mais uma palavrinha que gosta de brincar de *"O Médico e o Monstro"*. Às vezes é o *Dr. Jekyll*, o médico, bonzinho, bem comportado, como esse **siren** quando significa:

    Sirene

    > *One of the most distinctive features of New York is the constant sound of police **sirens**, ambulance **sirens**, fire-engine **sirens**.*

2. Outras vezes, com menos frequência, **siren** é o Mr. Hyde, o monstro, que parece "sirene", mas você vai perceber pelo contexto que na verdade significa "sereia". Neste sentido é sinônimo de *mermaid*.

    > *In Ancient Greek stories sailors had to be tied up to the ship's masts in an attempt to resist the **siren**'s call; it was believed that the **sirens** sang to sailors in order to make them sail toward rocks and crash.*

    > *Beware the **siren**'s song, Ulyssses!*

The Strange Case of Dr Jekyll and Mr Hyde, história de Robert Louis Stevenson, publicada originalmente em 1886, fala de um médico (Dr. Jekyll) que descobre uma droga capaz de criar uma outra personalidade, na qual ele expressa os seus maus instintos. O médico dá o nome de Mr. Hyde a essa segunda personalidade. Com o tempo, esse Mr. Hyde torna-se cada vez mais malvado até um ponto em que o Dr. Jekyll... Chega, nada de *spoilers*, paramos por aqui. A história está em domínio público e a sua leitura (no original, em inglês, *of course*) é recomendada.

Escolha a opção que melhor traduz a palavra em destaque nestas frases.

1. "*My mother was a **siren**. My father was a sailor. I am an ocean child. And the winds of the waves are calling. Calling me home.*" (Conny Cernik)

Minha mãe era a) sirene; b) sereia. Meu pai era marinheiro. Sou filha do oceano. E os ventos das ondas estão chamando. Chamando para casa.

2. "*You must avoid sloth, that wicked **siren**.*" (Horace)

Você tem de evitar a preguiça, aquela a) sereia; b) sirene malvada.

3. "*I'm a praying atheist. When I hear an ambulance **siren**, I ask for a blessing for those people in trouble, knowing that no one's listening. I think it's just a habit of mindfulness.*" (Geraldine Brooks)

Sou uma ateia que reza. Quando ouço a a) sereia; b) sirene de uma ambulância, peço uma benção para aquelas pessoas com problemas, sabendo que não há ninguém escutando. Acho que é só um hábito de plenitude mental.

334 solicit (verbo) /səˈlɪsɪt/ rima com *elicit* (obter, conseguir)

soliciting (subst.) /səˈlɪsɪtɪŋ/ rima com *eliciting* (obtendo, conseguindo)

solicitor (subst.) /səˈlɪsɪtə(r)/ rima com *elicitor* (o/a que obtém, consegue)

1. ***Solicit*** é uma daquelas palavrinhas com dupla personalidade, às vezes amigos verdadeiros, outras vezes falsos amigos, prontos a pegar os incautos em uma tradução equivocada. Assim:

2. ***Solicit*** é um verbo (regular), próprio da linguagem formal, que pode corresponder ao nosso "solicitar" ou:

   a) pedir, angariar (dinheiro, doações, apoio político, religioso ou comercial, opiniões, comentários, *feedback*)

   The government of Indonesia is **soliciting** donations to help victims of the tsunami.

   Jehovah's Witnesses go from door to door **soliciting** support to their faith.

   Henry VIII **solicited** the Pope for a divorce.

Solicit pode ter outras acepções de sentido:

b) (prostituta) praticar o lenocínio, aliciar fregueses

*A few young prostitutes were **soliciting** on the promenade near the hotel.*

c) (despachante de táxi, em aeroporto, terminal rodoviário etc.) angariar passageiros para taxistas

*Charles works at the airport exit **soliciting** passengers for cab rides.*

d) tentar vender ou promover (geralmente de porta em porta)

*(sign on door) Absolutely no **soliciting**. Whatever you have, are selling or promoting, we don't want it.*

e) incitar, tentar persuadir outra pessoa a praticar algo errado

*Peter, well known as a trouble maker, was **soliciting** his classmates to get into mischief.*

3. ***Soliciting*** é o termo usado para designar a ação de ***solicit***, quase sempre com sentido depreciativo. Seria "angariação, pedidos".

*Two of those prostitutes were arrested for **soliciting**.*

*Private Property: No **soliciting**, loitering, trespassing. All offenders will be prosecuted.*

É comum nas cidades dos Estados Unidos, em áreas públicas ou privadas, encontrarem-se afixados nas portas das residências, adesivos ou placas com recados (alguns padronizados, outros personalizados), em que os residentes se dirigem, de forma divertida, até irônica, aos que vêm dispostos a bater à porta, com a intenção de ***solicit***. Mensagens como esta:

No Soliciting

We are not interested in helping you win a trip, our pests are under control, we found Jesus, we don't need our water tested, we have plenty of books, and we are happy with our current trash/phone/Internet plans. Seriously, we don't want any.

4. ***Solicitor*** é um substantivo geralmente usado na área do Direito, com sentidos e funções diferentes no Reino Unido e nos Estados Unidos.

a) (no Reino Unido) advogado/a (com funções mais restritas do que as do *barrister*)

b) (nos Estados Unidos) principal autoridade jurídica de um departamento do governo ou cidade

c) (nos Estados Unidos) pessoa cuja função é angariar doações, fundos ou convencer as pessoas a comprar determinados produtos

5. ***Solicitor-General*** é:
   a) (no Reino Unido) Procurador-Geral da Coroa
   b) (nos Estados Unidos) Procurador-Geral da República

> Se você mora no Reino Unido e precisa de um advogado para resolver um problema legal que não seja muito grave, você contrata um ***solicitor***. Ele vai poder lhe dar assessoria legal, preparar contratos, escrituras, testamentos etc., representá-lo nas instâncias inferiores de um tribunal. Se o seu caso for mais grave (esperamos que não), o *solicitor* passa a bola para um *barrister*, que pode atuar nas instâncias superiores do tribunal.
>
> Para se tornar *barrister*, o advogado precisa ser admitido à *Bar Association*, correspondente à nossa Ordem dos Advogados. O termo *Bar* aí significa Barra (dos tribunais e não da Tijuca) e, é claro, não se trata de uma associação onde é possível tomar uma *pint* (quase meio litro, geralmente de cerveja) em um (raro) dia de calor. Uma outra diferença entre *solicitor* e *barrister* está na indumentária. Enquanto o *solicitor* usa terno e gravata, o *barrister* (homem ou mulher) traja toga e usa peruca branca.

Escolha a opção que melhor traduz as palavras em destaque nestas frases. Na frase 3 vamos voltar a ver *convict*, vista no verbete 116 e também *arrest*, vista no verbete 40.

1. "I make up my opinion from facts and reasoning, and not to suit anybody but myself. If people don't like my opinions, it makes little difference as I don't **solicit** their opinions or votes." (William Tecumseh Sherman)

Eu formo minha opinião a partir de fatos e raciocínio e não para agradar a outra pessoa a não ser a mim próprio. Se as pessoas não gostam das minhas opiniões, isso pouco importa, porque eu não *a)* peço; *b)* dou as opiniões ou os votos deles.

2. "He says the campaign is **soliciting** investments, not donations." (Washington Times, July 4, 2018)

Ele diz que a campanha está *a)* solicitando; *b)* promovendo investimentos e não doações.

3. "She was **convicted** of seeking to **solicit** the murder of one of them after she was **arrested**." (Los Angeles Times, June 8, 2018)

Ela foi *a)* convencida; *b)* condenada por procurar *a)* solicitar; *b)* incitar o assassinato de um deles depois de ter sido *a)* arrastada; *b)* presa.

4. "Pay attention to negative feedback and **solicit** it, particularly from friends. Hardly anyone does that, and it's incredibly helpful." (Elon Musk)

Preste atenção ao *feedback* negativo e o *a)* dê; *b)* peça, especialmente aos amigos. Quase ninguém faz isso e é incrivelmente útil.

335 spade (subst.) /speɪd/ rima com *blade* (lâmina)

1. Este é um *false friend* clássico. Lembra a nossa "espada", mas podemos cortar isso da lembrança, já que **spade** não tem nenhuma ligação com espada. Na verdade, é um instrumento ou, melhor, uma ferramenta que se maneja, se usa com a mão, mas tem uma função menos agressiva e beligerante do que a espada. Há muito mais poesia no uso da rústica *spade* do que no de uma afiada *sword** (espada). Quem a utiliza é o jardineiro ou o camponês, pessoas que trabalham com a terra e precisam de uma **spade** para cavar. É a nossa "pá".

    *A **spade** is used for digging. The pirates used **spades** to dig for treasure, but they didn't find anything but an old skeleton.*

2. **Spades**, no plural, é um dos naipes do jogo de cartas, o de cor preta. Aí, sim, traduz-se por "espadas".

    *What card did I get? A queen of **spades**.*

3. E a espada, arma branca, como é que se diz? Já vimos, é *sword*. E, de novo, cuidado com a pronúncia, esse *w* é mudo. *Sword* rima com *lord*.

4. **Spade** entra (duas vezes) para compor a expressão
    - **call a spade a spade:** falar com franqueza, sem rodeios

    I'm sorry, I'm not going to beat about the bush, I'm going to **call a spade a spade**. I think your President is a total disaster.*

> Mais uma expressão idiomática curiosa. **Beat about the bush* literalmente é "ficar batendo na moita", para ver se dela sai coelho ou outro bicho que lá tenha se escondido, mas o sentido verdadeiro é "fazer rodeios, não ser franco/a, não ir direto ao assunto".

Escolha a opção que melhor traduz a palavra em destaque nestas frases.

1. "*A sword, a **spade**, and a thought should never be allowed to rust.*" (James Stephens)

A uma espada, uma a) *pá*; b) *espada* e um pensamento nunca deveria ser permitido enferrujar.

2. "*When I see a **spade**, I call it a **spade**. I'm glad to say I have never seen a **spade**. The man who would **call a spade a spade** should be compelled to use it. It's the only thing he's fit for.*" (Oscar Wilde, in *The Importance of Being Earnest*)

---

* Cuidado na hora de pronunciar esse **sword** /sɔː(r)d/. Só tem uma sílaba e o *w* é mudo. *Sword* rima com *lord*.

Quando eu vejo uma *a) pá; b) espada*, eu a chamo de *a) pá; b) espada*. Eu posso dizer, com satisfação, que nunca vi uma *a) pá; b) espada*. O homem que está disposto a *a) chamar duas pás; b) falar com franqueza, sem meias palavras*, deveria ser obrigado a usar a pá. É só para isso que ele serve.

Não dá para passar sem comentar essa última citação, a do personagem que nunca viu uma pá e se orgulha disso. Oscar Wilde era dotado de uma inteligência brilhante, mas esnobe demais para os simples mortais...

336 **spelunk** (verbo) /spɪˈlʌŋk/ rima com *debunk* (desmistificar, desmascarar)

spelunker (subst.) /spɪˈlʌŋkə(r)/ rima com *debunker* (desmistificador(a))

spelunking (subst.) /spɪˈlʌŋkɪŋ/ rima com *debunking* (desmistificação)

1. ***Spelunk*** é um verbo (regular), que significa:

   explorar grutas ou cavernas naturais (= *go spelunking*).

   > *Geologists **spelunk** trying to find evidence of different minerals, as well as fossils of different animals.*

   > *Archaelogists **spelunk** trying to find remnants of previous civilizations.*

2. ***Spelunker*** é o substantivo (mais comum nos Estados Unidos) que designa a pessoa que explora grutas e cavernas naturais como esporte ou *hobby*. É sinônimo de *caver*. Quando isso é feito de maneira científica ou profissional, o termo técnico é *speleologist*.

   > *Some people **go spelunking** as a hobby, they are **spelunkers**.*

3. ***Spelunking*** é espeleologia, a exploração e estudo de grutas e cavernas naturais.

   > *In 2018, 13 boys, a whole soccer team and their coach went **spelunking** in a cave in Thailand and got trapped inside the cave by floods. Luckily they were rescued afterwards.*

Essas palavras lembram logo a nossa "espelunca", não? Uma espelunca é um lugar (geralmente público) sujo, mal iluminado, sem conforto, mal frequentado... algo a ver com **spelunk, spelunker, spelunking**? Desta vez ... tudo a ver! ***Spelunk*** & Cia. têm origem na palavra *spelunca*, em latim, que significa isso mesmo: gruta, caverna natural. Da próxima vez que rotularmos um certo lugar como uma "espelunca" é bom verificar se há mesmo semelhança com uma gruta ou caverna. Pública a gruta ou caverna é, pelo menos enquanto não quiserem cobrar ingresso (e para algumas grutas já temos de pagar ingresso, sim). Suja a gruta não será, a não ser que os **spelunkers**, que são seres humanos, tenham deixado lixo por lá (mas isso não é plausível, porque esses exploradores têm (ou deveriam ter) altíssima consciência ambiental). Mal iluminada sem dúvida a gruta é (a lâmpada no capacete do **spelunker** é equipamento essencial). Sem conforto também, as grutas só fornecem conforto moral, pelo prazer da aventura e da descoberta. Mal frequentada a gruta não será, afinal, a presença de morcegos não pode ser considerada ruim, os pobres mamíferos noturnos têm de viver em algum lugar e há contra eles um enorme preconceito, muitas vezes por falta de informação. Enfim... espelunca e espeleologia... tudo a ver... Vivendo e aprendendo, iluminados, mesmo nas cavernas, pela utilidade da informação.

Escolha a opção que melhor traduz as palavras em destaque nestas frases.

1. "Scores of **spelunkers** flocked to Mae Sai, Thailand, within days of the news that the soccer team was trapped by floods." (Phred Dvorak, WSJ, July 10, 2018)

Vintenas de a) *especuladores*; b) *exploradores de grutas* dirigiram-se em grupos até Mae Sai, Tailândia, dias depois da notícia de que o time de futebol tinha sido aprisionado pela enchente dentro da gruta.

2. "Missing students on **spelunking** trip are found safe." (News Channel 3, August 11, 2018)

Os estudantes que estavam perdidos quando foram a) *explorar cavernas*; b) *viajar em uma gruta* são encontrados em segurança.

---

337 subject (subst. e adj.) /ˈsʌbdʒekt/ a sílaba tônica é a primeira: SUBject; rima com *insect* (inseto)

subject (verbo) /səbˈdʒekt/ a sílaba tônica é a segunda e última: subJECT; rima com *suspect* (suspeitar)

1. Mas *subject* é falso amigo? Não é "sujeito"? Respondemos que o substantivo até é, mas só na terminologia gramatical. Vamos ver isso direitinho agora, começando pelas várias acepções que o substantivo pode ter.

2. *Subject* pode ser:

   a) assunto

   *I don't want to talk about that. Let's change the **subject**.*

   *Death is a **subject** no one likes to talk about.*

   b) (em escola) matéria, disciplina

   *English was my favorite **subject** in high school. What's yours?*

c) (de rei, rainha) súdito, cidadão de uma monarquia
   *Most of Queen Elizabeth II's **subjects** love her.*
   *Elton John is a British **subject**.*

A propósito de ***subject*** no sentido de "súdito" há uma historinha envolvendo dois ilustres políticos ingleses do século dezenove: Benjamin Disraeli e William Gladstone. Gladstone certa vez criticou Disraeli pela sua fama de engraçadinho, espirituoso, capaz de fazer piada de qualquer assunto. Em inglês, *able to make a joke out of any **subject***. Na tentativa de deixar o colega em má situação, Gladstone desafiou-o, dizendo *"Then make a joke about Queen Victoria."* A resposta de Disraeli foi imediata, *"The Queen is not a **subject**."*

A resposta de Disraeli explora os dois sentidos de ***subject*** (assunto e súdito). Nós vimos esses dois sentidos, na letra a) e na letra c), então é possível dizer que Disraeli tinha mesmo grande presença de espírito.

d) (pessoa, animal) objeto de uma experiência ou teste, cobaia
   *They are recruiting test **subjects** for a scientific study.*

e) (em obra de arte) assunto, tema, pessoa retratada
   *The person who poses for a painter is a **subject**.*
   *The sea is the **subject** of some of Turner's paintings.*

f) objeto, pessoa ou coisa sobre a qual se faz uma investigação
   *That politician was the **subject** of a criminal investigation.*

g) (Gramática) sujeito, termo da oração sobre o qual se declara algo e com o qual o verbo concorda
   *In "The Queen lives in Buckingham Palace," "The Queen" is the **subject**.*
   *That is the only case in which she is a **subject**.*

Como vimos, ***subject*** pode ser traduzido por "objeto" (letra f) e também por "sujeito" (letra g). Nunca é demais lembrar que é sempre preciso ficar atento ao contexto.

3. E como é que se diz "sujeito, pessoa indeterminada, cujo nome não se diz ou não se sabe"? *Fellow, guy*. Em inglês britânico também *chap, bloke*.
   *What's the name of that **fellow*** *who stepped on the Moon for the first time?*

4. Como adjetivo, ***subject*** em geral é seguido de *to* e significa "sujeito/a" (a).
   *Purchases over $ 500 are **subject to** tax.*

---

* Na verdade *those fellows*, porque foram dois: Neil Armstrong and "Buzz" Aldrin.

*If you exceed the speed limit you are **subject to** a $ 100 fine.*

*All flights are **subject to** delay or even cancellation in bad weather conditions.*

5. Como verbo (regular) ***subject*** é usado com *to*: sujeitar a, submeter a.

   *Maria da Penha's husband **subjected** her **to** years of physical abuse. Now he's in jail because of that.*

   *The people in Chernobyl were **subjected to** radiation.*

> Escolha a opção que melhor traduz as palavras em destaque nestas frases. Na frase 2 vamos reencontrar *notice*, já vista no verbete 269.
>
> 1. *"I am my own muse, the **subject** I know best." (Frida Kahlo)*
>
> Eu sou minha própria musa, o *a) sujeito; b) tema* que eu conheço melhor.
>
> 2. *"Civilization exists by geological consent, **subject** to change without **notice**." (Will Durant)*
>
> A civilização existe por consentimento geológico, *a) sujeito; b) objeto* a mudança sem *a) notícia; b) aviso prévio*.
>
> 3. *"We reproach people for talking about themselves, but it is the **subject** they treat best." (Anatole France)*
>
> Nós criticamos as pessoas por falarem sobre si mesmas, mas esse é o *a) sujeito; b) assunto* de que elas tratam melhor.

---

338 **substitute** (subst. e verbo) (EUA) /ˈsʌbstɪtuːt/, (Reino Unido) /ˈsʌbstɪtjuːt/ rima com *institute* (instituto; instituir)

1. Este ***substitute*** pega carona na lista de falsos amigos, mesmo não sendo, na verdade, um *false friend*. O substantivo lembra "substituto/a" e é isso, o verbo lembra "substituir" e é isso. Então, por que ele está aqui e nós perdendo (ganhando!) o nosso tempo lendo isto? Calma, já vamos ver!

2. O substantivo não apresenta dificuldade, é sempre o nosso "substituto".

   *There is no **substitute** for hard work. (Thomas Edison)*

3. O problema está no verbo. Para dizer "substituir uma coisa por outra, usar A no lugar de B", se usarmos *replace*, que é sinônimo de ***substitute***, não corremos risco de errar. Mas atenção: a preposição que vai com *replace* é *with* e não *for*.

   *Jane's husband is diabetic, so she **replaces** sugar with sweetener when she makes a cake.*

4. Até aqui, *no problem*. Mas o verbo que gosta de armar pegadinhas não é o *replace* e sim o ***substitute***. Quando ele vier acompanhado da preposição ***for***, é preciso atenção extra e muito cuidado. Isso porque os complementos

de **substitute** something **for** something else são NA ORDEM CONTRÁRIA à que usamos em português com "substituir". Vamos observar, trocando *replace* por **substitute**, na mesma frase do marido da Jane.

> *Jane's husband is diabetic, so she **substitutes** sweetener for sugar when she makes a cake.*

5. Se você usar *replace* isto *with* aquilo, a ordem dos complementos é a mesma que usamos em português:

    > *We must strive to **replace** conflict **with** dialogue.*

    Mas se usar **substitute** isto **for** aquilo, a ordem dos complementos é inversa, em relação à nossa.

    > *We must strive to **substitute** dialogue **for** conflict.*

    E esta, hein?
    Trata-se de uma "pegadinha" para ninguém botar defeito.

✓ Vamos praticar com mais um exemplo, desta vez uma bela citação sobre um assunto que interessa a todos nós.

"*The purpose of education is to **replace** an empty mind **with** an open one.*" (Malcolm S. Forbes)

Agora vamos usar **substitute ... for** no lugar de *replace ... with*.

"*The purpose of education is to **substitute** _____ **for** _____.*

Escolha a opção correta para preencher as lacunas acima:

a) an open mind; an empty one.   b) an empty mind; an open one.

Letra a), of course. E que bela frase, para guardar na memória.

✎ Neste exercício você vai preencher as lacunas da tradução com as palavras que damos entre parênteses, mas que poderão estar na ordem lógica (para nós) ou não. *It's up to you to decide,* levando em conta o que foi explicado sobre o verbo em destaque.

1. "*The work of science is to **substitute** facts for appearances, and demonstrations for impressions.*" (John Ruskin)

    O trabalho da ciência é substituir _____ por _____ e _____ por _____ (impressões – fatos – demonstrações – aparências)

2. "*It is the besetting vice of democracies to **substitute** public opinion for law.*" (James F. Cooper)

    É um vício aflitivo das democracias substituir a _____ pela _____. (lei – opinião pública)

3. *"If you **substitute** marijuana for tobacco and alcohol, you'll add eight to twenty-four years to your life."* (Jack Herer)

Se você substituir _____ por _____, você acrescenta de oito a 24 anos à sua vida. (maconha – tabaco e álcool)

4. *"The true artist doesn't **substitute** immorality for morality. On the contrary, he always **substitutes** a finer morality for a grosser one.* (D. H. Lawrence)

O verdadeiro artista não substitui a _____ pela _____. Ao contrário, ele sempre substitui uma moralidade mais _____ por outra mais _____. (moralidade – grosseira – fina – imoralidade)

---

339 **succeed** (verbo) /sək'si:d/ rima com *exceed* (exceder)

1. Mais um que gosta de brincar de dupla personalidade. Às vezes a persona é o Dr. Jekyll, amigo verdadeiro, parece um verbo que temos em português e o significado é esse mesmo: suceder (a).

2. ***Succeed*** é um verbo (regular) que tem um uso pouco frequente, significando:

suceder (a), ser sucessor(a) de (no trono, na presidência, no cargo).

> When Queen Elizabeth II dies, her eldest son, Charles, Prince of Wales, will **succeed** her. Unless he dies before her, of course.

> Dorothy **succeeded** her father as head of the business.

A propósito de ***succeed***, lembramo-nos de uma *anecdote* (verbete 21, *remember*?) envolvendo dois americanos ilustres, Thomas Jefferson e Benjamin Franklin. Jefferson (1743-1826), 3º presidente dos Estados Unidos, um dos *Founding Fathers* da nação, redigiu a Declaração de Independência em 1776, tornando as "*13 original colonies in America*" independentes do Império Britânico. Benjamin Franklin (1706-1790), outro dos *Founding Fathers* e que também assinou a Declaração de Independência, foi o primeiro embaixador da jovem nação na França, onde era muito respeitado e admirado. Os franceses o chamavam de *l'ambassadeur électrique*, em alusão à (perigosa) experiência feita por Ben Franklin em que, durante uma tempestade com raios, ele usou um fio de metal para empinar uma pipa de papel e assim provar que o raio nada mais é do que uma corrente elétrica de grandes proporções. Franklin demonstrou ainda que hastes de ferro ligadas à terra e colocadas perto de edificações serviriam de condutores de descargas elétricas atmosféricas. Estava inventado o *lightning rod* (para-raios).

Mas voltamos a Thomas Jefferson. Em 1785 Jefferson foi nomeado embaixador dos EUA na França. Chegando a Paris para suceder ao posto, então ocupado por Benjamin Franklin, Thomas Jefferson entregou suas

> credenciais diplomáticas ao ministro do exterior da França e este disse (em inglês, *bien sûr*) "*So you are to replace Dr. Franklin?*" A resposta de Jefferson foi imediata, "*I **succeed** Dr. Franklin. No one can replace him.*"
>
> "Eu venho suceder ao Dr. Franklin. Ninguém pode substituí-lo."

3. Quase na mesma linha de pensamento, ***succeed*** pode significar:
suceder (a), seguir-se, vir ou ocorrer em seguida (a).

> *That new model of car **succeeds** the old one.*
>
> *Night **succeeds** day, hours **succeed** each other, spring **succeeds** winter, it's Time dancing a waltz.*

4. Mas na maioria das frases em que ***succeed*** aparece, ele muda de persona, passa a ser o Mr. Hyde, o monstro que não permite adivinhar o significado da palavra, que nem de longe parece uma palavra em português. Nesse caso ***succeed*** é o nosso "conseguir, ter sucesso". É o mesmo que *be successful*.

> *Phil finally **succeeded in** passing his driving test.*
>
> *Don is a man consumed by ambition and lust for power, driven to **succeed** at any cost.*

5. ***Succeed*** pode também significar "dar certo, funcionar, acontecer como planejado ou desejado".

> *Everybody was happy as the plan had **succeeded**.*
>
> *There is an old saying about something obvious, "Nothing **succeeds** like success.".*

6. E como se diz "suceder", no sentido de acontecer, ocorrer? *Happen, occur.*

> *I wanted to know exactly what had **happened** on that occasion.*

Escolha a opção que melhor traduz as palavras em destaque nestas frases.

1. "*Never help a child with a task at which he feels he can **succeed**.*" (Maria Montessori)

Nunca ajude uma criança com uma tarefa que ela sente que pode a) suceder; b) conseguir fazer.

2. "*Our greatest weakness lies in giving up. The most certain way to **succeed** is always to try just one more time.*" (Thomas A. Edison)

A nossa maior fraqueza está em desistir. A forma mais garantida de a) suceder; b) ter sucesso é sempre tentar uma vez mais.

3. "*Do not try to live forever. You will not **succeed**.*" (George Bernard Shaw)

Não tente viver para sempre. Você não vai a) conseguir; b) suceder.

4. "*Pain and pleasure, like light and darkness, **succeed** each other.*" (Laurence Sterne)

A dor e o prazer, como a luz e a escuridão, *a) sucedem; b) conseguem* uma à outra.

5. "Losers quit when they fail. Winners fail until they **succeed**." *(Robert T. Kiyosaki)*

Os perdedores desistem quando fracassam. Os vencedores fracassam até que *a) sucedem; b) têm sucesso.*

6. "I would be very happy for a woman to **succeed** me." *(Paul Kagame)*

Eu ficaria muito feliz se uma mulher me *a) sucedesse; b) conseguisse.*

> Para melhor apreciarmos essa última citação, é bom saber que Paul Kagame (1957-) é o atual Presidente de Ruanda, depois que ele, em 1994, então chefe militar de uma força rebelde, foi vitorioso e pôs fim à guerra civil entre os hutus e os tutsis e ao genocídio perpetrado pelos hutus. Kagame, ele próprio da etnia tutsi, foi eleito presidente em 2000, reeleito mais uma vez em 2017 e, devido a mais uma emenda constitucional, potencialmente se manterá na presidência até 2034. A mulher a que Kagame alude nessa citação poderia ser Janette Kagame, a esposa dele, uma das mulheres mais respeitadas e admiradas do país. O poder continuaria em casa e nas mãos de uma mulher, talvez *good news* para Ruanda.

340 **supercilious** (adj.) /ˌsuːpə(r)ˈsɪliəs/

1. Impossível não ligar, de imediato, **supercilious** ao nosso "supercílio". Mas supercílio é substantivo, sinônimo de sobrancelha. E **supercilious** é um adjetivo, próprio da linguagem formal, usado com sentido depreciativo, para qualificar um modo, um comportamento, uma atitude, ou uma pessoa que é arrogante, soberbo/a, metido/a a superior.

    > When I asked Professor Jones how many foreign languages he spoke, he gave me a **supercilious** smile and said, "More than I can remember.".

> **Supercilious** vem do latim *superciliosus* e de *supercilium*: supercílio, sobrancelha. O adjetivo fala da expressão facial que algumas pessoas têm, por se acharem superiores aos outros, levantando levemente o supercílio ao mesmo tempo que falam, com um sorriso indulgente, um daqueles sorrisos de quem "se acha".

2. E o substantivo "supercílio, sobrancelha", qual é a palavra, em inglês? *Eyebrow* (rima com *somehow*: de alguma forma).

    > Jane bought an **eyebrow** pencil and declared that from that day on she would have Frida Kahlo's **eyebrows**.

Escolha a opção que melhor traduz a palavra em destaque nestas frases.

1. "The sweaty players in the game of life always have more fun than the **supercilious** spectators." (William Feather)

Os transpirados jogadores do jogo da vida sempre se divertem mais do que os a) supercílios; b) arrogantes espectadores.

2. "Humble and submissive towards the emperor and his ministers, he was disdainful and **supercilious** to his inferiors." (Conrad von Bolanden, in Barbarossa)

Humilde e submisso com o imperador e seus ministros, ele era desdenhoso e a) arrogante; b) supercílio com aqueles que considerava inferiores.

3. "Trump is a no-nothing, garrulous, an apparent alpha male with delusions of grandeur, **supercilious**, empty-headed, emperor without clothes." (New York Times, May 23, 2018)

Trump é um zero à esquerda, falastrão, um aparente macho alfa com manias de grandeza, a) supercílio; b) arrogante, vazio de pensamentos, imperador nu.

4. "Is this nation of **supercilious** snail-eaters poised for revival or destined for obscurity?" (Slate, January 26, 2013, slate.com)

Estará esta nação de a) supercílios; b) arrogantes comedores de caracóis posicionada para uma renascença ou destinada à obscuridade?

Just out of curiosity, fomos pesquisar qual seria a tal nação de *supercilious snail-eaters* a que se refere o autor da frase publicada no site da *slate.com* e que reproduzimos com o número 4. É uma dessas alternativas aí abaixo, escolha a opção correta. Uma dica: trata-se do gosto gastronômico atribuído a muitos dos cidadãos desse país...

a) Estados Unidos   b) Inglaterra   c) França   d) China

A resposta é c), *bien sûr*. E um irresistível comentário: quem viveu na Europa na infância e nunca comeu caracóis não teve infância...

---

341 **support** (subst. e verbo) /səˈpɔː(r)t/ rima com *report* (relatório)

1. A primeira palavra que vem à mente quando vemos **support**, *in English*, é o nosso verbo "suportar" e quase sempre pensamos nele de forma negativa:

    Eu não suporto aquele sujeito!

    Eu não suporto chamadas de *telemarketing*!

Se quisermos dizer isso em inglês, embora **support** exista nesse sentido, mas só em linguagem extremamente formal, o mais natural é usarmos outros verbos: *stand, bear, tolerate* ou a expressão *put up with*.

I can't stand / bear / tolerate / put up with that guy.

I can't stand / bear / tolerate / put up with telemarketing calls.

2. **Support** é um verbo (regular) de uso bem comum e tem diversas acepções:

   a) apoiar, aprovar, ajudar (uma pessoa, causa, ideia, proposta)
      *Which presidential candidate do you **support**?*
      *I totally **support** your decision. You can count on me.*

   b) sustentar, manter financeiramente (uma pessoa, família, organização)
      *He has to work hard, as he has a big family to **support**.*

   c) apoiar, sustentar, suportar, suster (peso), não deixar cair
      *The bridge is **supported** by thick steel cables.*
      *The old woman **supports** herself with a cane.*

   d) sustentar, manter em existência, em condições, em ação
      *Can that planet **support** human life?*

   e) provar, substanciar, corroborar (uma afirmação, conclusão, teoria)
      *His theory is not **supported** by any scientific evidence.*

   f) (no Reino Unido) torcer por (um time) (nos Estados Unidos = *root for*)
      *Which team do you **support**?*

3. **Support** como substantivo pode ser:

   a) apoio
      *The author thanked his family for their love and **support** all those years.*

   b) sustento
      *That guy lives a luxurious kind of life although he has no visible means of **support**.*

   c) suporte, sustentação
      *They practice a gentle form of yoga using a chair for **support**.*

   d) patrocínio, apoio financeiro
      *They have applied for financial **support** from the state to go ahead with the movie project.*

Escolha a opção que melhor traduz as palavras em destaque nestas frases. Na frase 2 vamos voltar a encontrar *miserable*, vista no verbete 265.

1. "Truth stands, even if there be no public **support**. It is self-sustained." (Mohandas "Mahatma" Gandhi)

A verdade fica de pé, mesmo sem *a) sustentação; b) tolerância* pública. Ela apoia-se em si mesma.

2. "I **support** gay marriage. I believe they have a right to be as **miserable** as the rest of us." (Kinky Friedman)

Eu *a) tolero; b) apoio* casamento entre pessoas do mesmo sexo; acredito que elas têm o direito de ser tão *a) miseráveis; b) infelizes* como o resto da sociedade.

3. "A government that robs Peter to pay Paul can always depend on the **support** of Paul." (George Bernard Shaw)

Um governo que rouba Peter para pagar a Paul sempre pode contar com o *a) suporte; b) apoio* de Paul.

4. "Statistics are used much like a drunk uses a lamppost: for **support**, not illumination." (Vin Scully)

As estatísticas são usadas como o bêbado usa o poste de luz: para *a) tolerância; b) sustentação* e não para iluminação.

---

342 surge (subst. e verbo) /sɜː(r)dʒ/ rima com *urge* (instar, pedir com insistência)

1. Pedindo desde já desculpas pela brincadeira... Quando essa palavra surge em um texto, surge logo a dúvida... será que é o nosso "surgir"? Vamos ver.
2. ***Surge*** é mais comum como substantivo, com três acepções:
    a) grande onda ou sucessão de ondas (do mar)

    A ***surge*** *is a sudden strong swelling such as a tsunami wave that engulfs the land.*

    b) onda, aumento, crescimento (de interesse, popularidade, emoção, adrenalina, raiva, pânico, preços etc.)

    *It was a sad movie and I felt a sudden **surge** of emotion that almost made me cry.*

    *At Christmas sometimes there is a **surge** of interest in one toy and crowds surge into toy stores to buy it.*

    *A **surge** of feminism is engaging women of all ages and backgrounds.*

    c) (eletricidade) surto, pico de corrente ou voltagem, sobrecarga, sobretensão

    ■ **surge protector:** protetor contra surtos de corrente ou voltagem
3. Como verbo (regular), ***surge*** pode significar:
    a) aumentar, crescer

    *Fuel prices have **surged** recently.*

*The interest in learning Portuguese has **surged** in the last few years in Macao.*

b) avançar, arremeter

*When the bell rang, some of the students **surged** toward the door.*

*At Christmas sometimes there is a surge of interest in one toy and crowds **surge** into toy stores to buy it.*

4. E como é que se diz "surgir"? *Appear, come up*. Quando se trata de algo que assusta, usa-se *loom* (ou *loom up*).

*It was a cloudy day, but then the sun began to **appear** from behind the clouds.*

*When a problem **comes up**, we must try to solve it.*

*When did the Internet first **appear**?*

*It was a foggy morning, then a big black ship **loomed (up)** out of the fog.*

5. Finalmente, como se diz:

a) surto (de doença, epidemia/violência): *outbreak*

b) surto (psicótico): *psychotic break/breakdown/episode*

Escolha a opção que melhor traduz a palavra em destaque nestas frases.

1. *"For the youth, the indignation of most things will just **surge** as each birthday passes." (Chris Evans)*

Para os jovens, a indignação pela maioria das coisas *a) cresce, aumenta; b) surge* com o passar do tempo.

2. *"The sudden **surge** of hormones at teenage age will continue to play an important part in the life of young people." (Oche Otorkpa, in The Unseen Terrorist)*

O súbito *a) surgimento; b) aumento* de hormônios na adolescência continuará a ter um papel importante na vida dos jovens.

3. *"Enthusiasm is the yeast that makes your hopes shine to the stars. Enthusiasm is the sparkle in your eyes, the swing in your gait, the grip of your hand, the irresistible **surge** of will and energy to execute your ideas." (Henry Ford)*

Entusiasmo é o fermento que faz as suas esperanças brilhar até as estrelas. Entusiasmo é o brilhozinho nos olhos, a ginga no jeito de andar, a pegada firme da mão, o irresistível *a) surgimento; b) surto* de vontade e energia para executar as suas ideias.

343 sycophant (subst.) /ˈsɪkəfənt/ rima com *elephant* (elefante)

1. Se você é um simples mortal, como eu, **sycophant** não traz à lembrança nenhuma palavra em português. Confesso humildemente que até fazer a pesquisa a que obriga este *Dicionário e Prática de False Friends* desconhecia por completo que existe *sicofanta*, em português. E **sycophant** e *sicofanta* são amigos, indicam o mesmo? *No way*. Ambos são substantivos que não usaríamos para qualificar gente a quem queremos bem, mas os dois têm sentidos diferentes. São falsos cognatos, de origem comum, mas que, com o tempo, tomaram sentidos diferentes.

2. Primeiro, o significado de *sicofanta*, em português: delator(a), denunciante. Para dizer isso em inglês, não se usa **sycophant** e sim *squealer, snitcher, informer,* ou (mais usados em relação a crianças) *tattler, tattletale*.

   Antonio Palocci was one of the **squealers** *who told the judge about the wrong things those politicians had done.*

   Edward Snowden, the American whistleblower, has been called other bad names, such as ***informer****,* ***squealer****, even spy and traitor.*

   É bom lembrar que **Squealer** foi o nome escolhido por George Orwell para o porco que, em *Animal Farm* (A Revolução dos Bichos), diz a antológica frase "*All animals are equal, but some animals are more equal than others.*" Também é bom esclarecer que o verbo *squeal* tem várias acepções, entre elas "grunhir", daí o nome escolhido por George Orwell para o porco. **Squealer**, aquele que grunhe. Nesse caso o **squealer** não é delator e sim *grunhidor*. Mas a associação entre o som emitido pelo porco e a delação é válida, né? E aquele **Squealer** não dedurava, ele filosofava...

3. Então, o que é **sycophant**? Bajulador(a), adulador(a), lisonjeador(a). O popular puxa-saco. **Sycophant** é de uso formal. Informalmente usam-se outros substantivos, como *bootlicker* (literalmente lambe-botas), *fawner* (do verbo *fawn*: bajular, puxar o saco) e *toady* (também do verbo *toady*: bajular, puxar o saco).

   Some celebrities like to be surrounded by fans who are nothing but **sycophants**.

   A **sycophant** *is someone who praises rich or powerful people in order to gain an advantage.*

   Nobody likes a squealer. Nobody likes a **sycophant***, either.*

Tanto **sycophant**, em inglês, quanto *sicofanta*, em português, têm a mesma curiosa origem. Essas palavras vêm do latim *sycophanta*, um termo por sua vez tomado emprestado do grego *sykophántes*, que significa, literalmente, "aquele que revela o figo". Revela o figo, como assim? Explicam os dicionários etimológicos, com ligeiras variações entre si, que

> para os antigos gregos **sycophant**/ *sicofanta* era o sujeito que delatava, denunciava, "dedurava" aqueles que contrabandeavam figos ou roubavam figos de figueiras consideradas sagradas. Portanto, o termo *"sicofanta"*, em português, manteve esse sentido original: delator(a), denunciante. Primeiro de figos, depois de qualquer "marmelada", "figada" ou "coisa errada" feita pelo denunciado. Lá pelo século XVI os falantes de inglês adotaram o termo **sycophant**, mas os delatores viraram bajuladores, e o dedo-duro deu lugar, em inglês, ao puxa-saco.

4. De qualquer maneira, tanto **sycophant** quanto *sicofanta*, apesar de sentidos diferentes, são ambos ótimos para "contemplarmos" alguém que mereça um bom puxão de orelhas.

   *You're nothing but a **sycophant**.* Você não passa de um sicofanta.

   Mesmo que o sujeito não seja nada disso, ele vai ficar arrasado.

   Escolha a opção que melhor traduz a palavra em destaque nestas frases.

   1. *"Sir, I am no **sycophant** or worshipper of power anywhere." (Benjamin F. Wade)*

   Senhor, não sou a) *delator;* b) *bajulador* ou adorador do poder em lugar nenhum.

   2. *"A friend who agrees with everything that you say or do is worse than the foe. Beware the **sycophant**." (Silver Mars)*

   Um amigo que concorda com tudo o que você diz ou faz é pior do que o inimigo. Cuidado com o a) *delator;* b) *puxa-saco*.

   3. *"I would rather a thousand times be a free soul in jail than to be a **sycophant** and coward in the streets." (Eugene V. Debs)*

   Prefiro mil vezes ser uma alma livre na prisão do que ser um a) *bajulador;* b) *delator* e covarde em liberdade nas ruas.

---

344 **sympathetic** (adj.) /ˌsɪmpəˈθetɪk/ rima com *energetic* (energético/a)

sympathize (EUA) ,**sympathise** (Reino Unido) (verbo) /ˈsɪmpəθaɪz/ rima com *energize* (energizar)

sympathy (subst.) /ˈsɪmpəθi/ rima com *energy* (energia)

1. Aqui vamos devagar com a louça de **sympathetic** e "família", porque essa louça nada tem de simpática, é frágil e pede cuidados.
2. Em português, usamos "simpático/a" para pessoas ou ideias positivas, agradáveis, de encanto pessoal. Dizemos, por exemplo:

   *Tio Cuíca is very **likable/nice/friendly/charming/congenial** and has great sense of humor.*

3. Não se usaria **sympathetic** na frase anterior. **Sympathetic** significa "solidário/a, compreensivo/a, com boa vontade".

> He has been very **sympathetic** whenever we have personal problems.
>
> I have always been **sympathetic** to the victims of oppression and unfair treatment by the powerful.

4. **Sympathize/sympathise** é um verbo (regular) que quer dizer:

   a) compadecer-se, condoer-se, solidarizar-se (com alguém que tem problemas), compreender

   > You say you can't stand the noise in crowded restaurants at lunchtime. I **sympathize**.
   >
   > I know those families are in a terrible situation. I **sympathize**, but how can I help?

   b) simpatizar, concordar, apoiar (uma causa, luta, reivindicação etc.)

   > The truckers are on strike and many people **sympathize** with their demands.

5. O substantivo **sympathy**, na maioria de suas acepções, não é o nosso "simpatia", como vamos ver a seguir. **Sympathy** pode ser:

   a) solidariedade (na dor, no infortúnio), pena, compaixão (pelos problemas do outro)

   > We all feel **sympathy** for the homeless, the poor people living on the streets.
   >
   > I was in great emotional pain and called my sister for **sympathy**.

   b) compreensão, boa vontade, apoio

   > Everybody knows Theo is a liberal, but expressing **sympathy** for the terrorists is a gross exaggeration.

   c) (também no plural: **sympathies**) condolências, pêsames

   > My deepest **sympathies** go out to the families of the victims.

6. **Sympathy** pode ser o nosso "simpatia", quando a frase expressa um estado em que uma ou mais pessoas compartilham as mesmas opiniões, interesses, gostos, objetivos.

   > There seemed to be no **sympathy** between Angela and Donald.
   >
   > I am not in **sympathy** with your President's views, I just can't accept them.

Existe uma expressão (do inglês britânico), meio fora de moda, em que **sympathy** aparece e que – sendo inglesa – tinha de envolver chá. Foi título de uma peça teatral (1953) do dramaturgo inglês Robert Anderson. Chama-se *Tea and Sympathy*. Essa expressão fala de um tratamento gentil e bondoso que se dá a uma pessoa que está precisando de apoio, conforto moral, o popular e carinhoso "colinho".

Sue Helen was feeling depressed and went to her best friend for **tea and sympathy**.

✓ E, para terminar, como você traduziria o título daquele polêmico *rock* dos Rolling Stones, *Sympathy for the Devil*? Vamos propor cinco opções, escolha a sua. É bom voltar a ler a letra, já que o título em português é uma questão de interpretação pessoal. Para ter certeza, só perguntando ao Mick Jagger ou ao Keith Richards, mas eles também não vão saber o sentido exato do nosso "simpatia". As opções são:

a) Simpatia pelo Diabo (muito votado nas letras da música, na Web)

b) Compaixão pelo Diabo

c) Condescendência com o Diabo

d) Compreensão com o Diabo

e) Colinho para o Diabo

Make your choice...

Escolha a opção que melhor traduz as palavras em destaque nestas frases.

Na frase 3 voltamos a encontrar *render*, já visto no verbete 316.

1. "I can **sympathise** with people's pains, but not with their pleasure. There is something curiously boring about somebody else's happiness." (Aldous Huxley)

Eu consigo a) *condoer-me*; b) *simpatizar* com as dores das pessoas, mas não consigo ficar alegre com o prazer delas. Há algo de curiosamente enfadonho com a felicidade alheia.

2. "To desire and expect nothing for oneself and to have profound **sympathy** for others is genuine holiness." (Ivan Turgenev)

Desejar e esperar nada para si próprio e ter profunda a) *simpatia*; b) *compaixão* pelos outros é sinal genuíno de santidade.

3. "Both tears and sweat are salty, but they **render** a different result. Tears will get you **sympathy**, sweat will get you change." (Jesse Jackson)

Tanto as lágrimas como o suor são salgadas, mas elas a) *rendem*; b) *produzem* um resultado diferente. As lágrimas vão te trazer a) *simpatia*; b) *solidariedade*, o suor vai te trazer mudança.

4. "A **sympathetic** friend can be quite as dear as a brother." (Homer)

Um amigo a) *solidário*; b) *simpático* pode ser tão querido como um irmão.

---

345 **tanker** (subst.) /ˈtæŋkə(r)/ rima com *banker* (banqueiro/a)

1. A primeira palavra que vem à mente quando esse **tanker** aparece é da área militar, lembra um tanque... de guerra, naturalmente. Algo a ver? Não, nada a ver. Tanque de guerra é *tank*.

*A **tank** is a large military fighting vehicle that is covered in heavy armor.*

2. Então *tanker*, o que é? Pode ser:

    a) caminhão-tanque, usado para transportar líquidos ou gás

    A ***tanker*** *is a truck that carries liquids.*

    b) (também ***oil tanker***) petroleiro

    *An **oil tanker** carries oil across the oceans.*

3. E "tanque", para lavar a roupa em casa, qual é a palavra? *Sink.*

    *Fred is washing a pair of socks in the **sink**.*

4. E "*think tank*", o que é? É uma equipe de especialistas, encarregada por um novo governo para a formulação de planos, diretrizes e políticas públicas. Essa equipe é popularmente conhecida como "laboratório de ideias" ou "fábrica de ideias".

    *Fundação Getúlio Vargas is considered a leading **think tank** in Rio de Janeiro.*

Escolha a opção que melhor traduz as palavras em destaque, abaixo. Na frase 1, vamos voltar a ver *billion*, já vista no verbete 60.

1. "Worldwide, 4,500 **oil tankers** carry 2 **billion** barrels of crude per year over almost 140 million square miles of ocean, according to industry and intelligence agency estimates. (Washington Times, November 5, 2018)

No mundo inteiro, 4.500 a) tanques de petróleo; b) petroleiros transportam 2 a) bilhões; b) trilhões de barris de óleo cru por ano, navegando por mais de 140 milhões de milhas quadradas de oceano, de acordo com estimativas da indústria e de agências de inteligência.

2. "*By today's beauty standards, of course, Marilyn Monroe was an **oil tanker**."* (Dave Berry)

Pelos padrões de beleza de hoje, é claro, Marilyn Monroe era um a) petroleiro; b) tanque de óleo.

---

346 tenant (subst.) /ˈtenənt/ rima com *pennant* (flâmula)

1. ***Tenant*** por acaso é o nosso "tenente"? *No way.* Para esse posto militar, imediatamente inferior ao de capitão, a palavra em inglês (vinda do francês) é *lieutenant.*

    *The French **Lieutenant**'s Woman is a 1981 movie starring Meryl Streep and Jeremy Irons.*

2. Então o que é *tenant*? Se você aluga a sua casa ou o seu apartamento e for do sexo masculino você é o *landlord*, o senhorio, locador. Se for do

sexo feminino será a *landlady*, a senhoria, locadora. A pessoa a quem você aluga, seja homem ou mulher, é **tenant**, o/a inquilino/a, locatário/a.

*We do not own our apartment. We pay rent, we are **tenants**.*

3. **Tenant** entra na locução **tenant farmer**, que corresponde a rendeiro/a, agricultor(a) arrendatário de propriedade rural alheia.

Escolha a opção que melhor traduz as palavras em destaque nestas frases. Na frase 4 você vai reencontrar *evict*, já vista no verbete 177.

1. *"Don't let anyone rent a space in your head, unless they're a good **tenant**."* (anonymous)

Não deixe ninguém alugar um espaço na sua cabeça, a menos que seja um bom *a)* inquilino; *b)* tenente.

2. *"Listen to your body. Do not be a blind and deaf **tenant**."* (George A. Sheehan)

Escute seu corpo. Não seja um *a)* tenente; *b)* inquilino cego e surdo.

3. *"Talent is a **tenant** in the house owned by genius."* (Austin O'Malley)

O talento é um *a)* locador; *b)* locatário na casa do gênio.

4. *"We have probed the Earth, excavated it, burned it, ripped things from it, buried things in it. That does not fit my definition of a good **tenant**. If we were here on a month-to-month basis we would have been **evicted** long ago."* (Rose Bird)

Nós furamos o nosso planeta, escavamos, queimamos, roubamos, enterramos coisas nele. Isso não se encaixa na minha definição de um bom *a)* inquilino; *b)* tenente. Se estivéssemos aqui com contrato de mês a mês, teríamos sido *a)* despejados; *b)* evitados há muito tempo.

347 **tentative** (adj.) /ˈtentətɪv/ rima com *representative* (representante)

1. **Tentative** é o nosso substantivo "tentativa"? Lembra, mas não é. *Tentativa* é substantivo, **tentative** é adjetivo.

2. O que é o adjetivo **tentative**? Pode ser

   a) provisório/a, não definitivo/a

   *We have a **tentative** date for handing in the originals to the publishing house, but that date has to be confirmed.*

   *Our schedule is **tentative** and subject to change.*

   b) hesitante, incerto/a

   *When I asked her if she could revise the book for me, she gave me a **tentative** smile.*

   *João's parents were thrilled as they watched the baby's first **tentative** steps.*

3. E como se diz o substantivo "tentativa", então? *Attempt* ou (mais informal) *try*.

It took Edison thousands of **attempts** to perfect his experimentations.

Phil was sad as he didn't pass his driving test but he said he would give it another **try**.

Escolha a opção que melhor traduz as palavras em destaque nestas frases. Na frase 2 você vai reencontrar *resolve*, vista no verbete 319.

1. "I am not a **tentative** person. Whatever I do, I give up my whole self to it." (Edna St. Vincent Millay)

Eu não sou uma pessoa a) tentativa; b) hesitante. Eu me entrego por inteira a tudo que faço.

2. "You can't be **resolved** and **tentative** at the same time." (Alan Robert Neal)

Você não pode ser a) resolvido; b) decidido e a) tentativo; b) hesitante ao mesmo tempo.

---

348 **terrible** (adj.) /ˈterəb(ə)l/ a sílaba tônica é a primeira: TERRible

terrific (adj.) /təˈrɪfɪk/ a sílaba tônica é a segunda: teRRIFic, rima com *specific* (específico/a)

1. Os dois são sinônimos? Vamos ver.
2. Tanto **terrible** quanto **terrific** têm origem no latim *terrificus*, e o verbo *terrere* (assustar), portanto os dois se referem a algo que assusta, impressiona muito.
3. Mas enquanto **terrible** é sempre "do mal", algo que assusta pelo mal que faz ou causa, terrível, muito ruim, o nosso glorioso **terrific** quase sempre (e reiteramos esse quase sempre) impressiona por ser muito bom.
4. Assim, **terrible** é sempre dito com expressão triste, para falar de:

    a **terrible** accident/mistake/crime/smell/thing to say

    Defending the use of torture is a **terrible** thing to do.
5. Enquanto isso, **terrific** é dito com expressão positiva, e pode ser:

    (gíria) muito legal, bárbaro/a, sensacional.

    You look **terrific**, honey.

    That's a **terrific** idea. Let's do it.

    The weather was **terrific**, really magnificent, we stayed at the beach all day.
6. Mas **terrific** também pode ser:

    tremendo/a, impressionante.

    There was a **terrific** bang and then silence. What was that?, I wondered.

7. Esses são os usos mais comuns de ***terrific***. Mas ele também pode aparecer em frases em que é sinônimo de *terrible*.

*At the end of the day, however, there was a **terrific** tropical storm.*

*The storm caused **terrific** damage.*

Nesse sentido, bem menos frequente, ***terrific*** traduz-se por "terrível". Concluímos que a mesma palavra pode significar "muito bom" e "muito mau", dependendo do contexto. Isso nos ensina a sempre observar bem o contexto, já que algumas palavras em inglês podem ter sentidos contraditórios. Essas palavras são popularmente conhecidas como "*Janus-faced words*", por causa de Janus, o deus romano de duas caras, cada uma delas olhando em direções opostas. De Janus vem o nome "janeiro". Por ser o primeiro mês do ano, janeiro tem uma cara voltada para o passado e outra para o futuro. Essas *word stories* são ***terrific***, né?

Complete as frases com ***terrific*** ou ***terrible***, observando bem o contexto.

1. "I think Scarlett Johansson is a _____ actress. I think she's just marvelous." (Rita Moreno)
2. "Imagination is a _____ creation of the mind." (Habiba Zaidi)
3. "To die is nothing; but it is _____ not to live." (Victor Hugo)
4. "Loneliness and the feeling of being unwanted is the most _____ poverty." (Mother Teresa)
5. "I'm very fond of Amy Schumer. I think she's _____, an enormous talent." (Norman Lloyd)
6. "It is a _____ thing to see and have no vision." (Helen Keller)

Helen Keller (1880-1968), norte-americana, era surda, muda e cega desde os dezenove meses. Ela aprendeu a primeira palavra (graças a uma outra pessoa extraordinária, a sua professora, Anne Sullivan) aos sete anos de idade. Helen não apenas aprendeu a falar e escrever, mas formou-se *cum laude* (com louvor) na Radcliffe College, uma das faculdades mais conceituadas dos Estados Unidos, tornando-se escritora e conferencista de grande renome. Sabendo isso a frase 6 faz ainda mais sentido. Helen não via, mas tinha enorme visão do que é importante na vida.

---

349 testimony (subst.) (EUA) /ˈtɛstəmoʊni/, (Reino Unido) /ˈtɛstɪməni/ rima com *matrimony* (matrimônio)

1. Aqui o objetivo é distinguir com clareza entre as palavras em inglês que correspondem a "testemunho" e "testemunha".
2. ***Testimony*** é testemunho:
   a) depoimento, o que a testemunha diz

   The jury heard the ***testimony*** of more than ten witnesses.

   b) (*to/of*) prova, evidência (de)

   It is a ***testimony*** of Helen Keller's courage and dignity that she got such brilliant results in the face of such adversity.
3. E "testemunha", a pessoa que *gives **testimony*** (dá o seu testemunho, presta depoimento), como é que se diz, *in English*? Witness.

   According to ***witnesses***, the murder was committed by a gunman on a motorcycle.

Testimony vem do latim *testis*: testemunha. *Testis* é também uma palavra em inglês (singular; o plural é *testes*), o mesmo que *testicle*: testículo. As glândulas genitais masculinas, pela sua função e localização estratégica na relação sexual, são testemunhas da virilidade do homem, elas *testify* (atestam) e *give testimony* (dão testemunho) da virilidade masculina.

Desde os tempos bíblicos, uma testemunha, quando do sexo masculino, é claro, jurava dizer a verdade colocando a mão nos seus (da própria testemunha, bem entendido) *testes*, fonte de vida e de sua masculinidade. Assim a testemunha dava *his testimony*, o seu testemunho.

Escolha a opção que melhor traduz as palavras em destaque nestas frases. Na frase 1 você vai reencontrar *prosecution*, vista no verbete 305. Na frase 2, você vai ver de novo *arrest*, vista no verbete 40.

1. "The United States should give former NSA contractor Edward Snowden immunity from **prosecution** in exchange for congressional **testimony**." (Robert Zubrin)

Os Estados Unidos deviam conceder a Edward Snowden, ex-funcionário da NSA, imunidade de *a) perseguição; b) processo judicial* em troca de *a) depoimento; b) testemunha* no Congresso.

2. "After taking **testimony** from witnesses, detectives with the Rosemont Police Department **arrested** Joseph Czech on Wednesday." (NBC News, July 13, 2018)

Depois de recolher a) *depoimento;* b) *testamento* de testemunhas, detetives do Departamento de Polícia de Rosemont a) *arrastaram;* b) *prenderam* Joseph Czech na quarta-feira.

3. *"How you live your life is a **testimony** of what you believe about God."* (Henry Blackaby)

Como você vive sua vida é um(a) a) *testemunho;* b) *testemunha* daquilo que você acredita quanto a Deus.

> Edward Snowden (1983-) é um analista de sistemas, ex-funcionário da NSA (National Security Agency) norte-americana, que vazou voluntariamente documentos secretos da Inteligência dos Estados Unidos e que hoje vive exilado na Rússia.

350 tirade (subst.) (EUA) /'taɪreɪd/, (Reino Unido) /taɪ'reɪd/

1. "Aquele sujeito fala pouco, mas tem ótimas tiradas!" Você já ouviu falar em uma "tirada"? Um dito espirituoso, uma frase genial, como as do Millôr Fernandes (que falta faz o Millôr...). Três tiradas dele:
   - "Brasil, país do fa(tu)ro."
   - "Os corruptos são encontrados em várias partes do mundo, quase todas no Brasil."
   - "Desconfio de todo idealista que lucra com seu ideal."

2. Mas, o que essas tiradas têm a ver com **tirade**, *in English*? Nada. Tiradas como as do Millôr são chamadas *witticisms* ou *witty remarks*.

   *Winston Churchill, Oscar Wilde, Mark Twain, Dorothy Parker, among many others, were famous for their **witticisms**.*

3. Então, o que na verdade significa **tirade**? Diatribe, discurso furioso, cheio de críticas pesadas. Em linguagem popular, uma tremenda bronca.

   *From the tribune the politician launched into a furious **tirade** against handgun legislation.*

Escolha a opção que melhor traduz a palavra em destaque nestas frases.

1. *"Donald Trump picked an awkward moment for his latest **tirade** against the news media."* (The New Yorker, August 31, 2018)

Donald Trump escolheu um momento desastrado para sua mais recente a) *tirada;* b) *bronca* contra o jornalismo de informação.

2. *"A "foul-mouthed" parrot launched a four-letter **tirade** at a firefighter as he tried to rescue the bird from a neighbor's roof in north London."* (BBC August 14, 2018)

Um papagaio "desbocado" lançou uma *a) bronca; b) tirada* cheia de palavrões dirigida a um bombeiro que tentava resgatar a ave do telhado de um vizinho no norte de Londres.

Sobre essa última citação... Dá um filme, né?

351 toast (subst. e verbo) /toʊst/ rima com *coast* (costa, litoral)

1. Mas ***toast*** é *false friend*, não é "torrada"? É verdade, pode ser torrada. Mas também pode ter outros significados. Em todas as línguas – e em inglês isso acontece com muita frequência – as palavras podem ter mais de um significado. É a tal da ampla polissemia, inimiga cruel dos tradutores apressados. Como aqueles que precisam dar conta, em pouquíssimo tempo, da tradução e produção de legendas para filmes, por exemplo. Há vários e saborosos exemplos desses "cochilos no ponto", veremos um deles a seguir. Mas primeiro vamos aos significados de ***toast***.

2. Como substantivo, ***toast*** pode ser:

    torrada(s).

    *I'm having **toast** and orange marmalade for breakfast. Want some?*

    *Give me a slice of **toast**, please. And some butter.*

    Neste sentido, ***toast*** é um substantivo não contável, sem forma plural, nunca precedido de artigo indefinido (*a*). Para dizer especificamente "uma" torrada, diz-se "*a piece/slice of toast*", para duas torradas "*two pieces/slices of toast*" etc.

3. Como substantivo, ***toast*** também pode ser:

    brinde, saudação que se propõe festivamente.

    *Let me propose a **toast** to the bride and groom!*

    O brinde no outro sentido (oferta, presente, algo que você recebe e não tem de pagar) é *free gift*.

    *We're offering a **free gift** to all the participants who complete our online questionnaire.*

    Pensando bem, *free gift* é uma locução redundante, né? *Gift* é um presente, e presente não se paga. *Free* é gratuito/a, que não se paga.

Então...

4. No sentido de brinde, saudação, ***toast*** é um substantivo contável, com forma plural (***toasts***) e pode vir precedido de artigo indefinido (*a*).

    *Throughout the party they kept proposing **toasts** to the newlyweds.*

5. Como verbo (regular), **toast** pode ser:

   a) torrar

   *A toaster is an electrical device used for **toasting** bread.*

   b) brindar

   *Everyone at the party **toasted** the bride and groom.*

6. A expressão **French toast** é *false friend*. Não significa "torrada francesa" e sim "rabanada".

   *Christmas is near and I'm looking forward to having some delicious slices of **French toast**.*

7. Expressões idiomáticas com **toast**:

   - **(informal) be toast:** estar frito/a, lascado/a, perdido/a, acabado/a
     *If your mother finds out we broke her Chinese vase, we're **toast**.*
   - **be the toast of:** ser o queridinho/a queridinha de
     *Ayrton Senna was the **toast** of Brazil.*
   - **be warm as toast:** estar confortável, (no) quentinho
     *It was cold outside, but we were warm as **toast** by the fire.*

Em uma das cenas da comédia romântica *Runaway Bride* (1999), "Noiva em Fuga", com Julia Roberts e Richard Gere, o protagonista está com a família da noiva quando todos erguem as taças e ele propõe um brinde. "*Let's make a toast.*" Na legenda aparece a frase "Vamos fazer uma torrada." Sabemos que o tradutor e produtor de legendas enfrenta muitas dificuldades, entre elas o espaço limitado (o que se diz em inglês – palavras e expressões mais curtas – tem de caber, por escrito, em português (em que usamos palavras e expressões mais longas)) e o tempo curto (é tudo "pra ontem"), mas a lista de cochilos em legendas de filmes é extensa e divertida.

Escolha a opção que melhor traduz as palavras em destaque nestas frases.

1. "*I don't drink coffee, I take tea my dear, I like my **toast** done on one side...*" (Sting, Englishman in New York)

Eu não bebo café, eu bebo chá, querida, gosto da minha a) fatia; b) torrada torrada só de um lado...

2. "*My hour for tea is half-past five, and my buttered **toast** waits for nobody.*" (Wilkie Collins, The Woman in White)

Minha hora do chá é cinco e meia, e a *minha a) fatia; b) torrada* passada na manteiga não espera por ninguém.

3. "*I'd catch moonlight in a bottle, if we could drink a **toast** to happiness.*" (Toby Keith, That's Not How It Is)

Eu engarrafaria o luar se pudéssemos fazer um(a) *a) brinde; b) torrada* à felicidade.

*4. "If you're in the game long enough, you're going to be **the toast of** the town one day, and the next day you'll be **toast**." (Alan K. Simpson)*

Se estiver no jogo por bastante tempo, um dia você vai ser *a) a torrada; b) a queridinha* da cidade e no dia seguinte você estará *a) torrada; b) frita*.

---

352 **traduce** (verbo) (EUA) /trəˈduːs/, (Reino Unido) /trəˈdjuːs/ rima com *reduce* (reduzir)

1. ***Traduce*** lembra traduzir, mas... você já sabe... está incluída nesta lista, então não é isso. Aliás, para dizer "traduzir", todos sabemos, usa-se *translate*.

    *Jorge Amado's novels have been **translated** into several languages.*

2. Então, o que é ***traduce***? É um verbo (regular), próprio da linguagem formal ou literária, que significa "caluniar, difamar, falar mal de (usando mentiras)". É sinônimo de *slander, defame* e (informal) *badmouth*.

    *Trump complains he has been **traduced** in the news media.*

Escolha a opção que melhor traduz as palavras em destaque nestas frases.

*1. "Climate change is happening, and "claiming total certainty about the science" does not **traduce** the spirit of science" (Slate, April 30, 2017)*

As mudanças climáticas estão acontecendo e "afirmar certeza total sobre a ciência" não *a) fala mal de; b) traduz* o espírito da ciência.

*2. "No wonder the Church hated and **traduced** the author of the "Age of Reason"." (Robert Green Ingersoll)*

Não admira que a Igreja odiasse e *a) traduzisse; b) caluniasse* o autor de "A Era da Razão".

*3. "Think of Lucrezia Borgia, **traduced** by slander and gossip, and of Isabella d'Este, greedy for art." (New York Times, June 1, 2018)*

Pense em Lucrécia Bórgia, *a) traduzida; b) difamada* por calúnia e fofoca e Isabella d'Este, gananciosa por arte.

*4. "Here, at last, was someone prepared publicly to speak up for the BBC when so many others were seeking to **traduce** and destroy it." (Jason Cowley, New Statesman, November 19, 2012)*

Finalmente aqui estava alguém preparado para falar publicamente em defesa da BBC quando tantos outros buscavam *a) traduzir; b) difamar* e destruir a BBC.

5. *"Nothing in football is so **traduced** as the offside law."* (The Guardian, April 13, 2010)

Nada no futebol é tão a) xingado; b) traduzido quanto a lei do impedimento.

Sobre a frase 2, Thomas Paine foi o autor de *"A Era da Razão: uma Investigação sobre a Teologia Verdadeira e a Fabulosa"*, publicado em três partes, em 1794, 1795 e 1807.

---

353 **transpiration** (subst.) /ˌtrænspɪˈreɪʃ(ə)n/ rima com *perspiration* (transpiração, suor)

transpire (verbo) /trænˈspaɪə(r)/ rima com *perspire* (transpirar, suar)

1. Os dois substantivos, **transpiration** (transpiração) e *perspiration* (perspiração) falam do ato ou processo de expelir suor pelos poros, transpirar, perspirar. Na linguagem do povo: suar.

2. Mas em inglês os exemplos de uso de **transpiration** em geral aparecem na área da botânica:

    Transpiration *is the process by which plants give off water vapor through openings in their leaves.*

3. Quando nos referimos à transpiração de um ser humano, a palavra usada em geral é *perspiration*.

    Bebeto had been running in the park and he had to wipe the **perspiration** *from his forehead.*

4. Os verbos **transpire** (transpirar) e *perspire* (perspirar), ambos verbos regulares, seguem a mesma linha de raciocínio.

    A plant **transpires** *more freely in hot weather.*

    When Ella gets nervous she starts to **perspire** *immediately.*

5. Mas com **transpire** há dois outros sentidos:

    a) transpirar, tornar-se público

    They wanted it to be a secret, but it **transpired** *that Meghan and Harry were in love.*

    It **transpired** *that they had known each other for some time.*

    b) acontecer (= *happen, occur, go on, take place*)

    No one would say what had **transpired** *on that occasion.*

O uso de **transpire** como sinônimo de *happen* causa polêmica entre os estudiosos da língua inglesa. Muitos o consideram incorreto, mas esse uso

> existe há séculos e está estabelecido na linguagem formal e literária. Emily Dickinson (1830-1886), a consagrada poetisa norte-americana, escreveu em uma carta a um amigo, "*I long to see you once more, to clasp you in my arms & to tell you of the many things which have **transpired** since we parted.*"
>
> Ela podia ter usado o prosaico **happened** nesse trecho, mas escolheu **transpired** e nós agradecemos pelo exemplo.

6. Em uma linguagem mais popular, menos técnica, tanto para o substantivo (suor) quanto o verbo (suar) usa-se *sweat*.

   *At the end of the game the players were **sweating** profusely.*

   "*I have nothing to offer but blood, toil, tears, and **sweat**.*" (Winston Churchill)

   "*Elizabeth does not **sweat**. A lady never **sweats**, she perspires,*" said Richard Burton about Elizabeth Taylor, his wife.

7. E existe a expressão ***no sweat***: fácil, sem problema.

   "*Can you help me with the baggage?*" "*Sure, **no sweat**.*"

Escolha a opção que melhor traduz as palavras em destaque nestas frases.

1. "*In life what you aspire will **transpire** – be it loss or gain, sun or rain, joy or pain.*" (anonymous)

   Na vida, tudo aquilo a que você aspirar a) transpirará; b) acontecerá – seja perda ou ganho, sol ou chuva, alegria ou dor.

2. "*You never know what events are going to **transpire** to get you home.*" (Og Mandino)

   Nunca se sabe que coisas vão a) acontecer; b) transpirar para levar você a porto seguro.

3. "*Success is 10% inspiration and 90% **perspiration**.*" (Stephen Leacock)

   O sucesso é 10% inspiração e 90% a) transpiração; b) precipitação.

4. "*Genius is one percent inspiration and ninety-nine percent **perspiration**.*" (Thomas Alva Edison)

   Gênio é 1% inspiração e 99% a) proposição; b) transpiração.

> Stephen Leacock (1869-1944), escritor e economista canadense, e Thomas Alva Edison (1847-1931), inventor norte-americano, foram contemporâneos, ambos dotados de grandes qualidades, entre elas, a humildade diante do sucesso e o gênio, sobre os quais deram seu depoimento. A julgar pelas citações que reproduzimos nas frases 3 e 4 qual dos dois era mais humilde?

354 travel (subst. e verbo) /ˈtræv(ə)l/ rima com *gravel* (cascalho)

1. OK, ***travel*** não é falso amigo. Não temos nenhuma palavra em português que se assemelhe na grafia. Mas ***travel*** é uma palavra especial, que nos faz "viajar" (mesmo que seja só na imaginação), nos leva a terras estranhas, outras culturas, nos faz sair da rotina, abre horizontes, faz novos amigos, uma palavra doce e simpática, que merece toda a nossa atenção... e que também pode oferecer uma pegadinha...

> ***Travel*** vem do francês antigo, do verbo *travailler* (trabalhar) e o substantivo *travail* (trabalho penoso), tendo sido adotada *in English* com o sentido de viagem trabalhosa, cansativa. *And that's it*. Para nós, hoje, não faz muito sentido associar trabalho penoso a viagem, a não ser talvez no caso dos *porters*, carregadores de bagagens, mas as palavras às vezes têm origens surpreendentes e elas *travel far*.

2. E, por isso mesmo, por ser uma palavra especial, o uso do substantivo ***travel*** precisa ficar bem esclarecido e não sujeito a erro. Por isso o incluímos aqui. Vamos então fazer as malas, pegar o passaporte e alguns dólares que sobraram e pegar carona nas asas do ***travel***.

3. Para começar, o substantivo ***travel*** é *uncountable* (não contável), por isso é usado sem artigo indefinido (seria o *a*), tem sentido vago, indefinido, não específico. Refere-se à atividade (*the activity of traveling*) e não a "uma viagem específica, uma certa viagem".

    Travel *is fun and broadens the mind.*

    Travel *is the only thing you buy that makes you richer. (anonymous)*

    Como vemos pelos exemplos acima, ***travel*** é usado como substantivo, quando falamos da atividade, de maneira geral. Nesses casos, a tradução mais adequada de ***travel*** não será o substantivo (viagem), e sim o infinitivo do verbo (viajar). Observe:

    Viajar *é divertido e abre os horizontes da mente.*

    Viajar *é a única coisa que você compra e o enriquece.*

4. Para falar de uma viagem específica, usa-se o substantivo *trip*, *journey* ou (no caso de viagens longas, por navio ou até mesmo espaciais) *voyage*.

    We are planning a ***trip*** *to Greece next year.* (e não a travel)

    When people ***travel***, *they* ***go on a trip*** *or* ***on a journey***. *They* ***do not*** *go on a travel.*

    Dizer *go on a travel* é incorreto.

5. Falamos com entusiasmo de *our* ***trip*** *to Italy, our* ***journey*** *to Recife*, mas é errado dizer *our travel to Japan*. A razão é sempre a mesma: o substantivo ***travel*** não é usado para "uma" viagem específica e sim para a atividade de viajar, em geral.

6. O substantivo *travel* pode ser usado, também com sentido geral, em locuções como:

- **air travel:** viagens aéreas
  Air travel has become cheaper, but it is still rather expensive.
- **travel agency:** agência de viagens
- **space travel:** viagens espaciais

7. E, curiosamente, o *travel* pode ser usado no plural (*travels*), quando falamos de uma série de viagens de uma certa pessoa, em geral para lugares distantes.

   Amyr Klink's *travels*, Marco Polo's *travels*
   "Gulliver's *Travels*" is a novel by Jonathan Swift.
   "*Travels* with Charley in Search of America" is a novel by John Steinbeck.

> Charley, *by the way*, era o nome do cachorro, companheiro do escritor nessas viagens pelos Estados Unidos.

8. Quando usada como verbo (regular: (nos EUA) *traveled – traveled*; no Reino Unido *travelled – travelled*), a palavra não apresenta nenhuma armadilha, é bem inocente.

   Tio Carlim *travels* to Europe at least once a year.
   Those planes *travel* faster than the speed of sound.
   Good news *travels* fast, bad news *travels* faster.

> Antecipando uma eventual dúvida quanto ao uso do verbo no singular (*travels*) nessa última frase, lembramos que o substantivo *news* (notícia) concorda com verbo no singular. Nessa frase teríamos em português, "A boa notícia viaja rápido, a ruim viaja mais rápido."

Escolha a opção que melhor traduz a palavra em destaque nestas frases.

1. "A lie can *travel* halfway around the world while the truth is putting on its shoes." (Attributed to Mark Twain)

Uma mentira é capaz de a) dar meia volta ao mundo; b) viajar à volta do mundo enquanto a verdade ainda está calçando os sapatos.

2. "*Travel* makes one modest. You see what a tiny place you occupy in the world." (Gustave Flaubert)

a) Viagem; b) Viajar faz você ficar modesto. Você vê que lugar minúsculo você ocupa no mundo.

3. "*Travel* is fatal to prejudice, bigotry, and narrow-mindedness." (Mark Twain)

a) Viagem; b) Viajar é fatal para o preconceito, a intolerância e a mentalidade tacanha.

4. *"The world is a book, and those who do not **travel** read only a page."* (Saint Augustine)

O mundo é um livro e aqueles que não *a) trabalham; b) viajam* leem só uma página.

5. *"To **travel** hopefully is a better thing than to arrive."* (Robert Louis Stevenson, in Virginibus Puerisque)

É melhor *a) viajar; b) trabalhar* com esperança do que chegar ao seu destino.

355 travesty (subst.) /ˈtrævəsti/

1. ***Travesty*** é "travesti", pessoa (geralmente homem) que se veste e se comporta como se fosse do sexo oposto? Nada disso. Para esse sentido, a palavra é *transvestite*.

    Phabullo Rodrigues da Silva, better known as Pabllo Vittar, is a Brazilian **transvestite**.

2. O que é ***travesty***, então? Farsa, arremedo, imitação barata, caricatura, absurdo, palhaçada.

    We expected a fair trial but unfortunately it was a **travesty** of justice.

    People were sadly submitted to a **travesty** of election. No one really believes the election results.

Escolha a opção que melhor traduz a palavra em destaque nestas frases.

1. *"It is a **travesty** of true religion to consider one's own religion as superior and other's as inferior."* (Mohandas "Mahatma" Gandhi)

É um *a) travesti; b) arremedo* da verdadeira religião considerar a sua própria religião superior à dos outros.

2. *"The world produces enough food to feed the entire population. It's a **travesty** that anyone should go hungry anywhere."* (Donny Osmond)

O mundo produz alimentos suficientes para alimentar toda a população. É um *a) absurdo; b) travesti* que em algum lugar do mundo as pessoas precisem passar fome.

356 ultimate (adj.) /ˈʌltɪmət/
ultimately (adv.) /ˈʌltɪmətli/

1. Aqui a primeira armadilha é da pronúncia. Aquela sílaba final não soa como em "*ate*" (passado de *eat*), não rima com *eight*. Essa sílaba final rima com *it*. O mesmo acontece no adjetivo *intermediate* e nos substantivos *certificate* e *corporate*, entre outros.

2. O adjetivo **ultimate** tem várias acepções:

   a) (meta, objetivo, destino, decisão, palavra, resultado) final, definitivo/a

   *Their flight was Rio-Miami, but their **ultimate** destination was New York.*

   *Everybody in the family thought that moving out was a good idea, but the **ultimate** decision was made by Mamma.*

   *Mamma is the **ultimate** authority on what we should do. She always has the last word.*

   b) máximo/a, supremo/a

   *How many soldiers have made the **ultimate** sacrifice dying for a lost cause?*

   c) fundamental, básico/a

   *Lack of decent education is the **ultimate** source of our problems.*

3. **Ultimate** não significa "último/a, passado/a". Isso, tudo mundo sabe, é *last*.

   *Angela Davis came to Brazil **last** year.*

4. A expressão "**the ultimate in** (something)" corresponde à nossa "o máximo em (algo)".

   *A ride on the Orient Express, from Paris to Istambul, is **the ultimate in** train travel.*

5. O advérbio **ultimately** tem estas acepções:

   a) por fim, no fim

   *We are facing a serious economic and political crisis now, but I trust Brazil will **ultimately** succeed.*

   b) basicamente, em última análise, no final das contas

   ***Ultimately** you're left with the people you love and who love you. Nothing else is really important.*

6. **Ultimately** não significa "ultimamente, recentemente". Isso, todo mundo sabe, é *lately, recently*.

   *I haven't had any news from them **recently**.*

Escolha a opção que melhor traduz as palavras em destaque nestas frases. Na frase 2 você vai ver de novo *partial*, já vista no verbete 281. Na frase 3 você vai ver de novo *resignation*, já vista no verbete 317.

1. "*Love is the **ultimate** expression of the will to live.*" (Tom Wolfe)

O amor é a expressão *a) última; b) máxima* da vontade de viver.

2. "**I'm partial to** beautiful, heartbreaking sentences about loss and about the **ultimate** futility of the human condition." (Susan Olrean: By the Book, New York Times, October, 11, 2018)

a) Sou parcial a; b) Gosto muito de frases belas e emocionantes sobre a perda e sobre a a) última; b) definitiva inutilidade da condição humana.

3. "The meetings were key in the **ultimate resignation** of President Nixon." (https://www.britannica.com/biography/Richard-Nixon)

As reuniões foram essenciais para a a) última resignação; b) renúncia final do Presidente Nixon.

4. "We are **ultimately** alone in that we are **ultimately** responsible for ourselves." (Robert Zemeckis)

a) Ultimamente; b) Em última análise somos sozinhos na medida em que somos a) basicamente; b) ultimamente responsáveis por nós próprios.

357 **unique** (adj.) /juˈniːk/ rima com *antique* (peça de antiquário)

1. Mas *unique* é *false friend*? Não é "único/a"? Certo, é verdade. Mas precisamos ter cuidado, porque *unique* certas vezes se confunde com *only*, que também pode ser "único/a".

2. Vamos começar pelo adjetivo *unique*:

    a) único/a, sem igual, sem par

    *That was a **unique** experience/opportunity.*

    *Every fingerprint is **unique**, every snowflake is **unique**.*

    b) notável, excepcional

    *Meryl Streep has a **unique** talent as an actress.*

    c) característico/a, próprio/a

    *Tourists love the friendliness that is **unique** to Brazilians.*

3. *Unique* não significa único/a, no sentido de "só um(a)". Nesse sentido, usa-se *only*.

    *Brazil is **unique** as it is the largest country in South America.*

    *It is the **only** Portuguese-speaking country in the continent.*

4. Como todo mundo sabe, *only* pode significar "só, apenas" e ser usado como advérbio, seu uso mais comum.

    *You live **only** once, but if you live happily, once is enough.*

5. Além desse uso, *only* pode também ser um adjetivo atributivo, antes do substantivo, significando "único/a, de que só existe um(a) em seu gênero" e aí é que mora o perigo, por poder eventualmente ser confundido com *unique*.

    *Honey is the **only** food that does not spoil.*

6. Para dizer "filho/a único/a" usa-se a expressão "*an only child*".

   I am **an only child**. I have no brothers or sisters.

   Neste exercício você vai preencher as lacunas com a palavra adequada: *unique* ou *only*. Atenção ao contexto!

   1. "There is _____ one thing certain, and that is that nothing is certain." (G. K. Chesterton)

   2. "The _____ way to have a friend is to be one." (Ralph Waldo Emerson)

   3. "Always remember that you are absolutely _____. Just like everyone else." (Margared Mead)

   4. "February is the _____ month that has _____ 28 days."

   5. "Nobody knows what your password is. Each person's password is _____."

   6. "Love is the _____ force capable of transforming an enemy into a friend." (Martin Luther King., Jr.)

   7. "Everyone is handed adversity in life. No one's journey is easy. It's how they handle it that makes people _____." (Kevin Conroy)

---

358 urban (adj.) /ˈɜː(r)bən/ a sílaba tônica é a primeira: URban; rima com *turban* (turbante)

urbane (adj.) /ɜː(r)ˈbeɪn/ a sílaba tônica é a segunda ou última: urBANE; rima com *insane* (insano/a)

1. Aqui estamos diante de um exemplo curioso. Uma letra, uma simples letrinha, consegue fazer com que um rude sujeito que mora na cidade se transforme em alguém educado, fino, polido, cortês (como todos deveriam ser).

   Estamos falando da letra *e* em **urbane**, que significa isso mesmo: educado, fino, polido, cortês, de boas maneiras.

   *Antonio Cândido was an **urbane**, kindly, cultured man.*

2. Já sem a tal letrinha, o adjetivo é **urban**, que significa: urbano/a, da urbe, da cidade.

   *They love living in a big city and fully enjoy **urban** life.*

3. Expressões com **urban**:
   - **urban development/planning:** desenvolvimento/planejamento urbano
   - **urban legend:** lenda urbana

- **urban renewal:** recuperação de áreas urbanas degradadas
- **urban sprawl:** conurbação, espalhamento urbano
- **urban warfare:** guerrilha urbana

Antigamente, muito antigamente... havia a ideia de que morar na urbe (do latim *urbis*), na cidade, era próprio das pessoas de alta cultura e sofisticação, enquanto morar no campo, zona rural (do latim *rus*), era para os rústicos e rudes. Esse preconceito persiste no adjetivo **urbane**, quase sempre usado para falar de um homem (e não de mulher, outro preconceito...) culto, educado, de boas maneiras.

Neste exercício você vai preencher as lacunas com a palavra adequada: **urban** ou **urbane**. Atenção ao contexto!

1. "Gang violence in America is not a sudden problem. It has been a part of _____ life for years." (Dave Reichert)
2. "George Clooney is suave and sophisticated, elegant and _____." (Washington Times, May 4, 2017)
3. "Electric cars are going to be very important for _____ transportation." (Carlos Ghosn)
4. "London is _____, vibrant and sublime right now, arguably the world capital and cultural crossroads." (US News, June 27, 2016)
5. "I am an _____ person who loves living in the country." (Dan Shapiro)

359 urge (subst. e verbo) /ɜː(r)dʒ/ rima com *surge* (surto)

1. O substantivo **urge** significa "ímpeto, impulso irresistível, vontade forte, incontrolável".

    *The politician was in the middle of his speech while I was fighting a strong **urge** to fall asleep.*

    *She was so lovely I just couldn't resist the **urge** to kiss her, so I did.*

    *He knew he was depressed and felt an **urge** for a friend's sympathy.*

Mark Twain era conhecido pelo seu *wit*, sua presença de espírito, seus *witticisms*, suas frases de efeito, como esta:

I never smoke to excess – that is, I smoke in moderation, only one cigar at a time.

Sempre brincalhão, muitas vezes sarcástico, ele também era conhecido por ter hábitos nada exemplares nem saudáveis, entre eles o sedentarismo e a paixão pelos charutos. Quando lhe perguntavam sua opinião sobre a necessidade de "*exercise*" (fazer exercício físico) ele respondia:

*Whenever I get the **urge** to exercise, I lie down until the feeling passes away.*

2. Como verbo (regular) **urge** pode deixar de ser falso amigo, com o sentido de: urgir, instar, pedir ou recomendar com insistência, insistir com.

> *State officials **urged** the people in Florida to stay in their homes while the hurricane raged on.*

3. Mas para *urgir* no sentido de "ter urgência, pressa, não admitir atraso" em geral usa-se a expressão *be urgent/pressing*.

> *Time **was pressing**, we had to leave immediately.*

▪ **Time is pressing:** o tempo urge

Escolha a opção que melhor traduz as palavras em destaque nestas frases. Na frase 3 você vai reencontrar *novel*, já vista no verbete 271.

1. "The **urge** to save humanity is almost always only a false-face for the **urge** to rule it." (H. L. Mencken)

A *a)* urgência; *b)* vontade de salvar a humanidade é quase sempre só uma fachada para a *a)* urgência; *b)* vontade de mandar nela.

2. "I **urge** you to be challenged and inspired by what you do not know." (Michael J. Fox)

Eu *a)* insisto; *b)* peço urgência com você para que seja desafiado e inspirado por aquilo que não conhece.

3. "In a **novel** you have to resist the **urge** to tell everything." (J. K. Rowling)

Em um(a) *a)* novela; *b)* romance você tem de resistir à *a)* urgência; *b)* vontade de contar tudo.

---

360 vase (subst.) (EUA) /veɪs/, (EUA e Canadá /veɪz/, (Reino Unido) /vɑːz/

1. Palavra curtinha, mas cheia de armadilhas. Para começar, a pronúncia:

    Há três possibilidades, variando de acordo com a geografia. Nas três formas, pronuncia-se uma sílaba só, naturalmente, mas...

    a) nos Estados Unidos, **vase** rima com *face*;

    b) nos Estados Unidos e no Canadá, **vase** pode rimar com *ways*;

    c) no Reino Unido, **vase** rima com *cars* (com o *r* mudo).

2. E agora a pergunta lógica: mas **vase** é *false friend*, não é *vaso*? E a resposta é simples: depende de que espécie de vaso você está falando.

Se quiser falar do vaso (geralmente de barro) em que se põe terra e uma planta (viva) não se usa *vase* e sim *pot* ou *flowerpot*.

3. No campo da anatomia, se quiser falar do vaso sanguíneo ou linfático, não se usa *vase* e sim *vessel*.

  ■ **blood vessel:** vaso sanguíneo

4. Se quiser falar do vaso sanitário, não se usa *vase* e sim *toilet* ou (nos EUA, gíria) *john*.

5. Na linguagem da Marinha usa-se "vaso" como sinônimo de "navio". Em inglês, não se usaria *vase* nesse sentido e sim *ship*. Daí "um vaso de guerra" é *a warship*.

6. Então, quando se usa *vase*? É um vaso decorativo, um recipiente muitas vezes de porcelana, vidro ou cristal onde se põem flores cortadas, mais vulgarmente chamado jarra, também jarro.

   *Put the flowers in that **vase** with some water.*

   *Grandmother is very proud of her Chinese **vase**, be careful with it.*

Escolha a opção que melhor traduz a palavra em destaque nestas frases.

1. "*Trust is like a **vase**; once it's broken, though it can be fixed, it will never be the same.*" (Carol Brady)

A confiança é como um(a) a) vaso com terra; b) jarra; quando quebra, embora possa ser consertada, nunca mais será a mesma.

2. "*No flower is happy in a **vase**, because a **vase** is nothing but an ornate coffin for the flower.*" (Mehmet Murat Ildan)

Nenhuma flor fica feliz em um(a) a) vaso; b) jarra, porque, para a flor, isso não passa de um enfeitado caixão.

361 **vermin** (subst.) /ˈvɜː(r)mɪn/

1. Você vê a palavra *vermin* em um texto e logo pensa em "verme". Não é. Nem bateu na trave, *really*. Mas passou perto... Vamos ver:

2. *Vermin* tem forma invariável no plural: *vermin*.

   *Cockroaches, flies, fleas, and rats are **vermin**.*

   Baratas, moscas, pulgas e ratos são animais nocivos ao homem, pragas em geral.

3. *Vermin* não significa "verme", nome dado a animais invertebrados de corpo longo e mole. Isso em inglês é *worm*.

   *That dog has **worms**, you need to give him a drug for parasitic **worms**.*

*Tio Alvim likes to sit on a bench in the park and watch the birds as they look for **worms**.*

"*The early bird catches the worm*" é um velho provérbio inglês. O pássaro que acorda cedo é o que pega a minhoca. A rigor, minhoca é *earthworm*, mas no provérbio foi usada a forma abreviada. As minhocas são animais noturnos, durante o dia ou em dias de sol elas se escondem, então o pássaro precisa acordar cedo, enquanto não está dia claro, se quiser encontrar o seu petisco. Passando essa lição para os humanos, a ideia é a de quem quiser atingir seus objetivos não pode ser preguiçoso, tem de acordar cedo, sacudir a preguiça e partir para a tarefa, antes que outros façam o mesmo e lhe tirem o pão (bem melhor do que minhoca...) da boca. Em português há um provérbio que mais ou menos diz o mesmo: *Deus ajuda a quem cedo madruga.*

Ainda a respeito do provérbio em inglês, o comediante americano Steven Wright disse certa vez que "*The early bird may get the worm, but it's the second mouse that gets the cheese.*" Realmente, o rato mais apressadinho se dá mal, é apanhado na ratoeira. Um segundo rato, mais esperto (e se for atento e rápido), vai conseguir, com sorte, engenho e arte, chegar ao queijo.

De qualquer maneira, acordar cedo é sempre bom, no mínimo para a saúde, seja dos ratos, pássaros ou seres humanos. Só não é bom para a minhoca.

4. ***Vermin*** pode também ser usado (com sentido plural) para designar pessoas extremamente desagradáveis ou perigosas, desprezíveis.

   *Tio Machadim refused to deal with those people, whom he candidly called "those **vermin**".*

5. E para xingar uma certa pessoa de "verme", usa-se ***vermin*** ou *worm*? Nenhum deles. A lista de palavras "mimosas" para designar alguém que realmente mereça esse tratamento é bem extensa. Dentre elas podemos usar os substantivos *creep* ou *scumbag*.

   *Mr. So-and-so is a **creep/scumbag**.*

Escolha a opção que melhor traduz a palavra em destaque nestas frases.

1. "*If human beings were shown what they're really like, they'd either kill one another as **vermin**, or hang themselves.*" (Aldous Huxley)

Se as pessoas vissem como elas realmente são, ou matariam uns aos outros como a) vermes; b) pragas ou se enforcariam.

2. "*The cynic is one who never sees a good quality in a man, and never fails to see a bad one. He is the human owl, vigilant in darkness and blind to*

*light, always pursuing **vermin** and never hunting noble game." (Henry Ward Beecher)*

O cínico é aquele que nunca vê uma boa qualidade em ninguém, e nunca deixa de ver o que é ruim. Ele é a coruja humana, vigilante no escuro, mas cega para a luz, sempre à caça de *a) vermes; b) pragas* e nunca querendo encontrar caça nobre, o que há de bom.

3. *"Asteroids are the **vermin** of the skies." (Walter Baade)*

Os asteroides são o/a *a) praga; b) verme* dos céus.

> Sobre a frase 3 é bom saber que os asteroides são considerados a praga dos céus porque a sua eventual presença nas fotos tiradas pelos observatórios e sondas espaciais bloqueia a presença de objetos que são de interesse dos astrônomos.

362 vicious (adj.) /ˈvɪʃəs/ rima com *ambitious* (ambicioso/a)

1. ***Vicious*** lembra vicioso/a e, sendo assim, não seria falso amigo. OK. Há um caso em que ***vicious*** será traduzido por vicioso/a, vamos ver isso abaixo.

2. Mas na maioria das vezes em que ***vicious*** aparece, a tradução adequada não será essa. Vamos ver pelos exemplos a seguir:

    a) (pessoa, inimigo, plano, hábito, atitude, crime) perverso/a, malvado/a

    *The sexual abuse and exploitation of children is one of the most **vicious** crimes conceivable. (James T. Walsh)*

    b) (comentário, boato, fofoca, mentira, acusação) maldoso/a, cruel

    *Most fake news is just a new way of spreading **vicious** rumors.*

    c) (cachorro, ataque, temperamento, pancada) feroz, violento/a

    *Be careful. That guy is known for his **vicious** temper.*

    *That dog barks a lot and is rather **vicious**. Be careful, barking dogs do bite.*

3. Então, quando é que traduzimos ***vicious*** por vicioso/a? Precisamente na expressão ciclo/círculo vicioso: ***vicious cyle/circle***.

    *Like many other people, Ella has been caught in a **vicious circle** of dieting and weight gain.*

Escolha a opção que melhor traduz a palavra em destaque nestas frases.

1. *"There is no enemy more **vicious** than your own anger." (Sathya Sai Baba)*

Não há inimigo mais *a) vicioso; b) perverso* do que a sua própria raiva.

2. *"Any dog, you put him in the corner, no matter if they're **vicious** or not, they're going to bite back." (Mike James)*

Qualquer cachorro, se você o encurralar, seja ele a) vicioso; b) feroz ou não, vai querer revidar te mordendo.

3. *"Since childhood I have acquired a **vicious** habit to consider myself different and behave differently than other mortals." (Salvador Dali)*

Desde a infância adquiri o a) perverso; b) vicioso hábito de me considerar diferente e me comportar de modo diferente dos outros mortais.

4. *"Patriotism is the virtue of the **vicious**." (Oscar Wilde)*

O patriotismo é a virtude dos a) viciosos; b) perversos.

5. *"Early in the morning, at break of day, in all the freshness and dawn of one's strength, to read a book – I call that **vicious**!" (Frederick Nietzsche)*

De manhãzinha, ao raiar do dia, descansado, renovado de energia e força, sentar e ler um livro – eu chamo a isso a) vicioso; b) perverso!

A julgar pelas frases 4 e 5, se houvesse um concurso para eleger o mais cínico e resmungão dos dois, em quem você votaria, Wilde ou Nietzsche?

---

363 **vindicate** (verbo) /ˈvɪndɪkeɪt/ rima com *meditate* (meditar)

vindication (subst.) /ˌvɪndɪˈkeɪʃ(ə)n/ rima com *meditation* (meditação)

1. ***Vindicate*** é verbo (regular), próprio da linguagem formal, que significa:

    a) desagravar, provar que alguém está ou estava certo (contra a opinião dos outros), livrar de culpa ou acusação

    *Jack had spent two years in jail but then someone else confessed the crime and Jack was totally **vindicated**.*

    *He felt **vindicated** when the truth was known.*

    b) provar a inocência ou correção de

    *He said justice would prevail and in the end he would be **vindicated**. And so he was.*

2. Como vemos pelos exemplos, ***vindicate*** é muito mais comumente usado na voz passiva: ser desagravado/a, ficar livre de culpa ou acusação.

    *Michael Jackson had to face a trial in a molestation case but eventually he **was** acquitted and **vindicated** in court.*

3. ***Vindication*** é o substantivo e significa:

    desagravo, reparação.

*They said Einstein was wrong but new scientific discoveries served as a **vindication** of his theory.*

*"A **Vindication** of the Rights of Woman" is a novel by Mary Wollstonecraft.*

4. Para dizer "vingança" usamos *vengeance* ou *revenge*.

    *He swore to take **vengeance** on his son's killers.*

5. Para o verbo transitivo "vingar", usamos *avenge*.

    *He swore to **avenge** the death of his son.*

6. Para o verbo pronominal "vingar-se" (de alguém) usamos *avenge/revenge oneself* (*on someone*) ou *take one's revenge* (*on someone*).

    *He **avenged/revenged** himself on his son's killers. He took his **revenge** on them.*

Escolha a opção que melhor traduz as palavras em destaque nestas frases.

1. "*What is your idea of earthly happiness?* **To be vindicated** *in my own lifetime.*" (Christopher Hitchens, in *Hitch 22: A Memoir*)

    Qual é a sua ideia de felicidade terrena? a) *Ser vingado*; b) *Ser desagravado* enquanto estou vivo.

2. "*Truth is generally the best* **vindication** *against slander.*" (Abraham Lincoln)

    A verdade em geral é a melhor a) *reparação*; b) *vingança* contra a calúnia.

3. "*I don't need* **to be vindicated**, *and I don't want attention.*" (Ray Bradbury)

    Eu não preciso a) *receber desagravo*; b) *receber vingança*, e não quero atenção.

Ray Bradbury (1920-2012), escritor norte-americano, autor de vários livros de ficção científica de grande sucesso, publicou *Fahrenheit 451* em 1953, em plena era do Macartismo nos Estados Unidos. O título *Fahrenheit 451* (451 graus na escala Fahrenheit, correspondendo a 233 em graus Celsius) refere-se à temperatura à qual o papel comum entra em combustão. Os livros queimam. São feitos de papel comum e eventualmente incendeiam também as ideias de quem os lê, o que pode ser perigoso (para as pessoas e para os livros) nos regimes autoritários. Ray Bradbury fala de um futuro em que todos os livros são proibidos e o pensamento crítico é suprimido. Ele se apoia na prática, comum em regimes totalitários como o nazismo, de se queimar livros considerados perigosos à ideologia dominante.

O escritor teve problemas com esse livro, por tratar de temas delicados na época, como a censura. Isso explica a citação, que reproduzimos na frase 3. Ele só queria que o deixassem em paz.

364 voluble (adj.) /ˈvɑːljəb(ə)l/ rima com *soluble* (solúvel)

1. *Voluble* lembra "volúvel, que muda constantemente de opinião, de postura, gosto, afeição etc." Lembra... mas não é.

2. Há várias palavras para *volúvel: fickle, changeable, inconstant.*

   Dorothy is so **fickle**, she just can't decide what career to follow and she's been married four times.

   She blames her **inconstant** heart for those problems.

3. *Voluble* é um adjetivo, próprio da linguagem formal, que significa:

   falante, fluente, de fala fácil, rápida, extensa e confiante.

   Ted has a long experience as a public speaker and his **voluble** style is very successful.

Luciano Pavarotti, na belíssima ária do 3º ato da ópera *Rigoletto*, de Giuseppe Verdi, diz que "a mulher é volúvel".

"*La donna è mobile, Qual piuma al vento (...)*" A versão em inglês para esse trecho é: "*Woman is **fickle**, Like a feather in the wind (...)*"

Nosso comentário: *Woman is **fickle** (só algumas, thankfully), and some are **voluble** too...*

Escolha a opção que melhor traduz as palavras em destaque nestas frases. Na frase 2, vamos voltar a ver *subject*, já vista no verbete 337.

1. "One of the things I find about getting older is that I seem to get louder, more **voluble**." (David Hare)

Uma das coisas que eu sinto sobre ficar mais velho é que parece que eu falo mais alto e estou mais a) volúvel; b) falante, falador, fluente.

2. "Get him on the **subject** of music or clothes and he becomes **voluble** and enthusiastic." (The Guardian, April 12, 2017)

Você o traz para o a) assunto; b) sujeito de música ou roupa e ele se torna a) volúvel; b) falante e entusiasta.

3. "A person may be indebted for a nose or an eye, for a graceful carriage or a **voluble** discourse, to a great-aunt or uncle, whose existence he has scarcely heard of." (William Hazlitt)

Uma pessoa pode ter herdado o nariz ou os olhos, ou a postura graciosa ou o discurso a) volúvel; b) fluente de uma tataratia ou um tataratio, de cuja existência essa pessoa mal ouviu falar.

Sobre a última frase, a 3: A culpa é da genética, chamada pelos mais cínicos de "roleta-russa".

365 Welsh rabbit (locução substantiva) /ˌwelʃ ˈræbɪt/

E chegamos ao verbete de número 365, o último do ano, o último da lista, um falso amigo diferente, uma locução que vai começar por nos trazer mais um causo, desta vez, pessoal. Conheço alguém (eu mesmo) que, quando viaja, adora experimentar as iguarias locais, como parte da experiência de conhecer outros lugares, outros costumes, outra gastronomia etc. Isso aconteceu há muito tempo, já nem me lembro exatamente onde, mas sei que era um pequeno restaurante na Inglaterra. Olhei o menu, estava em inglês, *of course*, mas li com desembaraço e confiança o menu (afinal eu era e sou professor de inglês) e acabei pedindo o que achei ser uma iguaria do repertório gastronômico britânico: **Welsh rabbit**. Preparei-me para conhecer um prato com coelho preparado como fazem no País de Gales, sei lá de que forma e com que tempero, preparei-me para uma delícia. Daí a pouco tempo (o que, em um restaurante, é sempre mau sinal) chega o garçom com o meu pedido: uma torrada com queijo derretido, coroado de creme de leite. Coelho galês, também chamado **Welsh rarebit**, petisco galês. Nunca mais pedi isso, apesar de, confesso, ser uma delícia.

E FECHAMOS com mais de uma vintena (*a score*, verbete 330, *remember?*) de locuções "internacionais", que podem também surpreender, já que não são o que parecem.

Assim, por ordem alfabética:

1. *Amazon dolphin* pode até ser chamado assim, golfinho amazônico, mas o nome científico desse bicho é *Inia geoffrensis* e, para o pessoal da Amazônia, ele é o popular boto-cor-de-rosa.

2. *Chinese wall* não é um muro chinês ou a muralha da China (*The Great Wall of China*), mas uma metáfora usada para falar de um obstáculo impossível de contornar ou superar, uma barreira insuperável.

3. *Chinese whispers* não são cochichos chineses, e sim a brincadeira infantil de "telefone sem fio", um grupo de pessoas em que uma vai cochichando no pé do ouvido da outra uma frase qualquer, que esta, por sua vez, passa para outra pessoa, sempre em sussurros, e assim vai, até que, ao final da fila, a frase já mudou totalmente. A expressão não se usa apenas para designar a brincadeira, mas para qualquer situação em que uma informação vai sendo deturpada à medida que é passada adiante.

4. ***Dutch courage*** não é coragem holandesa, mas sim a tentativa de ficar mais corajoso contando, para isso, com a ingestão de uma dose exagerada de cerveja. Falsa coragem, dada pela bebida.
5. ***Dutch treat*** não é trato holandês, mas a fórmula usada pela turma dos pães-duros: "Vamos almoçar fora, mas cada um paga o que consumiu." Em Portugal isso chama-se "contas à moda do Porto", no Brasil é o popular "vamos rachar a conta". Um outro **Dutch treat** é um tipo de *cannabis*; afinal, a maconha é liberada na Holanda.
6. ***Dutch uncle*** não é o tio holandês, mas aquele sujeito de que todos fogem por ser um crítico severo e implacável, um chato sem galochas, que já não se usam.
7. ***English Channel*** só é o Canal Inglês para os ingleses, para o resto do mundo é o Canal da Mancha.
8. ***French heel*** não é calcanhar francês, mas salto de sapato feminino, de altura moderada.
9. ***French kiss*** é bem... você sabe o que é um beijo de língua. Para alguns ingleses, mais pudicos, os franceses ostentam o estereótipo de especialistas em demonstrações de sexualidade.
10. ***French leave*** é isso mesmo, saída à francesa (sem falar com a anfitriã, especialmente quando a festa está chata). A essência dessa atitude existe também em francês, na expressão *s'en aller à l'anglaise* (sair à inglesa, a mesma falta de educação para com a anfitriã). Ingleses e franceses e suas mútuas "alfinetadas", refletidas nas expressões populares.
11. ***French letter*** não é uma carta vinda de França, mas mais uma evidência de que, para os ingleses mais pudicos, os franceses mandam na área da sexualidade. *French letter* é uma gíria britânica para o mesmo que *condom*: camisinha.
12. ***French toast*** não é torrada francesa, mas sim a rabanada, que só comemos no Natal. Mas por que só no Natal, né?
13. ***German measles*** pode até ser chamado sarampo alemão, mas, na verdade, a Alemanha está inocente nisso. Esse *German* é uma corruptela da palavra *germane* (ela própria um *false friend*) que significa "relevante, relacionado com, ligado a". É uma doença virótica antigamente conhecida como *germane (to) measles*, isto é "ligada ao sarampo", mas que, com o tempo, passou a ser chamada **German measles**. O termo médico para essa doença em inglês é *rubella*, em português, rubéola.
14. ***Guinea pig*** não é porco-da-guiné, na verdade, não se trata nem de porco nem vem da Guiné, mas o que chamamos de porquinho-da-índia. Que, mais uma vez, na verdade, não é filhote de porco nem vem da Índia. Trata-se do *Cavia porcellus*, um pequeno roedor sul-americano (em Cuzco, Peru, chama-se *cuyo* e é a especialidade gastronômica local), no Brasil é porquinho-da-índia ou cobaia.

15. *Indian clubs* não são clubes indianos ou índios, nada disso. *Club* tem outros sentidos além de clube, um deles é "clava", aquele porrete do Brucutu. Os *Indian clubs* são as clavas usadas, não pelo Brucutu, mas por malabaristas. São aqueles objetos em forma de garrafa de gargalo comprido, mais ou menos como os pinos de boliche, que os malabaristas atiram para o alto para voltar a pegar, acrobaticamente. Essa prática chama-se malabar, em referência a Malabar, região na costa ocidental da Índia, onde se originou essa atividade, por isso chamada malabarismo.

16. *Indian file* não é arquivo indiano ou índio e sim fila indiana, uma pessoa indo atrás da outra, como gente civilizada. É sinônimo de *single file*.

17. *Indian giver* não é nenhum tipo de doador, nem indiano nem índio. Quando alguém reclama com o outro, "*Oh, come on, don't be an **Indian giver***", na verdade está se queixando de que alguém lhe deu (de fato ou só metaforicamente) algo de presente e agora o quer de volta. Os *Ramones* gravaram uma canção com esse nome, **Indian giver**, em que o protagonista deu seu amor a alguém e agora o quer de volta. A expressão tem origem no estereótipo (coisa feia) do indígena norte-americano que, nas trocas de presentes com os brancos, supostamente queria levar vantagem na troca ou então queria seu presente de volta. Há um velho provérbio lusitano que bate na mesma tecla, dizendo "Quem dá e torna a tirar, ao inferno vai parar."

18. *Indian summer* não é verão indiano ou índio, mas veranico, breve sucessão de dias de calor intenso ao final do outono. Ou também ao final de um processo, como o *Indian summer of an administration*, quando vai chegando ao fim. Poeticamente, também podemos falar no **Indian summer** da vida, um período quentinho de paz, sossego e bem-estar já na chamada terceira idade.

19. *Irish bull* não é touro irlandês e sim uma frase absurda, contraditória, sem pés nem cabeça, como "com uma pistola em cada mão e uma espada na outra...". É bom esclarecer que esse *bull* na expressão **Irish bull** pode ser entendido como forma abreviada de *bullshit* (bobagem, besteira), já que, entre os britânicos, os pobres irlandeses sofrem o estereótipo de dizer muita bobagem. Oscar Wilde, que na pia batismal recebeu o pomposo nome de Oscar Fingal O'Flahertie Willis Wilde e nasceu em Dublin, Irlanda, uma vez disse isto, "*If you are not too long I will wait for you here all my life.*" Esse é um clássico exemplo de **Irish bull**.

20. *Irish coffee* é o café à moda dos irlandeses, com creme de chantilly e umas gotas de whiskey. Irlandês, é claro, portanto *whiskey* (grafia irlandesa e norte-americana) e não *whisky* (grafia escocesa e inglesa).

21. *Norwegian wood* pode até ser madeira norueguesa, como também pode ser bosque norueguês. Para termos certeza, precisaríamos perguntar ao John Lennon (impossível) ou ao Paul McCartney (muito pouco acessível), mas, pelo trecho da canção...

*"I once had a girl / Or should I say she once had me / She showed me her room / Isn't it good **Norwegian wood**? (...)"*

As paredes provavelmente eram revestidas de madeira norueguesa, provavelmente de pinho de Riga (que não é na Noruega e sim a capital da Letônia).

22. *Roman Holiday* é o nome de um filme (1953), exibido no Brasil como "A Princesa e o Plebeu" e em Portugal como "Férias em Roma", com Audrey Hepburn e Gregory Peck. Além do romance sugerido no título, a expressão **Roman holiday** pode ter, dependendo do contexto, outro significado, algo que nada tem de romântico, muito pelo contrário: "sadismo, prazer sádico, satisfação em observar o sofrimento dos outros". A expressão tem origem nos espetáculos públicos de grande violência, como eram as lutas sangrentas dos gladiadores nos circos da Roma Antiga, em que o público se divertia e "queria ver sangue". O mesmo tipo de prazer que hoje faz os "espetáculos" de UFC e outros "esportes" do gênero terem grande audiência. **Roman holiday** nesse sentido é o mesmo que *schadenfreude*, palavra de som e sentido sinistro, de origem alemã, mas que se usa também em inglês e que significa isso mesmo: prazer que (algumas) pessoas têm em observar a desgraça alheia. A raça humana, dos antigos circos romanos aos modernos ringues televisivos, pouco ou nada mudou. Coisa feia...

23. *Scotch tape* não é qualquer fita escocesa, mas uma marca registrada de fita adesiva, a nossa popular fita durex. Outra marca registrada dessa fita é *Sellotape*, mais comum no Reino Unido.

24. *Turkish delight* não é (ou para muitos é) delícia turca, mas uma guloseima chamada também manjar turco, uma bala de goma, feita de amido e açúcar.

25. *Portuguese man-o'-war* é uma locução que é duas vezes *false friend*. Isto porque *man-o'-war* não é guerreiro, homem de guerra, mas sim navio de guerra ou belonave (mais um *false friend*, já que a guerra nada tem de bela...) Então, voltando ao **Portuguese man-o'-war**, não é uma belonave lusitana, seria uma caravela, e é isso mesmo, caravela, mas não uma daquelas embarcações que singraram os mares na época dos descobrimentos. Na verdade essa caravela, também chamada caravela-portuguesa (um tanto redundante, né?) tem o nome científico de *Physalia physalis* e é parente da água-viva, animal invertebrado, marinho, de corpo gelatinoso e transparente, cujos numerosos e longos tentáculos podem provocar queimaduras nos incautos banhistas. *Watch out!*

26. E chegamos a *Swedish massage*. Essa parece e é massagem sueca, sim, uma massagem terapêutica e exercício para os músculos e as juntas, uma terapia desenvolvida na Suécia no século dezenove. É exatamente do que estamos precisando, agora que chegamos ao verbete 365 deste *Dicionário e Prática de False Friends*.

That's all, folks!

CHAVE DE PRONÚNCIA

VOGAIS	
Símbolo	Exemplos
ɪ	**i**t, s**i**t, sh**i**p, l**i**ve
iː	**ea**t, s**ee**, sh**ee**p, l**ea**ve
i	happ**y**, mon**ey**, rad**i**o
e	b**e**d, g**e**t, b**e**g, m**e**n
æ	b**a**d, c**a**t, b**a**g, m**a**n
ɑː	c**ar**, f**ar**m, f**a**ther, st**ar**t
o	p**o**t, st**o**p, r**o**ck, b**o**x (RU)
ɑː	p**o**t, st**o**p, r**o**ck, b**o**x (EUA)
ɔː	s**aw**, c**a**ll, m**o**re, b**ou**ght
ʌ	b**u**t, c**u**p, l**o**ve, s**o**me
ɜː	b**ir**d, f**ir**st, w**or**k, b**ur**n
ʊ	p**u**t, b**oo**k, g**oo**d, c**ou**ld
uː	y**ou**, sh**oe**, t**oo**, bl**ue**
ə	**a**go, **a**bout, sist**e**r, lem**o**n

DITONGOS	
Símbolo	Exemplos
aɪ	**eye**, m**y**, b**uy**, l**i**ke
eɪ	d**ay**, m**a**ke, br**ea**k, sp**a**ce
ɔɪ	b**oy**, n**oi**se, v**oi**ce, **oi**l
oʊ	n**o**, sh**ow**, h**o**me, b**oa**t
aʊ	n**ow**, **ou**t, h**ou**se, d**ow**n
ɪə	h**ere**, n**ear**, b**eer**
eə	th**ere**, h**air**, b**ear**, w**ear**
ʊə	s**ure**, p**ure**, c**ure**, j**ury**

CONSOANTES	
Símbolo	Exemplos
p	**p**en, ha**pp**y
b	**b**ed, ru**bb**er
t	**t**en, bu**tt**on
d	**d**ay, **d**id, a**dd**
k	**c**at, **k**ing, as**k**
g	**g**et, **g**ame, bi**gg**er
f	**f**ish, **f**at, co**ff**ee
v	**v**ery, fi**v**e, ne**v**er
tʃ	**ch**eese, **ch**urch, ca**tch**
dʒ	**j**ump, a**ge**, bri**dge**, **j**ohn
θ	**th**ing, **th**ink, mon**th**
ð	**th**is, **th**en, fa**th**er
ʃ	**sh**e, **sh**ow, **s**ugar
ʒ	mea**s**ure, vi**s**ion
s	**s**ee, **s**ay, **c**ity, dre**ss**
z	**z**ero, **z**oo, ea**s**y, la**s**er
h	**h**ome, **h**ot, **h**and
m	**m**ilk, **m**ore, su**mm**er
n	**n**o, **n**ame, su**n**, fu**nn**y
ŋ	si**ng**, lo**ng**, bri**ng**, thi**nk**
l	**l**ook, **l**et, te**ll**, **l**itt**l**e
r	**r**ed, **r**ight, ma**rr**y, so**rr**y
j	**y**es, **y**et, **y**ard, milli**o**n
w	**w**e, **w**ant, **w**ater, a**w**ay

OUTROS SÍMBOLOS

Símbolo	Função
ˈ	precede a sílaba tônica
ˌ	precede a sílaba subtônica
ː	indica som vocálico prolongado
( )	indica uma possível omissão do fonema

REFERÊNCIAS BIBLIOGRÁFICAS

The American Heritage Dictionary of the English Language, fourth edition, Houghton Mifflin Company, Boston, New York, 2000

Asimov, Isaac, *Words from History*, Houghton Mifflin Company, Boston, 1968

Ayto, John, *Dictionary of Word Origins*, Arcade Publishing, New York, 1990

Bryson, Bill, *Dictionary of Troublesome Words,* second edition, Penguin Books, London, 1984

Bueno, Márcio, *A Origem Curiosa das Palavras*, 4ª edição, José Olympio Editora, Rio de Janeiro, 2002

Cambridge Advanced Learner's Dictionary, third edition, Cambridge University Press, Cambridge, 2011

Clements, Jonathan, *Darwin's Notebook,* The History Press, Quarto Publishing plc, London, 2009

Cochrane, James, *Between You and I,* Sourcebooks Inc, Naperville, Illinois, 2004

Collins English Dictionary of the English Language, Collins, London, Glasgow, 1979

Crystal, David, *Making Sense, The Glamorous Story of English Grammar,* Profile Books Ltd., London, 2017

Ernst, S. Margaret, *In a Word*, drawings by James Thurber, Alfred A. Knopf, New York, 1939

Forsyth, Mark, *The Etymologicon*, Berkley Books, New York, 2011

Freeman, Morton S., *A Treasury for Word Lovers*, ISI Press, Philadelphia, 1983

Garrison, Webb, *Why You Say It*, MJF Books, New York, 1992

Grothe, Mardy Dr., *Viva La Repartee,* Harper Collins Publishers, New York, 2005

Jelin, Israel, *Dicionário Inglês-Português*, Editora FTD, São Paulo, 2005

Kacirk, Jeffrey, *Altered English*, Pomegranate Communications, Inc, San Francisco, CA, 2002

Keyes, Ralph, *The Quote Verifier*, St. Martin's Griffin, New York, 2006

Lederer, Richard, *The Miracle of Language*, Pocket Books, New York, London, 1991

Macmillan English Dictionary for Advanced Learners of American English, Macmillan Education, Oxford, 2002

Marques, Amadeu, *Dicionário Inglês-Português, Português-Inglês*, Editora Ática, São Paulo, 2004

Marques, Amadeu e Jelin, Israel, *Conserte Seu Inglês*, Allya Language Solutions, Caxias do Sul, 2018

Merriam-Webster's Advanced Learner's English Dictionary, Merriam-Webster, Inc., Springfield, Massachusetts, 2017

Minidicionário Caldas Aulete, Dicionário Contemporâneo da Língua Portuguesa, Lexikon, 2020

Pequeno Dicionário Houaiss da Língua Portuguesa, Editora Moderna, São Paulo, 2015

Pinker, Steven, *The Sense of Style*, Penguin Books, New York, 2015

Room, Adrian, *Dictionary of Confusing Words and Meanings*, Routledge & Kegan Paul, London, Henley, 1985

Symons, Mitchell, *The Wonderful World of Words*, Michael O'Mara Books Ltd, London, 2017

Taggart, Caroline, *An Apple a Day*, Michael O'Mara Books Ltd., London, 2013

500 Words You Should Know, Michael O'Mara Books Ltd, London, 2014

Taylor, James, *Portuguese-English Dictionary*, revised edition, Editora Record, Rio de Janeiro, 2000

Wells, J. C., *Longman Pronunciation Dictionary*, Longman, London, 1990

Young, Sue, *The Scholastic Rhyming Dictionary*, Scholastic Inc., New York, 1994

ÍNDICE

#	Entrada	Pág.
1	abate	5
2	ability	6
3	abuse	7
4	accent	8
5	account, account for, accountable, accountability	9
6	actual, actuality, actually	11
7	adamant	13
8	addict, addicted, addiction, addictive	14
9	address	15
10	adept	17
11	adherent	18
12	admission, admit, admittance, admittedly	18
13	advert	20
14	advice, advisable, advise, advisedly	21
15	agenda	23
16	agonize/agonise, agonizing/agonising, agony	24
17	alms	26
18	alphabetize/alphabetise, alphabetized/alphabetised	27
19	amass	28
20	amount, amount to	28
21	anecdote	30
22	anniversary	30
23	annotate, annotated, annotation	31
24	announce, announcement	32
25	anthem	33
26	anticipate, anticipation	34
27	antique, antiquity	35
28	apathetic	36
29	apologize/apologise, apology	37
30	appelation	38
31	applicant, application, apply	39
32	appoint, appointment	41
33	appraise, appreciate, appreciation	42
34	approach	44
35	apt	45
36	arbor/arbour	46
37	arena	46
38	arguably, argue, argument	48
39	armadillo	49
40	arrest	50
41	ascetic	51
42	assault	52
43	assess, assessor	54
44	assiduity, assiduous	55
45	assign	56
46	assist, assistance, assistant	57
47	assume, assumed	59
48	attend, attendance, attendant	60
49	audience, audition	62
50	authoritative	64
51	available	65
52	bachelor, bachelorette	65
53	bacteria	66
54	balance, balanced	67
55	barb, barbed	69
56	barracks	70
57	baton	70
58	battery	71

#	Term	Page
59	beef	72
60	billion	73
61	blitz	74
62	bologna	75
63	bond, bondage	75
64	budget	78
65	cabin	79
66	café, cafe, cafeteria	80
67	candid	81
68	cane	82
69	capricious	83
70	carousal, carouse, carousel/carrousel	83
71	carton	85
72	castigate	85
73	casualty	86
74	china	87
75	cigar	88
76	circumspect	89
77	claim	89
78	clique	91
79	cobra	92
80	cocoa	92
81	collar	94
82	collate	95
83	colleague	96
84	college	97
85	combine	97
86	commemorate, commemoration	98
87	commencement	99
88	commodity	100
89	commotion	100
90	compass	101
91	complacency, complacent	102
92	compliance, compliant, comply	103
93	compliment, complimentary	104
94	comprehensible, comprehensive, comprehensively	105
95	compromise	106
96	concede	107
97	concourse	108
98	concur, concurrence, concurrent, concurrently	109
99	condition	110
100	condominium	111
ONE HUNDRED DAYS OF FALSE FRIENDS		**112**
101	condone	114
102	conductor	114
103	confer	115
104	conference	116
105	confidant, confidante, confide	116
106	confidence, confidence man, confident	117
107	conform	118
108	conservatory	119
109	construe	120
110	contempt	120
111	contention	121
112	contest, contestant	122
113	continence	123
114	contrary	124
115	conversant	125
116	convict, conviction	125
117	coroner	127
118	costume	128
119	countenance	129

120	counterfeit	130
121	counterpart	131
122	court	132
123	crapola, crapulous	133
124	crave	135
125	criminal	136
126	curt	137
127	custom	138
128	data	138
129	deception	140
130	decimate	141
131	decorate, decoration, decorator	141
132	default	143
133	defendant	144
134	defunct	145
135	deliberate, deliberately	145
136	delicacy	146
137	delude, delusion	147
138	demand	148
139	demonstration, demonstrate, demonstrator	150
140	deportment	151
141	deprive, deprived	152
142	deputy	153
143	destination, destiny	154
144	devolution, devolve	155
145	diarist	156
146	directory	156
147	discrete, discretion	158
148	discriminate, discriminating	159
149	discuss, discussion	160
150	disgust, disgusting	162
151	disinterested, disorder	164
152	dispense, dispense with, dispenser	165
153	dispose, dispose of, disposition	167
154	disprove	168
155	diversion, divert, diverted	169
156	duress	172
157	Durex	173
158	effective, efficacious, efficient	173
159	egoism, egotism, egoist, egotist, egoistic, egotistic	175
160	egregious	177
161	elude	178
162	embezzle, embezzlement	180
163	endurance, endure	181
164	energetic	182
165	enervate, enervating	183
166	engross, engrossed, engrossing	184
167	enormity, enormousness	185
168	enrol/enroll, enrolment/enrollment	186
169	epidemic	188
170	equivocate	188
171	escalate, escalator	189
172	escapade	190
173	espy	191
174	estate	192
175	estrange, estranged	193
176	eventual, eventually	195
177	evict	197
178	exit	198
179	expert, expertise	200
180	exquisite	202
181	extenuate, extenuating	204

#	Term	Page
182	extrapolate	205
183	fabric, fabricate, fabrication	206
184	facility	208
185	fastidious	210
186	fatality	211
187	feud	212
188	figure, figure out	213
189	finality	216
190	fix	216
191	folly	218
192	formidable	218
193	fortuitous	219
194	freelance, freelancer	220
195	freshwater, fresh water	222
196	fuse	223
197	gaze	224
198	gem	225
199	genial	226
200	gracious	227
TWO HUNDRED DAYS OF FALSE FRIENDS		**228**
201	grand	230
202	graphic	232
203	gratification, gratify, gratuity	233
204	gripe	234
205	groceries	236
206	gross	237
207	gusto	238
208	hospice	239
209	human, humane	240
210	husbandman, husbandry	241
211	ignore	243
212	impair, impaired, impairment	244
213	impatient, inpatient	245
214	impede	246
215	impinge	246
216	implicate, implication	247
217	inaugurate, inauguration	248
218	indecisive	249
219	indicator	250
220	indignant	251
221	individual	252
222	infamous	253
223	influenza	254
224	ingenious, ingenuity	255
225	inhabit, inhabitant, inhabited	256
226	inhuman, inhumane	258
227	initial	259
228	injure, injured, injury	261
229	inscribe, inscription	262
230	insensible, insensibility, insensitive, insensitivity	264
231	instance	266
232	insufferable	268
233	intend, intent	268
234	intern	271
235	intimate, intimation	272
236	intoxicate, intoxicated, intoxication	274
237	intriguing	275
238	invaluable	276
239	jar	277
240	jewel, jewelry/jewellery	278
241	journal	280
242	judgment/judgement	282
243	lace	283
244	lamp	284

245	large, largely	285
246	lecture	287
247	legend	288
248	lemon, lime, limelight	289
249	library	291
250	liquor	292
251	locate, location	292
252	locust	294
253	lunch	294
254	luxury, luxurious	295
255	macaroon	296
256	magazine	297
257	malice, malicious	298
258	manage	299
259	marmalade	300
260	Marmite	302
261	matron	303
262	mayor	304
263	militate	305
264	minute, minuteman, minutes	305
265	miser, miserable, misery	307
266	momentum	309
267	morose	310
268	necessitate	310
269	notice	311
270	notorious	313
271	novel	314
272	oblige	315
273	obsequies, obsequious	316
274	officer, official, officious	317
275	ordinary	318
276	ore	319
277	outdoor	320

278	parade	321
279	parcel	322
280	parent	323
281	partial	325
282	particular	326
283	paste	328
284	patron, patronize/patronise, patronizing/patronising	329
285	peculiar	331
286	pedagogue, pedant	332
287	pedestrian	333
288	petrol	334
289	physician	335
290	plant, plantation	336
291	polemic	338
292	police, policy, politics, political, politician	339
293	porter	341
294	portent, portentous	342
295	prejudice, prejudiced, prejudicial	344
296	prescribe, prescription	345
297	presently	347
298	preservative	348
299	pretend, pretense/pretence, pretension	349
300	prevaricate	351
THREE HUNDRED DAYS OF FALSE FRIENDS		**352**
301	primordial	354
302	procure	355
303	professor	356
304	propitiate	358
305	prosecute, prosecution, prosecutor	359
306	prospect	360

#	Term	Page
307	pulse	361
308	push	364
309	quiet, quite	365
310	rationale	366
311	realize, realization	367
312	recipient	369
313	reclaim, reclamation	370
314	recorder	371
315	remarkable	372
316	render, rendition	373
317	renounce, renunciation, resign, resignation	374
318	requirement	376
319	resolve	377
320	respite	378
321	resume, résumé/resumé/resume	379
322	retire, retired, retirement	381
323	retribution	382
324	reunion	383
325	salient	384
326	sanction	385
327	sanguine	387
328	scallop	388
329	scholar	389
330	score	389
331	sensible, sensibility, sensitive, sensitivity	391
332	silicon, silicone	393
333	siren	394
334	solicit, soliciting, solicitor	395
335	spade	398
336	spelunk, spelunker, spelunking	399
337	subject	400
338	substitute	402
339	succeed	404
340	supercilious	406
341	support	407
342	surge	409
343	sycophant	411
344	sympathetic, sympathize/sympathise, sympathy	412
345	tanker	414
346	tenant	415
347	tentative	416
348	terrible, terrific	417
349	testimony	418
350	tirade	420
351	toast	421
352	traduce	423
353	transpiration, transpire	424
354	travel	426
355	travesty	428
356	ultimate, ultimately	428
357	unique	430
358	urban, urbane	431
359	urge	432
360	vase	433
361	vermin	434
362	vicious	436
363	vindicate/vindication	437
364	voluble	439
365	Welsh rabbit	440

GABARITO

1 abate
1. a); 2. b).
2 ability
I. b); II. a); III. 1. Ability; 2. capacity; 3. ability; 4. capacity; ability.
3 abuse
1. a); 2; a); 3; a), b).
4 accent
b).
5 account
1. a), a); 2. b); 3. b); 4. b); 5. a).
6 actual
I. b), claro; II. 1. b); 2. a); 3. a).
7 adamant
b).
8 addict
1. a); 2. b), b); 3. b), a); 4. a).
9 address
1. a); 2. b); 3. b).
10 adept
1. a), a); 2. b).
11 adherent
a).
12 admission
1. a); 2. a); 3. b); 4. b); 5. a).
13 advert
1. b), b); 2. b); 3. a); 4. b).
14 advice
1. b), b); 2. a); 3. b); 4. b); 5. a).
15 agenda
1. a); 2. a); 3. a); 4. b); 5. b).
16 agonize/agonise/agonizing/agonising/agony
1. a); 2. a); 3. b).
17 alms
1. b), b), a); 2. a), b).
18 alphabetize/alphabetise/alphabetized/alphabetised
b), b).
19 amass
1. b); 2. b).
20 amount/amount to
1. a); 2. a).
21 anecdote
1. b), b), a), b); 2. b).
22 anniversary
b), a).
23 annotate/annotated/annotation
1. a); 2. a).
24 announce/announcement
1. a); 2. a), a).
25 anthem
b).
26 anticipate/anticipation
1. b); 2. a), b); 3. b); 4. a).
27 antique/antiquity
1. b); 2. a).
28 apathetic
b).
29 apologize/apologise/apology
1. b), b); 2. a); 3. b).
30 appellation
b).
31 applicant/application/apply
1. a); 2. b); b); 3. b); 4. a); 5. a).
32 appoint/appointment
1. b); 2. a); 3. b); 4. b).
33 appraise/appreciate/appreciation
1. a), b); 2. a); 3. a).
34 approach
1. a); 2. a).
35 apt
1. b); 2. a).
36 arbor/ arbour
b), b).
37 arena
b).
38 arguably/argue/argument
1. a); 2. b); 3. a); 4. a); 5. b); 6. b).
39 armadillo
b).

40 arrest
1. *a)*; 2. *b)*.
41 ascetic
b).
42 assault
1. *b)*; 2. *a)*.
43 assess/assessor
b), *b)*.
44 assiduity/assiduous
1. *a)*; 2. *a)*.
45 assign
b).
46 assist/assistance/assistant
1. *a)*; 2. *a)*; 3. *a)*, *a)*; 4. *b)*, *b)*; 5. *b)*, *a)*; 6. *b)*.
47 assume/assumed
1. *b)*; 2. *b)*; 3. *a)*.
48 attend/attendance/attendant
1. *b)*; 2. *b)*, *b)*; 3. *a)*; 4. *b)*, *b)*.
49 audience/audition
1. *b)*; 2. *a)*; 3. *b)*.
50 authoritative
1. *b)*; 2. *b)*.
51 available
1. *a)*; 2. *a)*.
52 bachelor/bachelorette
b).
53 bacteria
a), *b)*.
54 balance/balanced
1. *b)*; 2. *b)*, *a)*.
55 barb/barbed
a).
56 barracks
b).
57 baton
1. *b)*; 2. *a)*.
58 battery
1. *a)*; 2. *a)*; 3. *b)*.
59 beef
b).
60 billion
1. *a)*; 2. *a)*.
61 blitz
a).
62 bologna
b).
63 bond/bondage
1. *a)*; 2. *b)*; 3. *b)*; 4. *b)*; 5. *b)*.
64 budget
1. *b)*, *a)*; 2. *b)*; 3. *b)*.
65 cabin
1. *b)*; 2. *a)*.
66 café/cafe/cafeteria
a).
67 candid
1. *a)*; 2. *b)*, *b)*.
68 cane
1. *b)*; 2. *a)*.
69 capricious
1. *b)*; 2. *a)*.
70 carousal/carouse/carousel/carrousel
1. *b)*; 2. *b)*.
71 carton
1. *b)*; 2. *b)*.
72 castigate
b).
73 casualty
b).
74 china
b).
75 cigar
a).
76 circumspect
b).
77 claim
1. *a)*; 2. *b)*.
78 clique
b).
79 cobra
a).
80 cocoa
1. *b)*; 2. *a)*.
81 collar
b).

82 collate
b), a), b).
83 colleague
b), b).
84 college
a).
85 combine
b).
86 commemorate/commemoration
b), a).
87 commencement
b).
88 commodity
b).
89 commotion
1. b); 2. b).
90 compass
a).
91 complacency/complacent
1. b), b); 2.b).
92 compliance/compliant/comply
1. b); 2.b).
93 compliment/complimentary
a).
94 comprehensible/comprehensive/comprehensively
1. b); 2. a), a).
95 compromise
b).
96 concede
1. b), b); 2. a); 3. b).
97 concourse
b).
98 concur/concurrence/concurrent/concurrently
1. b); 2. b).
99 condition
1. a); 2. a); 3. a).
100 condominium
a).
ONE HUNDRED DAYS OF FALSE FRIENDS
I. 1. b); 2. a); 3. b); 4. b); 5. b); 6. c); 7. b); 8. a); 9. a); 10. b).
II. 1. acumulou (e não amassou). 2. reali-dade (e não atualidade); 3. charutos OK. 4. propenso (e não apto); uma discussão (e não um argumento). 5. bússola OK. 6. verdadeira, real (e não atual); prisão OK. 7. Acordo (e não compromisso). 8. craque (e não adepto). 9. responsável (e não contável). 10. vítima OK; concordo OK.
III. 1.f); 2.p); 3.n); 4. t); 5. o); 6. l); 7. m); 8. q); 9. b); 10. e); 11. i); 12. k); 13. c); 14. r); 15. a); 16. g); 17. h); 18. j); 19. d); 20. s).
101 condone
b).
102 conductor
b).
103 confer
1. b); 2. a).
104 conference
b).
105 confidant/confidante/confide
1. a); 2. b), b).
106 confidence/confidence man/confident
1. a); 2. a), b).
107 conform
1. b); 2. b); 3. a).
108 conservatory
1. a); 2. a).
109 construe
b).
110 contempt
b).
111 contention
a).
112 contest/contestant
b), b).
113 continence
a).
114 contrary
1. a); 2. b); a).
115 conversant
b), b).
116 convict/conviction
1. b); 2. b).

117 coroner
b).
118 costume
b).
119 countenance
1. b); 2. a); 3. a); 4. b).
120 counterfeit
a), a).
121 counterpart
1. a); 2. a).
122 court
I. c), of course. II. b).
123 crapola/crapulous
1. b); 2. b), b); 3. a).
124 crave
I. a), cravada. II. b).
125 criminal
1. a); 2. b).
126 curt
a), b).
127 custom
a).
128 data
I. a), é claro. Elementary, my dear reader. II. b).
129 deception
b).
130 decimate
1. a); 2. b), a); b).
131 decorate/decoration/decorator
1. a); 2. b); 3. a).
132 default
a).
133 defendant
b).
134 defunct
a).
135 deliberate/deliberately
b).
136 delicacy
1. b); 2. a).
137 delude/delusion
1. a); 2. a); 3. a).

138 demand
1. a); 2. a); 3. b).
139 demonstration/demonstrate/demonstrator
1. a); 2. b); 3. a).
140 deportment
1. a); 2. b).
141 deprive/deprived
1. a); 2. a); 3. b), b).
142 deputy
1. b); 2. a).
143 destination/destiny
1. destination 2. destination 3. destiny 4. Destiny.
144 devolution/devolve
1. a); 2. a).
145 diarist
b).
146 directory
1. b); 2. a).
147 discrete/discretion
1. b); 2. b); 3. a); 4. b).
148 discriminate/discriminating
1. a); 2. b); 3. a).
149 discuss/discussion
1. b), a); 2. a), b), a); 3. a); 4. b), b).
150 disgust/disgusting
1. a); 2. a); 3. b); 4. b), a).
151 disinterested/disorder
1. b); 2. a); 3. a), a).
152 dispense/dispense with/dispenser
1. b); 2. a); 3. b); 4. b).
153 dispose/dispose of/disposition
1. b), b); 2. a).
154 disprove
1. b), b); 2. b); 3. a), b).
155 diversion/divert/diverted
1. a); 2. b); 3. b); 4. a); 5. a).
156 duress
1. b); 2. a).
157 Durex
Sem exercício.
158 effective/efficacious/efficient
1. b); 2. a); 3. a); 4. b); 5. b), a).

159 egoism/egotism/egoist/egotist/egoistic/egotistic
1. a); 2. b); 3. a); 4. b).
160 egregious
1. b); 2. b).
161 elude
1. b); 2. b), b); 3. a).
162 embezzle/embezzlement
1. b), b); 2. b).
163 endurance/endure
1. a); 2. a), b); 3. b).
164 energetic
1. b); 2. b).
165 enervate/enervating
1. b); 2. a).
166 engross/engrossed/engrossing
1. b); 2. b); 3. a).
167 enormity/enormousness
1. a); 2. a); 3. b), b); 4. a).
168 enrol/enroll/enrolment/enrollment
1. b); 2. b).
169 epidemic
1. a); 2. a).
170 equivocate
1. b); 2. a).
171 escalate/escalator
1. b), b); 2. a); 3. a); 4. b).
172 escapade
1. a); 2. b); 3. b).
173 espy
b).
174 estate
1. b); 2. a); 3. b).
175 estrange/estranged
1. b); 2. b).
176 eventual/eventually
1. b); 2. a); 3. a); 4. a); 5. a), a).
177 evict
1. b); 2. b); 3. a).
178 exit
1. a); 2. a); 3. b); 4. b).
179 expert/expertise
1. a); 2. b); 3. a); 4. a); 5. b), b).

180 exquisite
1. b); 2. a); 3. a).
181 extenuate/extenuating
1. b); 2. a); 3. a); 4. b).
182 extrapolate
1. b), a), b); 2. b); 3. b).
183 fabric/fabricate/fabrication
1. a); 2. b); 3. a); 4. b); 5. b); 6. a).
184 facility
1. b); 2. b); 3. a); 4. a); 5. a).
185 fastidious
1. b); 2. b); 3. b); 4. b).
186 fatality
1. b); 2. a); 3. b); 4. b).
187 feud
1. b); 2. a).
188 figure/figure out
1. b); 2. b); 3. b), b), a).
189 finality
1. b); 2. a); 3. a).
190 fix
1. b); 2. b), a), b); 3. a).
191 folly
1. b); 2. b); 3. a), a).
192 formidable
1. b); 2. b); 3. a).
193 fortuitous
1. a), b); 2. a), a).
194 freelance/freelancer
c) Shake + Spear(e).
195 freshwater/fresh water
1. b); 2. a); 3. b).
196 fuse
1. a), a), b); 2. b); 3. b), a).
197 gaze
1. b); 2. a), a), a); 3. b), a), a).
198 gem
1. b); 2. a), a).
199 genial
1. b); 2. a).
200 gracious
1. a); 2. b), b); 3. b).
TWO HUNDRED DAYS OF FALSE FRIENDS
I. 1. c); 2. b); 3. a); 4. c); 5. a); 6. a); 7. a);

8. a); 9. c); 10. b). II. 1. trapaça OK; 2. iguaria (e não delicadeza); 3. desviado (e não divertido), passeata (e não demonstração); 4. despejado (e não evitado); 5. réu OK; agredir (e não assaltar), competidor (e não contestador); 6. perícia, conhecimento (e não esperteza); 7. condenados (e não convictos); 8. coação (e não dureza); 9. por fim, finalmente (e não eventualmente); 10. carne bovina (e não bife), causa repulsa, nojo (e não desgosta). III. 1. l); 2. j); 3. h); 4. k); 5. t); 6. r); 7. o); 8. n); 9. b); 10. e); 11. g); 12. p); 13. a); 14. i); 15. d); 16. s); 17. c); 18. f); 19. q); 20. m).

201 grand
1. a); 2. a), a); 3. a); 4. b); 5. b), b).

202 graphic
1. b), b), a); 2. a).

203 gratification/gratify/gratuity
1. a); .2. a); 3. b).

204 gripe
1. b), b); 2. a).

205 groceries
1. b); 2. a).

206 gross
1. b); 2. a); 3. b).

207 gusto
1. a); 2. b).

208 hospice
b).

209 human/humane
1. b), a); 2. b), a), a); 3. b).

210 husbandman/husbandry
1. b); 2. a); 3. b); 4. a), a).

211 ignore
1. a); 2. b); 3. a), b); 4. b).

212 impair/impaired/impairment
1. a); 2. a); 3. b).

213 impatient/inpatient
1. a); 2. b).

214 impede
1. b), b); 2. b); 3. a).

215 impinge
1. b), b); 2. b).

216 implicate/implication
1. a); 2. b); 3. a).

217 inaugurate/inauguration
1. b); 2. a).

218 indecisive
1. b); 2. b); 3. a).

219 indicator
1. b); 2. b).

220 indignant
1. a); 2. b); 3. a).

221 individual
1. b); 2. a); 3. a), a).

222 infamous
1.b); 2. a).

223 influenza
1. a); 2. a).

224 ingenious/ingenuity
1. b); 2. b); 3. b); 4. b).

225 inhabit/inhabitant/inhabited
1. b); 2. a); 3. a); 4. a) – d) Fernando Pessoa.

226 inhuman/inhumane
1. b), a); 2. a); 3. a).

227 initial
1. a); 2. a), b); 3. b) – d) Hillary Rodham Clinton

228 injure/injured/injury
1. a), a), b); 2. b); 3. b), b), a); 4. b); 5. a)

229 inscribe/inscription
1. a); 2. a); 3. b).

230 insensible/insensibility/insensitive/insensitivity
1. a); 2. a); 3. b); 4. a).

231 instance
1. b); 2. a); 3. b).

232 insufferable
1. b); 2. b), b); 3. a).

233 intend/intent
1. b); 2. a); 3. b); 4. a); 5. b); 6. b), b), b); 7. a), a); 8. a).

234 intern
1. b), b); 2. a); 3. b).

235 intimate/intimation
1. b); 2. a); 3. a); 4. b).

236 intoxicate/intoxicated/intoxication
1. a); 2. b); 3. a); 4. b), b).
237 intriguing
1. b); 2. b).
238 invaluable
1. a); 2. a); 3. b).
239 jar
1. b); 2. b); 3. a).
240 jewel/jewelry/jewellery
1. a); 2. a).
241 journal
1. b); 2. b), b); 3. b); 4. a).
242 judgment/judgement
1. b); 2. a), a); 3. a); 4. a); 5. b).
243 lace
1. b); 2. a); 3. a).
244 lamp
1. a); 2. a); 3. a); 4. b).
245 large/largely
1. b); 2. b); 3. b); 4. a); 5 a).
246 lecture
1. b); 2. a); 3. b).
247 legend
1. b); 2. b); 3. a); 4. b); 5. a).
248 lemon/lime/limelight
1. a); 2. b); 3. b); 4. b).
249 library
1. b); 2. b); 3. a).
250 liquor
1. b); 2. b).
251 locate/location
1. a); 2. b), b).
252 locust
b), b).
253 lunch
1. b); 2. b)
254 luxury/luxurious
1. a), a); 2. a); 3. b); 4. a), a); 5. b)
255 macaroon
1. b); 2. b).
256 magazine
1. a); 2. b); 3. b).
257 malice/malicious
1. b); 2. b); 3. a); 4. b).

258 manage
1. b), b); 2. a); 3. b).
259 marmalade
1. b); 2. b); 3. a).
260 Marmite
1. b); 2 a).
261 matron
1. b); 2. b); 3. a).
262 mayor
1. b), a); 2. b).
263 militate
b).
264 minute/minuteman/minutes
1. a); 2. a), a); 3. b).
265 miser/miserable/misery
1. b); 2. a); 3. a); 4. b); 5. b); 6. b).
266 momentum
1. a), b); 2. a); 3. a).
267 morose
1. b); 2. b).
268 necessitate
1. b); 2. b); 3. b).
269 notice
1. b); 2. b); 3. b), a); 4. a).
270 notorious
1. notorious 2. notorious 3. notorious 4. famous.
271 novel
1. a), b); 2. a); 3. a).
272 oblige
1. b); 2. a); 3. b); 4. b), a).
273 obsequies/obsequious
1. b); 2. b).
274 officer/official/officious
1. b); 2. a); 3. b); 4. a).
275 ordinary
1. a); 2. a); 3. b); 4. a), a).
276 ore
1. a), b); 2. b).
277 outdoor
1. b); 2. a); 3. b).
278 parade
1. a); 2. b), b); 3. b).

279 parcel
1. b), a); 2. b); 3. a).
280 parent
1. relatives; 2. parent; 3. relatives; 4. parent; 5. parent.
281 partial
1. b); 2. a); 3. b); 4. b); 5. a).
282 particular
1. particular; 2. private; 3. particular, particular; 4. particular; 5. private.
283 paste
1. b), a); 2. b), b); 3. b).
284 patron/patronize/patronise/patronizing/patronising
1. b); 2. b); 3. a); 4. b); 5. b).
285 peculiar
1. b); 2. a); 3. a); 4. a).
286 pedagogue/pedant
1. b); 2. a); 3. a).
287 pedestrian
1. a); 2. b); 3. a), b); 4. a).
288 petrol
1. a); 2. a), a), b); 3. a), b), a).
289 physician
1. Physicists, physicist; 2. physician, physician; 3. physician; 4. physicist.
290 plant/plantation
1.a), b); 2. a); 3. a); 4. b); 5. b).
291 polemic
1. b); 2. a); 3. b), a).
292 police/policy/politics/political/politician
1. b); 2. b); 3. a); 4. a); 5. b).
293 porter
1. b); 2. a); 3. b); 4. a).
294 portent/portentous
1. b); 2. b); 3. b); 4. a).
295 prejudice/prejudiced/prejudicial
1. b); 2. a), b); 3. a), b); 4. b), b), a).
296 prescribe/prescription
1. prescribe, prescribe; 2. prescription; 3. prescribe; 4. prescribe.
297 presently
1. a); 2. b); 3. b); 4. b).

298 preservative
1. a); 2. b); 3. a); 4. b).
299 pretend/pretense/pretence/pretension
1. pretend; 2. pretension; 3. pretend; 4. pretension; 5. pretend; 6. pretense/pretence.
300 prevaricate
1. b); 2. b); 3. a).
THREE HUNDRED DAYS OF FALSE FRIENDS
I. 1. a); 2. b); 3. b); 4. c); 5. c); 6. b); 7. a); 8. a); 9. c); 10. a) II. 1. inconsciente (e não insensível); 2. senhora (e não matrona); sinal, sugestão (e não intimação); 3.tristonho OK; 4. a revista (e não o magazine); interessante, absorvente (e não instigante); notei, percebi (e não noticiei); 5. infames (e não famosos); criminosos OK; 6. fregueses, clientes (e não patrões); 7. políticos OK; usina (e não planta); 8. romance (e não novela); sem graça OK; 9. prefiro (e não sou parcial com); em particular OK; 10. pais (e não parentes); afastada OK. III. 1. e); 2. h); 3. m); 4. q); 5. j); 6. n); 7. p); 8. o); 9. r); 10. b); 11. c); 12. d); 13. s); 14. k); 15. l); 16. t); 17. a); 18. g) 19. f); 20. i).
301 primordial
1. b); 2. a); 3. a).
302 procure
1. a); 2. b); 3. a).
303 professor
1. a), b); 2. a); 3. b).
304 propitiate
1. b); 2. a); 3. b).
305 prosecute/prosecution/prosecutor
1. b); 2. b), b); 3. a); 4. a), a), a).
306 prospect
1. b); 2. b), b); 3. a); 4. b).
307 pulse
1. a); 2. b); 3. b); 4. b); 5. a).
308 push
1. b); 2. a); 3. b); 4. b).

309 quiet/quite
1. quiet; 2. quite; 3. quiet; 4. quite; 5. quiet, Quiet, quiet; 6. quite.

310 rationale
1. rational; 2. agenda: plano de ação, rationale; 3. rationale; 4. rationale; 5. rational, rational, rational.

311 realize/realization
1. perceber; 2. realização; 3. perceber; 4. realização; 5. realize.

312 recipient
1. a); 2. a); 3. b); 4. a).

313 reclaim/reclamation
1. b), b); 2. a); 3. b), b).

314 recorder
1. a); 2. b); 3. b), a).

315 remarkable
1. b); 2. a); 3. b).

316 render/rendition
1. b); 2. b); 3. b); 4. a).

317 renounce/renunciation/resign/resignation
1. b); 2. a), a); 3. a); 4. b); 5. b); 6. a).

318 requirement
1. b); 2. a); 3. b), b); 4. b), b).

319 resolve
1. a); 2. b), b); 3. a); 4. b).

320 respite
1. b); 2. b).

321 resume/résumé/resumé
1. a), b); 2. a); 3. b), b).

322 retire/retired/retirement
1. b); 2. b); 3. a), b); 4. b).

323 retribution
1. b); 2. a); 3. a); 4. a).

324 reunion
1. meeting; 2. reunion; 3. Reunion; 4. meeting; 5. reunion.

325 salient
1. b); 2. a); 3. b).

326 sanction
1. b); 2. a); 3. a).

327 sanguine
1. b); 2. b); 3. a).

328 scallop
sem exercício

329 scholar
1. b); 2. a); 3. b).

330 score
1.a); 2. a); 3. a); 4. b).

331 sensible/sensibility/sensitive/sensitivity
1. b), b); 2. a); 3. a); 4. a), a).

332 silicon/silicone
1. Silício; 2. silicone; 3. silício; 4. silicone.

333 siren
1. b); 2. a); 3. b).

334 solicit/soliciting/solicitor
1. a); 2. a); 3. b), b); b); 4. b).

335 spade
1. a); 2. a), a), a); b).

336 spelunk/spelunker/spelunking
1. b); 2. a).

337 subject
1. b); 2. a), b); 3. b).

338 substitute
1. aparências – fatos – impressões – demonstrações; 2. lei – opinião pública; 3. tabaco e álcool – maconha; 4. moralidade – imoralidade – grosseira – fina.

339 succeed
1. b); 2. b); 3. a); 4. a); 5. b); 6. a).

340 supercilious
1. b); 2. a); 3. b); 4. b).

341 support
1. a); 2. b), b); 3. b); 4. b).

342 surge
1. a); 2. b); 3.); b).

343 sycophant
1. b); 2. b); 3. a).

344 sympathetic/sympathize/sympathise/sympathy
1. a); 2. b); 3. b), b); 4. a).

345 tanker
1. b), a); 2. a).

346 tenant
1. a); 2. b); 3. b); 4. a), a).

347 tentative
1. b); 2. b), b).
348 terrible/terrific
1. terrific; 2. terrific; 3. terrible; 4. terrible; 5. terrific; 6. terrible.
349 testimony
1. b), a); 2. a), b); 3. a).
350 tirade
1. b); 2. a).
351 toast
1. b); 2. b); 3. a); 4. b), b).
352 traduce
1. a); 2. b); 3. b); 4. b); 5. a).
353 transpiration/transpire
1. b); 2. a); 3. a); 4. b).
354 travel
1. a); 2. b); 3. b); 4. b); 5. a).
355 travesty
1. b); 2. a).
356 ultimate/ultimately
1. b); 2. b), b); 3. b); 4. b), a).

357 unique
1. only; 2. only; 3. unique; 4. only, only; 5. unique; 6. only; 7. unique.
358 urban/urbane
1. urban; 2. urbane; 3. urban; 4. urbane; 5. urban.
359 urge
1. b; b); 2. a); 3. b), b).
360 vase
1. b); 2. b).
361 vermin
1. b); 2. b); 3. a).
362 vicious
1. b); 2. b); 3. a); 4. b); 5. b).
363 vindicate/vindication
1. b); 2. a); 3. a).
364 voluble
1. b); 2. a), b); 3. b).
365 Welsh rabbit
Sem exercício.

SOBRE OS AUTORES

AMADEU MARQUES nasceu em Lisboa, Portugal, e veio para o Brasil com 13 anos de idade. É formado em língua inglesa pela UFERJ (atual UFF), tem o Certificado de Proficiência em Inglês da Universidade de Michigan, EUA, e o da Universidade de Cambridge, Inglaterra. Foi professor por mais de trinta anos em escolas públicas, particulares, cursos pré-vestibulares e de idiomas no Rio de Janeiro. Escreveu apostilas para cursos pré-vestibulares, as quais foram os embriões de seus livros, publicados desde 1978. A longa experiência em sala de aula tem norteado sua reconhecida produção literária e lexicográfica.

GISELE AGA nasceu em São Paulo, capital. É formada em língua portuguesa, língua inglesa e literatura pela FMU e pós-graduada em Marketing pela ESPM. Tem especializações na área de educação pela PUC-SP e o Certificado de Proficiência em Inglês da Universidade de Cambridge, Inglaterra. Foi professora de inglês em escolas particulares, cursos de idiomas e empresas por mais de trinta e cinco anos. É autora e editora de coleções de língua inglesa desde 2003. Atua, também, na capacitação de editores de materiais didáticos e de professores para cursos à distância.

Este livro foi impresso no Rio Grande do Sul, em maio, 2021,
pela Edelbra Gráfica e Editora para a Lexikon Editora.
A fonte usada no miolo é a Scala Sans Pro e Amasis MT Std, em corpo 10.
O papel do miolo é offset 63g/m^2 e o da capa é cartão 300g/m^2.